edition suhrkamp

Redaktion: Günther Busch

Ernst Bloch wurde am 8. Juli 1885 in Ludwigshafen geboren, studierte Philosophie und Physik und lebte zunächst als freier Schriftsteller in München, Bern und Berlin. 1933 emigrierte er in die Tschechoslowakei, 1938 in die Vereinigten Staaten. Von 1945 bis 1957 war er Ordinarius für Philosophie an der Universität Leipzig, seit 1961 ist er Ordinarius für Philosophie an der Universität Tübingen. – Gert Ueding, geboren 1942, ist Professor für Literaturgeschichte an der Universität Oldenburg; 1973 erschien in der *edition suhrkamp* sein Buch *Glanzvolles Elend. Versuch über Kitsch und Kolportage.*

Die Ästhetik Ernst Blochs erfaßt Kunst als Manifestation des utopischen Bewußtseins ebenso wie als Symbol noch nicht gewordener Wirklichkeit und begründet so den spezifischen Realitätsgrad der Werke. Wenn Kunst »das ungeworden Mögliche im bewegt Wirklichen [...] als realistisches Ideal vorausgestaltet«, so bedeutet das nicht allein einen quantitativen Vorgriff, sondern weist Kunst selber als Teil der zum Möglichen offenen Wirklichkeit aus. Phantasie, dieses zentrale Vermögen des menschlichen Bewußtseins, wird damit sowohl zum »Organon« der verborgenen Tendenz in der Welt (subjektives Korrelat der »objektiven Phantisie«) als auch zur subjektiven und objektiven Bedingung von Kunst überhaupt. Die ganz besonderen Bedingungen der künstlerischen Darstellungsweisen, die Stadien des Werkprozesses und das Problem der Explikation sowie die speziellen Formen der ästhetischen Auseinandersetzung mit der Wirklichkeit: das sind die Themen der Ästhetischen Schriften Blochs im zweiten Band dieses Sammelwerkes.

Ernst Bloch
Ästhetik des Vor-Scheins 2

Herausgegeben von Gert Ueding

Suhrkamp Verlag

edition suhrkamp 732
Erste Auflage 1974

Satz, in Linotype Garamond, Druck und Bindung bei Georg Wagner, Nördlingen. Gesamtausstattung Willy Fleckhaus.

Inhalt

Gert Ueding

Tagtraum, künstlerische Produktivität und der Werkprozeß

> »Aber wenn das *seyn* vom *gewesen seyn* beschränkt werden sollte, dann wären unsere schönsten Hoffnungen auf einmahl entblättert. Daß eine Sache so ist, überall so ist, beweis't wenigstens noch nicht, daß sie nicht anders seyn kann.«
> C. W. Fröhlich (1792)

1.

Die Überzeugung von der engen Beziehung zwischen Kunst und Traum ist zwar ein Sammelpunkt in der europäischen Ästhetikdiskussion seit ihren Anfängen – Platon nannte die Malerei einen »Traum, geschaffen für Wachende« –, seine systematische Reflexion aber setzt erst spät ein, so daß Freud in seiner 1900 erschienenen *Traumdeutung* zusammenfassend schreiben kann: »Eine Geschichte unserer wissenschaftlichen Erkenntnis der Traumprobleme zu schreiben, ist darum so schwer, weil in dieser Erkenntnis, so wertvoll sie an einzelnen Stellen geworden sein mag, ein Fortschritt längs gewisser Richtungen nicht zu bemerken ist.«[1] Ähnliches gilt für die Ästhetik. So groß die Bedeutung ist, die etwa Jean Paul oder Novalis den Träumen beimaßen, die den Traum als »unwillkürliche Dichtung« (J. Paul) oder »wie Poesie bedeutend« (Novalis) beschrieben, so gelang es ihnen doch nicht, über die metaphorische Darstellung hinaus eine Theorie zu formulieren, die das Verhältnis von Traum und ästhetischer Aktivität über den bloßen Analogieschluß hinaus hätte begründen können. Läßt sich auch nachweisen, daß den Werken vieler Künstler eine solche Theorie immanent ist und in Aphorismen und Fragmenten angedeutet wird, so ist gleichwohl Freud der erste, der ihr ihren Begriff gegeben hat; freilich einen immer noch verkürzten.

Jeder Traum ist eine Wunscherfüllungsphantasie, so lautet Freuds zentrale These. Traumerregend kann ein am Tage unerfüllt gebliebener oder verworfener, unterdrückter Wunsch wirken, aber auch eine in keiner Beziehung zum Tagesgeschehen stehende Regung des Unbewußten. Dessen traumbildende Kraft, wie immer auch unterstützt von Tagesresten, ist der eigentliche Gegenstand von Freuds Untersuchungen. Ihr Ergebnis: Der im Traum hallizunatorisch erfüllte Wunsch stammt aus der Kindheit, wo er nicht befriedigt werden konnte, daher ins Unbewußte verdrängt wurde und auf den Anlaß wartet, zu seinem Traum zu kommen. Seiner Konzeption von der eigentlich regressiven, in die infantile Wunschwelt zurückführenden Funktion des Traums entsprechend, bedeutet für Freud auch der Tagtraum ein Verharren auf der infantilen Stufe des Lust-Ich: er ist ihm wesentlich nur interessant als »Schlüssel zum Verständnis der nächtlichen Träume«[2], ihr Paradigma. »Der Nachttraum ist im Grunde nichts anderes als ein durch die nächtliche Freiheit der Triebregungen verwendbar gewordener, durch die nächtliche Form der seelischen Tätigkeit entstellter Tagtraum.«[3]

Der Tagtraum wird in Freuds Deutung wie jede Phantasie zum Realitätsersatz, bedeutet Substitution der Realität durch Fiktionen und Illusionen, die auch das Rohmaterial der künstlerischen Produktion bereitstellen; denn »die Dichtung [ist] wie der Tagtraum Fortsetzung wie Ersatz des einstigen kindlichen Spielens.«[4] Daraus ergibt sich notwendig das zeitliche Beziehungsgefüge der Wachträume und Phantasien: »Man darf sagen: eine Phantasie schwebt gleichsam zwischen drei Zeiten, den drei Zeitmomenten unseres Vorstellens. Die seelische Arbeit knüpft an einen aktuellen Eindruck, einen Anlaß in der Gegenwart an, der imstande war, einen der großen Wünsche der Person zu wecken, greift von da aus auf die Erinnerung eines früheren, meist infantilen Erlebnisses zurück, in dem jener Wunsch erfüllt war, und schafft nun eine auf die Zukunft bezogene Situation, welche sich als die Erfüllung jenes Wunsches darstellt, eben den Tagtraum oder die Phantasie.«[5] Der Tagtraum ist damit wie die künstlerische Schöpfung lediglich Projektion eines Musters der Vergangenheit auf ein Zukunftsbild, dessen spezifische Wahrheit darin liegt, daß es die Realität der *Vergangenheit* repräsentiert. Besonders ausführlich hat Freud diesen Zusammenhang am Muster des Ödipus-Dramas erörtert, das den allgemein menschlich über den Ödipus-Komplex vermittelten Wunsch, den Vater-Rivalen zu beseitigen, in der dramatischen Fiktion erfüllt.

Freuds Kunsttheorie ist retrospektiv, die Kunstwerke sind Wiederholungen vergangener Psychodramen in gewünschter Weise und die Traumarbeit wie die künstlerische Arbeit verantwortlich für die Entstellungen des Musters, die der Psychoanalytiker wieder entzerren muß, um so der historischen Wahrheit als eines vergangenen Geschehens habhaft zu werden. Nun ist Freuds Traumdeutung kein Werk der Ästhetik, und auch seine Aufsätze über Literatur und Kunst sind eher als Zeugnisse seiner eigenen emotionalen und intellektuellen Erfahrungen denn als Bausteine zu einer ästhetischen Theorie zu betrachten. Gerade das Mißverständnis, das in ihnen Beiträge zur Ästhetik sah, führte dazu, daß Freuds Erkenntnisse bislang nur in der biographischen Forschung wirklich fruchtbar werden konnten. Wenn die »Analyse vor dem Problem des Dichters die Waffen strecken [muß]«[6], wie Freud angesichts der *Brüder Karamasoff* resignierend feststellt, so liegt das gewiß nicht an ihrem rational-aufklärerischen Charakter, wie etwa C. G. Jung kritisierte, sondern an der grundsätzlich retrospektiven Traumauffassung, die Tag- und Nachttraum gleichsetzt und damit ästhetische Produktivität nur als einen Regressionsprozeß bestimmen kann. Die in Freuds Doktrin verzerrte Erkenntnis vom Künstler als Tagträumer konnte erst zum konstitutiven Element der Kunsttheorie werden, nachdem die Zeit- und Raumverhältnisse des Tagtraums, die ihm eigentümliche Bewußtseinshaltung und seine besondere Funktionsweise in kritischer Abgrenzung von Freud zum Gegenstand philosophischer Analyse wurden. Die entscheidende Wende der philosophisch-psychologischen Traumdeutungsgeschichte liegt in Blochs Entdeckung der antizipatorischen Bewußtseinsklasse. »Im Tagtraum öffnet sich so die wichtige Bestimmung eines *Noch-Nicht-Bewußten*, als die Klasse, wozu er gehört.« (V, 131) Tagträume sind Vorgriffe der Einbildungskraft, die zwar mit dem nächtlichen Wunschtraum »das Feld einer noch offenen Welt und ihres Bewußtseins« gemeinsam haben (V, 97), von diesem ihrem Charakter nach aber völlig unterschieden und schon gar nicht seine Vorstufe sind. »Also verlangt der Tagtraum spezifische Auswertung, denn er geht in ein ganz anderes Gebiet und öffnet es« (V, 98). Damit widerspricht Bloch auch der Voraussetzung Freuds, daß die Realität, wie sie ist und geworden ist, und ihre

Vernunft absolute Geltung besitzen. Die Kampfansage an das »schlechte Draußen« ist wohl die früheste Denkbewegung Blochs: »Wir haben Sehnsucht und kurzes Wissen, aber wenig Tat und, was deren Fehlen mit erklärt, keine Weite, keine Aussicht, keine Enden, keine innere Schwelle, geahnt überschritten, keinen utopisch prinzipiellen Begriff. Diesen zu finden, organisiert zu sein, Zeit zu haben, dazu gehen wir, hauen wir die phantastisch konstitutiven Wege, rufen was nicht ist, bauen ins Blaue hinein, bauen uns ins Blaue hinein und suchen dort das Wahre, Wirkliche, wo das bloß Tatsächliche verschwindet – incipit vita nova.« (XVI, 9)[7]

Der Tagträumer hat sich dem Realitätsprinzip entzogen, seine phantasierten Befriedigungen kennen keine Grenzen, sind um so grenzenloser, je drückender die reale Enge ist. Der Traum aber ist bereits hier nicht nur Flucht aus dem Reich der Notwendigkeit in ein luftig-leeres Reich der Freiheit, sondern enthält ebenfalls ein experimentierendes, aktivierendes Moment, das dem erhalten gebliebenen Tagtraum-Ich als Stärkung zufließt. Auf die Analogie zwischen Tagtraum und kindlichem Spiel hatte bereits Freud hingewiesen: als Indiz für den regressiven Charakter der Tagträumerei. Doch wie das Kind im Spiel nicht allein Ersatz für seine Frustrationen sucht, sondern seine Wünsche und Bedürfnisse in schöpferischer Weise artikuliert und in seiner Phantasiewelt die Auseinandersetzung mit der Realität experimentierend vorbereitet, ja dieser Auseinandersetzung so erst eine darüber hinausschießende Richtung gibt, so artikuliert sich im Tagtraum das Leitbild dessen, »was ein Mensch utopisch sein und werden möchte« (V, 101), samt den dazu gehörigen Bedingungen, so phantastisch sie auch immer dreinblicken mögen.

Die vier Charakteristika des Tagtraums: »freie Fahrt«, »erhaltenes Ego«, »Weltverbesserung« und »Fahrt ans Ende«, bezeichnen nicht allein Merkmale des Tagtraums im Sinne einer metaphorischen bis begrifflichen Abbildung, sondern schlüsseln die Struktur des Tagtraums als die des antizipierenden Bewußtseins selber auf, so daß dann auch die nächtlichen Träume als »ein Teil (ein freilich verschobener und nicht ganz homogener) auf dem riesigen Feld des utopischen Bewußtseins« (V, 88) gelten müssen. Jeder Charakter des Tagtraums drückt somit ein Bildungsgesetz des utopischen Traums aus, der nicht aus dem Unbewußten stammt, sondern die psychische Realität des Noch-Nicht-Bewußten darstellt. Insofern er dessen bildhafter Ausdruck ist, abbildend wie darin fortbildend zugleich, wird er zur Bedingung jeglicher ästhetischen Aktivität, die »einen im Bewegt-Vorhandenen selber umgehenden und bedeutenden Vor-Schein von Wirklichem [darstellt], einen gerade ästetisch-immanent spezifisch darstellbaren.« (V, 247)[8] Von den zu Beginn des *Prinzip Hoffnung* notierten kleinen Tagträumen, über Märchen und Kolportage bis hin zum ausgeführten Kunstwerk erweist sich ästhetische Aktivität als Traumarbeit in einem anderen als dem von Freud beschriebenen Sinne: sie verhüllt nicht den Traumgedanken, den als Wunschbild lebhaft gesteigerten, sondern bringt ihn zu einer möglichst deutlichen, wirkungsmächtigen Gestalt, die die Wahrheit nicht in einer Wahrheitsfiktion und mit ihr verhüllt, sondern als Vor-Schein glänzend offenbart.

Aus seiner Intention, den Träumenden real in die Situation seines Traums, die Welt wirklich in den Zustand seines Phantasieexperiments zu setzen, folgt die aktivierende, realitätsverändernde Kraft des Tagtraums, die ihn auch für Lenin zum unverzichtbaren Bestandteil des revolutionären Bewußtseins machte. Über die Praxis hält der Tagtraum seine Verbindung zur Prozeß-Realität; in ihr ist er nicht Theorie und Buchstabe der Handlung, sondern Bild und Verstärker ihres Ziels. »Kunst erhält vom Tagtraum her dieses utopisierende Wesen, nicht als leichtsinnig vergoldendes, sondern als eines, das ebenso Entbehrung in sich hat und das, wenn diese von Kunst allein gewiß nicht überwunden, so in ihr auch nicht vergessen, sondern umschlungen wird von der Freude als kommender Gestalt.« (V, 106) So wird Kunst schließlich zur Gestalt des »Traums von einer Sache«, ihre Wahrheit liegt nicht in der Realität infantiler Wunschregungen, sondern im »Prozeß der vermittelten Neuheit«, durch den Welt und Geschichte von Bloch begriffen werden. (X, 176) Jeder Tagtraum konstituiert ein zwiespältiges Verhältnis zur Wirklichkeit: er anerkennt sie nicht als determinierten und determinierenden Rahmen menschlicher Geschichte, sondern setzt ihr sein Traumideal entgegen. Dies mag nun sehr phantastisch und illusionär sein, abstrakt nennt es Bloch im Bereich der Sozialutopien, oder aber vermittelt mit den Wünschen und Bedürfnissen der Menschen und der Tendenz ihrer Geschichte. Selbst der illusionärste Traum trägt noch diesen Überschuß: Nichtanerkennen einer als unzureichend empfundenen Wirklichkeit in sich. Blochs Interpretation des *Lieds der Seeräuberjenny*, dieses Traums im Traum (er wird von Polly am Tage ihrer Hochzeit gesungen!), weist sehr pointiert die Freuds Traumtheorie naheliegende Befürchtung ab, die halluzinierte Erfüllung des Wunsches befriede auch das Verhältnis zur sich verweigernden Realität. Gewiß kann jeder Traum so zugerichtet werden, daß seine sprengende, weitergreifende Intention umgebogen und affirmativ verwendbar wird (die Brecht-Rezeption in der Bundesrepublik bietet dafür Beispiele); insofern er aber der ihm nun zugewiesenen Aufgabe, die Differenz von Traum und Wirklichkeit einzuziehen, nur zeitlich sehr begrenzt nachkommen kann, hält er selber gegenüber einem sich schließlich doch wieder durchsetzenden Realitätsprinzip das Alternativen-Bewußtsein wach. Die Freud verpflichtete Kulturindustrie-Konzeption der Kritischen Theorie ist nur die negative Utopie einer Totalität des illusionären Scheins, einer vollständigen Usurpation der Realität durch die Fiktion, unvereinbar mit materialistischem Denken. Der Tagtraum ist die ästhetische Form der Kommunikation mit uns selber und der sozialen und natürlichen Umwelt, nicht aber Keimzelle jenes globalen Täuschungsmanövers, das inzwischen in Theoretikern wie McLuhan seine närrischen Propheten gefunden hat.

2.

Überblickt man die Geschichte der Theorie künstlerischer Produktionsweise, wie sie seit der antiken Poetik und Rhetorik überliefert ist, so fällt sofort eine eigentümliche Ambivalenz in ihrer begrifflichen Beschreibung auf – sie wird in der Geschichte der Ästhetik immer wieder thematisiert als natura/ars-Problem. »Ob ein Gedicht der Natur oder Kunst Vollkommenheit danke, / Hat man öfter gefragt. Der Fleiß ohne inneren Reichtum / Oder das rohe Genie ist meines erachtens kein Vorteil; / Eines erfordert das andre, und beide verbünden sich innig.«[9] Die bereits von Horaz formulierte Übereinkunft bleibt mit gelegentlichen Einbrüchen irrationalistischer Auffassungen beherrschend bis ins 19. Jahrhundert, kulminierend in der Ästhetik Hegels. »Die Phantasie [. . .] hat eine Weise zugleich instinktartiger Produktion, indem die wesentliche Bildlichkeit und Sinnlichkeit des Kunstwerks subjektiv im Künstler als Naturanlage und Naturtrieb vorhanden sein und als bewußtloses Wirken auch der Naturseite des Menschen angehören muß. Zwar füllt die Naturfähigkeit nicht das ganze Talent und Genie aus, da die Kunstproduktion ebenso geistiger, selbstbewußter Art ist, sondern die Geistigkeit muß nur überhaupt ein Moment natürlichen Bildens und Gestaltens in sich haben.«[10] Mit Genie hat die idealistische deutsche Ästhetik diese Einheit von »natura und »ars« als eigentümliche künstlerische Produktivkraft beschrieben. Während es ihr gelang, den Anteil der »ars« im künstlerischen Produktionsprozeß zu erfassen, so daß Regelbücher entstanden, die im Idealfall die Formeln für das ästhetische Bildungsgesetz enthielten, eine Unendlichkeit von möglichen ästhetischen Produkten zusammenfaßten und ausdrückten, blieb ihr Versuch wenig erfolgreich, über vage Andeutungen hinaus das Problem der »natura«, des natürlichen Talents, der »bloßen« Naturgabe zu lösen. »Der psychologische Ort des produktiven Dunkels« (X, 97) behauptete sich als Geheimnis und war lediglich mythologisch in der Inspirationslehre und ihren diversen Ableitungen erfaßbar. Bloch hat die Gründe dieses Widerstandes historisch-kritisch analysiert, sowie die sporadischen Unterbrechungen der Verdrängungsgeschichte notiert[11], bevor er schließlich mit der Aufklärung des Noch-Nicht-Bewußten den psychischen Geburtsort des Neuen auch in seiner ästhetischen Gestalt ermittelte. Die »Naturtätigkeit« bisheriger Ästhetik erweist sich als Äußerung eines noch-nicht-bewußten Wissens, das damit in eine allgemein kommunizierbare Form überführt wird. »Das Noch-Nicht-Bewußte insgesamt ist die psychische Repräsentierung des Noch-Nicht-Gewordenen in einer Zeit und ihrer Welt an der Front der Welt.« (V, 143) Die Irritation, die von Blochs Fortschreibung ästhetischer Kategorien aus der idealistischen bürgerlichen Ästhetik ausgehen mag, kann nur dann produktiv werden, wenn man sie auf dem Hintergrund seiner die marxistische Ideologiedoktrin entscheidend erweiternden Konzeption des historischen Erbes begreift.[12] »Genie« koinzidiert dann nur noch mit den Momenten der bürgerlichen Genieästhetik, die sich in ihrer materialistisch dialektischen Aufhebung erhalten haben und darin überhaupt erst zu ihrem eigentlich angemessenen Begriff gekommen sind. Der in der aktuellen ästhetischen Diskussion, soweit sie nicht zu bloßer Ideologiekritik gerinnt, immer häufiger zu beobachtende krampfhafte Versuch, die ästhetische Kategorientafel zu ersetzen z. B. durch Begriffe der Politischen Ökonomie, offenbart auf der einen Seite einen immer größer werdenden Schwund an historischem Bewußtsein und entspringt andererseits dem Bemühen, die Basis-Überbau-Differenz einzuziehen und die Arbeit des Künstlers restlos mit kapitalproduktiver Arbeit zu identifizieren.[13] Demgegenüber ist es das Bemühen Blochs, die Arbeit des Künstlers, den Produktionsprozeß von Kunst, seine objektiven Voraussetzungen und subjektiven Bedingungen, nicht in den Objekten (wie Ideologiekritik es tut) oder in der unspezifischen Allgemeinheit ökonomischer Kategorien verschwinden zu lassen, sondern sie, anknüpfend an die in der Geschichte geleistete theoretische Reflexion und mit ihr über sie hinaus, in ihrer Besonderheit zu erfassen. »Die arbeitsfähige Ahnung ist geistige Produktivität, nun als *werkbildend* betrachtet.« (V, 138) Begriffe wie »Inkubation«, »Inspiration« und »Explikation« erheben nicht wie die Kategorien z. B. der rationalistischen Ästhetik Gottscheds den Anspruch, die künstlerischen Probleme zu lösen, sondern sie bezeichnen die bestimmte Art, wie sie gestellt werden. Bloch schlägt sie vor als Kategorien der Interpretation; historisch legitimiert und vom Gedanken seiner Philosophie aufgehoben, müssen sie am konkreten Material selber ausgearbeitet werden.

Der psychische und geistige Zustand, der dem gezielten Arbeiten an einem Kunstwerk vorausgeht, ist immer wieder von den Künstlern selber beschrieben worden. Obwohl seine begriffliche Konstruktion offensichtlich schwer fällt – was zusammenhängt mit dem von Bloch analysierten Widerstand, den das Noch-Nicht-Bewußte der Erhellung entgegensetzt –, lassen sich in allen Beschreibungen konstant bleibende Bedingungen aufzeigen. Schiller spricht von der »musikalischen Gemütsstimmung« zu Beginn des Werkprozesses, der »Takt des Schreitens« bestimmt nach der Beobachtung Majakowskis den Rhythmus des noch nicht entstandenen Verses, und auch für E. A. Poe steht ein Leerschema aus Rhythmen und Klängen am Anfang eines Gedichts; Lorca berichtet von einem Zustand der Sammlung. Dergleichen Äußerungen ließen sich beliebig durch

Zeugnisse von Malern und Komponisten vermehren; sie alle sprechen von einem Zustand höchster Klarheit, größter Konzentration, einer »musikalisch« vibrierenden Anspannung der Sinne, die auch häufig im Körper eine eigentümliche Resonanz finden. »Es sieht ganz so aus, als wären alle jene nach innen gekehrten und stillen Träume, geistigen Erfindungen und Entwürfe der Phantasie ursprünglich mit physischen Handlungen verbunden, deren motorischer Vollzug freilich nur noch schwach angedeutet wird.«[14] Andererseits ist dieser subjektive Ausnahmezustand, den auch Baudelaire als »Schärfe der Gedanken« und »Begeisterung der Sinne und der Vernunft« beschreibt, abhängig von bestimmten äußeren Bedingungen, die häufig erst künstlich hergestellt werden müssen – von dem Duft eines faulenden Apfels (Schiller) bis zum verdunkelten und abgeschlossenen Zimmer (Proust) gibt es eine reiche Skala von Möglichkeiten, in der Objektwelt eine Konstellation zu kreieren, die der schöpferischen Produktivität günstig ist. Mögen sich in solchen Praktiken auch magische Reste, Überbleibsel kindlich-magischen Denkens äußern, so werden sie doch gerade in den Dienst einer progressiven Tätigkeit gestellt. »Der Zustand der Anlage ist an sich bereits ein Widerspruch, der sich auflösen will; sie ist der unhaltbare, der so angstvolle wie glückliche Zustand, nicht zu sein, was unsere Natur ihrem reellsten Streben nach ist, und ebenso zu sein, was sie noch nicht ist.« (V, 138) Der Zustand des Subjekts und die objektive Situation sind beide durch eine Offenheit charakterisiert, voll der klarsten Erwartung, so daß der Akt der Produktivität schlagartig (daher Inspiration) einsetzen kann. Proust hat den Anstoß zu jenem Prozeß, in dem Phantasie produktiv wirksam wird, besonders präzise festgehalten: »In der Sekunde nun, als dieser mit dem Kuchengeschmack gemischte Schluck Tee meinen Gaumen berührte, zuckte ich zusammen und war wie gebannt durch etwas Ungewöhnliches, das sich in mir vollzog.«[15]

Ästhetische Aktivität vollzieht sich im Prozeß; anders als die Gestaltpsychologen meinten, steht am Anfang nicht bereits virtuell das fertige Produkt vor Augen, sondern es konstituiert sich allmählich als Frage an einen Gegenstand, der noch nicht oder noch nicht vollständig erfahrbar ist und jenseits der Grenze liegt, die das Noch-Nicht-Bewußte vom Bewußten trennt.

Die Inspirationslehre der Surrealisten ist dergestalt das genaue Gegenstück zu Blochs Konzeption: sie beruht auf dem Unbewußten Freuds und versucht, was in dessen Bereiche verdrängt wurde, unter Umgehung des Bewußtseins hervorzurufen. Auch Prousts »Suche nach der verlorenen Zeit« findet sich wieder in der Welt der Guermantes und weiter zurück; doch kaum sonst in der Literatur wurde der Vorgang des Einschlags von Vergangenheit in die unmittelbar gelebte Gegenwart so genau beschrieben und damit der Prozeß ästhetischer Erfahrung, wenngleich retrospektiv ausgerichtet, so deutlich. Denn er selber ist Thema und Sujet des riesigen Romanwerks – kein Künstlerroman, der den Werkprozeß immer nur als Gegenstand hat, sondern dessen Realisierung als Roman in all seinen Stadien, mit seinen Schwierigkeiten und Qualen und seinem Glück an einem Ende, das Fragment geblieben ist. Bezeichnend an diesem Beispiel wie in der ganzen Geschichte des Unbewußten und der Phantasie ist, daß der »prospektive Horizont« ausgeklammert blieb, obwohl gerade die Geschichte der Kunst voller Beispiele des werkgewordenen antizipierenden Bewußtseins ist – selbst die wiedergefundene Zeit und Welt Prousts sind nicht identisch mit dem einstmals Verlorenen; aus dessen Elementen baute der weit aus dem verdunkelten Zimmer hinausgreifende taghelle Traum das Bild einer Welt, die voller »Glück«, »Freude« und »wahrem Leben« ist – und diese, die eigentlichen Ziele der Suche sind so wenig verloren, wie sie noch nicht gefunden sind.

Lehrreich in Prousts minutiöser Beschreibung bleibt darüber hinaus für das Problem des Werkprozesses der deutliche Zusammenprall von Innen und Außen, von Subjekt und Objekt. Die Psychoanalyse kennt diese Verschränkung; ihre therapeutische Absicht ist die Herstellung äußerer Bedingungen für das Ingangsetzen eines Erinnerungsprozesses. Auch für die Theorie des Noch-Nicht-Bewußten ist diese Verschränkung notwendig: »Nicht nur die subjektiven, auch die objektiven Bedingungen zur Aussage eines Novum müssen [...] bereit sein, müssen reif sein, damit dieses Novum aus bloßer Inkubation zum Durchbruch und plötzlichen Durchblick seiner gelangen kann.« (V, 140) Der prozeßhaft nach vorn offene Charakter des ästhetischen Werkprozesses zeigt sich auch darin, daß ein Novum eben nicht bloß mit Hilfe früherer Erfahrungen darstellbar ist, sondern deren Kontingenz gerade ästhetisch sprengt, so daß auch der Rezipient provoziert wird (denn seine Erwartungen werden enttäuscht), neue Fragen an ein neues Objekt zu stellen. »Die Inspiration insgesamt kommt derart, wann immer sie eine werkbildende ist, aus der Zusammenkunft ihrer Tendenz mit der objektiven Tendenz der Zeit, und ist der Blitz, womit diese Konkordanz anhebt« (V, 141), ohne daß damit aber die spezifischen Schwierigkeiten der Explikation bereits überwunden sind. »Die Psychologie des Produzierens selber aber weist keinerlei inneren Widerstand gegen die hier vorliegenden Erhellungsakte auf, vielmehr ist der zur *Produktion* gehörige und in ihr einheimische Widerstand überhaupt keiner im menschlichen Subjekt. Er steckt vielmehr in der vom Subjekt bearbeiteten Sache und wird von den spezifischen Mühen der Explikation nur gespiegelt.« (V, 145 f.)

Explikation im künstlerischen Werkprozeß bedeutet weder Unterwerfung des Materials in einem mechanischen Arbeitsvorgang noch eine der Sache und ihrer schwierigen Aufgabe-Natur äußerlich bleibende Formkonstruktion, sondern die in den einzelnen Künsten verschiedene, nach Zeit und Gesellschaft wechselnde besondere (nämlich ästhetische, nicht wissenschaftliche) Weise, sich im Prozeß der Objektivität selber fortbildend zu bewegen. Das seit der Jahrhundertwende in bildender Kunst und Literatur ausgebildete Kunstmittel der verfremdenden Montage wird in Blochs Konzeption zum Prinzip ästhetischer Aktivität in der Gegenwart: Montage bezeichnet genau das Verfahren, in dem die innere Logik des Werkprozesses mit dem »schwierige[n] Fahrwasser der Sache« (V, 147) zusammenfällt. »Reimt sich der Mond doch? Er reimt sich auf eine Lage, der nichts mehr gewohnt ist, die ihre Dinge umstellt, Bekanntes trennt sich, eine gekündigte Landschaft erscheint, gewohntes Nebeneinander fällt in dem angegebenen Berliner Abend 1932 aus. [...] Das Ineinander eines solchen Abends ist Montage, Nahes trennend, Fernstes zusammenbringend, wie das auf Bildern von der Art Max Ernsts oder auch Chiricos so sehr gesteigert ist. Dies Verspellte in den Dingen liegt durchaus objektiv vor, wenn auch der mehr oder minder treffend auffassende Sinn dafür jetzt erst erwacht ist, durch das soziale Erdbeben vermittelt. Maler, wie gesagt, und Dichter gingen in dieser erfaßten Querverbindung der Dinge, der sehr weiten, voran.« (I, 166 f.)

Die Entwicklung der Montagetechnik in den Künsten verweist auf ein völlig neues Verhältnis des Kunstproduzenten zur Wirklichkeit. Hans Sedlmayr, der konservative Kritiker der nachromantischen Kunst, hat für die verschiedenen Tendenzen in der Malerei nach der Jahrhundertwende den Generalnenner »Chaos des totalen Abfalls« gefunden[16], eine gewollt doppeldeutige Bezeichnung, die sowohl den Gegenstandsbereich dieser Kunst trifft, – die erledigten, abgeschafften Dinge, den Abfall der Kultur, wie er in den Kompositionen von Schwitters oder als Objekte, Ready Mades von Duchamps erscheint – als auch deren historische Tendenz und Dynamik als Chaos durch Abfall von der abendländisch-christlichen Kultur faßt. Hugo Ball hat mit seinem Pamphlet *Zur Kritik der deutschen Intelligenz* die Verfallsgeschichte dieser Kultur geschrieben, Blochs *Geist der Utopie* ist die Geschichtsphilosophie eines neuen Aufgangs, ohne den apokalyptischen Untergang des Alten nicht denkbar. Artikuliert das montierte Kunstwerk einerseits eine kulturrevolutionäre Tendenz, so ist die ihm immanente Auffassung von der Simultaneität allen Geschehens Ausdruck einer neuen realistischen Kunstabsicht, die noch deutlich die Herkunft der modernen Montagetechnik aus Fotografie und Film verrät. »Das *Bruitistische* Gedicht schildert eine Trambahn wie sie ist, die Essenz der Trambahn mit dem Gähnen des Rentiers Schulze und dem Schrei der Bremsen. / Das *Simultanistische* Gedicht lehrt den Sinn des Durcheinanderjagens aller Dinge, während Herr Schulze liest, fährt der Balkanzug über die Brücke bei Nisch, ein Schwein jammert im Keller des Schlächters Nuttke.«[17] Die Entwicklung der Fotografie und des Films wird schon bald, nach Überwindung der größten technischen Schwierigkeiten, von dem Bemühen weitergetrieben, über die bloße Reproduktion der Realität deren Erkenntnis zu befördern. Die Werke John Heartfields und Eisensteins liefern hervorragende Beispiele einer Lösung dieses Problems mit den Mitteln fotografischer und filmischer Montage. Denn was sich unmittelbar der Erfahrung darbietet, ist nicht die »Essenz« der Dinge, sondern deren höchst künstliche und vorfabrizierte Erscheinung – diese bloß zu »schütteln« (Bloch nennt das »gewöhnliche Montage«) verweist zwar auf die Trümmer, erschöpft sich aber allenfalls in abstraktem Rebellieren: Schicksal des Dadaismus. Auch die Expressionismusdebatte betont – positiv oder negativ – den überaus wichtigen Stellenwert der Montage für die zeitgenössische Kunstproduktion. Während Lukács, wie inzwischen zur Genüge bekannt, sehr scharf die Montage als bloß äußerliches, assoziatives Nebeneinander kritisiert, beziehen Bloch und Brecht die entgegengesetzte Position, Brecht mit dem Interesse des Praktikers (»[M]it Montage kann man [...] die Welt schief darstellen oder auch richtig [...]«)[18], Bloch mehr mit dem Interesse, diese Praxis philosophisch zu begreifen. »Heute ist das alles erst Bilderrätsel des gesprungenen Bewußtseins; mit einer ›Totalität‹, die ihr All in Fetzen, Gesprächsfetzen, Querschlägen ungerichteter Erlebniswirklichkeit hat. Aber eine Welt, deren kurioseste Literatur die bürgerliche Bildung so ausläutet, ist immerhin fähig, wenn sie keine Dialektik treibt, diese an ihr betreiben zu lassen.« (IV, 225) Blochs Analyse der Montage führt schließlich zu jenem Schlüsselbegriff des künstlerischen Prozesses, der weit über die Bestimmung eines Kunstmittels hinaus schöpferische Produktivität als revolutionäre Subjekt-Objekt-Vermittlung in besonderer, das heißt hier: ästhetisch-praktischer Weise identifiziert. »Montage ohne Ausbeutung holt aus der zerfällten Oberfläche ihre Teile, setzt sie aber nicht in neue Geschlossenheiten, sondern macht sie zu Partikeln einer anderen Sprache, anderen Information, anderen Unterwegs-Gestalt der aufgebrochenen Wirklichkeit.« (IV, 227)

3.

»Es ist ein Überholend-Unabgeschlossenes in der Musik, dem noch keine Poesie genug tut, es sei denn diejenige, welche die Musik, möglicherweise, aus sich selbst entwickelt. Die Offenheit dieser Kunst zeigt zugleich, auf besonders eindringliche Art, daß auch für die Inhaltsbeziehung der anderen Künste noch nicht aller Tage Abend gekommen ist.« (VIII, 288) Blochs Ästhetik des Vor-Scheins teilt die Mannigfaltigkeit der Werke nicht in utopische und nicht-utopische, sondern weist das Utopische als Grundzug künstlerischer Aktivität überhaupt aus, äußere diese sich nun im Medium der Sprache oder in dem des Tons. Von der geschichtsphilosophischen und empirischen Fundierung seiner Kunsttheorie aus läßt sich auch eine begrifflich sorgsam unterschiedene Hierarchie der Künste, wie sie ihren überzeugenden Ausdruck in Hegels Ästhetik gefunden hat, nicht begründen. Blochs Skepsis gegenüber einer solchen immer spekulativ sich von der wirklichen Geschichte der Künste und der Werke abhebenden Konzeption wird sehr deutlich bei der Erörterung von Hegels Versuch.[19] Unbestritten aber ist, gerade unterm Blick des Historikers, daß »die einen [Künste] früher, die anderen später [ausgebildet wurden]« (VIII, 284), wobei vor allem die Musik – »als mehrstimmig ist sie die jüngste aller Künste« (VIII, 286) – eine herausragende Stellung einnimmt, nicht nur ihres späten Hervortretens wegen, Bloch nimmt dieses vielmehr als zusätzliches Zeichen für die Bedeutung, die der Musik nun gerade auch geschichts*philosophisch* zukommt: »anders nacheinander stehen sie [die Künste] je nach der Eindringlichkeit, womit sie das Ihre aussagen, sollte es selbst zuletzt das Gleiche sein.« (VIII, 284) Wie aus dem zentralen Gedanken der Vor-Schein-Ästhetik Blochs die grundsätzliche Einheit aller Künste folgt, so liegt in ihm allerdings bereits die Voraussetzung für den Triumph der Musik beschlossen. Schon früh, im *Geist der Utopie* von 1918, wird diese Vorrangstellung der Musik, der utopischen Kunst par excellence begründet, da sie das Tendenzziel nicht nur symbolisch bildhaft bedeutet wie alle anderen Künste, sondern »dem subjekthaften *Herd und Agens* des Geschehenden nahetritt, als einem subjekthaften Draußen.« (V, 1257 f.) Musik ist dergestalt die vollkommene Realisierung des utopisch offenen Kunstwerks: noch unverständlich »wie das Lallen eines Kindes« (V, 1257), ist ihr Meinen und Bedeuten selber noch so unausgemacht, daß auch die Beziehung des Werks zum Rezipienten dem »Objektiv-Unbestimmte[n] im ausgedrückten, abgebildeten Inhalt der Musik« (V, 1258) entspricht. Keiner hat »Mozart, Beethoven, Bach so, wie sie wirklich rufen, nennen, lehren, schon gehört.« (V, 1257)

Die Philosophie der Musik ist das Kernstück der Ästhetik Blochs[20], und ihre Bedeutung für sein Werk erschöpft sich selbst darin nicht. Blochs Frühwerk *Geist der Utopie* lehrt die Geburt des utopischen Denkens aus dem Geist der Musik. Das Werk der Tonkunst wurde zum Modellfall des Kunstwerks überhaupt als eines vor-scheinenden, offenen; was es von den anderen unterscheidet, ist die besondere Intensität, mit der Musik das allen Künsten *Gemeinsame* ausspricht, ohne es jedoch als bestimmten Ausdruck zu fixieren. Allein der Musik hat daher Bloch systematische Überlegungen gewidmet, während Architektur und Malerei, Literatur und Plastik meist als Paradigmata künstlerischer Produktivität greifbar werden, selten ihre Besonderheiten Gegenstand seines Denkens sind. Verfremdung und Montage, Fragment und Utopie sind dergestalt nicht besondere Momente einzelner Künste, gar Gattungen, sondern durchgängige Bestimmungen ästhetischer Aktivität. Ansätze zur theoretischen Präzisierung ihrer Modifikationen in einzelnen Künsten (das anakoluthische Sprechen; Problem des Vordergrunds in der Malerei; Kolportage) finden sich im ganzen Werk, vor allem in den Essays von *Erbschaft dieser Zeit*, den *Literarischen Aufsätzen* und natürlich im *Prinzip Hoffnung*. Auch in ihnen herrscht aber als philosophisches Hauptinteresse Blochs: Betonung des Zusammenhangs in der Vielfalt der Gestaltungen, Begriff der ästhetischen Gestalt des ungewordenen Möglichen in einem prozeßhaft bewegten Wirklichen. Wenn auch die Werke der Musik besonders strahlend »in dem Reigen der geschichtsphilosophischen Sternbilder, ja des ganzen Weltprozesses erscheinen« (XVI, 185), so erweist sich gerade in ihrer philosophischen Reflexion die Ästhetik des Vor-Scheins als Wissenschaft der zum Möglichen offenen Wirklichkeit und ihrer Tendenzgestalten in ästhetischer Form oder Potenz. Sehr genau entspricht die Kunst der Philosophie: Utopie ist Stoff und Form der künstlerischen Träume.

Anmerkungen

1 Sigmund Freud, *Die Traumdeutung*, Frankfurt/M. 1961, S. 16.

2 Sigmund Freud, *Hysterische Phantasien und ihre Beziehung zur Bisexualität*, in: Sigmund Freud, *Studienausgabe*, 10 Bde., Frankfurt/M. 1971 ff., Bd. VI, S. 189.

3 Freud, a.a.O. S. 363.

4 Freud, a.a.O. Bd. X, S. 178.

5 Freud, a.a.O. S. 174.

6 Freud, a.a.O. S. 271.

7 Bloch, *Geist der Utopie*, Erste Fassung, Faksimile der Ausgabe von 1918, Frankfurt/M. 1971.

8 Vgl. Texte in und Einleitung zu *Ästhetik des Vor-Scheins 1*.

9 Horaz, *Ars poetica*. Lateinisch und deutsch, Einf., Übers., Erl. v. Horst Rüdiger, Zürich 1961, S. 41.

10 G. W. F. Hegel, *Werke in zwanzig Bänden,* hrsg. v. E. Moldenhauer u. K. M. Michel, Frankfurt/M. 1970, Bd. 13, S. 63.

11 Vgl. auch Bloch, Bd. X, S. 86 ff.

12 Vgl. Einleitung zu Bd. 1 dieser Ausgabe.

13 Vgl. Einleitung zu Bd. 1 dieser Ausgabe.

14 G. K. Lehmann, *Phantasie und künstlerische Arbeit,* Berlin und Weimar 1966, S. 12. Möglicherweise ist in diesem Zusammenhang die phylogenetische Wurzel der menschliche Praxis aktivierenden Funktion der Phantasie zu suchen.

15 Marcel Proust, *Auf der Suche nach der verlorenen Zeit. In Swanns Welt* 1, Frankfurt/M. 1964, S. 63.

16 Hans Sedlmayr, *Verlust der Mitte,* Berlin 1963, S. 107.

17 Raoul Hausmann, *Dadaistisches Manifest,* in: *Manifeste, Manifeste 1905–1933,* hrsg. v. D. Schmidt, Dresden O. J. S. 190 f.

18 Bertolt Brecht, *Gesammelte Werke,* 20 Bde., Frankfurt/M. 1967, Bd. 19, S. 313.

19 Vgl. Bloch, Bd. VIII, S. 284 ff.

20 Vgl. Ernst Bloch, *Philosophie der Musik,* Frankfurt/M. 1974. Der Band enthält eine Auswahl der wichtigsten Schriften Blochs zur Philosophie der Musik, die daher in den beiden Bänden der *Ästhetik des Vor-Scheins* nicht enthalten sind. Der Band *Philosophie der Musik* bildet die notwendige Ergänzung der hier vorgelegten zweibändigen Auswahl.

Bedingungen ästhetischer Aktivität
Tagtraum

Ein Träumer will immer noch mehr

Zu viele stehen draußen an. Wer nichts hat und sich dabei bescheidet, dem wird auch noch genommen, was er hat. Nur hört der Zug nach dem, was fehlt, nie auf. Wovon geträumt wird, dessen Fehlen tut nicht weniger weh, sondern mehr. So hindert das, sich an die Not zu gewöhnen. Was immer wehtut, drückt und schwächt, soll weg.
Ein wenig nur aufzuatmen, das genügte nie lange. Vor allem lebte stets ein Träumen über den kurzen und privaten Tag hinaus. Hier geht also ein anderes an als die Lust, sich so zu putzen, zu spiegeln, wie man von seinen Herren gewünscht wird. Hier zeichnet sich ein größeres Bild in die Luft, ein wünschend überlegtes. Auch bei diesem Überlegten wurde weithin geirrt, doch mit ihm kann nicht so weithin betrogen werden. Auch läßt es sich nicht billig abspeisen, sein Wille zielt auf mehr, und dieses Mehr ist es, wonach alles, was er erlangt, schmeckt. So daß er nicht nur über die eigenen, sondern über die schlecht vorhandenen Verhältnisse insgesamt zu leben sucht. Die Sehnsucht hält ihre Kraft fest, gerade als betrogene, auch noch als eine bald hierhin, bald dorthin leerlaufende. Wie sehr erst, wenn der Weg richtig und sorgend vorwärts geht.

Grundsätzliche Unterscheidung der Tagträume von den Nachtträumen

Versteckte und alte Wunscherfüllung im Nachttraum, ausfabelnde und antizipierende in den Tagphantasien

Neigung zum Traum

Es besser haben zu wollen, das schläft nicht ein. Vom Wunsch wird man nie oder nur täuschend frei. Es wäre bequemer, diese Sehnsucht zu vergessen als sie zu erfüllen, doch zu was würde das heute führen? Die Wünsche hörten doch nicht auf, oder sie verkleideten sich in neue, oder gar: wir Wunschlosen wären die Leichen, über die die Bösen zu ihrem Siege schreiten. Es ist nicht die Zeit, um wunschlos zu sein, die Entbehrenden denken auch gar nicht daran. Sie träumen davon, daß ihre Wünsche einmal erfüllt werden. Sie träumen davon, wie die Redensart heißt, bei Tag und bei Nacht, also nicht nur bei Nacht. Das wäre auch, da Entbehren und Wünschen tagsüber am wenigsten aussetzen, zu sonderbar. Es gibt Tagträume genug, man hat sie nur nicht ausreichend beobachtet. Auch offenen Auges kann es bunt genug oder träumerisch im Innern hergehen. Wenn der Hang, das uns Gewordene zu verbessern, selbst im Schlaf nicht schläft – wie sollte er im Wachen? Wenige Wünsche sind nicht träumerisch beschwert, gerade dann, wenn sie etwas zu sich kommen. Und nun: der tagsüber Träumerische ist ersichtlich ein anderer als der Träumer in der Nacht. Der Träumerische zieht oft Irrlicht nach, kommt vom Wege ab. Aber er schläft nicht und sinkt mit dem Nebel nicht nach unten.

Träume als Wunscherfüllung

Wie das allerdings der nächtlich Träumende tut und tun muß. Dieser mag zuerst vortreten, denn immerhin, im Schlaf fängt das bunte Spiel an. Das Wort Traum kommt vom Nächtlichen her, der Träumer setzt den Schläfer voraus. Die äußeren Sinne werden blind, die Muskeln entspannen sich, das Großhirn ruht. So wichtig ist hier die Verdunklung, daß der Schlafende oft sogar nur träumt, damit er nicht erwache. Damit er nicht durch äußere oder innere Reize über die Schwelle des Bewußtseins gehoben werde. Ist der Reiz ein äußerer (etwa Klopfen oder Licht oder verschobene Lage im Bett), so wird gewünscht, er soll nicht sein. Ist er ein innerer (Durst, Hunger, Harndrang, sexuelle Erregung), so ist er selber ein Wunsch, dessen Reiz verschwinden soll. Denn jede Reizung ist unangenehm: die Lust, sagt Freud, ist »an die Verringerung, Herabsetzung oder das Erlöschen der im Seelenapparat vorhandenen Reizmenge gebunden, die Unlust aber an eine Erhöhung derselben«. Würde der Schläfer nicht träumen, so würde er durch den Reizlärm erwachen; der Traum hütet also den Schlaf, indem er Klopfen, Lichteinfall, körperliche Unruhe in sich einarbeitet. Jedoch nicht dadurch allein; es ist seit Freud ausgemacht (und das wird von ihm bleiben), daß der Traum nicht nur bloßer Schlafschutz oder Mohnwelt ist, sondern – seinem Motor wie Inhalt nach – auch noch Wunscherfüllung. Der Traum kann die Störungen überhaupt nur dadurch in sich einarbeiten, daß er ihnen den fordernden Stachel abbricht. Oder wie Freud sagt: »Die Träume sind Beseitigung schlafstörender (psychischer) Reize auf dem Weg der halluzinierten Befriedigung.« Wie bekannt, ist die eigentlichste Entdeckung Freuds diese: daß die Träume keine Schäume sind, selbstverständlich auch keine prophetischen Orakel, sondern daß sie zwischen beiden gleichsam in der Mitte liegen: eben als halluzinierte Wunscherfüllungen, als fiktive Erfüllungen einer unbewußten Wunschphantasie. Und das Thema: Träume vom besseren Leben schließt streckenweise, mit Vorsicht und Bedeutung, auch die nächtlichen Träume als Wunschträume ein; auch sie sind ein Teil (ein freilich verschobener und nicht ganz homogener) auf dem riesigen Feld des utopischen Bewußtseins.

Nämlich: sie sind der Teil, worin sehr frühe Wünsche umgehen. Worin recht altes, lange verflossenes Bilderlicht unterhalb von Ich und Großhirn erscheint. Der Nachttraum hat drei charakteristische Eigenschaften, die ihm ermöglichen, Wunschvorstellungen zu halluzinieren. Erstens ist im Schlaf das erwachsene Ich geschwächt, kann das ihm unschicklich Erscheinende nicht mehr zensieren. Zweitens blieben aus dem Wachzustand und seinem Inhalt nur noch die sogenannten Tagesreste übrig, das heißt assoziativ stark gelockerte Vorstellungen, an die sich die Traumphantasie assimiliert. Drittens ist, im Zusammenhang mit dem abgeschwächten Ich, die Außenwelt mit ihren Realitäten und praktischen Zweckinhalten blockiert. Das Ich kehrt zum Ich der Kindheit zurück, so erscheint zunächst die volle unzensurierte Triebwelt aus der Kinderzeit oder, besser gesagt: wie in der Kinderzeit. Freud betont derart: »Jeder Traumwunsch ist infantiler Herkunft, alle Träume arbeiten mit infantilem Material, mit kindlichen Seelenregungen und Mechanismen.« Sofern überdies die Gegentendenz des sinnlich Wirklichen durch die Blockade der Außenwelt aufhört, erhalten die Wunschvorstellungen psychische Kraft und psychischen Raum genug, um sich zu Halluzinationen zu steigern. Aber das moralisch, ästhetisch und auch realitätsgemäß zensierende Ich ist im Traum nur geschwächt, nicht ganz ausgeschaltet. Es zensiert auf gleichsam betrunkene Weise weiter und zwingt die halluzinierten Wunscherfüllungen, sich vor seinem Blick zu verkleiden. Daher ist fast kein Nachttraum Wunscherfüllung in bar, sondern fast jeder ist entstellt und maskiert, zeigt sich »symbolisch« verkleidet. Und der Träumende versteht das Symbolische gar nicht, in das seine Wunscherfüllung sich verkleidet; es genügt hier, daß die Unruhe der Libido in einem symbolisch entstellenden Traumbild sich betätigt und sättigt. Nur die Kinderträume entbehren der Traumentstellung, da das Kind überhaupt kein zensierendes Ich kennt. Auch sehr wollüstige Nachtträume physiologisch normaler, gleichsam zulässiger Art, etwa im Gefolge von Pollutionen, gehen einen direkten Weg, ohne nennenswerte Traumentstellung; manifester und realer Trauminhalt fallen auch hier leidlich zusammen. Doch alle anderen »anstößigen Wünsche«: die Inzestwünsche, die Todeswünsche gegen geliebte Personen und andere Elemente des Infantil-Bösen in uns greifen zur Einkleidung, um sich zu befriedigen, um sich vor der – wenn auch geschwächten – Zensur des Traum-Ichs zu verstecken. Die Umwandlung des latenten (tief unterbewußten) in den manifesten (symbolisierten) Trauminhalt nennt Freud die Traumarbeit; den entgegengesetzten Weg, den Weg zur entsymbolisierten Wunscherfüllung zurück, geht die analytische Traumdeutung. Gegen die analytische Traumdeutung besteht beim Erwachten ein Widerstand, wie er analog, in verstärkter Weise, beim Neurotiker gegen die Symptomdeutung seiner Neurose besteht; es ist der Widerstand des wiedererstarkten Tages-Ichs gegen die Aufdeckung seiner anderen Seite. Diese andere Seite pflegt beim sittenbewußten, gar korrekten Mann recht beklemmend zu sein; er ahnte darin seit alters manches, dessen er sich erwacht genierte. Dergestalt kann sich das Tages-Ich sogar für das so sehr geschwächte nächtliche verantwortlich fühlen, sobald nur ein sinnlicher Nachklang aus dem Symboltrubel übrig ist. Jean Paul bemerkt hierzu: »Fürchterlich tief leuchtet der Traum in den von uns gebauten Epikur- und Augiasstall hinein; und wir sehen in der Nacht alle die wilden Grabtiere und Abendwölfe lebendig umherstreifen, die am Tage die Vernunft in Ketten hielt.« Ja, es wurde sogar, von intakter bürgerlicher Rechtschaffenheit und ihrem Tages-Ich her, die kuriose Frage gestellt, ob dem Menschen das Gute und Böse, das er im Traum denkt und tut, moralisch anzurechnen sei. Ein Moralist und Psychologe aus der letzten Aufklärungszeit bejahte das und schloß, recht komisch, doch für den Widerstand lehrreich: »Man kann daher behaupten, daß es eine sittliche Pflicht des Menschen sei, auch in den Träumen die Reinheit der Phantasie zu bewahren, soweit dies durch Freiheit möglich ist, und daß ihm auch das Gute und Böse zugerechnet werden könne, was er im Traume sagt oder tut, sofern nämlich sein Traum durch seine Begierde erzeugt oder modifiziert ist und diese Begierden von der Freiheit abhängig sind« (Maaß, *Versuch über die Leidenschaften I*, 1805, S. 175). Wenn also schon, für ein korrektes Ich, die relativ harmlosen Traumausschweifungen der Kreatur unangenehm sind, wieviel mehr die infantil wilden, unter der symbolischen Verdeckung. Daher also der Widerstand gegen die psychoanalytische Traumdeutung, daher die Unlust, die Traumbilder zu Kriminalgeschichten seiner selbst machen zu lassen. (Eine Unlust, welche der alten, der sogenannten prophetischen Traumdeutung bezeichnenderweise nicht zustieß: Pharao freute sich an Joseph, denn Joseph durchschaute ihn nicht, die prophetische Traumdeutung ließ die Interna des Subjekts unberührt.) Aus der moralisierenden Unlust stammt vor allem eben der nächtliche Ichtrieb zur Maskerade, zur Verdeckung und Verkleidung des Trauminhalts; Hauptteil für den Freud der Libido ist freilich nur sexuelle Symbolbildung. Danach gibt es Hunderte von Symbolen für das männliche und weibliche Genitale (Dolch und Schatulle sind die Urmodelle), für den Geschlechtsverkehr (Urmodell ist das Treppensteigen). Die Schatulle kann zum Coupé werden, der Dolch zum Mond, der unwirklich nahe am Fenster steht, zur Deckenlampe im Coupé, zum Licht dieser Lampe, mit einem milden Gelb wie zerschlagener Eidotter. Der gesamte Reichtum sexueller Anspielungen und Vergleiche, wie ihn Rabelais' oder Balzacs »Contes drôlatiques« zeigen, wird vom Traum erreicht, wo nicht übertroffen; und das, fürs Bewußtsein, in allegorischer Unschuld. Balzac spricht von dem Schreiner, der die Tür seines Vorderhauses fortan geschlossen zu halten dachte, von dem Pagen, der seine Standarte schon auf königlichem Feld aufgepflanzt hatte, und so fort; alle diese Vergleiche sind auch traumhafte. Hinzu treten Bilder, die selbst dem großen pornographischen Schrifttum fehlen, nämlich abhanden gekommene; so die Symbole Holz, Tisch, Wasser fürs Weib. Sie scheinen in stammesgeschichtliche Tiefe zu gehen, in eine, wie bemerkt, auch Freud und seiner engeren Schule nicht fremde, um von C. G. Jung zu schweigen. Tisch steht eindeutig für Stube oder Haus, das Holzsymbol führt zum Stammbaum, einem sehr alten Mutterbild; auch Lebensholz, Baum des Lebens klingen daran an. Das Wassersymbol wird von Ferenczi, einem der ältesten Mitarbeiter Freuds, aufs mütterliche Fruchtwasser zurückgebracht, dann in völlig phylogenetischer »Ausschachtung« auf die geologischen Urmeere, in denen das Leben entstand. Mythengeschichtlich geht hierzu noch eine ganz anders erhaltene Sage auf, die vom Storch, der aus einem Teich die Kinder bringt; aber auch das Wasser der Tiefe erscheint, worüber der Geist Gottes brütet, selber gleich einer Henne. Der Brunnen ist ein altes Mutterbild, der Schilfteich sogar ein noch älteres, hetärisch-archaisches; Bachofen hat es ausgegraben. Wie dem auch sei, kaum ein Traum wird von Erwachsenen unverwickelt, uneingewickelt geträumt. Freud bemerkt hierzu mit schlagendem Paradox: der Träumer weiß nicht, was er weiß. Für Freud ist der manifeste Trauminhalt schlechthin nur verkleidet oder Maskenball; die Deutung wird der Aschermittwoch. Die Ichzensur ließ die Wahrheit, welche Libido und ihre Wunscherfüllung ist, nur in Narrenlarve oder scheinheilig durch die Nacht passieren; immerhin intendiert die Freudsche Traumdeutung wieder den nackten Text. Geht über die Symbole, ohne sich in sie zu verlieren, zur mehr oder minder eingesehenen Wunscherfüllung über, die so bunt verklausuliert sich äußerst. Darin ist eine Erkenntnis, auch wenn sie durch den Eng- und Mißbegriff bloßer Libido nur verzerrt auftritt. Ein Nachgeholtes wirkt jedenfalls im nächtlichen Traum, ein Gutmachen und bilderreich Gesättigtes; gleich noch, ob diese Sättigung nur mittels dieser Bilder oder in ihnen geschieht.

Angsttraum und Wunscherfüllung

Aber werden dem, der nächtlich träumt, wirklich immer Wünsche erfüllt? Es läuft doch genug gleichgültiges Zeug mit unter, das verfliegt und keinerlei Lücke auszufüllen scheint. Auch unter den starken Träumen sind die glücklichen, also wunscherfüllenden, durchaus nicht in der Mehrzahl. Neben ihnen gibt es die Angstträume, von den üblichen Prüfungsträumen bis zu ganz und gar entsetzlichen; aus diesen erwacht der Schläfer mit einem Schrei. Er war auf der Flucht vor Fratzen, die nur die Nacht kennt, aber sein Auto verwandelt sich zum Schneckenhaus, er springt ab und rennt um sein Leben, aber die Füße kleben im Grund, bald wurzeln sie fest. Freud hat selbstverständlich Schwierigkeit, auch die Nachtfurie als schenkende Fee zu deuten, dennoch ordnet er die Angstträume auf dreifache Weise in die Erfüllungstheorie ein. Erstens kann ein Traum abbrechen, dann besteht der peinliche Reiz weiter, der ihn verursacht hat, die Wunscherfüllung ist mißlungen. Zweitens kann ein Traum gerade deshalb zum Angsttraum werden, weil die Wunscherfüllung in ihm zustande kam; diese Absurdität erscheint vor allem bei unentstellten, unzensurierten Träumen. In dieser Art Angstträume wird ein dem Traum-Ich nicht genehmer, ein besonders verworfener Wunsch auf besonders unverhüllte Art befriedigt; die Angst ist dann keine der Kreatur, sondern eine des Traum-Ichs, und die Angstentwicklung vertritt die Stelle der Zensur. Auch Neurosen dieser Art, zum Beispiel die dauernde Angst, seine Eltern zu verlieren, können mit dem Wunsch danach verbunden sein. Die Phobie ist dann lediglich das sogenannte moralische dicke Ende oder der sich zur Schau stellende Katzenjammer. Drittens aber kommt Freud der Schwierigkeit geradezu ungewollt dialektisch bei, dadurch nämlich, daß er Angst und Wunsch nicht nur als harte Gegensätze faßt. Letzter Ursprung der Angst soll hiernach der Geburtsakt sein; er brachte »jene Gruppierung von Unlustempfindungen, Abfuhrerregungen und Körpersensationen, die das Vorbild für die Wirkung einer Lebensgefahr geworden sind und seitdem als Angstzustand von uns wiederholt werden«. Schon der Name Angst (angustia = Enge) betonte die Beengung im Atmen, die damals als Folge der unterbrochenen inneren Atmung eingetreten ist. Am allerwichtigsten aber sei, daß jener erste Angstzustand aus der Trennung von der Mutter hervorgegangen ist, also Verlassenheit signalisiert, Schutzlosigkeit, Preisgegebenheit. Dem ersten Angstzustand schließt sich bei Freud die sogenannte Kastrationsangst an, und diese hat ihre das ganze Leben durchziehenden moralischen

Weiterungen: »Vom höheren Wesen, welches zum Ichideal wurde, drohte einst die Kastration, und die Kastrationsangst ist wahrscheinlich der Kern, um den sich die spätere Gewissensangst ablagert, sie ist es, die sich als Gewissensangst fortsetzt.« Einleuchtender freilich ist die Erklärung der Angst aus der allerersten Verlassenheit, die sämtliche späteren psychisch präformiert, aus der Losreißung von der Mutter durch die Geburt; von daher auch die wirkliche Kinderangst, der pavor nocturnus ohne sogenannten Kastrationskomplex, die Angst vor fremden Gesichtern, Dunkelheit und dergleichen. Die Sehnsucht und Liebe des Kindes zur Mutter wird von fremden Gesichtern enttäuscht, seine »Libido« ist unverwendbar geworden, sie findet ihr Objekt nicht. So schlägt sie um und wird auch in der Erwachsenenzeit als Angst abgeführt; die Konsequenz ist danach: *alle verdrängten Wunschaffekte wandeln sich in diesem Unbewußten zu Phobien.* Ein ähnlicher Umschlag unbesetzter, objektlos gewordener Libidoaffekte findet nach Freuds Vermutung bei der Todesangst statt (entgegen dem Todestrieb), besonders bei der neurotischen, melancholischen: »Die Todesangst der Melancholie läßt nur die eine Erklärung zu, daß das Ich sich aufgibt, weil es sich vom Über-Ich gehaßt und verfolgt anstatt geliebt fühlt [...] Das Über-Ich vertritt dieselbe schützende und rettende Funktion wie früher der Vater, später die Vorsehung oder das Schicksal.« Und auch im gesunden Zustand wird die Angst vor einer übergroßen realen Gefahr um die Todesangst der Verlassenheit vermehrt; das Ich gibt sich auf, weil es die Gefahr aus eigener Kraft nicht überwinden zu können glaubt. »Es ist übrigens«, fügt Freud erinnernd hinzu, »immer noch dieselbe Situation, die dem ersten großen Angstzustand der Geburt und der infantilen Sehnsuchtsangst zugrunde lag, die der Trennung von der schützenden Mutter« (*Das Ich und das Es,* 1923, S. 76). Und es ist der gleiche Umschlag der Libido in ihr dialektisches Gegenteil, der schon bei der Kinderangst zu bemerken war, wenn der Libidoaffekt verdrängt werden mußte, weil sein Objekt, die geliebte Mutter, fehlte. Nur daß bei der Todesangst das Libidoobjekt das eigene Ich, genauer: das vom Über-Ich geliebte Ich geworden ist; eben diese (narzißtische) Besetzung hat nun aufgehört. »Der Mechanismus der Todesangst könnte nur sein, daß das Ich seine narzistische Libidobesetzung in reichlichem Ausmaß entläßt, also sich selbst aufgibt, wie sonst im Angstfalle ein anderes Objekt«; dadurch aber wird, im Umschlag, nur ungeheures Grauen frei. Libido freilich wieder, nichts als Libido die ganze Zeit (und damit das Freudsche, das nicht bleibt, es läßt sich schon sagen: nicht blieb); und mit der Libido lauter Psychologismus wieder, ohne soziale Umwelt. Reicht denn sexuelle Libido zu dieser Angsterzeugung aus, ja, ist sie überhaupt zu ihr notwendig? Kommt denn die negative Wunscherfüllung oder Angst ausschließlich von dem Subjekt her, ausschließlich vom »objektlos gewordenen Libidoaffekt«? Und gibt es nicht auch Gegenstände, Zustände, die *objekthaft* bedrohend genug sind, von Libido unbesetzt, dafür aber mit anderem besetzt genug? Der spätere Freud drückte das selber dahin aus, daß nicht die Verdrängung die Angst mache, sondern die Angst die Verdrängung; sie ist dann also vor der gestauten Libido und bildet die Stauung. Der letzte Freud statuiert gar, weit über das biologische Innen- und Anfangserlebnis des Geburtsakts hinaus, »daß eine gefürchtete Triebsituation im Grunde auf eine äußere Gefahrensituation zurückgeht« (*Neue Folge der Vorlesungen*, 1933, S. 123). Das Gefühl der Preisgegebenheit hätte ja gar keinen Inhalt, wären die fremden Gesichter, die Dunkelheit und dergleichen lediglich – Nicht-Mutter und sonst neutral. Statt dessen gibt es auch hier Hunger, Nahrungssorge, ökonomische Verzweiflung, Lebensangst, positiv und objektiv genug. Die bürgerliche Gesellschaft war bis vor kurzem tatsächlich und ist heute noch ihrer Anlage nach auf freie Konkurrenz gegründet, folglich auf ein antagonistisches Verhältnis, auch in der gleichen Klasse und Schicht. Die derart gesetzte, ja geforderte freundliche Spannung zwischen Individuen produziert unaufhörliche Angst; und diese braucht nicht erst Libido und Geburtsakt, um sich daran anzusetzen. Sie ist mit dieser Art Außenwelt genügend gesetzt, zuletzt noch mit zwei Weltkriegen in ihr. Und mit einer Angsterzeugung durch den Faschismus dazu, die kaum erst infantiles Trauma brauchte, um entbunden zu werden. Also mag zwar mancher ausgeruhte Nachttraum nach rückwärts orientiert sein, vielleicht auch mancher pavor nocturnus behüteter Kinder. Mag aus verdrängter Libido, aus objekthaft unbesetzten Liebeswünschen bestehen und so aus Angst. Aber selbst im Traum liefert, was Angst angeht, der Tag, ja die objektive Sorge des Kommenden Anlaß und Ursprung genug. Einen Ursprung, der sich auf nackte Selbsterhaltung und ihre zerfleischten, nicht bloß unbesetzten Wünsche bezieht. Besonders aber läuft wache Angst, zuhöchst Todesangst nicht erst nach rückwärts, um dort, im verschwindenden Libidoobjekt des eigenen Ichs, als der transponierten Mutter, ihre Erklärung zu finden. Gerade sie erklärt sich nicht, in der Hauptsache nicht, narzistisch-regressiv, sondern aus dem Beil, das das Leben zukünftig endet, aus dem Schmerz und Grauen objektiv erwarteter Nacht. Entließe nur das Ich sich selbst in der Todesangst und entließe es nur seine narzistische Libidobesetzung, dann würden weder Tiere ohne Ich noch sehr sachlich hingegebene, in ihr Ich unverliebte Menschen Todesangst kennen. Sind derart die Freudschen Libido-Subjektivismen der Angst unhaltbar, so bleibt doch die von ihm statuierte Zuordnung der Phobien zu verdrängten Wunschaffekten wichtig und wahr; sie ist ja auch nicht an Narzißmen, sondern am objektiven Inhalt der Wunschaffekte orientiert. Die Angst und ihre Träume mögen im Geburtsvorgang ihren ersten Erreger haben, so wie am Tod ihren letzten biologischen Inhalt. Wo Angst aber als nicht nur biologische, sondern in einer nur bei Menschen vorfindlichen Weise, vorzüglich gerade als Angsttraum, auftritt: dort hat sie wesentlich *gesellschaftliche* Blockierungen des Selbsterhaltungstriebs zur Grundlage. In der Tat ist es einzig der *vernichtete, ja der in sein Gegenteil gewandelte Inhalt* des Wunsches, der Angst, zuletzt Verzweiflung macht.

Und wie hält das der wache Träumer, wenn er recht gesprenkelt wünscht? Wenn er Salz und Pfeffer zum Wünschen braucht, auch einen Schuß Chok, nicht bloß Honig? Freud verweist selber auf ein *Ineinander* entgegengesetzter Triebgefühle, nicht bloß auf ihren Übergang. Er verweist auf gleichzeitigen »Gegensinn der Urworte«, dergestalt, daß »Angst und Wunsch im Unbewußten zusammenfallen«. Sie fallen aber zweifellos auch im Bewußtsein weithin zusammen, so beim Hypochonder, auch beim allgemeinen Schwarzseher, die beide darauf hoffen, ihre Nicht-Hoffnung erfüllt zu sehen. Und war nicht die Empfindsamkeit aus dem gleichen achtzehnten Jahrhundert, worin der Hypochonder blühte, auf dieses Mischgefühl aufgetragen, mit Trauerweiden und Tränenkrügen, mit schmerzlicher Lust am Vergehen? Erst recht entdeckte der Schauerroman, welcher zur gleichen Zeit entstand, das rätselhaft Heimliche im Unheimlichen; er lebte von einem Wunschzuhause unter Schatten, von Heimat auf Kreuzwegen, im Nachtgrauen. Dergleichen bereits zeigt *Wunscherfüllungsphantasien der Angst,* zeigt einen Gesichtertausch zwischen Wunsch und jener Qualität von Angst, die durch die auf sie gerichtete Hoffnung, ja, die als vertrackter, sogar positiver Hoffnungsinhalt selber überschauend geworden ist. Es ist diese unglatte, nicht ganz geheure Wunscherfüllung, welche auch in höheren Regionen bloßes Rosenrot verhindert, mindestens erschwert. Ein Stück Schwärze kommt hinzu, vertieft die Farben, macht in allzu übersichtliches, also fades Glück Dissonanz, markiert eine Wunschhöhe als ebenso abgründige. Viele zu Ende getriebene Gefühlsaussagen verstanden sich auf dieses Ineinander der Betroffenheit, bis hin zum sogenannten süßen Grauen in Wagners Ring des Nibelungen, in der Exhibition dieses neurasthenisch-kolossalen Kunstwerks. Und so gilt selbst für den Nachtmahr wie erst für die Wiese unter dem Brunnen und ihre Symbole: jeder Traum ist Wunscherfüllung.

Eine Hauptsache:
Der Tagtraum ist keine Vorstufe des nächtlichen Traums

Doch eben, die Menschen träumen nicht nur nachts, durchaus nicht. Auch der Tag hat dämmernde Ränder, auch dort sättigen sich Wünsche. Anders als der nächtliche Traum zeichnet der des Tages frei wählbare und wiederholbare Gestalten in die Luft, er kann schwärmen und faseln, aber auch sinnen und planen. Er hängt auf müßige Weise (sie kann jedoch der Muse und der Minerva nahe verwandt werden) Gedanken nach, politischen, künstlerischen, wissenschaftlichen. Der Tagtraum kann Einfälle liefern, die nicht nach Deutung, sondern nach Verarbeitung verlangen, er baut Luftschlösser auch als Planbilder und nicht immer nur fiktive. Sogar noch in der Karikatur hat der Träumerische ein anderes Gesicht als der Träumende: er ist dann Hans-guck-in-die-Luft, also keineswegs der Nachtschläfer mit geschlossenen Augen. Einsame Spaziergänge oder schwärmerisches Jugendgespräch mit einem Freund oder die sogenannte blaue Stunde zwischen Tag und Dunkel sind für die Wachträumerei besonders geeignet. Der Bericht über kleine Tagträume, mit dem dieses Buch begann, gab ja von leichteren, auch bloß erst inwendigen Bildern dieser Art einen kurzen Überblick; nun gilt es, die Struktur der Sache, wie ihre Weiterungen, zu erforschen, damit gerade ihre, wie man sehen wird, gewaltigen Weiterungen: die der Hoffnung überhaupt im subjektiven Faktor, verstanden werden. Wurde doch, erstaunlicherweise, die Tagphantasie bisher kaum als originärer Zustand psychologisch ausgezeichnet, auch nicht als eigene Art Wunscherfüllung, mit viel bloßem wishful thinking, doch nicht ausgeschlossener Schärfe, ja Verantwortlichkeit gerade des thinking. Psychoanalyse aber wertet die Tagträume den Nachtträumen völlig gleich, sieht in ihnen lediglich anfangende Nachtträume. Freud bemerkt hierzu: »Wir wissen, solche Tagträume sind Kern und Vorbilder der nächtlichen Träume. Der Nachttraum ist im Grund nichts anderes als ein durch die nächtliche Freiheit der Triebregungen verwendbar gewordener, durch die nächtliche Form der seelischen Tätigkeit entstellter Tagtraum« (*Vorlesungen*, 1935, S. 417). Und vorher, an gleicher Stelle: »Die bekanntesten Produktionen der Phantasie sind die sogenannten Tagträume, vorgestellte Befriedigungen ehrgeiziger, großsüchtiger, erotischer Wünsche, die um so üppiger gedeihen, je mehr die Wirklichkeit zur Bescheidung oder zur Geduldung mahnt. Das Wesen des Phantasieglücks, die Wiederherstellung der Unabhängigkeit der Lustgewinnung von der Zustimmung der Realität, zeigt sich in ihnen unverkennbar.« Psychoanalyse freilich, die alle Träume nur als Wege zu Verdrängtem achtet, Realität nur als die der bürgerlichen Gesellschaft und ihrer vorhandenen Welt kennt, mag die Tagträume konsequent als bloße Vorstufe zu nächtlichen bezeichnen. Der mit Tagträumen versehene Dichter ist dem Bourgeois ohnehin nur der Hase, der mit offenen Augen schläft, und das in einem bürgerlichen Alltag, der sich als Maß alles Wirklichen vorkommt und anwendet. Wird aber dieses Maß sogar für die Bewußtseinswelt bestritten, wird sogar der nächtliche Wunschtraum nur als verschobener und nicht ganz homogener Teil auf dem riesigen Feld einer noch offenen Welt und ihres Bewußtseins geachtet, dann ist der Tagtraum *keine Vorstufe* zum Nachttraum und durch diesen nicht erledigt. Nicht einmal in Ansehung seines klinischen Inhalts, geschweige seines künstlerischen, seines vorscheinenden, fronthaft antizipierenden. Denn Nachtträume speisen sich allermeist aus zurückliegendem Triebleben, aus vergangenem, wo nicht archaischem Bildermaterial, und es geschieht nichts Neues unter ihrem bloßen Mond. Also wäre es absurd, Tagträume: als jene Vorgriffe der Einbildungskraft, die man seit alters zwar gleichfalls Träume, doch ebenso Vorauseilungen, Antizipationen nennt, unter den Nachttraum zu subsummieren oder ihm gar nachzusetzen. *Das Luftschloß ist keine Vorstufe zum nächtlichen Labyrinth, eher liegen noch die nächtlichen Labyrinthe als Keller unter dem täglichen Luftschloß*. Und die angebliche Gleichheit des Phantasieglücks hier wie dort, als »Wiederherstellung der Unabhängigkeit der Lustgewinnung von der Zustimmung der Realität«? Schon mehr als ein Tagtraum hat, bei genügender Tatkraft und Erfahrung, die Realität zu dieser Zustimmung *umgearbeitet*; wogegen Morpheus nur die Arme hat, worin man ruht. Also verlangt der Tagtraum spezifische Auswertung, denn er geht in ein ganz anderes Gebiet und öffnet es. Er reicht vom Wachtraum bequemer, läppischer, roher, fluchthafter, abwegiger und lähmender Art bis zum verantwortlichen, scharf-tätig in die Sache eingesetzten und zum gestalteten der Kunst. Vor allem zeigt sich: die »Träumerei« kann zum Unterschied vom nächtlich üblichen »Traum« gegebenenfalls Mark enthalten und statt des Müßiggangs, ja der Selbstentnervung, die es gewiß hier gibt, einen unermüdenden Antrieb, damit das Vorgemalte auch erreicht werde.

Erster und zweiter Charakter des Tagtraums: freie Fahrt, erhaltenes Ego

Erstens hat es der wache Traum an sich, nicht drückend zu sein. Er steht in unserer Macht, das Ich startet eine Fahrt ins Blaue, stellt sie ein, wann es will. So entspannt der Träumer hier auch sein mag, er wird von seinen Bildern nicht verschleppt und überwältigt, sie sind dazu nicht selbständig genug. Die wirklichen Dinge erscheinen zwar gedämpft, sie werden oft entstellt, doch sie verschwinden vor den erwünschten, selbst noch subjektiven Bildern nie ganz. Und die Tagtraum-Bilder sind normalerweise nicht halluziniert; so kommen sie von der weitesten Ausschweifung auf einen Wink wieder zurück. Kein Bann ist in diesem Zustand, mindestens keiner, den der Tagträumer nicht sich freiwillig aufgelegt hat und den er widerrufen könnte. Auch wird das wache Traumhaus mit lauter selbstgewählten Vorstellungen eingerichtet, während der Einschlafende nie weiß, was ihn hinter der Schwelle zum Unterbewußtsein erwartet. Zweitens ist das Ego im Tagtraum lange nicht so geschwächt wie im Nachttraum, trotz der Entspannung, die auch hier statthat. Selbst in der passivsten Form, wo das Ich seinen Träumereien lediglich nachhängt oder nachsieht, sieht es ihnen recht intakt nach, bleibt im Zusammenhang seines Lebens und seiner Wachwelt. Das Nachttraum-Ich dagegen ist spaltbar, oft gar wie Brei; es spürt keinen Schmerz, es stirbt nicht, wenn es den Tod erleidet. Ja die Verschiedenheit des Ich-Seins im Nacht- und im Tagtraum ist so groß, daß gerade die Entspannung an der auch das Tagtraum-Ich teilnimmt, ihm subjektiv zum Gefühl einer, wie immer fragwürdigen, Erhöhung ausschlagen kann. Denn das Ich wird sich dann sich selber zu einer Wunschvorstellung, zu einer von Zensur befreiten, es nimmt selber am Grünlicht der Lockerung teil, die für alle anderen Wunschvorstellungen aufgegangen zu sein scheint. Die Entspannung des Ichs im Nachttraum ist nur Versinken, die im Tagtraum dagegen Aufsteigen mit dem allgemeinen Schwarm-Aufstieg. Derart sind sogar die *Drogen* verschieden, die künstlich die beiden Genera Traum hervorrufen; das heißt, selbst pharmakologisch, innerhalb der künstlich erregenden Phantastica, differiert noch die Phantasie des schlafenden Großhirns, mit seiner Ichverdunklung, von der des Tags. Und zwar so: das *Opium* erscheint dem Nachttraum zugeordnet, das *Haschisch* dem in Freiheit schweifenden, schwärmenden Tagtraum. Auch im Haschischrausch wird das Ego wenig alteriert, weder das individuelle Naturell noch sein Verstand werden hier eingezogen. Die Außenwelt ist zwar ziemlich abgeriegelt, doch keineswegs wie im Schlaf, gar Opiumschlaf ganz, sondern nur insoweit, als sie zu den erscheinenden Bildern nicht paßt, als ihre Dreinrede nur dumm erscheint, mitleiderregend dumm. Wogegen umgkehrt eine Außenwelt, die in die Phantasie greift und dem Niveau des Parnasses oder auch Narrenparadieses zu entsprechen scheint, wie Gärten, Schlösser, alt-schöne Straßen, zur Belebung des Haschischtraums sogar besonders geeignet ist. Die schiitische Sekte der Haschaschin oder Assasinen, diese religiöse Mördersekte des arabischen Mittelalters, mit dem Scheich vom Berge an der Spitze, führte die Jünglinge, die zu einer Bluttat ausgewählt waren, durchaus offenen Auges, trotz dem Haschischrausch, in die glänzenden Gärten des Scheichs, in einen Überfluß sinnlichen Vergnügens. Und die Haschischbilder schlossen sich genau an diese Außenwelt an, als eine dem Wachtraum gemäße, übersteigerten sie freilich so über jedes irdische Maß, daß die Jüngliche mit dem Utopiegift im Leib, einen Vorgeschmack des Paradieses zu empfinden glaubten; daß sie bereit waren, ihr Leben für den Scheich einzusetzen, um das wirkliche Paradies zu gewinnen. Haschischträume modernerer Versuchspersonen werden angegeben als von bezaubernder Leichtigkeit, eine Art Elfengeisterweise fehlt ihnen nicht, der Asphalt der Straße verwandelt sich in ausgespannte blaue Seide, beliebige Passanten lassen sich zu Dante und Petrarca umbilden, anachronistisch in Gespräch vertieft, kurz, die Welt wird dem begabten Haschischträumer ein Wunschkonzert. Auch noch andere Art von Leichtigkeit fehlt dem Haschischrausch nicht: »Verworrene Pläne, deren Klärung bisher unmöglich schien, glaubt das Individuum entworren vor sich und der Verwirklichung entgegengehen zu sehen« (Lewin, *Phantastica,* 1927, S. 159 ff.). Auch Größenwahn stellt sich vorübergehend ein, vorweggenommene Leistung, fast wie in Paranoia. Ganz anders nun der Opiumrausch, der gänzliche Schlaf von Ego und Außenwelt; hier ist nichts als Nachttraum, bis auf den Boden. Statt imaginierter Erhöhung des Ichs, utopistisch dirigierter Erleichterung der Umwelt ist im Opiumrausch alles versunken. So öffnet sich einzig ein Raum aus verhängtem, besonders unentwirrtem Unterbewußtsein: Weib, Wollust, Höhle, Fackel, Mitternacht drängen durcheinander, meist in schwerer, gepolsterter Luft. Primär wirkt Vergessenheit im Opium, nicht Licht; die Nacht ist es, die dem Morpheus, auf antiken Gemmen, den Mohn des Opiums austeilt. Mohnsamen lag in den Händen chthonischer Priesterinnen, zur Betäubung des Schmerzes, in den Mysterien der Ceres wurde Lethe gereicht, als dieses Opiumwasser der Vergessenheit, Isis-Ceres selber wird von der Spätantike dargestellt mit Mohnköpfen in der Hand. Wenn Baudelaire die Rauschgegenden des Opium und Haschisch gleichmäßig »paradis artificiels« nennt, so ist und bleibt unter diesen verruchten Entzückungen die durch Haschisch doch die einzige dem Wachtraum pathologisch zugeordnete. So viel zur Illustrierung eines Unterschieds selbst noch von den Entnervungen her, von denen des Morpheus hier, des Phantasus dort.

Also findet sich das Ich im wachen Traum recht lebhaft, auch strebend vor. Es ist besonders eng und grundfalsch, wenn Freud über die Tagträume bemerkt, sie seien alle solche von Kindern, sie seien nur mit einem unerwachsenen Ich versehen. Wohl wirken in ihnen Erinnerungen an ein mißhandeltes Kinder-Ich gegebenenfalls mit, auch infantile Minderwertigkeitskomplexe, aber sie machen nicht den Kern aus. Der Träger der Tagträume ist erfüllt von dem bewußten, bewußt bleibenden, wenn auch verschiedengradigen Willen zum besseren Leben, und Held der Tagträume ist immer die eigene erwachsene Person. Als Cäsar in Gades vor der Bildsäule Alexanders stand und, gänzlich voll Tagtraum, ausrief: »Vierzig Jahre, und noch nichts für die Unsterblichkeit getan!«, war das Ego, das so reagierte, nicht das des kindlichen, sondern des gewordenen, ja künftigen Cäsar. So wenig regredierte damals das Ich, daß sich sagen läßt: in diesem Unsterblichkeitstraum wurde der uns bekannte Cäsar überhaupt erst geboren. Das Ego ist hier allemal in erwachsener Kraft, als erwachsene Einheitserfahrung bewußter seelischer Vorgänge erhalten; mehr noch: es ist das Leitbild dessen da, was ein Mensch utopisch sein und werden möchte. Gerade in diesem Punkt ist es vom Nachttraum-Ich, erst recht vom völlig alterierten, abgesetzten des Opiumtraums verschieden. Bleibt doch, wie erinnerlich, das Nachttraum-Ich bei Freud nur noch so weit vorhanden, daß es die halluzinierten Wunscherfüllungen zwingt, sich vor seinem Blick zu verkleiden; es übt derart moralische Zensur aus, wenn auch lückenhafte. Das Ich des Wachtraums dagegen ist weder abgesetzt, noch übt es Zensur gegen seine oft unkonventionellen Wunschinhalte. Konträr: Die Zensur ist hier nicht bloß geschwächt und lückenhaft wie im Nachttraum, sondern sie hört, trotz völliger Ungeschwächtheit des Tagtraum-Ichs und eben wegen ihrer, völlig auf, hört eben wegen der Wunschvorstellung auf, die das Tagtraum-Ich selber ergreift und es gerade stärkt, mindestens aufdonnert. Tagträume also haben überhaupt keine Zensur durch ein moralisches Ego, wie der Nachttraum; vielmehr: ihr utopistisch übersteigertes Ego baut sich und das Seine als Luftschloß in ein oft verblüffend unbeschwertes Blau. Das zeigt sich bei privat-rohen Träumereien gerade besonders deutlich und jedenfalls viel sichtbarer als bei denen des überlegten Plans, gar Zukunft-Weges. Der kleine Mann, der seine Rachewünsche stillt oder der seiner sonst leidlich geliebten Frau den Tod insofern wünscht, als er mit einer jüngeren im Wunschtraum unverhohlen Hochzeitsreise macht, spürt keine Gewissensbisse. Er büßt keine Lust, er entwickelt auch, bei der imaginierten Erfüllung solch verworfener Wünsche, keine Angst, als Ersatz der Zensur. Erst recht läßt ein ehrgeiziger Träumer seinen Wünschen freien Lauf, er fliegt mit ausgespreiteten Flügeln zum Tempel des Nachruhms empor, ob er nun ein Cäsar ist oder, wie meist doch, ein Spiegelberg. Auch er spürt keine Zensur, vom Hindernis der äußeren Verhältnisse abgesehen, nicht einmal die Zensur der Komik, geschweige die einer Ikarus- oder Prometheus-Angst. Hemmungslos wohnen im noch so durchschnittlichen Wachtraum Circe, die die Menschen in Schweine, König Midas, der die Welt in Gold verwandelt – stets mit auffallendem Dispens von Verhaltensregeln, mit desto auffallenderem, als der Bezug zur Außenwelt hierbei keineswegs, wie beim Nachttraum, abgeblendet ist. All dies Überholende ist aber nur möglich wegen des unalterierten Wachtraum-Ego und genauer wegen der bemerkten *utopisierenden Stärkung*, die das Tagtraum-Ich sich selbst und dem ihm Gemäßen hinzubringt. Eben auch hinzubringen muß, wo immer der Tagtraum sich nicht mit Chimären wie Circe und Midas, gar mit privaten Exzessen ausgibt, sondern zur gemeinsamen verbindlichen Steigerung kommt: eine bessere Welt zu malen. Wie erst, wenn ein solcher Tagtraum zum Ernst übergeht, der ihm zugeordnet ist, zum klug-erfahrenen Plan. Hierzu ist am wenigsten alteriertes Ego zuständig, wie im Nachtrausch, sondern eines mit gespannten Muskeln und konkretem Kopf. Mit Erweiterungswillen im Kopf, als einem obengehaltenen, der sich auf Umsicht versteht.

Dritter Charakter des Tagtraums: Weltverbesserung

Das Ich des wachen Traums mag so weit werden, daß es andere mit vertritt. Damit ist der dritte Punkt erreicht, der Tag- und Nachtträume unterscheidet: menschliche Breite unterscheidet sie. Der Schläfer ist mit seinen Schätzen allein, das Ego des Schwärmers kann sich auf andere beziehen. Ist das Ich dergestalt nicht mehr introvertiert oder nicht nur auf seine nächste Umgebung bezogen, so will sein Tagtraum öffentlich verbessern. Selbst noch privat verwurzelte Träume dieser Art wenden sich aufs Inwendige nur an, indem sie es in Gemeinschaft mit anderen Egos verbessern wollen; indem sie vor allem den Stoff dazu aus einem ins Vollkommene geträumten Außen nehmen. So lehrreich bei Rousseau, im vierten Buch seiner Konfessionen: »Ich erfüllte die Natur mit Wesen nach meinem Herzen; ich schuf mir ein goldenes Zeitalter nach meinem Geschmack, indem ich mir die Erlebnisse früherer Tage, an welche sich süße Erinnerungen knüpften, ins Gedächtnis zurückrief und mit lebendigen Farben die Bilder des Glücks ausmalte, nach denen ich mich sehnen konnte. Ich stellte mir Liebe und Freundschaft, die beiden Ideale meines Herzens, in den entzückendsten Gestalten vor und schmückte sie mit allen Anziehungen des Weibs.« So treten selbst aus dem schwimmenden Nebel des Phantasma Gestalten hervor, die das Ego in ihren Kreis ziehen als in einen besseren äußeren, in einen, worin Millionen umschlungen werden. Weltverbesserungsträume insgesamt suchen Auswendigkeit ihrer Innerlichkeit, sie ziehen als extravertierter Regenbogen oder überwölbend auf. An dieser Stelle wiederholt sich zugleich die unterschiedene Zuordnung von Nacht- und Tagtraum, die oben an *Opium* und *Haschisch* erschienen war; und zwar wiederholt sie sich in Psychosen. Das Mohnhafte des Nachttraums zeigt sich entsprechend in der *Schizophrenie*, als einer Regression, das Haschischhafte in der *Paranoia*, als einem Projektenwahn. Zwar sind diese beiden so benannten Erkrankungen nicht scharf getrennt zu halten, ihre Eigenschaften fließen zuweilen ineinander. Beide sind extreme Abkehrungen von der gegenwärtigen oder zurhandenen Wirklichkeit, die Schizophrenie allerdings ist förmliche Abspaltung von ihr, mit verschüttetem Rückweg. Der Schizophrene läßt die Welt los, geht auf den autistisch-archaischen Zustand der Kindheit wieder zurück; der Paranoiker aber bezieht aus diesem Zustand immerhin viele seiner durchaus nicht weltabgewandten, sondern weltverbessernden Wahnbilder. Oft endet freilich Paranoia in Schizophrenie; trotzdem: zwischen beiden Erkrankungen besteht ein unverwechselbarer, ein durchs Utopische bezeichenbar gewordener Unterschied der Richtung. Ist Psychose insgesamt ein unfreiwilliges Nachgeben des Bewußtseins gegenüber einem Einbruch des Unbewußten, so zeigt das paranoisch Unbewußte, zum Unterschied vom schizophrenen, jedenfalls utopistische Ränder. Der Schizophrene unterliegt wehrlos überkommenen Mächten, ist durchaus gebannt, steht mit den Regredierungen seines Wahns in archaischer Urzeit und malt, reimt, stottert aus ihrem verschollenen Traum; der Paranoiker dagegen reagiert auf die überkommenen Mächte mit Querulantentum und Verfolgungswahn, er bricht sie zugleich durch abenteuerliche Erfindungen, Sozialrezepte, Himmelsstraßen und dergleichen mehr. Verwandte Unterschiede des Abwärts oder Aufwärts, der Verdunklung oder Überhellung scheinen auch dort zu wirken, wo das Abwärts oder Aufwärts des neurotischen Bewußtseins ins Rasende übergehen. Wo also das Regredieren zum Außersichsein der Ekstase aufkocht, das Projektieren zum Übersichsein der Entzückung. Jamblichos, der syrische Neuplatoniker, der sich im falschen Bewußtsein der Besessenen auskannte, bekundet in seiner Schrift über die Mysterien von dieser Art Abwärts und Aufwärts folgendes: »Ganz mit Unrecht hat man angenommen, daß auch die Entzückung durch Einwirkung der Dämonen erreicht werden kann. Letztere bringen nur Ekstasen zustande, die Entzückung (Enthusiasmus) aber ist das Werk der Götter. Daher ist sie durchaus nicht Ekstase, vielmehr, Entzückung ist eine Wendung zum Guten, während Ekstase ein Fallen nach dem Bösen hin ist *(De mysteriis II, 3).* Das sind wüste und mythologische Deutungen, doch das, was ihnen zugrunde liegt, wiederholt gerade auch im religiös-parapsychischen Feld die verschiedene Bedeutungsrichtung von Schizophrenie und Paranoia. Kurz, bezeichnet Schizophrenie die Erkrankung (abgeblendete Übersteigerung) der archaisch regredierenden Akte, so leistet Paranoia das gleiche an den utopisch progredierenden, besonders aber an der Tendenz des Wachtraums zur Weltverbesserung. Weshalb es so viele dieser Irren unter Projektemachern gegeben hat und immerhin einige unter den großen Utopisten. Ja fast jede Utopie, ob medizinische, soziale oder technische, hat paranoische Karikaturen; auf jeden wirklichen Bahnbrecher kommen Hunderte von phantastischen, unwirklichen, irren. Könnte man die Wahnideen abfischen, die in der Aura der Irrenanstalten schwimmen, so fände man neben der durch C. G. Jung allzu berühmt gewordenen Archaik der Schizophrenie die erstaunlichsten Vorgestalten aus Paranoia. Und unter ihnen finden sich keinerlei brütende Nachtsymbole, von der Art wie ein Herz im Weiher, ein Kreuzigungsbrunnen und andere gemalte oder gedichtete Altertümer aus der Schizophrenie, sondern neue Zusammenfügungen, Weltveränderungen, Projektemachereien nach vorwärts, kurz, feurige Eulen einer verrückten, doch voll Morgenrot glimmenwollenden Minerva. Selbst in so großer Erkrankung also zeigt sich noch, was es mit dem Wachtraum, in seiner spezifischen Weltverbesserung, auf sich hat. Als Verrücktheit macht er feurige Eulen, als Märchen malt er arabische Feenpaläste in die Welt, aus Gold und Jaspis.

Dem wachen Traum als weitem ist es ferner wichtig, sich nach außen hin mitzuteilen. Er ist dazu fähig, wogegen der Nachttraum, wie jedes allzu private Erlebnis, nur schwer erzählt werden kann, so erzählt, daß auch der Hörer den besonderen Gefühlston der Sache mitgeteilt erhält. Dagegen sind die Tagträume wegen ihrer Offenheit verständlich, wegen ihrer allgemein interessierenden Wunschbilder kommunizierbar. Die Wunschbilder setzen hier sogleich äußere Gestalt, in einer besser geplanten Welt oder auch in einer ästhetisch gesteigerten, in einer ohne Enttäuschung. Freud selber gibt an diesem Punkt den Tagträumen einen eigenen Akzent, sie werden, wider die Abrede, neben der Vorstufe des Nachttraums nun noch auch zu einer der Kunst: »Sie sind das Rohmaterial der poetischen Produktion; denn aus seinen Tagträumen macht der Dichter durch gewisse Umformungen, Verkleidungen und Verzichte die Situationen, die er in seine Novellen, Romane, Theaterstücke einsetzt« (*Vorlesungen*, 1922, S. 102). Freud hat an dieser Stelle die Wahrheit des Utopisch-Kreativen, des ins gute Neue gerichteten Bewußtseins, gestreift; doch der bloße, bei Freud sogleich folgende Verdünnungsbegriff »Sublimierung« machte die Psychologie des Neuen wieder unkenntlich. Der Tagtraum in seiner Gemeinsamkeit erstreckt sich aber wie in die *breite, so in die tiefe Weite,* in die nicht sublimierte, sondern konzentrierte, in die der utopischen Dimensionen. Und diese setzt die bessere Welt ohne weiteres auch als die schönere, im Sinne vollendeter Bilder, wie die Erde sie noch nicht trägt. Planend oder gestaltend werden in Not, Härte, Roheit, Banalität Fenster geschlagen, weithinblickende, lichtvolle. *Der Tagtraum als Vorstufe der Kunst* intendiert so besonders sinnfällig Weltverbesserung, hat diese als kerngesund-reellen Charakter: »Voran, gesenkten Blicks, das Leid der Erde. Verschlungen mit der Freude Traumgestalt«: so kennzeichnet Gottfried Keller im *Poetentod* die Gefährten des Dichters, samt Phantasie und ihrem Witz. Kunst enthält vom Tagtraum her dieses utopisierende Wesen, nicht als leichtsinnig vergoldendes, sondern als eines, das ebenso Entbehrung in sich hat und das, wenn diese von Kunst allein gewiß nicht überwunden, so in ihr auch nicht vergessen, sondern umschlungen wird von der Freude als kommender Gestalt. Der Tagtraum geht in die Musik und hallt in ihrem unsichtbaren, doch zur Welterweiterung gehörigen Haus, nun ist er in ihr, als dynamischer wie als ausdrucksvoller. Er setzt sämtliche Figuren des Überschreitens, vom edlen Räuber bis zu Faust, sämtliche Wunschsituationen und Wunschlandschaften, von Aurora in Öl bis zu den symbolhaften Zirkeln des Paradiso. Menschen, Situationen werden kraft des zu Ende reitenden Tagtraums in großer Kunst selber bis an ihr Ende getrieben: das Konsequente, ja objektiv Mögliche wird sichtbar. Bei realistischen Dichtern werden solche objektiven Möglichkeiten in der von ihnen dargestellten Welt ganz deutlich. Das, indem die Natur nicht etwa phantastisch gemacht wird, wohl aber, indem durch Phantasie, als einer konkret bezogenen und vorauseilenden, jener Traum von einer Sache in Natur und Geschichte kenntlich gemacht wird, den die Sache von sich selber hat und der zu ihrer *Tendenz* wie zum Austrag ihres *Totum* und *Wesens* gehört. Wo extravertierte Phantasie gänzlich fehlt, wie bei Naturalisten und denen, die Engels »Induktionsesel« nannte, da erscheinen freilich nur matters of fact und Oberflächenzusammenhänge. So ist überall Wachtraum mit Welterweiterung, als *tunlichst exaktes Phantasieexperiment der Vollkommenheit* dem ausgeführten Kunstwerk vorausgesetzt; ja nicht nur dem Kunstwerk. Zuletzt kommt auch die Wissenschaft über den Oberflächenzusammenhang nur durch eine Antizipation hinaus, durch eine – wie sich von selbst versteht – spezifischer Art. Diese kann lediglich aus den sogenannten heuristischen »Annahmen« bestehen, die sich ein Bild der ganzen Sache, noch außerhalb der Details, in reinem

Umriß vor Augen stellen. Doch kann auch ein vollkommener Wachtraum von harmonischem Naturzusammenhang voranstehen: Kepler intendierte solche Weltvollkommenheit, und er entdeckte die planetarischen Bewegungsgesetze. Die Wirklichkeit dieser Gesetze entsprach dem sphärenharmonischen Vollkommenheitstraum zwar gewiß nicht; immerhin: der Traum ging voraus, war der Überschlag einer harmonisch völlig geordneten Welt. Dergleichen ist der Regression des Nachttraums so fern wie möglich; denn dieser zeigt, in seiner Versenkung und Archaik, einzig prälogische Bilder, als Kategorien einer längst verflossenen Gesellschaft, keine eines rationalen Kosmos. Vorwegnahmen und Steigerungen, die sich auf Menschen beziehen, sozialutopische und solche der Schönheit, gar Verklärung sind erst recht nur im Tagtraum zu Hause. Vorab das revolutionäre Interesse, mit der Kenntnis, wie schlecht die Welt ist, mit der Erkenntnis, wie gut sie als eine andere sein könnte, braucht den Wachtraum der Weltverbesserung, ja es hält ihn ganz und gar unheuristisch, ganz und gar sachgemäß, in seiner Theorie und Praxis fest.

Vierter Charakter des Tagtraums: Fahrt ans Ende

Viertens versteht es der wache, also offene Traum, nicht, entsagend zu sein. Er lehnt es ab, fiktiv satt zu werden oder auch nur Wünsche zu vergeistigen. Die Tagphantasie startet wie der Nachttraum mit Wünschen, aber führt sie radikal zu Ende, will an den Erfüllungsort. Zwei typische Tagträume von Dichtern gehören hierher; denn sie setzen, aller Schwäche und Flucht ungeachtet, diesen Ort recht prototypisch. Die zwei Tagträume, übrigens von stillen Dichtern, gehören desto eher hierher, als sie eine Ankunft intendieren, nicht nur eine weltverbessernde Schweifung. Der eine stammt aus der Kindheit Clemens Brentanos, der andere aus der Jugend Mörikes und enthält bereits alle Keime einer poetischen Ideallandschaft. Nachdem Brentano mit seiner Schwester Bettina und anderen Kindern sich auf dem Frankfurter Dachboden ein Königreich errichtet hatte mit Namen Vaduz, war es, wie Brentano sagt, eine Vertreibung aus dem Paradies, als er später erfuhr, daß ein Vaduz wirklich existiere und daß es die Hauptstadt des Fürstentums Liechtenstein sei. Da tröstete aber Goethes alte

Mutter: »Laß dich nicht irre machen, glaub du mir, dein Vaduz ist dein und liegt auf keiner Landkarte und alle Frankfurter Stadtsoldaten und selbst die Geleitsreiter mit dem Antichrist an der Spitze können es dir nicht wegnehmen [...] Dein Reich ist in den Wolken und nicht von dieser Erde und so oft es sich mit derselben berüht, wird's Tränen regnen, ich wünsche einen gesegenten Regenbogen.« Der Bericht Mörikes, den unmittelbaren Übergang von Tagphantasie in Dichtung betreffend, findet sich in seinem Roman *Maler Nolten* und lautet, als transponierte Autobiographie, folgendermaßen: »Ich hatte in der Zeit, da ich noch auf der Schule studierte, einen Freund, dessen Denkart und ästhetisches Bestreben mit dem meinigen Hand in Hand ging; wir trieben in den Freistunden unser Wesen miteinander, wir bildeten uns bald eine eigene Sphäre von Poesie [...] Lebendig, ernst und wahrhaft stehen sie noch alle vor meinem Geiste, die Gestalten unserer Einbildung, und wem ich nur einen einzigen Strahl der dichterischen Sonne, die uns damals erwärmte, so recht golden, wie sie war, in die Seele spielen könnte, der würde mir wenigstens ein heiteres Wohlgefallen nicht versagen, er würde selbst dem reiferen Manne es verzeihen, wenn er noch einen müßigen Spaziergang in die duftige Landschaft dieser Poesie machte und sogar ein Stückchen alten Gesteins von der geliebten Ruine mitbrächte. Wir erfanden für unsere Dichtung einen außerhalb der bekannten Welt gelegenen Boden, eine abgeschlossene Insel, worauf ein kräftiges Heldenvolk gewohnt haben soll. Die Insel hieß Orplid, und ihre Lage dachte man sich im Stillen Ozean zwischen Neuseeland und Südamerika.« Soweit hier Brentanos auf dem Kinder-Dachboden gegründetes Vaduz, Mörikes weithin vertragenes Orplid. Die bloße Zuordnung des Tagtraums zu Nachtgespinst oder auch zur Kunst als einer Spielerei wird solchen oder ähnlichen Phantasielandungen am wenigsten gerecht. Denn sie sieht nur Sublimierungen in ihnen oder auch archaische Rückkehr, statt versuchter Artikulierung eines utopischen Hoffnungsinhalts. Auch entspricht diesen Inhalten bei einem Freud gar nichts in der Außenwelt (die der Spätbourgeoisie in der Tat als bleierne Nüchternheit und Nichtigkeit erscheinen muß); Kunst insgesamt ist Schein, Religion insgesamt Illusion. Was dem Tagtraum, besonders in der Fahrt ans Ende, wesentlich ist: Ernst eines Vor-Scheins von möglich Wirklichem, das wird ihm hier fast bestimmter als dem immerhin symptomhaften Nachttraum versperrt. Die bürgerlich übliche schlechthinnige Illusionstheorie des Tagtraums läßt in ihm wie um ihn nur den Spielraum für Infantilismen und Archaismen schöner Spielerei: »In der Phantasietätigkeit genießt also der Mensch die Freiheit vom äußeren Zwang weiter, auf die er in Wirklichkeit längst verzichtet hat [. . .] Die Schöpfung des seelischen Reiches der Phantasie findet ihr volles Gegenstück in der Einrichtung von Schonungen, Naturschutzparks dort, wo die Anforderungen des Ackerbaus, des Verkehrs und der Industrie das ursprüngliche Gesicht der Erde rasch bis zur Unkenntlichkeit zu verändern drohen. Der Naturschutzpark erhält diesen alten Zustand, welchen man sonst überall mit Bedauern der Notwendigkeit geopfert hat. Alles darf darin wuchern und wachsen, wie es will, auch das Nutzlose, das Schädliche. Eine solche dem Realitätsprinzip entzogene Schonung ist auch das seelische Reich der Phantasie« (Freud, *Vorlesungen*, 1922, S. 416). Wäre Kunst überall und allezeit dasselbe wie bloße formale oder unverpflichtende Betrachterei vom Fauteuil her, also wie schonender Kunstgenuß, dann wäre die Lehre vom Naturschutzpark vielleicht in Ordnung; und eine Art Narrenfreiheit, zum Zweck der Lusterzeugung, käme – vom Nachtklub bis zur Nationalgalerie – hinzu. Aber auch das Bürgertum war nicht immer nur dem kontemplativen Parkett verschworen, es hatte einmal von ästhetischer Erziehung des Menschen geträumt, mithin von Kunst, die ergreift, ja angreift, und von einem Morgentor des Schönen. Wie wenig hat erst der sozialistische Realismus mit philisterhaftem Kunstgenuß gemein, gar mit einer »dem Realitätsprinzip entzogenen Schonung«. Bei Freud erscheint die Realität allemal als unveränderliche, und sie erscheint als die mechanische, im Einklang mit dem Weltbild des vergangenen Jahrhunderts. Dadurch eben wird dann utopischer Tagtraum, besonders als Fahrt ans Ende, reflexiv gemacht oder, psychologisch gesprochen, rein introvertiert, wie der Nachttraum auch. Bei C. G. Jung mußte dies Introvertierte nur noch senkrecht hinab ausgeschachtet werden, um Orplid in Archaik zu verlegen; aus dem Naturschutzparkt ins Tertiär. Dadurch wurde Phantasielandung nur als archetypische möglich, das ist, bei Jung, nur im längst versunkenen Land des Mythos. Entscheidend aber steht gegen all das fest: Vaduz und Orplid, das mit diesen Radikalismen Gemeinte hat *seinen Erfüllungsort nie anders als in der Zukunft gesucht.* Auch die Verlegung solcher Märchenbilder in ein Es-war-einmal läßt das Einst als Kommendes in dem Einst als Vergangenes allemal durchschimmern. Auch die Verlegung in abgeschlossene Täler oder Südseeinseln, wie das bei älteren Staatsromanen der Fall, involviert in der Entlegenheit Zukunft, in der Entfernung utopisches Fahrtziel. Auch der wirklich archaische Erinnerungsgrund, auf den sich so viele Hoffnungsbilder zurückbeziehen: der Archetyp Goldenes Zeitalter, Paradies – steht ebenso, als erwarteter – im Dereinst der Zeit. Mit Hunderten von kleinen und großen Perlen hängt so das Orplidische am wenig erforschten roten Faden Traumutopie und wird dadurch immer wieder zusammengehalten. Durch die Intention auf ein Vollkommenes wird es zusammengehalten, wie immer die Inhalte dieses Vollkommenen je nach den bisherigen Klassen und Gesellschaften variabel ausgemalt worden sind. Fahrtwillen ans gutgewordene Ende durchzieht derart allemal utopisches Bewußtsein, durchtönt dies Bewußtsein mit nie vergessenem Märchenwesen, arbeitet in den Träumen vom besseren Leben, aber auch, was endlich begriffen werden muß, suo modo in Kunstwerken. Die weltverbessernde Phantasie landet in ihnen nicht bloß dergestalt, daß alle Menschen und Dinge an die Grenzen ihrer Möglichkeit getrieben werden, all ihre Situationen ausgeschöpft und durchgestaltet. Vielmehr ist jedes große Kunstwerk, außer seinem manifesten Wesen, auch noch auf eine *Latenz der kommenden Seite* aufgetragen, soll heißen: auf die Inhalte einer Zukunft, die zu seiner Zeit noch nicht erschienen waren, ja letzthin auf die Inhalte eines noch unbekannten Endzustands. Nur aus diesem Grund haben die großen Werke jeder Zeit etwas zu sagen, und zwar Neues, das die vorige Zeit an ihnen noch nicht bemerkt hatte; nur aus diesem Grund haben die märchenhafte *Zauberflöte,* aber auch die historisch streng fixierte *Göttliche Komödie* ihre »ewige Jugend«. Wichtig ist das, wie Goethe sagte, »Weitstrahlsinnige« dieser großen Phantasiegebilde, wonach sie in der gegebenen Realität mindestens noch den Ausweg halten, gegebenenfalls den Durchblick auf ein Überhaupt. Wobei die großen, also realistischen Kunstwerke durch die Notierung der Latenz, ja durch den – wie immer ausgesparten – Raum des Überhaupt nicht weniger realistisch werden, sondern mehr; denn alles Wirkliche verläuft mit Noch-Nicht in ihm. Bedeutende Tagtraumphantasiegebilde machen keine Seifenblasen, sie schlagen Fenster auf, und dahinter ist die Tagtraumwelt einer immerhin gestaltbaren Möglichkeit. Unterschiede zwischen den beiden Traumarten bestehen also auch an diesem Ende genug; Weise wie Inhalt der Wunscherfüllung gehen in ihnen ununterschlagbar auseinander. Das macht immer wieder: der Nachttraum lebt in Regression, er wird in seine Bilder wahllos hineingezogen, der Tagtraum projiziert seine Bilder in Künftiges, durchaus nicht wahllos, sondern noch bei ungestümster Einbildungskraft dirigierbar, mit objektiv Möglichem vermittelbar. *Der Inhalt des Nachttraums ist versteckt und verstellt, der Inhalt der Tagphantasie ist offen, ausfabelnd, antizipierend, und sein Latentes liegt vorn.* Er kommt selber aus Selbst- und Welterweiterung nach vorwärts her, ist Besserhabenwollen, oft Besserwissenwollen durchaus. Sehnsucht ist beiden Traumarten gemeinsam, denn sie ist, wie bemerkt, die einzige ehrliche Eigenschaft aller Menschen; doch das Desiderium des Tags kann zum Unterschied von dem der Nacht auch Subjekt, nicht nur Objekt seiner Wissenschaft sein. Der Tages-Wunschtraum bedarf keiner Ausgrabung und Deutung, sondern der Berichtigung und, sofern er dazu fähig ist, der Konkretion. Kurz, er hat zwar so wenig wie der Nachttraum von Haus aus ein Maß, doch er hat, zum Unterschied vom Nachtspuk, ein Ziel und macht sich zu ihm nach vorwärts heraus.

Ineinander nächtlicher und täglicher Traumspiele, seine Auflösung

Voneinander verschieden sein, das heißt freilich nicht, ohne Bezug sein. Zwischen der Schicht des Träumers und der des Träumerischen gibt es zuweilen einen Tausch. Es gibt Farbenspiel in der Nacht, das auch untertags bestehen kann, nach etwas Seltenem aussieht und zweifellos so dargestellt werden kann. Bemerkenswerte Sammlungen dieser Art liegen vor, so gab Friedrich Huch hundert Aufzeichnungen *Träume* heraus, so stammt eine besonders verstrickte Seltsamkeit: der Roman *Die andere Seite* (von dem Zeichner Alfred Kubin) überwiegend aus Mond und Schlaf. Umgekehrt nehmen auch Tagdichtungen durchaus

Träume auf, am auffallendsten und schönsten sogar bei dem Realisten Keller. Sie werden berichtet wie andere Geschehnisse auch, sie verschmelzen aber auch mühelos mit dem märchenhaft soliden Überfluß, worin bei Keller jede Anschauung liegt. Der grüne Heinrich verfällt, kurz vor seiner traurigen Rückkehr in die Heimat, einer wahren Orgie von Träumen, sie alle sind vorwurfsvolle Wunscherfüllungen. Dahin gehört der Blick auf die Vaterstadt, die verklärte, veränderte, ein tolles Luftbild auf dem Boden, in das man nicht hineingelangen kann. Täler und Ströme treten auf, mit unerhörten, doch wohlbekannten Namen, Rosengärten wandern in die Ferne, am Horizont eine Röte ausbreitend: – »das Alpenglühen rückt aus und geht um das Vaterland herum«. Es ist eine andere als die Morgenröte, die wache von damals, als der grüne Heinrich von der Vaterstadt auszog und sich aufs Gebirge zurückwandte: »nur noch über dem letzten Eisaltar glimmte der Morgenstern«; das Licht kommt jetzt aus dem Hades, gibt sich als diese einzig gebliebene Hoffnung. Das Haus der Mutter erscheint, eigentlich die nach außen gekehrte Dämmerstube, unvergeßlich, nur der Nachttraum gibt dazu Rohstoff und Bild: »Auf den Gesimsen und Galerien standen altertümliche silberne Kannen und Becher, Porzellangefäße und kleine Marmorbilder aufgereiht. Fensterscheiben von Kristallglas funkelten mit geheimnisvollem Glanze vor einem dunklen Hintergrund zwischen gemaserten Zimmer- und Schranktüren, in denen blanke Stahlschlüssel steckten. Über dieser seltsamen Fassade wölbte sich der Himmel dunkelblau, und eine halb nächtliche Sonne spiegelte sich in der dunklen Pracht des Nußbaumholzes, im Silber der Krüge und in den Fensterscheiben.« Dergleichen zeigt allerdings Wechselverkehr zwischen den Antipoden Nacht und Taglicht, sie scheinen gänzlich ineinandergetaucht, unheimlich und sonderbar ahnungsvoll. Wie wahlverwandt konnte gar die Romantik dies Mischlicht verwenden, als Traumspiel und nicht nur als Spiel. Jeder Traum war für Novalis »ein bedeutsamer Riß in dem geheimnisvollen Vorhang der mit tausend Falten in unser Inneres hereinfällt«. Es war vor allem auch die Metamorphose der Traumbilder, welche der romantischen Antistatik und ihrem Wachtraum sich empfahl, fast gelehrt empfahl. Nachttraum als verwilderter Roman wird von der romantischen Naturphilosophie entdeckt: »Diese Gestaltungen denn sind nicht ohne Stimme und Sprache; Töne und Worte, wie aus allen verschiedenen Richtungen kommend, verständlich und unverständlich, begegnen und verdrängen sich wechselseitig, und so scheint jener inneren Natur, im Vergleich mit der äußeren, nichts abzugehen als die Stetigkeit und Ruhe, welche diese hat. Denn solche inneren Gebilde, wie aus flüchtigem Gewölk geschaffen, kommen und zerinnen; es schützt da nicht das Hochgebirge seine Größe oder den Baum die Kraft der Wurzeln vor der schnellen Hinwegbewegung, und wo in demselben Augenblick noch Fels und Wald gewesen, da erscheint Ebene oder ein von Wänden umschlossenes Zimmer« (G. H. Schubert, *Die Geschichte der Seele,* 1830, S. 549). So entstand gar der Schein, als unterhielten Nacht- und Tagtraum außer dem Tausch sogar ein Ineinander ihrer Bilder, auf gleichem Boden, romantisch-gegenständlich geeint. Der pure Romantiker will gar nicht mehr wissen, ob in seiner Poesie unterbewußtes Chaos oder bewußt gestaltende, umgestaltende Phantasie vorherrscht. Ihm ist der Nachttraum ohnehin von allen Zeit-Raumbegriffen der jetzigen Nüchternheit entfernt, von allen Kausal- und Identitätsformen der grauen oder Zivilisationsrinde; er ist prälogisch beschaffen und also ein archaisches Element gegen die Weite, den Morgen, die Zukunft des Tags. Das ist die Erbschaft, welche die Romantik aus der Nacht- in die Tagschicht brachte, doch freilich arbeitete auch immer wieder ein Stück neuer Verbindung zwischen beiden Schichten. Sinngemäß kam die Überschneidung der schwarzen und der blauen Stunde wieder, so oft beide stolz darauf waren, nicht Tag im Sinn von Oberflächenklarheit, bloßem Oberflächenzusammenhang zu sein. Der Sprung in bisheriger Oberfläche riß dann Höhle und Fernblau zugleich auf; zuletzt noch im Expressionismus, besonders im Surrealismus. Allerdings nur mit dem wichtigen Unterschied von der Romantik, daß Utopisches sich nicht so sehr dem Vergangenen, als Vergangenes sich einem Utopischen zukehren mochte. So sehr es auch im expressionistischen Gedicht lunarisch hergeht: »bleiche Abendbäume, Weiden, die dem mondholden Weiher entleuchten, Mondflokken, durchs Fenster silbernd«, und dergleichen Däubler-Worte mehr: so bemüht wurden Nachtlinien in utopische eingearbeitet. Auch stammelnder Un-Sinn der Nacht in dem Versuch, auf Grund solcher Auflösungen des bisherigen Tagzusammenhangs nach einem neuen Land zu fahren, an bessere Küsten, gar an vernünftig geordnete. Ein ganzes Studienobjekt dieser Übergänge lieferte James Joyce im *Ulysses;* höchst nachromantisch, höchst unromantisch. Der Keller des Unbewußten entlädt sich bei Joyce in ein transitorisches Jetzt, liefert ineinander prähistorisches Gestammel, Schweinerei und Kirchenmusik; der Autor fällt dem Absud, der sich über die eingeebnete Bewußtseinsschwelle wälzt, achtzig Seiten lang mit keinem Komma in die Rede. Aber mitten im Affengeschwätz (aus einem Tag und tausend Unterbewußtheiten der Menschheit streng durcheinander) erscheint Übersehenes, angewandte Montage zeigt ganz rationale Querverbindungen oder analogiae entis; Lots Weib und die Old Ireland Taverne dicht am Salzwasser bei den Docks feiern quer durch Zeit und Raum hindurch ihre Begegnung, ihren Alltag jenseits von Raum und Zeit. »So daß«, sagt Stephan Dädalus, »so daß Geste, nicht Musik, nicht Duft eine allgemeine Sprache wurde, die nicht den laiischen Sinn, sondern die erste Entelechie, den strukturalen Rhythmus sichtbar macht« (*Ulysses II*, 1930, S. 86). Urhöhlen, mit Gelalle und mit Zungenreden darin, werden derart in Tagphantasien heraufbeschworen und diese wieder abgesenkt; ein ständiges Ineinander aus Nachtfratzen und Grundrissen entsteht. Wobei im Surrealismus, also der Zeit des Einsturzes selber entsprechend, zu der der Surrealismus gehört, wie immer bei plötzlicher Vereinung des Unvereinbaren, der Witz nicht fehlt; ein schnöder Witz zuweilen, einer, der dann die bloß epatisierende Konstruktion entlarvt, oder selbst einer des kleinen Arrangements, und im Traumhaus zu den doppelten Seltsamkeiten wird es ganz gemütlich. Aber wesentlicher am Surrealismus bleibt die grundsätzliche Verkoppelung von Hekate und Minerva, bleibt das Visionsgesicht, aus lauter Fetzen und Einstürzen montiert. Das eben ist ein Unterschied zur Romantik als der Zeit der Restauration; dort war der Tagtraum grundsätzlich in Nachtlinien eingearbeitet, ohne zu phosphoreszieren. Immerhin, es ist eine lange Mischwelt zwischen Unterbewußtsein und Morgenrot, eine Kontaktwelt, in der die Regressio sich die Endfahrt oder die Endfahrt sich die Regressio zunutze macht. Das Labyrinth des Nachttraums ist auch ästhetisch keine Vorstufe zum Luftschloß, doch eben: soweit es dessen Souterrain bildet, kann Archaisches mit Wachphantasie kommunizieren. Und vor allem: am Beispiel des Gottfried Kellerschen Traumhauses, dieses styxhaft blinkenden, dieses Nachtstücks von Mutter- und Jugendhaus, erhellt auch, warum umgekehrt der Wachtraum nicht minder mit Archaischem zu kommunizieren vermag. Er vermag es, weil nicht nur psychologisch, auch objektiv noch Zukunft in der Vergangenheit lebt, weil *auch manches Nachtstück nicht abgegolten oder fertig ist* und deshalb Tagtraum, Vorwärts-Intention verlangt. Diese Nacht hat noch etwas zu sagen, nicht als brütend Urgewesenes, sondern als Ungewordenes, noch nirgends recht Lautgewordenes, das darin streckenweise eingekapselt ist. Doch sie kann nur etwas sagen, sofern sie von Wachphantasie belichtet wird, von einer, die aufs Werdende gerichtet ist; an sich selber ist das Archaische stumm. Lediglich als ein *unabgegolten, unentwickelt, kurz, utopisch* Brütendes hat es die Kraft, in dem Tagtraum aufzugehen, erlangt es die Macht, sich vor ihm nicht verschlossen zu halten; als solches aber, wenn auch nur als solches, kann es umgehen in freier Fahrt, erhaltenbewahrtem Ego, Weltverbesserung, Fahrt ans Ende. Die Einsicht also, daß archaisches Brüten in Wahrheit ein utopisches sein kann, erklärt schließlich die Möglichkeit des Ineinander von Nacht- und Tagtraum, gibt einem streckenweise möglichen *Ineinander der Traumspiele seine Erklärung wie Auflösung*. Und eben mit beständigem Primat der Wachphantasie: nicht das Utopische kapituliert hier vor der Archaik, sondern die Archaik kapituliert, wegen ihrer unabgegoltenen Bestandstücke, gegebenenfalls vor dem Utopischen; jedes andere Ineinander und jede andere Erklärung seiner ist Schein. Die Ausarbeitung ist ohnehin Tagesgeschäft; der verdächtige Gott, der es den Seinen im Schlaf schenkt, braucht Apollo zur Aussage, jenen Apollo, der zwar auch Dämpfe und Orakel kennen mag, aber sie als besiegt und dienend in seinem Tempel hat. Sonst käme die Phantasie, im Sinne der Jung und Klages, gänzlich auf Prähistorie zurück, auf eine romantisiert-gefälschte dazu. Item, erst das Taglicht schließt das wunderlich-betreffende Material der Nachtträume auf, des Archaischen überhaupt, und es ist nur deshalb dieses Material, weil und sofern es selber noch utopisch ist, versetzt utopisch. Regredieren also geschieht künstlerisch erst dann mit Gewinn, wenn auch im Archetyp noch ein Ungewordenes, ein künftig Mögliches eingekapselt ist. Anderenfalls werden die Schätze, die aus dem

Nachtboden entgegenblicken, Spreu und welke Tannenzapfen, wie Rübezahls Geschenke am Tag. Aber der Tagtraum, und was er ergreift, enthält menschliche Angelegenheiten statt der Medusen im Labyrinth. Tagträume haben das bessere Teil erwählt; so ziehen sie allesamt, obzwar mit so viel wechselnder Fähigkeit und Qualität, aufs Feld des antizipierenden Bewußtseins.

Nochmals Neigung zum Traum:
die »Stimmung« als Medium von Tagträumen

Schlafend ist der Leib verdunkelt, nur wach spürt man ihn. Er spürt sich zuerst im Gefühl des Befindens; darin werden lediglich körperliche Zustände ihrer gewahr. Und auch sie werden dann nur verwischt, diffus gewahr, noch nicht auf eine besondere Stelle des Leibes oder auf eine besondere Art von körperlichem Schmerz oder Genuß bezogen. Es gibt laues, krankes und gesundes Befinden, Wohlbefinden und Übelbefinden, doch allemal nur als ganz allgemeines; ein klarer Magenschmerz, eine spezifische Lustempfindung, auf die Zunge oder auf erogene Zonen lokalisiert, fällt sogleich daraus heraus. Und: das Befinden ist nicht etwa so oder so »gelaunt«, wie die Stimmung; denn es ist nicht wie diese aus eigentlichen Triebgefühlen oder Affekten zusammengemischt. Es hat eben nur das Kochen der Leibvorgänge in sich, besonders Eingeweideempfindungen und mehr oder minder unterbewußte des Blutkreislaufs, doch noch keine Affektgefühle, mit einem Ich dahinter. Das unterscheidet das mehr organische Zustandsgefühl des »Befindens« von dem weit mehr ichhaften der »Stimmung«; so gibt es das Diffuse hier, das Organgefühle meldet, und das Diffuse dort, das Affektgefühle wiedergibt, in welche ein Mensch sich allemal erst, launenhaftgelaunt, hineinkniet. Das Befinden gleicht einem Rauschen, das wie jedes Geräusch, aus einem Durcheinander vieler, naturhaft gegebener, unregelmäßig sich folgender Töne entsteht. Die Stimmung gleicht dem Klangdurcheinander eines Orchesters, das vor Beginn eines Musikstücks einzelne Passagen abgebrochen und gleichzeitig spielt, keine Naturtöne, sondern solche, die ein musizierendes, komponierendes Ich hinter sich haben. Die Stimmung hat auch nicht einen solch dumpfen, unterirdischen »Grundton« wie das

Befinden, sondern ihr »Grundton« ist wogend, wetterhaft, atmosphärisch, er kann sich in Extremen bewegen (wie »himmelhoch jauchzend, zu Tode betrübt«), die das Befinden in solcher Nachbarschaft gar nicht kennt. Und ferner weist jede Stimmung eine eigentümliche, an die Ausbreitung von Duftstoffen erinnernde Weite auf. Th. Lipps betonte gerade dieses, dem Körperbefinden fremde Weite; er notiert, im Fall »Heiterkeit« beispielsweise, »das fühlbare Sichausbreiten der Lust an einem Erlebnis in eine mehr oder minder weite, das psychische Gesamterleben erfassende Stimmung« (*Leitfaden der Psychologie*, 1903, S. 271). Oder in einer neueren Darstellung (die immerhin nicht mit dem gekommenen existenzialistischen Stimmungsdrang à la Bollnow krebst): »Die seelische Stimmung ist der verhältnismäßig beharrende atmosphärische Grund unseres Lebensgefühls, auf dem sich die wechselnden Wahrnehmungen mit besonderer Färbung abheben, von dem aber auch unsere Vorstellungen und unser Verhalten durchtränkt werden« (Lersch, *Der Aufbau des Charakters*, 1948, S. 41). Wegen dieses atmosphärisch-weiten und zugleich diffusen Gesamtwesens dehnt sich das Stimmungsgefühl sogar über das Ich hinaus, an dem es primär haftet. Ein Zimmer, eine Landschaft scheinen eine »Stimmung« zu haben, und auch hier desto entschiedener, je unentschiedener, das heißt diffuser der übertragene Affektzustand dreinsieht. So ist der helle Mittag dafür wenig geeignet, mehr der Vormittag, am bequemsten der Abend; bekannt ist die Gewitterstimmung (die der erste Blitz vertreibt). Schlechter dafür geeignet sind einfache große Gegenstände wie das Meer, besser die unübersichtlicheren wie der Wald. Dabei darf jedoch nie vergessen werden, daß die Stimmungsbreite, die sich dermaßen selber nach außen zieht, auch als extravertiertes Naturgefühl nie gegliedert auftritt, sondern im Wogen einer Allgemeinheit bleibt. Der Stimmung ist es wesentlich, nur als diffuse total zu scheinen: sie besteht nirgends aus einem herrschend-überwältigenden Affekt, sondern aus einer selber weiten Mischung vieler, noch nicht zum Austrag gelangter Affektgefühle. Das eben macht sie zu einem so leicht irisierenden Wesen, das läßt sie zugleich – noch jenseits des Klangdurcheinanders vor Beginn eines Musikstücks, auch ganz ohne intensive Dichte – so leicht als bloß impressionistische Erlebniswirklichkeit (Debussy, Jacobsen) ausgeben und entformen. Aus diesem impressionistischen Ungefähr kommt auch noch Heidegger her, sofern er es beschreibt und ihm zugleich erliegt. Dabei hat Heidegger innerhalb dieses Dumpfen den sozusagen tautologischen Vorzug, beachtet zu haben, »daß das Dasein je schon immer gestimmt ist«, im Sinn eines ursprünglichen Aufschlusses, wie einem ist und wird. Das Ursprüngliche ist danach nicht ein wahrnehmendes Sichvorfinden, wohl aber ein gestimmtes Sichbefinden: »Was wir ontologisch mit dem Titel Befindlichkeit anzeigen, ist ontisch das Bekannteste und Alltäglichste: die Stimmung, das Gestimmtsein« (*Sein und Zeit*, 1927, S. 134). Doch ist Heidegger eben über das Dumpfe, deprimiert Stockende, zugleich Flache dieser seiner Aufdeckung nicht hinausgekommen. Es bleiben Befinden und Stimmung hier ungetrennt; so hindert die Flachheit in diesem ungeschieden animalischen Gewoge jede Ahnung vom Dunkel des wirklich unmittelbaren Existere, das auch in der Stimmung sein Sein (Dunkel des gelebten Augenblicks, wovon später) noch keineswegs als Da vor sich selber bringt. So hält das interessierte Deprimierende von aller Erhellungstendenz der Stimmung ab, um statt dessen einzig das Gedrückte wiederzugeben: »Die oft anhaltende, ebenmäßige und fahle Ungestimmtheit, die nicht mit Verstimmung verwechselt werden darf, ist so wenig nichts, daß gerade in ihr das Dasein ihm selbst überdrüssig wird. Das Sein ist als Last offenbar geworden [...] Und wiederum kann die gehobene Stimmung der offenbaren Last des Daseins entheben; auch die Stimmungsmöglichkeit erschließt, wenngleich enthebend, den Lastcharakter des Daseins« (1. c., S. 134). Und nicht der ganzen Menschheit Jammer, sondern einzig der des unerhellt-hoffnungslosen Kleinbürgertums faßt einen an, kommt es bei Heidegger, was die »Abgründe« solcher Befindlichkeit angeht, zu diesem Satz: »Die tiefe Langeweile, in den Abgründen des Daseins wie ein schweigender Nebel hin und her ziehend, rückt alle Dinge, Menschen und einen selbst mit ihnen in eine merkwürdige Gleichgültigkeit zusammen. Diese Langeweile offenbart das Seiende im Ganzen« (*Was ist Metaphysik?* 1929, S. 16). Hier also fällt aus der Stimmung, indem sie einzig als eine von erlöschendem Leben, das ist hier: von niedergehender Klasse sich kundgibt, völlig der Wunschcharakter aus, ohne den doch auch diese Diffusheit von Affekten, als eine von *Affekten,* nicht bestehen kann: es sei denn, wie

Heidegger selber sagen muß, als »Ungestimmtheit«. Gerade das Farbmittel für *Wachträume* fällt aus, mit dem die Stimmung ihre blaue Stunde ausmalt, ohne daß sie allerdings existentiell-ontisch uninteressant wird und existential-ontologisch zum Nihilismus absinkt. Nicht jeder mögliche Alltag, nicht einmal jeder, der geschichtlich bereits aufgetreten, ist mit »fahler Ungestimmtheit« versehen, gar mit der Langeweile, die angeblich das »Seiende im Ganzen« offenbar macht; solche Alltagsstimmung ist vielmehr wesentlich, wo nicht einzig, dem mechanisiert-kapitalistischen Betrieb zugeordnet. Und selbst innerhalb dieses Betriebs besteht, außer der Ungestimmtheit, auch neben der fraglosen Last eines so beschaffenen Daseins jenes Klangdurcheinander lebender Triebgefühle, das eigentlich erst »Stimmung« ausmalt und worin die Neigung zum Traum, als eine zum Wachtraum, nun erst ihr *Medium* findet.

Indem dem Schlafenden der Leib verdunkelt ist, fällt auch sein Befinden aus. Wie sehr erst die das Ich voraussetzende Stimmung, sie gehört zu der blauen Stunde, nicht zu der schwarzen. Sie verlangt gleichfalls Entspannung, gewiß, doch eine, die nicht den Schlummer, sondern ein Ausreisen sucht. Dieser besonders der Bläue zugeneigte Zustand Stimmung wurde im Verhältnis zum Tagtraum bisher nicht beachtet; das ist nun nachzuholen. Die fahle Ungestimmtheit selber mag noch nicht träumerisch sein, auch die gedrückte Stimmung, das Durcheinander von *unlustigen* Affekten, ist als Medium nicht leicht genug, um ohne weiteres Tagträume sich entwickeln zu lassen. Desto eher aber ist der beständige Hang zum Besseren im Grundton von allen *Erwartungsaffekten* dazu geneigt, sich gerade die gedrückte Stimmung zu erleichtern, in gehobene zu fliehen. Und genau an dieser Übergangsstelle, zwischen Trübe und Heiterkeit, wohnt das *Medium, worin Wachtraumbilder am bequemsten sich entwickeln.* Flucht und Zuwendung, Abwehr- und Hingebungsaffekte sind in dieser helldunklen Stimmung gleichzeitig gemischt und bilden so die Aura, worin die jeweilige Einschiffung nach Cythera stattfindet. Ob sie eine kleine oder großartige, eine fahrige oder überlegt fahrende ist, ob Cythera aus einer bloßen Situationsverbesserung oder aus bislang Unerhörtem besteht, ob es um ein Butterbrot feil ist oder nicht um die ganze Welt: das freilich hängt nicht von der Stimmung ab, sondern von der Stärke und dem Ideal der Zuwendungsaffekte, die aus ihr sich erheben, vom Rang und der Konkretheit der Phantasie, die diesen Affekten ihre Intentionserfüllung vormalt. Doch hell-dunkle Stimmung bleibt in jedem Blaulicht, Fernlicht dieser Art hängt dem Wachtraum lange an, reicht also auch in die eigentlich gestalteten Wachträume noch weit hinein, negativ wie positiv. Sonst gäbe es in ihnen das Wetterhafte nicht, das ja nicht nur auf den Impressionismus beschränkt ist, auf dies Stimmungswesen relativ bequemster, nämlich schwach gestalteter und schwach verpflichtender Art. Es gäbe sonst den Lyrismus nicht, der auch streng gestaltete Tagtraumbilder begleitet, wo immer sie noch situationshaft sind. Helldunkle Stimmung ist darum, an Tagtraumwerken, nicht nur auf Weichheit à la Debussy oder Jacobson beschränkt. Sie füllt auch so gehaltene und gehämmerte Affektbildmusik wie die bei Brahms (vierte Symphonie, vorzüglich letzter Satz), sie macht hier, statt der Weichheit, gerade das Rauhe und die Herbheit aus. Erst bei entschiedener Situation und einer Darstellung, die sich demgemäß atmosphärefrei geben kann, läßt Stimmung nach. Nicht bloß die impressionistische und die ältere sentimentalische läßt dann nach, diejenige, deren Irisierung nie über ein Gemisch abgebrochener Affekte und verschwommener Umrisse hinauskommt, sondern auch noch die *Atmosphäre* der Herbheit, mitsamt der ganzen Romantik dieses Mediums klärt sich auf, gibt den Blick auf Entschiedenes, nicht mehr so Situationshaftes frei. Das überall dort, wo eine im künstlerischen Wachtraum zur Vollendung getriebene Situation, mindestens eine durch Haltung zum Anhalten gebrachte, das Situationshafte selber von sich abweist. Dies ist täuschend wetterlos auch in aller erstrebten Kunst ohne Unruhe der Fall, ohne Bewegungs- und Zeitpathos, also in der hartkristallisch seinwollenden. Um ein Cythera, das ägyptisches Relief, byzantinisches Mosaik oder auch nur Alfieris Klassizismus heißt, ist nicht mehr so viel Stimmung wie um Gotik, Barock oder auch nur um Byrons Sturmwelt. Trotzdem liegt auch hier noch Stimmung als Pathos zugrunde; auch die ägyptische Kunst hat die Unruhe in sich, indem sie sie stillt, ja indem sie, qua ihres Wunschtraums, ein einziges steinernes Requiem sein will. Selbst der intendierten Antistimmung eines Kunstwerks liegt so immer noch, wegen des Atmosphärischen der Phantasie, Stimmung zu Füßen. Dieses Tagtraumwasser gehört zu jedem Tagtraum, Phantasietraum, auch wenn er es, in letzthin errungener Trockenheit, verläßt. Derart bestätigt es sich: die helldunkle Stimmung gibt das Medium, worin alle Tagträume, auch die mit Härte, wie sehr erst die mit dem erregenden Blau (Azur), beginnen.

Nochmals die Erwartungsaffekte (Angst, Furcht, Schreck, Verzweiflung, Hoffnung, Zuversicht) und der Wachtraum

Die Triebgefühle selber sind freilich nicht mehr so stimmungshaft, bleiben es nicht. Sie heben sich aus diesem allgemeinen Zumutesein bald deutlich heraus als »blanker« Neid, »offener« Haß, »rückhaltloses« Vertrauen. Heiterkeit etwa, dieses unbeschwert-allgemeine Lebensgefühl, ist eine Stimmung; die scharfglänzende Freude aber ist ein Affekt. Und nicht nur aus dem Diffusen treten derart die Affekte aus, auch aus dem verhältnismäßig Unbezogenen. Mithin, auch wenn das stimmungshafte Medium abzieht, tönt der Wachtraum fort: dann aber als einer, der vor allem doch im Medium aus *Erwartungsaffekten* trieb. Diese, ein ganz besonderer Schlag von Affekten, haben ohnehin den Wachtraum im Stimmungs-Medium befördert; so erscheinen sie hier aufs neue, als die von den gefüllten Affekten durch ihre stark antizipierende Intentionsrichtung verschiedenen (vgl. Bloch, *Das Prinzip Hoffnung*, 1959, S. 82). Die Intention in allen Erwartungsaffekten ist eine vorausweisende, die Zeitumgebung ihres Inhalts ist Zukunft. Je näher diese bevorsteht, desto stärker, »brennender« ist die Erwartungsintention als solche; je umfassender der Inhalt einer Erwartungsintention das intendierende Selbst betrifft, desto totaler wirft sich der Mensch hinein, desto »tiefer« wird sie zur Leidenschaft. Auch Erwartungsintentionen mit einem zur Selbsterhaltung negativen Inhalt, wie Angst und Furcht, können so zur Leidenschaft werden, nicht weniger als Hoffnung. Sie wirken dann auf den Unbeteiligten »übertrieben« und sind es auch in pathologischen Fällen; zuweilen freilich läßt sie auch nur die Kenntnislosigkeit der Realsituation als »übertrieben« erscheinen, als ihr Objekt »vergrößernd«. Aber auch dann reicht der Erwartungsaffekt über seinen »fundierenden« Vorstellungsinhalt hinaus; der Erwartungsinhalt zeigt eine größere »Tiefe« als der jeweils gegebene Vorstellungsinhalt. Jede

Furcht impliziert, als Erfüllungskorrelat, totale Vernichtung, die so noch nicht da war, hereinbrechende Hölle; jede Hoffnung impliziert das höchste Gut, hereinbrechende Seligkeit, die so noch nicht da war. Das unterscheidet zuletzt Erwartungsaffekte von den gefüllten (wie Neid, Habsucht, Verehrung), die allemal nur durch Bekanntes »fundiert« sind und äußerstenfalls eine »unechte« Zukunft ihres Gegenstands intendieren, das heißt, eine genau vorstellbare, objektiv nichts Neues enthaltende. Die Intentionsinhalte der gefüllten Affekte liegen, wie Husserl fälschlich von allen Affekten sagt, in einem »gesetzten Horizont«, als dem Horizont der Erinnerungsvorstellung, zum Unterschied von dem der Hoffnungsvorstellung, der vorausgreifenden, also echten Phantasie und der möglichen »echten« Zukunft ihres Gegenstands. Zwar ist überall, auch in der erinnernden Vorstellung, qua Intention, zugleich ein Erwarten wirksam, und Husserl bestimmt selber, recht unerwartet: »Jeder ursprünglich konstituierende Prozeß ist beseelt von Prätentionen, die das Kommende als solches leer konstituieren und auffangen« (*Zur Phänomenologie des inneren Zeitbewußtseins,* 1928, S. 410). Jedoch diese »Prätentionen« haben in der Erinnerung und den von ihr »fundierten« Affekten das Ihre bereits empfangen, sie haben nur einen »auf die Zukunft des Wiedererinnerten gerichteten Horizont«, der, mit seiner unechten Zukunft, eben »gesetzter Horizont« ist. Wogegen die Erwartungsaffekte und die echte Phantasievorstellung, welche ihnen ihren Gegenstand im Raum aufweist, diesen Raum zugleich als entschiedenen Zeitraum besitzen, das heißt, mit dem ungeschwächt Zeithaften in der Zeit, das echte Zukunft heißt. Wonach jeder Erwartungsaffekt, auch wenn er im Vordergrund selber nur unechte Zukunft intendieren sollte, eines Rapports mit objektiv Neuem fähig wird. Das ist das Leben, das der Erwartungsaffekt den dadurch antizipierenden Wachträumen implicite mitteilt.

Jedes nicht nur stimmungshafte Triebgefühl ist auf ein ihm äußeres Etwas bezogen. Doch wird freilich das innere Gewoge hierbei verschieden rasch oder stark verlassen. Der erste und grundlegende negative Erwartungsaffekt, die *Angst,* beginnt noch als der am meisten stimmungshaft-unbestimmte. Der Angstvolle sieht niemals das Etwas bestimmt vor sich oder um sich, aus dem es ihn anweht; dieses Gefühl ist nicht nur in seinem leiblichen Ausdruck, sondern auch in seinem Gegenstand schlotternd. Freud hat die Angst, wie angegeben, primär auf den Geburtsakt, auf die erste Beengung (angustia) im Atmen, auf die erste Trennung von der Mutter zurückgeführt. Jedes spätere Angstgefühl macht danach dies Urerlebnis von Beklemmung und von Preisgegebenheit rezent; das Reagieren auf alle Gefahrsituationen, selbst die Todesangst, soll also lediglich subjektiv und darin regressiv sein. Aber mit den vorhandenen sozialen Zuständen, die Lebens- wie Todesangst reichlich aus Eigenem beleben, wo nicht erzeugen dürften, ist der negative Bezugsinhalt überhaupt hier ausgelassen, das heißt, das objektiv Angsterregende, ohne das sich Angst gar nicht konstituieren könnte. Heidegger andererseits regrediert zwar seine Angst nicht, aber er prozessiert auch nicht über sie zu ebenso originären positiven Erwartungsaffekten hinaus, ohne die die Angst gleichfalls nicht da sein könnte, so wenig wie ein Talabgrund ohne Berg. Heidegger macht statt dessen aus der Angst das schlechthinnige, das unterschiedslose »Sosein« in allem, die existentielle »Grundbefindlichkeit«, und zwar auf eine den Menschen erst recht subjektiv vereinzelnde, ihn auf sich als solus ipse zurückführende Weise. Angst erschließt danach dem Menschen »sein eigenstes In-der-Welt-Sein«; das Wovor aber, »wovor die Angst sich ängstigt, ist das In-der-Welt-Sein selbst« (*Sein und Zeit*, 1927, S. 187). Und dieses Wovor ist im Grunde das gleiche, worin die Angst sich auflöst, nämlich das Nichts, das »Es war nichts«; Sein selber »hängt über in das Nichts«. So stellt hier die Angst ganz unmittelbar und par excellence vor das Nichts, als den Grund-Fundus des Unheimlich-Seins, Tod-Verfallenseins alles In-der-Welt-Seins. Die »Grundbefindlichkeit« der Angst erschließt nach Heidegger genau diesen Abgrund; von daher noch »das ständige, obzwar meist verborgene Erzittern alles Existierenden« als solchen. Heidegger, mit viel absichtlicher Erlebnis-Unmittelbarkeit (Erlebnisserei), aber auch mit, man kann sagen: viel Affekthascherei, dazu mit einem Unmaß bloßer Wortbedeutungsinterpretation, deren die Philosophie vor der Philologie sich schämt und selber nichts dabei gewinnt, außer metaphysischem Dilettantismus – Heidegger also reflektiert und verabsolutiert mit seiner Angstontologie ersichtlich nur die »Grundbefindlichkeit« einer untergehenden Gesellschaft. Er reflektiert vom Kleinbürgertum her die

Gesellschaft des Monopolkapitals mit Dauerkrise als normalem Zustand; einzige Alternative zur Dauerkrise sind Krieg und Kriegsproduktion. Was für den Primitiven noch das »Unzuhause« in der unübersichtlichen Natur war, das ist für die ahnungslosen Opfer des Monopolkapitals ihre Gesellschaft geworden, der gigantisch entfremdete Betrieb, in den sie gestellt sind. Heidegger aber – mit einer soziologischen Unwissenheit, die dem metaphysischen Dilettantismus die Waage hält – macht diese Angst zur Grundbefindlichkeit des Menschen überhaupt einschließlich des Nichts, in das er angeblich immer und überall und unabstellbar geworfen ist. Das einzige, was von Heideggers Angst-»Hermeneutik« übrigbleibt, ist bestenfalls eine Art kleinbürgerlich geschärfte Vertrautheit mit Angst als Ahnungslosigkeit. »Daß das Bedrohende nirgends ist, charakterisiert das Wovor der Angst« (l. c., S. 186); in der Tat ist sie von Haus aus Erwartung eines negativ Unbestimmten. Indem das die Angst Veranlassende wie Begründende von allen Seiten kommen kann, waren ihre offenbarendsten Erscheinungen die Gespensterangst und das nächtliche Grauen. Wobei beide eben durch die heutigen, im Fleisch wandelnden, doch im Dunkel wirkenden Monster und Nachtmahre ersetzt sind. So ist die Angst allerdings noch nicht deutlich auf ihr äußeres Etwas bezogen, zum Unterschied nun von dem zweiten negativen Erwartungsaffekt, der *Furcht:* mit ihrem jäh-konzentrierten Modus, dem *Schreck,* und ihrem gesteigert-konzentrierten, dem *Entsetzen.* Die Bedrohung kommt hier mindestens aus einem Wetterwinkel, der durch bisherige Erfahrung bekannt ist; oder gar: das Furchterregende ist räumlich so sichtbar, daß man sich der Art seines Schlags versehen kann, wenn auch nicht seines Eintritts. Tritt das Wovor der Furcht völlig und überdies plötzlich hervor, entsteht also das Entsetzen, mit den schwächeren Graden des Schrecks, dann darf das Plötzliche dieser Affekte nicht darüber hinwegtäuschen, daß auch sie solche der Erwartung sind, obzwar gegebenenfalls (keineswegs immer) einer in statu nascendi ihres Gegenstands selbst erst geborenen. Ohne Erwartung könnte nichts Entsetzen einjagen, nichts durch Schreck betäuben; gleich einer Kugel aus dem Hinterhalt erregt ein völlig zu den Erwartungsintentionen disparates Ereignis überhaupt keinen Affekt. Es bewirkt zwar Betäubung, Blendung (sofern das Ereignis überlebt wird), also Körperempfindungen, die dem Schreck, als einem Schock, ebenfalls eignen, doch es bewirkt nicht die eigentliche Gemütsbewegung Entsetzen oder Schreck, welche allemal Erwartungsintention des Eingetretenen voraussetzt. Schließt doch diese Erwartung selbst das Überraschende ihres Gegenstands so wenig aus, daß der Gefühlscharakter des Überraschenden, sowohl des negativ wie des positiv Überraschenden (»Wunderbaren«), ohne Bereitschaft einer Erwartung überhaupt nicht eintritt. Die aktivierte Erwartung des Entsetzlichen ist allerdings kurz; dehnt sie sich, gleich der Furcht, aus, doch mit völliger Bestimmtheit (zeitlicher Unausweichlichkeit, inhaltlicher Bekanntheit) des Gegenstands, dann tritt der äußerste, härteste Grenzmodus der Furcht, der *absolut negative* Erwartungsaffekt auf: die *Verzweiflung*. Und sie erst, nicht die Angst, ist wirklich bezogen auf das Nichts; die Angst ist noch fragend-schwebend, noch von Stimmung und vom Unbestimmten, auch Unausgemachten ihres Gegenstands bestimmt, wogegen eben Verzweiflung in ihrem Gemütszustand ein Definitives, in ihrem Gegenstand, außer dem Definitiven, ein schlechthin Definiertes an sich hat. Sie ist Erwartung als aufgehobene, also Erwartung eines Negativen, an dem keinerlei Zweifel mehr statthat; mit ihr schließt daher die Reihe der negativen Erwartungsaffekte. Ihre sämtlichen Wachträume (nur das Entsetzen hat keine Zeit dazu, einen zu bilden) kreisen letzthin um ein negativ Unbedingtes: das Höllenhafte.

Gänzlich im Gegensatz dazu erscheinen nun in wie hinter all diesem die *positiven Erwartungsaffekte*. Ihre Zahl ist freilich viel geringer, es gab bisher nicht so viel Anlaß für sie. Ihrer sind nur zwei: die Hoffnung, welche die Furcht zuschanden macht, und die Zuversicht, welche der Verzweiflung korrespondiert. Die *Hoffnung* hat als aufziehende mit der Angst noch ein Stimmungshaftes gemein: nicht als das Unbehauste des Nächtlichen, wohl aber als das Dämmernd-Ausgegossene des Aurorahaften. Dieses ist im Widerhall oder Widerschein aus der Landschaft besonders treffend bezeichnet in Thomas Manns *Der Tod in Venedig*, als das unsäglich holde Blühen der Morgenröte mit all ihrem fernherscheinenden Arpeggio ante lucem. Doch steht die Hoffnung ebenso als einer der exaktesten Affekte über jeder Stimmung; denn sie ist wenig wandelbar, sehr charakteristisch in ihrer Intention und vor allem, was weder

der Stimmung noch auch den negativen Erwartungsaffekten zukommt, fähig zu logisch-konkreter Berichtigung und Schärfung. Infolgedessen ist Hoffnung nicht nur ein Gegenbegriff zur *Angst,* sondern auch, unbeschadet ihres Affektcharakters, zur *Erinnerung;* das ist ein Bezug zu einem rein kognitiven Vorgang und Vorstellungswesen, der sonst keinem Affekt zukommt. Und zur Angst, gar zum Nichts der Verzweiflung verhält sie sich mit derart bestimmter Macht, daß sich sagen läßt: die Hoffnung ersäuft die Angst. Keine »Existentialanalyse« der Hoffnung wird diese jemals als eine »vorlaufende Entschlossenheit zum Tod« erschließen können, wenn anders die Analyse wirklich eine des Existere und nicht des Corrumpere ist. Hoffnung hat sich statt dessen gerade an der Todesstelle als eine auf Licht und Leben hin entworfen, als eine, die dem Scheitern nicht das letzte Wort gibt; so hat sie durchaus den Intentionsinhalt: es gibt noch Rettung – im Horizont. »Wo Gefahr ist, wächst das Rettende auch«, dieser Hölderlinvers gibt schlechthin das positiv-dialektische Wendemoment an, dem die Furcht der Todesstelle verschwunden ist. So zwar, daß Ungewißtheit des Ausgangs bleibt, genau wie bei der Furcht, jedoch eine, die nicht wie die Furcht an die passive Sorge grenzt, an das Sorge-Tragen, an die Nacht, in der das Nichts ist, sondern an den Tag, der des Menschen Freund ist. Gefahr und Glaube sind die Wahrheit der Hoffnung, dergestalt, daß beide in ihr versammelt sind und die Gefahr keine Furcht, der Glaube keinen trägen Quietismus in sich hat. Die Hoffnung ist derart zuletzt ein praktischer, ein militanter Affekt, sie wirft Panier auf. Tritt aus der Hoffnung gar *Zuversicht* vor, dann ist der *absolut positiv gewordene Erwartungsaffekt* da oder so gut wie da, der Gegenpol zur Verzweiflung. Wie diese ist auch Zuversicht noch Erwartung, nämlich als aufgehobene, als Erwartung eines Ausgangs, an dem kein Zweifel mehr statthat. Aber während die Erwartungsintention im Verzweiflungsaffekt nur als Leiche vorkommt, gibt und ergibt sie sich in der Zuversicht als kluge Jungfrau, die, in die Kammer des Bräutigams eingehend, darin ihre Intention so darbringt wie aufgibt. Die Verzweiflung berührt fast völlig jenes Nichts, dem alle negativen Erwartungsaffekte sich annähern; die Zuversicht dagegen hat im Horizont fast das Alles, auf das sich bereits die schwächste, sogar die mit unechter Zukunft versetzte Hoffnung wesentlich bezieht. Die Verzweiflung transzendiert, indem ihr Nichts die Intention in Untergangsgewißheit niederschlägt, die Zuversicht, indem ihr Alles die Intention in Heilsgewißheit eingehen läßt. Während also die negativen Erwartungsaffekte und ihre utopischen Bilder letzthin das *Höllenhafte* als ihr Unbedingtes intendieren, haben die positiven Erwartungsaffekte ebenso unausweichlich das *Paradiesische* im Unbedingten ihres letzthinigen Intentionsgegenstands. Item: wenn die *Stimmung* das allgemeine Medium des Tagträumens ist, so geben die *Erwartungsaffekte* (samt dem Anbau, den sie an die gefüllten, etwa an Neid oder an Hochachtung, setzen können) die *Direktion* des Tagträumens. Sie geben die Linie, auf der sich die Phantasie der antizipierenden Vorstellungen bewegt und auf der diese Phantasie dann ihre Wunschstraße baut oder auch (bei negativen Erwartungsaffekten) ihre Unwunschstraße. Die Wunschstraße mit der Landschaft, wohin sie zielt, ist als Hoffnungsstraße nicht reicher, aber evidentermaßen beliebter und belebter als die Unwunsch- oder Furchtstraße; das wenigstens bei Geschlechtern, die vom Dunkeln ins Helle streben. Beide zukunftshafte Intentionen, die der Erwartungsaffekte wie der Erwartungsvorstellungen, reichen sinngemäß in ein Noch-Nicht-Bewußtes hinein, das heißt in eine Bewußtseinsklasse, die selber nicht als gefüllte, sondern als antizipatorische zu bezeichnen ist. Die Wachträume ziehen, sofern sie echte Zukunft enthalten, allesamt in dieses Noch-Nicht-Bewußte, ins ungeworden-ungefüllte oder utopische Feld. Seine, zunächst psychische, Beschaffenheit muß nun untersucht werden; durchaus cum ira et studio, mit Parteilichkeit für die begriffene Phantasie nach vorwärts, für das objekthaft Mögliche in psychischer Annäherung daran. Denn nur in der Entdeckung des Noch-Nicht-Bewußten gewinnt die Erwartung, vor allem die positive, ihren Rang: den Rang einer utopischen Funktion, sowohl im Affekt wie in der Vorstellung und im Gedanken.

»Traum von einer Sache«

Was man sieht, nimmt man mehr oder minder treu auf. Aber nicht jeder nimmt es auch mehr oder minder treu hin, restlos. Zwischen uns und dem Draußen, das andrängt, schwankt der

Weg erheblich. Fast nie ist eine Sache so, wie man sie sich vorher vorgestellt hat; nun, das behebt sich. Aber ist es eine gute, eine schöne Sache, und ist dann sie nicht so, wie man sie sich erträumt und erwartet hat, vorher, dann behebt sich dies Vorher nicht immer. Es bleibt ein Rest vom ersten Bild, der nicht unterkommt, doch auch nicht vergehen will. Sonst könnte der Blick auch nicht enttäuscht sein, ja bleiben von dem, was er sieht, das heißt, wie dieses aussieht. Gemeinte Farbe fehlt, neue, nicht immer lebhaftere, kommt hinzu.

Hat man sich von einem Draußen nichts vorgestellt, so ist man freilich auch nicht enttäuscht. Ist eine Frau so leer, eine Stadt so grau, wie man sie ohnehin erwartet hat, dann bleibt das auch nachher selber gleichgültig. Oder aber umgekehrt; eine zu geringe Erwartung wird gegebenenfalls sogar positiv überboten. Was den Anspruchsvollen ernüchtert, überrascht das gebrannte Kind angenehm. Ihm wird auch schwacher Glanz beim Kennenlernen positiv, man bittet ihm die vorgefaßte negative Meinung ab. Insofern sind pessimistische Menschen, falls sie nicht verbittert wurden, die glücklichsten; sie können nur angenehm enttäuscht werden. Besonders bei trostloser, doch sozusagen keines Trostes bedürftiger Imago von der Frau Welt: gnädige Frau können hier nur schöner werden. Erfüllung ist hier freilich nicht, weil kein Wunsch da ist, doch manchmal wirkt dergleichen als (sehr billiges) Geschenk.

Ganz anders dagegen wirken Dinge ein, wenn allzu blumig gewünscht und geträumt. Dann sieht man sich leicht sträflich enttäuscht, desto mehr, je privater, sachlich unorientierter hier vorhergeträumt wurde. Das vorhandene Draußen mag dann zum Geschwärme und seinem schlechten Apriori sozusagen mit Recht nicht stimmen; was geht den Vesuv das Gebet einer Jungfrau an? Auch dürfen Erwartungsbilder nicht von allzu lokal bekannten Schönheiten genährt sein, die man sich am anderen Ort nur gesteigert denkt. So wie sich mitteldeutsche Hochzeitspaare Italien als eine Art Superlativ vom Thüringer Wald vorstellen mögen: »geschlossenen Augs«, singt noch Wagners Tannhäuser, »die Wunder nicht zu schauen, durchzog ich blind Italiens holde Auen«. Auch offenen Augs hätte der Sänger wenig Auen am Mittelmeer erblickt; denn wer bloß Ähnlichkeiten mit dem Zuhause oder auch einfache Kontraste dazu sucht, die schließlich dasselbe mit umgekehrtem Vorzeichen sind, wird immer enttäuscht werden, in einer »Fremde«, die eben weder höheres Thüringen noch auch »klassisches« oder »tropisches« Gegenteil ist, weil sie die jeweiligen Vorher-Bilder solcher Besucher objektiv nichts angeht. Die Vorher-Bilder müssen wenigstens halbwegs an häuslich Unvergleichlichem, wenn auch der »Ahnung« Vergleichlichem, orientiert sein, soll ihr möglicher Schiffbruch nicht nur subjektiv etwas bedeuten. Aber freilich werden auch im günstigen Fall Imago und Original selten zusammenkommen: der Hunger läßt sich nicht mitkochen, die Sehnsucht, womit man nach der Sonne, nach dem »Wunder« Antike oder was sonst gefroren hat, obwohl sie genau für sie empfindlich machte. Ja, dermaßen zu sich überholen mag, daß ein Bild vom Tempel in Paestum um den vorhandenen Tempel nicht mitgerahmt ist, obwohl diesem nicht halb so fremd, etwa als dorische Idee, wie Tannhäusers Auen dem Mittelmeer. Indes der originale Tempel ist selbst noch im Vergleich zum orientierten Vorher-Bild anders, Neapel ist anders, Rom anders, und mancher braucht Tage, oft Wochen, bis die Befremdung der Imago überwunden ist, bis das wirkliche Neapel, Rom zureichend erscheinen, besser gesagt: kraft einer konkret gewordenen Imago wesenhaft durch sie hindurch. Mitunter aber bleibt die erste Vorstellung sogar noch nach dem leidlich echten Sachblick bestehen, so wenig korrigiert und so fest ist sie in ihrer merkwürdigen Zwischenwirklichkeit verankert. Auch vor der mehr oder minder gelungenen Erfahrung eines Fernlands kapituliert so Imago nicht, trägt ihre Tore Italiens weiter, anderswohin ins Land. Nur selten also füllt sich das Vorher-Bild in jener Weise, die an der überliefert einleuchtendsten teilzunehmen scheint: an der erotischen, als der Wirklichkeit einer geliebten Frau, die vom Traum nicht überflogen werden will. Liebe und – im Objektraum – gewisse Augenblicke tiefster Betroffenheit, meist an »unscheinbaren« Gegenständen, sind die einzigen Zeichen eines Stücks Landung in jeder bereits vorhandenen äußeren »Geographie« des Vortraums. Soll hier immer heißen: der noch allzu privaten und noch allzu subjektiv-lokal vordringenden, eindringenden Lichtscheine. Das geht lehrreich und stellvertretend bereits an den leichtest meßbaren Suchbildern auf, denen der schönen Fremde. Kühle Einsicht daher erfahrener Reisender: In der Fremde ist niemand exotisch als der Fremde selbst. Alte Erfahrung daher auch bei verwandt-Sentimentalischen an Antiquitäten: Das echte Exemplar unterscheidet sich dadurch vom falschen, daß das unechte eine zu große Vollkommenheit zeigt, das heißt, einer Imago des echten ähnlicher sieht.

So kann es auch zum besseren Vorher-Traum gehören, daß er schief überholt. Seine Bilder waren dann nicht von ausreichender Kenntnis getrübt, am wenigsten von der eines vorhandenen Elends, eines gerade in exotisch reizenden Ländern besonders üppigen. Oder gar: auch das Elend wird verzaubert, es erschient dann als »malerisch«, in nur kontemplativer Façon. Doch selbst wo dergleichen nicht statthat, wo die Vorher-Bilder halbwegs trafen und nicht allzu Poetisches wirklich, sondern Wirkliches wie poetisch erscheint, auch dort gibt es eine Sperre, diesesfalls eine generelle, vor dem aktuellen Erlebnis der abstandsloseren Ankunft. Diese Sperre hängt nicht mit den Ablenkungen schief überholender Vorher-Bilder zusammen, hat aber, was erschwerte Ankunft angeht, gerade nun den anderen, den echteren und konkreteren Vorher-Bildern am wenigsten gefehlt. Gemeint ist auch hier die Decke ums Jetzt- und Hier-Erleben, an Ort und Stelle, genannt Dunkel des gerade gelebten Augenblicks. Dieses macht seinerseits die Anwesenheit relativ; es nimmt das Gerahmte des Vorher-Bildes weg, bringt das Unmittelbare des Erlebens an sich, des von sich unabgehobenen, des so gleichzeitig schattenden wie grellen. Und dies Unsichtige setzt sich weiter auch vom zeitlich Unmittelbaren als in den wahrhaft schädlichen Raum fort, der rund um den Beschauer jeweils liegt. Zwischen dem Beschauer und der eigentlichen Landschaft, als Gestrüpp, Steine oder ähnlich Vordergründiges, das nicht zur Landschaft gehört. Mit schwieriger Grenze, wo diese beginnt, wo sich aus nahestehenden Bäumen der abgehaltene, gestaltende Wald bildgemäß bildet. Zuletzt aber wirkt – von diesem generellen Dunkel und schädlichen Raum ganz abgesehen – in unserem speziellen Problem ein suo genere vollkommenes Vorher-Modell jederzeit eigentümlich und nicht immer günstig auf den objektivierenden Blick. Es kann eben zu schön sein, um (bereits) wahr zu sein, es kann ein zu fiktiver oder ein zu idealistisch-selbstgerechter, gar nur subjektiver »Idealbegriff« sein, der die Sache verfehlt, indem er sie in einer Richtung überholt, die keineswegs (oder bestenfalls: noch keineswegs) die ihre ist. Gegen die Gefahr der allzu abstrakt oder auch allzu lang brennenden Bilder-Laterne vermag ein scharfer Blick zwar viel: das Einzel-Reiche, das nicht nur störend-, sondern auch kühn-Verwickelte des wirklichen Draußen geht gegen ein abstrakt großzügiges, wo nicht subjektiv-Glattes vom Vorher-Bild. Wichtigst ist jedoch: selbst das schiefe Überholen wäre nicht möglich, hätte nicht immerhin noch Platz, wäre nicht die Welt selber von unvollendeter Beschaffenheit. Gefühlsmäßig ist die Hoffnung oft das schönere am Genuß, praktisch aber war schon viele echte Verwirklichung auch ein – schlechter Abstrich an der ihr vorhergehenden »Idee«, die so in der Geschichte erst halberfüllt stehenbleiben kann und so – genau nun zum Unterschied von den bloß privaten, den überwiegend abstrakten Vorher-Bildern – weiter vollzogen zu werden hat. Nicht anders kann so eine »Idee« stehenbleiben wie ein erster bildgeladener Eindruck, aber auch – konkreter – wie eine weitergeltende, unabgegoltene Anweisung. Die Reaktion nun auf solch Unabgegoltenes kann nicht wie die von schwärmerischen, bildüberfüllten Reisenden sein, die sich geradezu gern an Ort und Stelle enttäuschen lassen, mit dem bitteren Vergnügen, auch dort, wo sie nicht hinkamen, nichts versäumt zu haben. Die Reaktion ist rechtens auch – jenseits der Reise, im Begriff- und Tatwesen – nicht die von Radikalen des Prinzips, die lieber eine ganze Enttäuschung sehen, sofern sie ihnen ihr vollkommenes Urbild wenigstens rein erhält, als eine halbe Erfüllung, sofern sie die »Idee« in Rationen verwirklicht, zu herabgesetztem Preis, das heißt, wie sie meinen, konkret nie berichtigt, sondern nur heruntergehandelt. Die echte Reaktion steckt vielmehr in der Marx'schen Fassung des »Traums von einer Sache«, in der historisch-tendenziell vermittelnden Fassung, die er in einem Brief, 1843, an Ruge anmahnt. Der Brief bezieht sich selbstverständlich nicht auf irgendeine Art Phantasma, auch in noch reizender Gestalt. Die Fata Morgana hat ausgespielt, die gefährliche in der Wüste wie die märchenhafte, nach der die gefährliche benannt ist, die gute Fee Morgain, die ihren König Artus nach dem seligen Land Avalun geleitet, und jeder andere aus dem Traum steigende Retter, Gott, Kaiser, Tribun. Bacon hatte gesagt, die kommende »natürliche« Magie würde sich zur alten, angeblichen, legendären verhalten wie die Taten Alexanders zu denen der Ritter aus Artus' Tafelrunde: Pro rata verhalten sich schon die großen sozialistischen Utopisten aus der ersten Hälfte des neunzehnten Jahrhunderts, Fourier, Owen, Saint-Simon, kenntnislosem Phantasma gegenüber so empirisch überlegen; und gar erst der basishafte Marx. Mit dem Ansatz der Veränderung im Proletariat, statt in einem mehr oder minder privat bleibenden, immer noch abstrakten Traum. Trotzdem eben, genau um des *vermittelten* Traums willen, wie er im religiösen, philosophischen, politischen Bewußtsein der Vergangenheit umging, befindet die Briefstelle, – an Ruge im September 1843 –, veranlaßt durch Ruges ahistorischen Radikalismus: »Es wird sich dann zeigen, daß die Welt längst den Traum von einer Sache besitzt, von der sie nur das Bewußtsein besitzen muß, um sie wirklich zu besitzen.« Das schrieb der am wenigstens abstrakte Denker eines besseren Lebens, der konkreteste Kritiker jeder »Idee«, die subjektiv als wishful thinking, objektiv als Wolkenkuckucksheim auftritt. Der Theorie-Praktiker, der betont hatte, ein Gedanke könne nur dann zur Wirklichkeit dringen, wenn die Wirklichkeit zum Gedanken drängt. Der »Traum von einer Sache« erscheint bei Marx also durchaus als ein vorwegnehmender, auch als ein durch die Verhältnisse getrübter, gehinderter, dem im Marxismus endlich die Stunde seiner Wissenschaft und Praxis zu beginnen habe. Ein Aufgewecktes beginnt – nicht den Traumgehalt herunterhandelnd, auch nicht ad acta historica schlagend, sondern ihn erhellend, auf die Füße stellend, soweit auch er solche hat oder haben kann, realistisch realisierend. Wobei das Vorwegnehmende, wie es im Traum von einer Sache gedacht ist, ja nicht nur eines in der Vergangenheit war, sondern viel genauer auch eines in der Gegenwart ist, als zukunftsschwangere und so zu besorgende. Faßt man dies Vorwegnehmende rein nach seiner subjektiven Seite, so ließe sich der Traum von einer Sache sogar ein Apriori nennen, allerdings eines ganz unformaler Art. Und eines, das so wenig transzendental im Kantischen Sinn ist, daß es nicht vor jeder möglichen Erfahrung wirkt, sondern dominanthaft mit ihr, als eines der Tendenz. Dergestalt gäbe es dann gerade im prozessiven Menschen dieser Tendenz, im Primat seiner utopischen Vernunft, durchaus auch Material a priori, nicht bloß formal, wie bei Kant. Dergestalt ließe sich cum grano salis sagen: »Historisches« Material a priori arbeitet inhaltlich in der Wunschzeit, mit der der Mensch bewußt und utopisch in die gegebene Zeit einschlägt, sie wirklich erst zu einem Geschichtsprozeß machen will, in Richtung auf ein menschenadäquates Reich. Topologisch füllt Material a priori den Überschuß von Wunschträumen über den gegebenen Räumen; dieses Material macht sich technisch-architektonisch kenntlich und ästhetisch, noch ästhetisch als utopische Landschaft in Malerei und Dichtung. Die Phrase, womit sich nur Innerliche, also Defaitisten aus der politischen Welt ziehen wollen: die Seele habe keinen Bosporus und keine Vogesen –, ist darum rein wörtlich falsch; denn sie unterschlägt genau das auch Auswendige in allen echten inneren Vorher-Bildern. Das solchergestalt antizipierende Bewußtsein hat das Auswendige gewiß nicht im Forminhalt einer fertig-gegebenen Erfahrung, sondern in einer erst tendenzhaft, tendenz-bildhaft repräsentierten. Damit aber erlangt vor allem die subjektiv-intendierende Seite ihre Zu- und Unterordnung unter die objektive Seite, als die einer objektiven Intention, die eben nämlich Tendenz ist. Wonach die Welt den Traum von einer Sache (von unserer und ihrer Grundsache), sofern er kein subjektivistischer und abstrakter ist, höchst realistisch, ja *einzig* realistisch *auch im Objekt hat*. Solange diese Grundsache (Gesellschaft ohne Entfremdung, Natur ohne bloßen Kreislauf aus Entwicklung und Entropie) noch nicht heraus ist, bleibt ein utopischer Überschuß freilich auch in der reichsten Verwirklichung, bleibt ein Rest an Traumbildern. Der ist nicht Schweigen, auch nicht Bildermalen oder Glockenläuten aus purer Transzendenz, sondern erst recht Material a priori: *Sprengstoff*. Ein höchst belebendes Material also oder das Feuer der Ungenügsamkeit in subjektiver Intention, objektiver Tendenz zugleich. Trieben Intention und Tendenz im »Traum von einer Sache« nicht auch gemeinsam und vermittelbar, dann wäre die menschliche Welt und die darin bearbeitete äußere schon bisher keinen Schritt vorwärts gekommen. Es würde aber auch für den Riß nicht so empfindlich machen, der zwischen vorhandem Sosein und dem, was uns daran als besser anlacht, so sehr empfindlich macht.

Lied der Seeräuberjenny in der »Dreigroschenoper« (1929)

Kurt Weill und Lotte Lenja mit Gruß

Noch leuchtet nicht des Mondes Silberfackel.
Figaros Hochzeit

Ja, etwas Lustiges wollen wir bringen. Sie sind die Gäste, genau so saßen die in der Spelunke am Hafen. Und vorndran stand das arme Abwaschmädchen Jenny und sang, wie sie die Gläser wusch. Wann kommt denn dein Schiff, Jenny? muß man fragen. Und die Gäste lachen zu der Antwort von so einer, wie Sie auch lachen werden, wenn Sie können.

Was das Volk zu seiner Arbeit singt, macht immer Spaß. Schlichte treue Weisen aus der Zeit, da noch jeder seine Pflicht tat. Auch der Inhalt des kleinen Liedchens, das das Abwaschmädchen Jenny sang, darf als bekannt vorausgesetzt werden. Drum doppeltes Ergo bibamus:

»Meine Herrn, heut sehn Sie mich Gläser aufwaschen und ich mache das Bett für jeden und Sie geben mir einen Penny und ich bedanke mich schnell und Sie sehn meine Lumpen und dies lumpige Hotel und Sie wissen nicht, mit wem Sie reden. Aber eines Abends wird ein Geschrei sein am Hafen und man fragt: was ist das für ein Geschrei? – und man wird mich lächeln sehn bei meinen Gläsern und man sagt: was lächelt die dabei? – Und ein Schiff mit acht Segeln und mit fünfzig Kanonen wird liegen am Kai. – Man sagt, wisch deine Gläser, mein Kind! Und man reicht mir den Penny hin. Und der Penny wird genommen, und das Bett wird gemacht, es wird keiner mehr drin schlafen in dieser Nacht. Und sie wissen immer noch nicht, wer ich bin. Aber eines Abends wird ein Getöse sein am Hafen, und man fragt: Was ist das für ein Getös? Und man wird mich stehen sehn hinterm Fenster, und man sagt: was lächelt die so bös? – Und das Schiff mit acht Segeln und mit fünfzig Kanonen wird beschießen die Stadt. – Meine Herren, da wird wohl Ihr Lachen aufhören, denn die Mauern werden fallen hin. Und die Stadt wird gemacht dem Erdboden gleich. Nur ein lumpiges Hotel wird verschont von jedem Streich, und man fragt: Wer wohnt Besonderer darin? Und in dieser Nacht wird ein

Geschrei um das Hotel sein, und man fragt: Warum wird das Hotel verschont? Und man wird mich sehen treten aus der Tür gen Morgen, und man sagt: Die hat darin gewohnt? – Und das Schiff mit acht Segeln und mit fünfzig Kanonen wird beflaggen den Mast. – Und es werden kommen Hundert gen Mittag an Land und werden in den Schatten treten und fangen einen jeglichen vor jeglicher Tür und legen in Ketten und ihn bringen zu mir und mich fragen: Welchen sollen wir töten? Und an diesem Mittag wird es still sein am Hafen, wenn man fragt, wer wohl sterben muß. Und dann werden Sie mich sagen hören: Alle! Und wenn dann der Kopf fällt, sag ich Hoppla! – Und das Schiff mit acht Segeln und mit fünfzig Kanonen wird entschwinden mit mir.«

Das ist das Liedchen der Seeräuber-Jenny, von Polly an ihrem Hochzeitstag vorgetragen. Ein unschuldiger Scherz, er bringt bei derartigen Festen immer Stimmung, und man nimmt die gute Absicht für die Tat. Schade, daß man den wunderschönen Rhythmus, auch die schicke Melodie Weills nicht mit hierhersetzen kann. Sie geht ins Blut und dürfte sich bei frohen Anlässen als Nationalhymne empfehlen.

Darf man auf Feinheiten aufmerksam machen, so nebenbei? Wie sie selber nebenbei scheinen, im Rhythmus des Viervierteltaktes, der so leicht zum Trauermarsch wird. Auch das freche Moll spricht an, das zwischen Chanson und Trauermarsch verbindet, die Gewürze des Harmoniewechsels, die hübsch einschneidende Intervall-Sekunde bei der Frage: »Töten?«, die unsäglichen Arpeggien bei »Schiff« und »Segel«, der Orgeldreiklang des »Mir«, mit dem das Schiff entschwindet. Das Schiff, das Brecht der Seeräuber-Jenny auf den Leib geschrieben hat, mit kurzweiligen und atemraubenden Versen, die nie mehr vergehen. Ein Dichter gab ihr ganz zu sagen, wie sie leidet, was sie freut. Jazzorchester sitzt auf einer Bühne, die zwischen Bar und Kathedrale, Kathedrale als Bar, ununterscheidbar. Blümchen wachsen aus dem faulsten Operettenzauber, aus Kitzelchansons von 1900, aus der Herrlichkeit amerikanischer Jazzfabrikate, mit der Hand nachgemacht, vorgemacht. Ein neuer Volksmond bricht durch die Schmachtfetzen am Dienstmädchen- und Ansichtskartenhimmel. In diesem Schmalz hielt sich eine unsägliche Theologie; wie lehrreich, sie in Aspik zu setzen. Und hört man nicht Heilsarmeelieder in der Dreigroschenoperluft um Jenny, den Jesus in der Drehorgel und das Vaterunser als Gassenhauer? Vom ganz anderen Ende her hatte die Heilsarmee schon Verbindung zur Gasse geschaffen; darauf spuckte sie ihn aus, den alten Sündenschleim, an der nächsten Straßenecke schwenkte sie in den Himmel. Ausstellung der Hallelujamädchen, großer Feuer- und Schwefelgalopp, Herabkunft des Teufels um 11 Uhr, Abfeuern der großen Golgathakanone um Mitternacht: dies erste Programm der Heilsarmee ist schon Jenny-Stil, wenn auch nur demagogisch und mit Zukkerwasser am Ende. Im Weill-Brecht-Land macht sich aber nicht nur die Frömmigkeit gemein, sondern die Blasphemie rechtgläubig. *Der himmlische Bräutigam erscheint der Schubertschen Nonne, die hier die Seeräuber-Jenny ist, als Pirat, und das Hoppla ist so apokalyptisch, wie man nur will.* Und der reitende Bote des Königs, mit dem die *Dreigroschenoper* als »Opernparodie« schließt, ist aus der *Fidelio*-Gegend, sehr fühlbar; schlägt das Retterpathos auch nur durch wie Butterbrot durchs Papier. Ja, fast kommt der Kerl der Seeräuber-Jenny als reitender Bote des Königs wieder, viel zahmer, begnügt sich, den Banditenchef zu retten und die anderen zum Zeichen des Triumphes einen Choral singen zu lassen; dennoch gehen auch im Schlußchoral trauriger cantus firmus und Piraten-Credo ineinander. »Denn es ist kalt. Bedenkt das Dunkel und die große Kälte in diesem Tale, das von Jammer schallt« – gerade diesem Tal steht die Schiffsvision ausgezeichnet, bis zuletzt. Wenn die reitenden Boten des Königs nur öfter kämen: die Niedrigen werden erhöht, die Hohen erniedrigt werden, der Herr bricht ein um Mitternacht, zu Schiff statt zu Pferd und mehr gegen als vom König, mit fünfzig Kanonen wird das sicherer und unter acht Segeln schneller.

Wer versteht denn das kleine Liedchen am besten? Die Kinder würden den Finger strecken, daß sie es sind, und dann die Mädchen im Elternhaus, und dann die Jungens in der Schule. Auch sie haben ihre unendliche Erzählung, in der sie gesittete Mordbrenner sind, das begleitet und spinnt sich aus auf dem Schulweg, vorm Einschlafen, es kann ein Kriegsschiff »Argo« sein und der Träumer selbst der »Fürstadmiral«, hat sich längst aus dem verfluchten Stall geholt, verteilt die Welt an sich und die Türkei. Aber so gut kommt im kleinen Lied auch das Zünd' an, Zünd' an, das Hexenhafte des Weibes auf seine Rechnung, und jene, die den Herren gemacht wird. Haben nicht Flintenweiber, Petroleusen zu vielen Zeiten die Revolution begleitet und paßt nicht dem Weib die Räuberbraut vorzüglich auf den Leib, in jeder besseren Kolportage und dem Leben, das einmal kolportagehaft scharf wird? Das »Böse«, Unterirdische des Weibs, sein geheimes Einverständnis mit der Unterwühlung, die es ruft und erwartet: »Man wird mich lächeln sehn bei meinen Gläsern und man sagt: was lächelt die dabei? Man wird mich stehen sehn hinterm Fenster und man sagt: was lächelt sie so bös?« – dies Lächeln war schon oft mit dem roten Terror verbunden oder wurde von ihm gebraucht. Ein ziemlich gerader Weg führt von diesem Lächeln nicht nur zu Senta, die das Bild ruft, oder zur sanften Elsa, die so lange an seiner Sphäre saugt, bis der Retter erscheint, sondern eben auch zu den Hexen, vor denen die gesetzte Christenheit zitterte, ja zum Rebellensymbol der Paradiesesschlange, mit der sich Eva so gut versteht. Man wird die Seeräuber-Jenny weniger verurteilen, wenn man die Rolle des luziferischen Tieres in der Geschichte der Revolutionen und mancher Religionen bedenkt: die Paradiesesschlange ist dann sozusagen die Raupe der Göttin Vernunft. Und die »Seele« nicht zu vergessen, die allemal weiblich ist, das Mädchen Psyche im entsetzlichen Vaterhaus der Welt. Aber eines Tages erscheint (so legten frühchristliche Ketzer die Bibel aus) ein Mann Jesus, gerade aus der völligen Fremde, aus Übersee, er wird die Seele holen, schon fühlt sie den Ring am Finger, gegen ihren Vater, die Eltern, die Welt und den Vater aller Dinge. Auch ein Fetzen dieser Verlobung ist im Lied, die Kolportage schneidet mit dem mystischen Piraten manichäische Gegenden wieder und noch mehr; da ist viel dabei, aber nichts antiquarisch. Ulkig, wie die gnädige Frau das so hinlegt: Rächer, Entführer, Schiffs-Messias von dereinst.

Also: wer gut zuhört, der schmeckt, was immer los ist, weil es noch nie los war. In diesem Weillschen »Gebet einer Jungfrau« sind die Fluchtmotive nicht nur sentimental und die »Frömmigkeit« ist nicht romantisch. Man spürt den unstatischen Hintergrund der Zeit. Vor einem Dutzend Jahren wäre Senta noch nicht als Braut des roten Freibeuters erschienen, auch in Strawinskys *Geschichte vom Soldaten* nicht, die das Original guter Musik aus Abfall, Traum und Lumpen ist. Auch das: »sie wissen immer noch nicht, wer ich bin« hätte nicht seine süßen und gefährlichen Hintergründe, wäre kein revolutionärer Zustand in der Welt und der unterdrückte Mensch nicht in jedem Sinn auf dem Marsch, sich zu konkretisieren. Die Gäste lachen zwar über Jennys Lied und finden es nett, die Bürger reagieren sich ab und helfen der Dreigroschenoper zu einem Erfolg, den ihr Bierulk, aber nicht diese starke Dynamitstelle verdient hätte. Der Kerl der Seeräuber-Jenny kommt leider nicht als Bote des Schlusses und beschießt die Stadt (was die revolutionäre Logik des Stückes gewesen wäre): es ist dennoch unzuverlässige Musik, dicke Luft im Amüsement, die satte Kunst ist hin, die Substanz erscheint als Dreck, im Abwaschzuber und in dem, was die denkt, die davor steht. Glüh', Heil'ge Flamme, glüh' – an Lumpen brennt sie am besten. Schlage doch, gewünschte Stunde, gewünschte Stunde, schlage doch – auch die Seeräuber-Jenny singt Kantaten, soweit sich von einer so ungebildeten und geschundenen Person überhaupt etwas erwarten läßt. Ihr Pietismus ist etwas drohend, aber ihr Liedchen gehört in die Wochen vor Weihnachten. Echte Adventsstimmung, den Anforderungen des neuzeitlichen Geschmacks entsprechend.

Phantasie, künstlerische Produktivität und der Werkprozeß

Ariel und die dichterische Phantasie

Die alten Maler haben bieder gelebt und handwerklich gearbeitet. Die Dichter dagegen waren nie in einer Zunft, auch dort nicht, wo sie nicht so frei waren, wie der Vogel singt. Teils waren sie preisgegeben und Kostgänger bei den Mächtigen, teils galt Dichtung, zum Unterschied vom Handwerk der Malerei, als ritterliche Kunst. Aber das eigentümlich freischwebende (oder sich so erscheinende) Dichterwesen war in der Tat auch sachlich weniger an handwerklichen Brauch gebunden. Die poetische Herstellung verlangt kein Farbenreiben und keine mehrköpfige Arbeit in der Werkstatt mit Meister und Gesellen. Sosehr Dichtung an jedem Punkt Handwerk im Sinn technischer Übung und Kenntnis einschließt, überliefertes, vom Meister selber fortgebildetes: die Phantasie ist hier eine weit ausfallendere, eine ausfahrende. Denn zum Unterschied von den bildenden Künsten hat sie den weiten Weg der Zeit für sich und auf ihm die Aventiure, auch im vermittelten Sinn, die sich fortbewegende Handlungsfülle. Diese ist es, welche vom dichterischen Vermögen selber betrieben wird und ihm so eingeschrieben wie vorgeordnet ist. Die Dichtungsregeln des siebzehnten und achtzehnten Jahrhunderts, gewiß, sie engten die dichterische Phantasie ein, aber sie haben selber einen ganz anderen Ursprung als die alten Handwerksregeln. Und es war Shakespeare, der Stern der höchsten Höhe selber, der dem dichterischen Vermögen ein recht beschwingtes Sinnbild gab; es heißt Ariel. Prospero im *Sturm* hat seinen Zauberstab, aber der beste Helfer ist Ariel, der den Meister liebt:

Heil, großer Meister! Heil dir, weiser Herr!
Ich komme, deinen Winken zu begegnen.
Sei's Fliegen, Schwimmen, in das Feuer tauchen,
Auf krausen Wolken fahren: schalte nur
Durch dein gewaltig Wort mit Ariel
Und allen seinen Kräften.

Ariel ist das Pneuma und die Metamorphose, die die Welt sogar über ihre jeweiligen Entelechien hinaus ausschlagen läßt, mit durchaus leckeren Verzückungen. Ariel, der anmutigste aller Freiheitsgeister, spielt auf der Märchenebene Shakespeares, so phantasmagoriert und hilft er – zu einem heiteren Ende – fast schrankenlos. Er macht auf Prosperos Wunsch den fiktiven Schiffbruch, er verwandelt sich in Sturm und Feuer, gehört zu den Schmetterlingen und Schwalben, verwandelt sich in eine Wassernymphe. Er erregt die Musik, die Fernando hört, mit all der ungewissen Topik, die der reinsten Zeitkunst eignet: »Wo ist wohl die Musik?« fragt Fernando ratlos. »In der Luft? Auf Erden?« Es ist diese Freiheit Ariels, wodurch große Entführer der Poesie die Zeit- und Ortsverhältnisse verletzt haben um reicherer oder konzentrierterer Begegnungen willen. So daß Shakespeare seinen Hektor von Aristoteles sprechen läßt und Theseus mit Oberon und Titania zusammenhängen kann. So daß Goethes Faust und Helena in einem gotischen Sparta vermählt erscheinen, nachdem Faust, als normannischer Herzog, die eben aus Troja Zurückgekehrte vor einem Angriff Menelaos beschützt hat. So werden hier Zeiten und Räume verspellt – ein stärkstes Ineinander dichterischer Phantasie und ihrer, bei aller Geprägtheit, sich durchdringenden Bedeutungsgestalten. Noch hat wohl niemand unternommen, einen Grundriß all dieser Traumwelten der dichterischen Phantasie zu entwerfen; er dürfte, in den ständig fließenden Beziehungen all seiner Archetypen und Entelechien, der komplizierteste sein und überhaupt mehr einem Kaleidoskop als einem Grundriß gleichen. Nicht grundlos hat Goethe Ariel angerufen, als er von der typischen Darstellung in die allegorisch-symbolische überging: Ariel steht auch am Tor zum zweiten Teil des *Faust*. Und ebenso wirkt er in Goethes *Pandora*, ungenannt, doch als Phantasie, als dieser besondere Eros, nicht alles beginnend, aber in schöneren Bildern vollendend. Ariel, aus Luft zur bunten Wolke werdend, belebt die Gaben Pandoras, den Gehalt ihres Gefäßes, den schlechthin schönen Zauber:

Und fröhlich fuhr ein Sternblitz aus dem Dampf heraus,
Sogleich ein andrer; andre folgten heftig nach.
Da blickt' ich auf, und auf der Wolke schwebten schon

Im Gaukeln lieblich Götterbilder, buntgedrängt.
Pandora zeigt' und nannte mir die Schwebenden:
Dort siehst du, sprach sie, glänzet Liebesglück empor!

Daneben zieht, so sprach sie fort, Schmucklustiges
Des Vollgewandes wellenhafte Schleppe nach.
Doch höher steigt, bedächtig ernsten Herrscherblicks,
Ein immer vorwärts dringendes Gewaltgebild.

Noch andre schmelzen kreisend ineinander hin,
Dem Rauch gehorchend, wie er hin und wider wogt,
Doch alle pflichtig, deiner Tage Lust zu sein.

Und dieser Ariel erscheint nicht nur als »rauchgebildet wünschenswerter Trug«, mithin als Luftgeist der Illusion, sondern dahinter steht und neigt sich die Schönheit selber: Pandora, die von Göttern gebildete und gesandte Phantasiegestalt. Die Welt in sich ist bei Goethe ein All-Leben, dem die Schönheit innewohnt, dem das Anschauungsglück der Kunst am nächsten zugeordnet wird. Von dieser Anschauung her und durchaus in ihr baut Goethes Phantasie ihre zweite Welt auf: keine hintergründige, die die Phänomene verläßt, doch eine durchscheinende, die die Phänomene in ihr Bedeutendes bringt, ja rettet. Wobei ein Überschuß über das bereits Ausgeprägte unvermeidlich ist, sowohl im Subjekt und in den Unruhegestalten (Tasso, Faust, selbst Wilhelm Meister) wie besonders in der kunstgemäß ausgestalteten Objektivität selber. Die Romantiker hatten nicht ganz unrecht, wenn sie, wie den jungen Goethe des Volkslieds, so den späten der Symbolik oder der »den Dingen angeborenen Unendlichkeit« sich nahe fühlten; Goethe sagte in diesem einen Wesen, was sie nicht aus sich herausbrachten, er realisierte, wo sie großenteils umspielten oder gar nur deklamierten. Und die Phantasie selber, die des Volkslieds wie der reichen Symbolik, behält mit Ariel die Naivität, ohne die überhaupt keine Schöpfung zustande kommt, sondern nur Krampf und Zerflatterung. Ariel gleicht in diesem Punkt durchaus dem göttlichen Kind Krischna in der indischen Sage, dem die Mutter von ungefähr den Mund öffnet, und inwendig in seinem Leib erblickt sie den unermeßlichen Glanz des Himmels samt der ganzen Welt; das Kind aber spielt ruhig fort und scheint nichts davon zu wissen. So ist die Naivität beschaffen, mit der Goethe auch noch die in Schillers Sinn sentimentalischsten Gestalten: Mignon, Tasso, selbst Faust, herausgestellt hat. Der große Dichter hat nicht die Alternative, Natur zu sein oder aber keine zu sein und sie zu suchen; nach der Antithese, wonach Schiller hier den naiven, dort den sentimentalischen Dichter beschrieben hat. Sondern als großer Dichter *ist er Natur und wird zugleich sie suchen,* nämlich die poetisch erblickte, die in Handlungen wie Gestalten über das Beiläufige, Stockende, Unentschiedene immanent hinausgetriebene. Dadurch kommt nicht etwa Skurriles zustande wie bei Dichtern, die nur den halben Ariel und sicher nur die halbe Minerva an sich gebracht haben, wie die Alten sagen, das ist: ein Skurriles, das den Gang der Dinge nicht etwa überholt, sondern das ihm lediglich subjektiv-beliebig entläuft. Doch die exakte Phantasie, von der Art, wie sie Shakespeare und Goethe erfüllte, ist eben niemals auf ein beliebig Mögliches schlechthin, sondern aufs objektiv-möglich Mögliche gerichtet; dergestalt, daß ihr Theaterlicht die Charaktere, Leidenschaften, Situationen nicht willkürlicher, sondern folgerichtiger macht und daß der Zaubermantel Fausts in Aventiuren trägt, welche die Welt mit ihrer Tendenz vermittelt, im künstlerischen Vor-Schein mehren, nicht aber aus ihr herausfallen. Die dichterische Phantasie, nichts halb gestaltend, gibt so jedem ihrer Gegenstände das Vermögen, sein Metier ganz zu treiben, seine Liebe, seinen Mut, sein Leid, sein Glück, seinen Sieg, gegebenenfalls auch seine Schwäche und Lächerlichkeit, und ist eben deshalb immanent-konkret. Ja selbst das Wunderbare Ariels in poetischer Gestalt bleibt zusammen mit dem Schiffbruch, Sturm, Feuer, Liebesglück dieser Welt und vollendet sie ohne deren Bruch. Diese Welttreue bei allem Überschuß, dieser Überschuß gehalten in Welttreue sind das ästhetische Maß schlechthin; wird es nicht eingehalten, so fällt die Phantasie entweder, wie angegeben, als bloß dem Wirklichen subjektiv-beliebig entlaufend, ins Skurrile, oder aber – mit freilich völlig verschiedener Art des Entlaufens, mit einem Sprung aus der gesamten ästhetisch-entelechisierten Welt – die Phantasie transzendiert in Religion. In die Nicht-mehr-Kreatur des Durchbruchs, in die Nicht-mehr-Welt des transzendent Wunderbaren. Dichterische Phantasie selber ist und bleibt jedoch Ariel verschworen, als dem Luftgeist, der im leicht verschiebbaren Element über der Erde sich bewegt, sie aber nie verläßt und selbst in seinem Feuer nicht sprengt. Am farbigen Abglanz hat diese Phantasie das Leben, das zu seinem immanent-vollendeten Ende getrieben ist. So ist die freischwebende, doch welttreue Utopie eigener Art beschaffen, aus deren Verwandlungstraum die dichterische Produktion kommt, zu deren Welt ohne Enttäuschung sie geht.

Entdeckung des Noch-Nicht-Bewußten oder der Dämmerung nach vorwärts

Noch-Nicht-Bewußtes als neue Bewußtseinsklasse und als Bewußtseinsklasse des Neuen: Jugend, Zeitwende, Produktivität, Begriff der utopischen Funktion, ihre Begegnung mit Interesse, Ideologie, Archetypen, Idealen, Allegorien-Symbolen

The cistern contains, the fountain overflows. *William Blake*

Ψυχῆς ἐστι λόγος ἑαυτὸν αὔξων
Der Seele ist das Gemeinsame eigen, das sich mehrt. *Heraklit*

Die zwei Ränder

Nirgends macht der innere Blick gleichmäßig hell. Er spart Licht, leuchtet immer nur wenige Stücke in uns an. Was von dem aufmerkenden Strahl überhaupt nicht getroffen wird, ist uns nicht bewußt. Was nur schräg getroffen wird, ist halb bewußt, auf abnehmende oder zunehmende Weise, je nach dem Grad des Aufmerkens. Das bewußte Feld ist derart eng, und ringsum verläuft es in dunklere Ränder, löst sich darin auf. Auch bevor, ja, ohne daß ein Seelisches vergessen wird, ist vieles darin nicht bewußt. So kann ein Schmerz ungefühlt bleiben, ein äußerer Eindruck unempfunden, obwohl er psychisch durchaus vorhanden ist. Er liegt unter der Schwelle, sei es, daß der Reiz zu schwach ist, um eben merklich zu sein, sei es, daß das Aufmerken mit anderem beschäftigt, also abgelenkt ist, sei es, daß die Wiederholung selbst starke Reize abstumpft. Es gibt also auch im bewußten Feld, ganz ohne Vergessen, bereits mancherlei dunklere, nicht oder nur schwach bewußte Stellen. Die eigentlichen Ränder des Bewußtseins liegen freilich nicht im gegenwärtigen Erleben, im bloß abgeschwächten. Sie finden sich vielmehr dort, wo Bewußtes *verklingt,* im Vergessen und Vergessenen, wo Erlebtes unter den Rand, die Schwelle sinkt. Und nun: sie finden sich auf andere Weise auch auf der dem Vergessen entgegengesetzten Seite, wo ein bisher nicht Bewußtes *aufdämmert.* Auch dort ist im Bewußtsein ein Rand, eine Schwelle, diesesfalls eine obere, mehr oder minder weit vorgeschobene, hinter der es psychisch nicht ganz hell hergeht. Unter der Schwelle des Verklingens, jedoch auch über der Schwelle des Aufdämmerns ist relativ Unbewußtes, der aufmerkende Blick muß sich erst gewaltsam, oft mit Mühe darauf richten. Es ist allerdings fähig, vorbewußt zu sein, sowohl im Unten des nicht mehr Merklichen wie erst recht dort, wo Neues aufzieht, das noch niemand in den Sinn kam. Beides kann hinter seinen Rändern hervorgeholt, mehr oder minder erhellt werden.

Doppelte Bedeutung des Vorbewußten

Seelisches Leben ist allemal abendlich und morgendlich zugleich eingefaßt. Der Nachttraum bewegt sich im Vergessenen, Verdrängten, der Tagtraum in dem, was überhaupt noch nie als gegenwärtig erfahren worden ist. Was außer dem bewußten Feld liegt, nennt man seit etwa zweihundert Jahren allgemein das Unbewußte. Es war eine große Entdeckung, daß seelisches Leben mit Bewußtsein nicht zusammenfällt. Unbewußtes freilich gilt, wo immer es als bewußtseinsfähig gedacht wird, nicht als seiner schlechthin unbewußt, wie etwa ein Stein, sondern als vorbewußt. Aber auch so wurde und wird bis heute das psychisch Unbewußte lediglich als eines verstanden, das unterhalb des Bewußtseins liegt und aus diesem herabgesunken ist. Das Unbewußte liegt – nach dieser Auffassung – im Bodensatz; es beginnt rückwärts von dem immer weiter verminderten Bewußtsein. Das Unbewußte ist hier also ausschließlich *Nicht-Mehr-Bewußtes;* als solches bevölkert es einzig die Mondscheinlandschaft des zerebralen Verlusts. Demgemäß ist es auch dann, wenn die Psychoanalyse es ein Vorbewußtes nennt, kein neu heraufdämmerndes Bewußtsein von inhaltlich Neuem, sondern ein altes mit alten Inhalten, das lediglich unter die Schwelle gesunken ist und sie durch mehr oder minder glattes Erinnertwerden wieder übertreten kann. Dergestalt ist das Unbewußte bei Freud einzig das Vergessene (bei ihm das eigentlich Vorbewußte, das normalerweise ohne weiteres wieder Bewußtseinsfähige) oder das Verdrängte (bei ihm das eigentlich Unbewußte, das »nicht nur deskriptiv, sondern auch dynamisch Unbewußte«, das nicht ohne weiteres wieder Bewußtseinsfähige). Zwar betont der spätere Freud, daß es außer dem vergessenen und verdrängten Unbewußten noch eine dritte Art gebe, nämlich ein Unbewußtes »im Ich selbst«. »Auch ein Teil des Ichs, ein Gott weiß wie wichtiger Teil des Ichs kann unbewußt sein, ist sicher unbewußt«; indes fährt Freud gleich danach fort: »Wenn wir uns so vor der Nötigung sehen, ein drittes, nicht verdrängtes Unbewußtes aufzustellen, so müssen wir zugestehen, daß der Charakter des Unbewußtseins für uns an Bedeutung verliert« (*Das Ich und das Es*, 1923, S. 17). An Bedeutung deshalb, weil dies dritte Unbewußte (Freud gibt als seine Erscheinungen überraschenderweise sogar die bedeutende geistige Produktion an) dem Schema der Verdrängung sich nicht fügt. Es ist damit aber jenes Vorbewußte gestreift, das überhaupt nicht in Freuds Konzept paßt, das Vorbewußte in der anderen Bedeutung, nach der anderen Seite, in dem kein Verdrängtes, sondern ein Heraufkommendes zu klären ist. Der Nachttraum mag sich aufs Nicht-Mehr-Bewußte beziehen, er regrediert darauf hin. Aber der Tagtraum ist auf ein mindestens dem Träumer Neues, wohl gar auf ein an sich selber, in seinem objektiven Inhalt Neues aufgetragen. Im Tagtraum eröffnet sich so die wichtige Bestimmung eines *Noch-Nicht-Bewußten*, als die Klasse, wozu er gehört. Eine letzte psychologische Bestimmtheit des Tagtraums geht damit auf, es gilt, sie zu erläutern. Sie ist bis jetzt gänzlich außer Begriff geblieben, es gibt noch keine Psychologie des Unbewußten der anderen Seite, der Dämmerung nach vorwärts. Dies Unbewußte blieb unnotiert, obwohl es den eigentlichen Raum der Bereitschaft zum Neuen und der Produktion des Neuen darstellt. Das Noch-Nicht-Bewußte ist zwar ebenso Vorbewußtes wie das

Unbewußte der Verdrängtheit und Vergessenheit, es ist sogar in seiner Art ein ebenso schwieriges und Widerstand leistendes Unbewußtes wie das der Verdrängtheit. Aber ihm ist keinesfalls das heutige, manifeste Bewußtsein übergeordnet, sondern ein künftiges, erst heraufkommendes. Das Noch-Nicht-Bewußte ist so einzig das Vorbewußte des Kommenden, der psychische Geburtsort des Neuen. Und es hält sich vor allem deshalb vorbewußt, weil eben in ihm selber ein noch nicht ganz manifest gewordener, ein aus der Zukunft erst heraufdämmernder Bewußtseinsinhalt vorliegt. Gegebenenfalls sogar ein erst objektiv in der Welt entstehender; so in allen produktiven Zuständen, die mit nie Dagewesenem in Geburt stehen. Dazu ist der Traum nach vorwärts disponiert, damit ist Noch-Nicht-Bewußtes als Bewußtseinsweise eines Anrückenden geladen; das Subjekt wittert hier keinen Kellergeruch, sondern Morgenluft.

Noch-Nicht-Bewußtes in Jugend, Zeitwende, Produktivität

Alle frische Kraft hat dies Neue notwendig in sich, bewegt sich darauf hin. Seine besten Orte sind: die Jugend, die Zeiten, die im Begriff sind, sich zu wenden, die schöpferische Hervorbringung. Bereits ein junger Mensch, der etwas in sich stecken fühlt, weiß, was das bedeutet, das Dämmernde, Erwartete, die Stimme von morgen. Er fühlt sich zu etwas berufen, das in ihm umgeht, in seiner eigenen Frische sich bewegt und das bisher Gewordene, die Welt des Erwachsenen überholt. Gute Jugend glaubt, daß sie Flügel habe und daß alles Rechte auf ihre herbrausende Ankunft warte, ja erst durch sie gebildet, mindestens durch sie befreit werde. Mit der Pubertät beginnt das Geheimnis der Frauen, das Geheimnis des Lebens, das Geheimnis der Wissenschaft; wie viele unerforschte Regale sieht die lesende Jugend vor sich glänzen. Die grüne Zeit ist mit Dämmern nach vorwärts überfüllt, sie besteht über die Hälfte aus noch nicht bewußten Zuständen. Diese sind bei jungen Menschen gewiß bedroht, im Alter zwischen fünfundzwanzig bis dreißig Jahren. Was sich aber bis dahin an Jugend erhielt, wird sich bei Menschen, die nicht von der Fäulnis des Gestrigen angesteckt und ihm verschworen sind, immer erhalten – als ein Warmes, Helles, mindestens Trostreiches vor dem Blick. Die Stimme des

Andersseins, Besserseins, Schönerseins ist in diesen Jahren so laut wie unabgenützt, das Leben heißt »Morgen«, die Welt »Platz für uns«. Gute Jugend geht allemal den Melodien aus ihren Träumen und Büchern nach, hofft, sie zu finden, kennt das heiße dunkle Irren durch Feld und Stadt, wartet auf die Freiheit, die vor ihr liegt. Sie ist ein Heraussehnen, Heraussehen aus dem Gefängnis des äußeren, muffig gewordenen oder muffig erscheinenden Zwangs, aber auch der eigenen Unreife. Die Sehnsucht nach dem Leben als Erwachsener treibt an, doch so, daß dieses Leben gänzlich umgeändert werden sollte. Fällt Jugend gar in revolutionäre Zeiten, also in *Zeitwende,* und steht ihr nicht, wie heute im Westen so oft, der Kopf, durch Betrug, im Nacken, so weiß sie erst recht, was es mit dem Traum nach vorwärts auf sich hat. Er geht dann vom vagen, vor allem privaten Ahnen zum mehr oder minder sozial geschärften, sozial beauftragten über. Das breiteste Exempel gaben ehemals die russischen Narodniki, die ins russische Volk gingen, um mit ihm für den Sturz des Zarismus zu kämpfen, mit sentimentaler oder zorniger Morgenröte. Hier utopisierten die Gespräche junger Kursistinnen und Studenten auf dem staubigen Boulevard der russischen Kleinstadt. Und später, bei wachsender, sozialistischer Klarheit, in den Großstädten, mit den Arbeitern vereinigt, wuchs die Morgenröte solid heran, die im Bewußtsein und über der Zeit lag. Länger als ein halbes Jahrhundert vor der Oktoberrevolution stellte selbst der russische Unterhaltungsroman Jugend mit Zeitwende im Sinn immer wieder dar. Deutschland hatte seine revolutionären Studenten im Sturm und Drang, im Vormärz, und hat sie heute, mit dem Ziel vor Augen, in der neuen Republik; Jugend und Bewegung nach vorwärts sind darin Synonyme. Während dieser Zeiten und so oft sie aktuell sind, ist also nicht bloß physiologisches Frühlingsgefühl in der Luft sondern mehr noch: Wendezeiten sind schwül, es scheint eine Donnerwolke in ihnen eingesperrt. Wetter- oder Geburtskategorien wurden daher von je auf sie angewandt: als Ruhe vor dem Sturm oder als März in der Geschichte oder am stärksten, konkretesten: als Gesellschaft, die mit einer neuen schwanger geht. Zeiten wie die unsere verstehen den Wendezustand gut; selbst seine Feinde, die Faschisten in Italien und Deutschland, konnten nur noch betrügen, indem sie sich revolutionär verkleideten, ein Marasmus als Frühlingssonne. Die Zeitwenden sind selber die Jugendzeiten in der Geschichte, das heißt, sie stehen objektiv so vor den Toren einer neu heraufkommenden Gesellschaft, wie die Jugend sich subjektiv vor der Schwelle eines bisher unaufgeschlagenen Lebenstags stehen fühlt. Das überblickbarste Exemplar solcher Wende ist bis jetzt die Renaissance, besonders auch nach der ideologisch-kulturellen Seite. So deutlich wie kaum irgendwo gibt es hier, beim ersten Umschlag der feudalen Gesellschaft zur bürgerlich-modernen, Aufbruch und Erwartung, Noch-Nicht-Bewußtheit als bewußte Ahnung. Incipit vita nova, das bezeichnete damals auch psychisch die Aurora-Qualität der Zeit: der noch progressive Unternehmer stand auf, mit ihm das Gefühl der Individualität; das Bewußtsein der Nation tauchte über den Horizont; Individuation und Perspektive traten ins Naturgefühl und Landschaftsbild; die ferne Erde ging selber auf und öffnete neue Kontinente; die Himmelsdecke sprang und gab den Blick auf Unendlichkeit frei. Alle Zeugnisse aus der Wende des fünfzehnten und sechzehnten Jahrhunderts bekunden davon ein ganz mächtig Vorbewußtes, ein raumschlagendes, das über die bisher gesetzten Säulen des Herkules hinauszog. Es begann totale Erneuerung der Kunst, des Lebens, der Wissenschaft, oder schien zu beginnen; dies Dreiviertelstund-vor-Tag erscheint noch spät genug in Bacons *Novum Organon,* doch ebenso artikuliert genug: »Ich weiß, daß geschäftsfreie Menschen in gemeinsamer Arbeit auf meiner Bahn Großes erreichen werden. Und wäre ich dessen nicht so sicher, wehte der Wind von den Küsten einer neuen Welt nicht so stark und unverkennbar herüber, wir müßten dennoch den Versuch machen, aus der Stockung unseres elenden Naturwissens herauszukommen.« Die Luft solcher historischen Frühlinge schwirrt von Planungen, die ihre Ausführung suchen, von Gedanken in der Inkubation. Nie sind die prospektiven Akte häufiger und gemeinsamer als hier, nie das Antizipatorische in ihnen inhaltsvoller, nie die Fühlung mit dem Anrückenden unwiderstehlicher. Alle Wendezeiten sind derart von Noch-Nicht-Bewußtem gefüllt, auch überfüllt; und eine aufsteigende Klasse trägt es. Der die Renaissance nacherfahrende Ausdruck dieses Zustands ist der Monolog in Goethes *Faust;* auch hier sind Überdruck, Wachtraum, Morgenrot die Ingredienzien des Voran. Und ebenso schaffen solche Zeiten an Problemen, die in der vorhandenen Wirklichkeit noch kaum keimhaft hervorgetreten sind. So gräbt die Renaissance wie noch nachher das Deutschland der Genieperiode die Entwicklungstendenzen der Epoche hervor, stellt sie ins Frühlicht, neue Taglicht. Der Mensch fühlt sich in solchen Zeiten deutlich als nicht festgestelltes Wesen, als eines, das zusammen mit seiner Umwelt eine Aufgabe ist und ein riesiger Behälter voll Zukunft.

Wie sehr erst geht dem Schaffen selber ein Aufdämmern vorauf, wie eigentümlich steht es darin. *Geistige Produktivität, Schöpfung* zeigt sich besonders von Noch-Nicht-Bewußtem erfüllt, das ist, von Jugend, die sich im Schaffen potenziert; auch hier ist sie vorausgesetzt und dauernd tätig. Jugend hat als begabte ihren leicht verlorengehenden Anfang wie bei Lenau im raunenden Schilf:

Und ich mein', ich höre wehen
leise deiner Stimme Klang
und im Weiher untergehen
deinen lieblichen Gesang.

Jugend hat im Fortgang die Dankbarkeit des Werdens und dessen gebärend wundersames Bild, wie bei Goethe im Vorspiel auf dem Theater, das zu bilden ist:

So gib mir auch die Zeiten wieder,
da ich noch selbst im Werden war,
da sich ein Quell gedrängter Lieder
ununterbrochen neu gebar,
da Nebel mir die Welt verhüllten,
die Knospe Wunder noch versprach,
da ich die tausend Blumen brach,
die alle Täler reichlich füllten.

Jugend bleibt in der Produktion, auch nach ihrer Beendigung, auf dem gleichen Fleck, spürt auch nach beendetem Werk die ungarantierte Kühnheit oder kühne Antizipation; so bei Klopstock in der Ode *An Freund und Feind*, noch dreiunddreißig Jahre später, nachdem der *Messias* begonnen war:

Voll Durstes war die heiße Seele des Jünglings
nach der Unsterblichkeit.

Ich wacht', und ich träumte
von der kühnen Fahrt auf der Zukunft Ozean.

Dank dir noch einmal, mein früher Geleiter, daß du mir,
wie furchtbar es dort sei, mein Genius, zeigtest.
Wie wies dein goldner Stab! Hochmast'ge, vollbesegelte
Dichterwerke
und dennoch gesunkene schreckten mich!

Bis zu der Schwermut wurd' ich ernst, vertiefte mich
in den Zweck, in des Helden Würd', in den Grundton,
den Verhalt, den Gang, strebte, geführt von der Seelenkunde,
zu ergründen, was des Gedichts Schönheit sei,
flog und schwebt' umher unter des Vaterlands Denkmalen,
suchte den Helden, fand ihn nicht: bis ich zuletzt
müd' hinsank, dann, wie aus Schlummer geweckt, auf einmal
rings um mich her wie mit Donnerflammen es strahlen sah.

Und Jugendlicht, produzierendes, das auch im uralt Geschehenden, als wäre es gar kein Uraltes, sondern Verkündigung, sich zu begegnen versteht, hält bei Hölderlin den Morgen in der Welt noch unter Verfinsterungen wach, mit der großen Hymne auf Ex oriente lux, auf den neuen und sprechenden Tag:

Denn, wie wenn von der herrlich gestimmten, der Orgel,
Im heiligen Saal,
Reinquillend aus den unerschöpflichen Röhren,
Das Vorspiel, weckend, des Morgens beginnt,
Und weit umher, von Halle zu Halle,
Der erfrischende, der melodische Strom rinnt,
Bis in den kalten Schatten das Haus
Von Begeisterungen erfüllt,
Nun aber erwacht ist, nun, aufsteigend ihr,
Der Sonne des Fests antwortet
Der Chor der Gemeinde, so kam
Das Wort aus Osten zu uns,
Und an Parnasses Felsen und am Kithäron hör ich,
O Asia, das Echo von dir, und es bricht sich
Am Kapitol, und jählings herab von den Alpen
Kommt, eine Fremdlingin, sie
Zu uns, die Erweckerin,
Die menschenbildende Stimme.

Produktivität läßt nicht nach, sich dergestalt zu wecken, wie sie vom Stachel des Sagenmüssens erweckt wird. Das Sagenmüssen zwingt erst recht, wenn das Vorschwebende, das zu gestalten wäre, sich verbirgt, wenn es mit seinem Rückzug gar zu kokettieren scheint. Wenn die Arbeit vor dem Durchbruch eines neuen Ansturms ihren Täter fliehen mag, indem sie besonders dringend nach ihm verlangt; wenn das Arbeitsthema sich verdinglicht zu einem schwankenden, flüsternden, selber zaudernden Wesen und scheint dem Sagenmüssen seine Saumseligkeit vorzuwerfen. Doch wer an einen Stern gebunden ist, sagt Lionardo, kehrt nicht um, und die Moral der Produktivität bewährt sich daran, alles Angefachte zu vollenden, die Kontur des vorschwebenden Inhalts rein und gefaßt an den Tag zu bringen. Wie erst, wenn *Jugend, Zeitwende und Produktivität zugleich* in glücklich angetretenen Begabungen zusammenfallen. Wie das im jungen Goethe gelang, im Prometheus-Fragment, in der riesigen Intentions-Dimension des *Faust* und bereits des Urfaust, aber auch – von daher noch – in dem vertrauensvollsten aller Sätze (aus *Wilhelm Meisters Lehrjahre*): »Wünsche sind Vorgefühle der Fähigkeiten, die in uns liegen, Vorboten desjenigen, was wir zu leisten imstande sein werden.« Dann arbeiten und gelingen die prospektiven Akte aus dem mächtigen Erwarten, das seiner mächtig geworden ist; aus Affinität zum Stern, der sich noch unter dem Horizont befindet; aus der Kraft zum Unbetretenen, die Dante sagen läßt: »L'acqua che io prendo giammai non si corse« (das Wasser, das ich fasse, hat man noch nie befahren). Letztere Sentenz ist schließlich diejenige, welche Jugend, Zeitwende, Produktivität am besten in einem einzigen Griff vereinigt; nicht mit Hochmut, sondern mit Beschreibung dessen, was bei Schöpfungen der Fall ist, der Fall zu sein hat.

Weiteres zur Produktivität: ihre drei Stadien

Soviel zur großen Unruhe, wenn sie sich mit Traum nach vorwärts überzieht. Als eine tätige, mit dem neuen Ursprung gegen die Starre, der sich ahnungsvoll bildet. Diese Ahnung ist auch in ihrem gewöhnlichen Vorkommen der Sinn für das sich Anbahnende. Wird sie schöpferisch, so verbindet sie sich mit der Phantasie, vorzüglich mit der des objektiv Möglichen. Die arbeitsfähige Ahnung ist geistige Produktivität, nun als *werkbildend* betrachtet. Des näheren setzt sich Produktivität als dreifache, dreifach wachsende Erstreckung ins Ungekommene: als Inkubation, als sogenannte Inspiration, als Explikation. Alle drei gehören zum Vermögen, über die bisherigen Ränder des Bewußtseins nach vorwärts hinauszufahren. In der *Inkubation* ist ein heftiges Meinen, es zielt auf das Gesuchte, das im dämmernden Anzug ist. Nebel sind auch psychisch die beste Zeit zum Säen, es darf nur nicht bei ihnen bleiben; sogar ein Stadium von Dunkelheit besteht, doch eben mit der intensiven Anlage, sich zu lichten. Der Zustand der Anlage ist an sich bereits ein Widerspruch, der sich auflösen will; sie ist der unhaltbare, der so angstvolle wie glückliche Zustand, nicht zu sein, was unsere Natur ihrem reellsten Streben nach ist, und eben so zu sein, was sie noch nicht ist. In diesem Widerspruch befindet sich auch noch die entwickeltere Anlage oder die Gärung, worin sich die bereits konturvollere Aussage und Gestalt vor- und zubereitet. Immer jedenfalls ist hier Erwartung präsent, ganz gleich noch, mit welch größerer oder geringerer Ladung das Dreiviertelstund-vor-Tag erscheint. Dieser Inkubation nun folgt weiter meist jähe Klärung, blitzhafte; sie kommt wie von außen oder, in der falschen Auslegung, wie von oben herab. Deshalb kam der Ausdruck *Inspiration* dafür in Gebrauch; er macht das Jähe kenntlich, das erhellend und begeisternd Einschlagende, den plötzlichen Durchblick. Die Inkubation, welche ein Sprachloses an sich hatte, ja zuweilen aus Überfülle eine Art Bewußtseinsleere hervorrufen kann, diese Verschlossenheit löst sich nun. Die Lösung kann in leichteren Fällen durch einen Überfall von Einfällen geschehen, als solchen, die den Hauptgedanken nur umgeben oder ihn ankündigen; zuweilen folgen sie ihm auch, nach geschehener Erscheinung des Hauptgedankens, nach. Dessen Erscheinung selber kommt übermächtig und anscheinend so sehr als Lösung des Problems, als habe es während der Inkubation und ihrer Grübelei gar keines gegeben. Auch die äußerste Konzentration löst sich, welche die Verschlossenheit des letzten Stadiums ausgezeichnet hatte und welche in Dürers Blatt *Melancolia* als Steinkugel im Zimmer liegt, das ist: als rings zusammengezogenes Denksymbol des Grübelnden. Die Lösung taucht mit einem Sprungprozeß auf, scheinbar so unvermittelt, das heißt ohne

Bewußtsein der lange gärenden Inkubationszeit, daß die Inspiration, neben dem Glücksgefühl der Befreiung, leicht eben das Wundergefühl eines magischen Geschenks mit sich führt, vielmehr mit sich geführt hat. Die mit ihr gegebene Vision ist aber in jedem Fall mit Glücksrausch verbunden, mit höchster Leichtigkeit dazu, obzwar davon sowohl die magisch-archaischen wie die transzendenten Auslegungen gestrichen werden müssen, als all dies muffig Geweihte. Der Produktive ist kein Schamane, auch kein psychologisches Stück Urzeit; er ist weder ein Rußfeuer aus diesem Abgrund noch aber auch, wie das noch Nietzsche kokett erinnern möchte, ein Mundstück höherer Gewalten. Diese transzendente Mythisierung der Inspiration, als ob sie von oben herabfahre, ist erst recht gegenstandslos; sie ist der magisch-archaischen nur insofern überlegen, als sie wenigstens dem Transcendere, soll heißen: dem übersteigend Erweiternden der geistigen Schöpfung gerecht werden will und diese nicht zu einem Absinken, einer Nachtsprache verfälscht. Daß hier im Akt der Produktivität keine archaische Regression vor sich geht, zeigt eben die beständige Lichterfahrung, die mit der Inspiration verbunden ist. Auch sie ist in den meisten Fällen ganz hell, auf der Höhe des Bewußtseins notierbar, so am berühmtesten bei Descartes, als er das Prinzip des Cogito ergo sum gefunden hatte: »Am 10. November 1619, wo mir das Licht einer wunderbaren Entdeckung tagte.« Und was ist nun die Zündungsgegend dieses Tagens, nachdem weder Schamanisches von unten her noch Enthusiastisches von oben herab mehr als abergläubische Auslegungen geliefert haben? Die Zündungsgegend der Inspiration liegt in der *Zusammenkunft* einer spezischen genialen, das heißt schöpferischen Anlage mit der Anlage einer Zeit, den spezifischen Inhalt zu liefern, der für die Aussage, Formung, Durchführung spruchreif geworden ist. Nicht nur die subjektiven, auch die objektiven Bedingungen zur Aussage eines Novum müssen also bereit sein, müssen reif sein, damit dieses Novum aus bloßer Inkubation zum Durchbruch und plötzlichen Durchblick seiner gelangen kann. Und diese Bedingungen sind allemal ökonomisch-soziale progressiver Art: ohne kapitalistischen Auftrag hätte der subjektive Auftrag zum Cogito ergo sum nie seine Inspiration gefunden; ohne beginnend proletarischen Auftrag wäre die Erkenntnis der materialistischen Dialektik unfindbar gewesen oder ein bloßes brütendes Aperçu geblieben und auch nicht als Blitz in den nicht mehr naiven Volksboden eingeschlagen. Item, der Durchbruch, der oft plötzliche gewaltige Lichtschlag im genialen Individuum gewinnt sowohl das Material, an dem er sich entzündet, wie das Material, das er beleuchtet, einzig aus dem zum Gedanken drängenden Novum des Zeitinhalts selbst. Das ist, wohlverstanden, noch dann der Fall, wenn, wie so oft, die Rezeptivität einer Zeit nicht selber auf der Höhe dieser Zeit, gar ihrer Weiterungen, ihrer fortwirkenden Tendenzen und Latenzen steht. Auch dann kommt die Inspiration aus dem Auftrag der Zeit, der im genialen Individuum sich vernimmt und im Einklang mit dessen Anlage sich auslegt, mit dessen Potenz sich potenziert. Das Geheimnis der Welt, das als unsere Aufgabe in der Zeit vorrückt und der großen Begabung vorgerückt wird, ist zwar mächtig genug, um die zu seiner Artikulierung Berufenen mit Inkubation geladen zu halten, aber noch nicht mächtig genug, um den Schuß der jeweils möglichen, gesellschaftlich bevorstehenden Erhellungsweise zu lösen. Mit dem Weltgeheimnis noch allein im Blick, ohne konkretes Verhältnis zur Zeit, kommt selbst bei größten Begabungen nur jener Engpaß von Inkubation zustande, den Hegel, auf eine Flaute in seinen Anfängen rückblickend, einmal so beschreibt: »Ich kenne aus eigener Erfahrung diese Stimmung des Gemüts oder vielmehr der Vernunft, wenn sie sich einmal mit Interesse und mit ihren Ahndungen in ein Chaos der Erscheinungen hineingemacht hat und [...] des Ziels innerlich gewiß noch nicht zur Klarheit und Detaillierung des Ganzen gekommen ist [...] Jeder Mensch hat wohl überhaupt einen solchen Wendepunkt in seinem Leben, den nächtlichen Punkt der Konzentration seines Wesens« (*Briefe von und an Hegel I*, 1887, S. 264). Und was die nötige Übereinstimmung mit dem historischen Kairos als konstituierende Eigenschaft des Geniehaften überhaupt angeht, so bemerkte hierzu, seinen Meister im Kopf, der Hegelianer Rosenkranz höchst sachgemäß: »Das Genie ist nicht, wie das Talent, durch formelle Vielseitigkeit, obwohl es dieselbe besitzen kann, sondern dadurch groß, daß es das objektiv in einer Sphäre Notwendige als sein individuelles Schicksal vollbringt. Eben darum hat es nur in der geschichtlichen Entwicklung sein Maß, denn es muß über alles Gegebene unmittelbar hinaus sein und das, was nach dem objektiven Gang der Sache gerade an der Zeit ist, als eine private Befriedigung erarbeiten. Innerhalb dieser Aufgabe herrscht es mit dämonischer Gewalt, außerhalb derselben ist es machtlos und kann sich wohl mannigfaltig bilden, aber nicht das Neue schaffen« (*Psychologie*, 1843, S. 54 f.). Und wie vortrefflich hätte diese Bestimmung damals, 1843, auf Marx zugetroffen, als auf ein junges Genie, das wie wenig andere das objektiv in einer Sphäre Notwendige als sein individuelles Schicksal zu vollbringen begann und das den damals geschehenden Inspirationsdurchbruch seines Werks wie kein anderer in völlig begriffener Übereinstimmung mit der gesellschaftlich-historischen Tendenz seiner Zeit erfuhr. Die Inspiration insgesamt kommt derart, wann immer sie eine werkbildende ist, aus der Zusammenkunft von Subjekt und Objekt, aus der Zusammenkunft ihrer Tendenz mit der objektiven Tendenz der Zeit, und ist der Blitz, womit diese Konkordanz anhebt. Dann geschieht die Zündung, die durchaus immanente; Inspiration ist so der Lichtausbruch im jeweiligen Tendenz-Latenz-Sein selbst, hervorgerufen durch dessen jeweils stärkstes Bewußtsein. Herauf kommt nun im Autor die klare Idee des Werks und als eine, die wie vorher in der Inkubation, so jetzt in der Inspiration sich noch keineswegs Genüge tut, die vielmehr weitertreibt und die aus dem Blitz, der die neue Landschaft zeigte, in die Topographie dieser Landschaft zu gelangen hat.

Darin schließlich wird ausgeführt, was von der Unruhe und ihrer Ahnung gezeigt war. Das geschieht im letzten Akt der Produktivität, im qualvollen, arbeitsseligen der *Explikation*. Genie ist Fleiß, doch einer, der gerade die Ausarbeitung nirgends altern, nirgends ohne fortdauernde Besessenheit lassen will. Es darf kein Bruch eintreten, weder zwischen Vision und Werk noch zwischen Werk und Vision: »Das erste Licht«, sagt van Gogh, »worin der zündende Eindruck lag, muß schon selber begonnen haben mitzumalen.« Genie ist derart spezifischer Fleiß des fortgeführten Lichtblicks zu einer Aussage hin, so daß das Gemeisterte dem Geplanten nicht nur Stärke, sondern auch Tiefe hinzugibt. Gemäß der wahren Beobachtung in Schopenhauers Satz: »Das Talent gleicht einem Schützen, der ein Ziel trifft, welches die übrigen nicht erreichen können; das Genie dem, der eines trifft, bis zu welchem sie nicht einmal zu sehen vermögen.« Genau diese Wahrheit hebt auch Schopenhauers sonstige grundfalsche Geniedefinition auf, wonach Genie reines statisches Weltauge sei, also keinesfalls vorauseilend sein könne. Gerade aber indem Genialität über den jeweils vorhandenen Horizont hinaussieht, hinaustrifft, ist sie nicht kontemplativ-statisches Weltauge, sondern Pionier an den Grenzen einer vorrückenden Welt, ja, selber ein wichtigster Teil der Welt, die sich erst bildet. Psychologisch ist Genialität die Erscheinung eines besonders hohen Grades von Noch-Nicht-Bewußtem und der Bewußtseinsfähigkeit, letzthin also Explizierungskraft dieses Noch-Nicht-Bewußten im Subjekt, in der Welt. Nach der Fülle seines Noch-Nicht-Bewußten, das heißt seines vermittelten Hinausseins über das bisher bewußt Gegebene, bisher in der Welt Explizierte und Ausgestaltete ist der Grad der genialen Begabung bestimmt. Künstlerisches und wissenschaftliches Genie hier zu unterscheiden, ist an diesem Punkt noch nicht notwendig; denn die Sentenz des Danteschen »L'acqua che io prendo giammai non si corse« gilt psychologisch sowohl für künstlerische wie wissenschaftliche Werke von Rang. Gestaltung des bisher noch nicht Gestalteten, dies Werkkriterium des Genialen, ist in Kunst (der bildhaften Abbildung eines realen Vorscheins) und in Wissenschaft (der begrifflichen Abbildung der Tendenz-, Latenz-Struktur des Realen) das gleiche. Die Explikationen in Kunst und Wissenschaft haben freilich auch noch in dieser verschiedenen Objektivitätsschicht dasjenige miteinander gemeinsam, daß sie jeweils im Prozeß der Objektivität selber sich befinden und, soweit sie genügend Genie enthalten, an dessen Front stehen. Genie als fortgeschrittenstes Bewußtsein und Lehrer dieses Bewußtseins ist eben deshalb auch höchste Empfindlichkeit für die Umschlagspunkte in der Zeit und ihrem materiellen Prozeß. Ist Kraft und Fähigkeit, auf der Höhe dieser Zeit zu stehen und sie über Landschaft wie Horizont dieser Prozeßepoche mitwissend zu informieren. Deshalb ist es nicht ganz uneben, wenn Carlyle das Geniewort geradezu als Lösungswort der Zeitahnung feiert: »Was der geistige Vorkämpfer sagt, waren alle Menschen schon nicht weit entfernt zu sagen, sehnten sich danach, es auszusprechen. Die Gedanken aller fahren wie aus einem schmerzlichen Zauberschlaf bei seinem Gedanken auf und erwidern ihm mit Zustimmung.« Kommt diese Zustimmung oft auch erst bei der nächsten Generation oder noch später, so lag doch das Pulver zum Schuß schon vorher bereit, und die Publizität der Zeit hat den Schuß nur nicht gehört, eben weil er an ihrem Horizont geschah. Ja an der Explikation eines bisher Noch-Nicht-Bewußten zeigt sich am stärksten: *Das Noch-Nicht-Bewußte insgesamt ist die psychische Repräsentierung des Noch-Nicht-Gewordenen in einer Zeit und ihrer Welt, an der Front der Welt.* Das Bewußtmachen des Noch-Nicht-Bewußten, das Gestalten des Noch-Nicht-Gewordenen ist nur in diesem Raum, als einem der konkreten Antizipation, nur in ihm steht der Vulkan der Produktivität und wirft sein Feuer. Nur als Phänomen des Novum ist auch die Meisterschaft im Geniewerk verständlich, die der gewohnten Gewordenheit fremd ist. Jedes große Kunstwerk bleibt daher, außer seinem manifesten Wesen, noch auf die Latenz der anderen Seite aufgetragen, das ist, auf die Inhalte einer Zukunft, die zu seiner Zeit noch nicht erschienen war, wo nicht auf die Inhalte eines noch unbekannten Endzustands. Nur aus diesem Grund haben die großen Werke allen Zeiten etwas zu sagen, und zwar ein weiterbedeutendes Novum, das die vorige Zeit an ihnen noch nicht bemerkt hatte; nur aus diesem Grund hat eine Märchenoper wie die *Zauberflöte,* aber auch ein historisch lokalisiertes Epos wie die *Ilias* sogenannte ewige Jugend. Das macht: zum Geniewerk gewordene Explikationen haben nicht nur ihren eigenen Tag vollkommen ausgesprochen, es geht in ihnen auch die dauernde Implikation des Plus ultra um. Sein Platz, der Platz des Noch-Nicht-Bewußten, ist hier am wenigsten im Boden des Unterbewußtseins, als dem Ort, wohin bereits bewußt Gewesenes, bereits Erlebt-Erschienenes lediglich untergesunken ist. Sein Platz ist an der Front, wo die Genesis weitergeht, ja wo sie, als die des Rechten, immer noch erst im Begriff ist, mit dem Anfang zu beginnen. Die Wasser der Vergessenheit fließen in der Unterwelt, aber der kastalische Quell der Produktivität entspringt auf dem Parnaß *als einem Berge.* So arbeitet Produktivität, obwohl sie aus der Tiefe kommt, gerade erst am Licht und setzt immer wieder neuen Ursprung, nämlich einen auf der *Höhe des Bewußtseins.* Es gehört zu dieser Höhe, daß über ihr Blau ist, als die Gegenfarbe zum Orkus, als der dunkle und doch transparente Nimbus um alle wirkliche Explikation. Dieses Blau, als Fernfarbe, bezeichnet ebenso anschaulich-symbolisch das Zukunftshaltige, Noch-Nicht-Gewordene in der

Wirklichkeit, worauf bedeutende Aussagen, eben als vorrükkende, letzthin bezogen sind. Das Dunkle nach vorwärts, als ein sich lichtendes, ist auch in seiner Aussage jenem hellsten Bewußtsein zugeordnet, an dem der Tag die Morgenröte nicht aufgegeben hat, sondern gerade ihre wachsende ist.

Unterschiede des Widerstands, den das Vergessene und das Noch-Nicht-Bewußte der Erhellung entgegensetzen

Stets macht es verschiedene Mühe, ins rückwärts oder ins vorwärts gelegene Dunkel einzudringen. Gewiß, beim Erinnern wie beim arbeitsfähigen Ahnen wird die Schwelle des Bewußtseins verlegt. Aber beim einen gilt es, sie nach unten zu senken, damit Vergessenes oder Verdrängtes darübertrete, beim andern wird eine Grenze nach der Höhe verrückt. Gewiß auch, in beiden Fällen sperrt sich etwas gegen das Bewußtwerden, macht sich ein Widerstand gegen die Verschiebung der Schwelle geltend. Aber dieser Widerstand ist nicht minder ein charakteristisch anderer, je nachdem, ob Verdrängtes erinnert oder Geahntes gestaltet werden soll. Die Psychoanalyse hat in ihrem unterbewußten Gebiet solchen Widerstand längst kenntlich zu machen ersucht: als einen des Unwillens, Verdrängtes wieder auszupacken. Das Verdrängte selbst soll hier ja dadurch entstanden sein, daß sich ein Sträuben gegen das Bewußtwerden des ihm zugrunde liegenden seelischen Vorgangs oder Ereignisses erhoben hatte. So blieb oder wurde der Vorgang unbewußt, schickte nur noch ein neurotisches Symptom seiner ins Bewußtsein; dies Symptom aber gilt allemal als Anzeichen, daß ein Vorgang nicht zu Ende gelebt, daß er abgebrochen wurde, daß der Patient mit etwas in sich nicht fertig geworden ist. Und das gleiche Sträuben, das einen Menschen krank gemacht hat, widersetzt sich während der analytischen Kur von neuem dem Bemühen, Verdrängt-Unterbewußtes ins Bewußtsein zu heben; dies eben ist der Widerstand des *Nicht-Mehr-Bewußten* gegen sein Bewußtwerden. Kurz, ein deutlich vorhandener Wille fundiert hier den Widerstand; wird dieser Wille gebrochen, dann taucht das Vergessene angeblich ohne weiteres auf. Und dieser Wille gilt als rein negierender, weshalb auch Freud sagt: »Verdrängung ist die infantile Vorstufe der

Verurteilung.« Die gleichen Motive, die das alte Trauma sich verfestigen ließen, legen sich seinem Bewußtmachen in den Weg. Und vor allem: kommt das Verdrängte trotzdem an den Tag, so ist es verjährtes altes Zeug, das nun erst recht vergessen, nämlich überwunden wird.

Durchaus anders jedoch ist das Nichtwollen dort beschaffen, wo die Fahrt ins Dunkel nach vorwärts geht. Der Widerstand gegen das Bewußtwerden im Gebiet des Noch-Nicht-Bewußten zeigt selten oder nie neurotische Züge. Er zeigt sie nur dann, wenn im Produzierenwollen ein Mißverhältnis zwischen Kraft und Wille auftritt; dieses Mißverhältnis erzeugt allerdings, wie bekannt, eines der herbsten Leiden. Durchaus jedoch fehlt auch dann ein Sichsperren im Erhellungswillen selbst, von der Art also, wie es im Subjekt bei der bloßen Hebung eines Verdrängten, also beim Marsch ins Nicht-Mehr-Bewußte, eintritt. Ein Widerstand im Subjekt des Produktionswillens gegen diesen Willen und seine Inhalte, gar gegen das Gelingen der Fahrt ins Noch-Nicht-Bewußte und gegen dessen Schätze: ein Nichtwollen dieser Art kommt beim Produzierenden überhaupt nicht vor. Er überläßt das vielmehr den *Empfängern* des Werks, der, wie so oft, sich sperrenden *Rezeptivität*, dem also, was man früher den Widerstand der stumpfen Welt genannt hat. Die Psychologie des Produzierens selber aber weist keinerlei inneren Widerstand gegen die hier vorliegenden Erhellungsakte auf; vielmehr ist der zur *Produktion* gehörige und in ihr einheimische Widerstand überhaupt keiner im menschlichen Subjekt. Er steckt vielmehr in der vom Subjekt bearbeiteten Sache und wird von den spezifischen Mühen der Explikation nur gespiegelt. Er steckt im schwierigen Fahrwasser des Novum, in dem noch Ungestalten, jeder Gewohnheit Baren des *neuen Materials.* Ja sogar der bloße Rezeptivitäts-Widerstand, wenn er sich gegen Geniewerke sperrt, sie über die Maßen nicht versteht oder nur Ärgernis an ihnen nimmt, leitet sich, trotz des eingemischten, der Psychoanalyse zugehörigen Ressentiments, am Ende von einer Unlust zu der Schwierigkeit des sachlich Neuen her; womit selbst hier der der Erhellung des Noch-Nicht-Bewußten eigene Widerstand letzthin kenntlich gemacht wird als der des noch ungebahnten Materials. Aller Anfang ist in diesem Gebiet schwer, desto schwerer, weil eben das Neue, in das die produktive Pionierschaft geht, wesentlich auch eines der heraufkommenden Sache an und für sich ist. Nur deshalb also treten die neuen Wahrheiten als die des objektiv Neuen in ihrer Artikulierung so zögernd vor und immer nur als astra per aspera. Leicht beieinander wohnen die Gedanken lediglich als Plan oder als Skizze, aber ein Schritt weiter, und die konkrete Schwierigkeit des Werks beginnt. Bewirkt sie doch auch bei ausreichendem Können, und gerade bei ihm, die vielen zurückgeworfenen Expeditionen im Atelier, im Laboratorium, in der Studierstube, die zahllosen Schlachtfelder ohne Sieg oder mit hinausgeschobenem. Item, gar nichts Verdrängtes, sondern Schwierigkeit des Wegs ist im Noch-Nicht-Bewußten, Noch-Nicht-Gewordenen dasjenige, was der Produktivität zu schaffen macht. Die Gründe hierfür liegen ausschließlich auf dem Terrain der Sache, als einem noch nicht abgeschlossenen, gar glatt arrondierten; kurz, es gibt eigene Hüter der oberen Schwelle, und sie liegen im Material.

Die derart wirksame Sperre tritt zunächst und überall als eine geschichtliche auf. Genauer als eine *gesellschaftliche;* das auch dann, wenn das Auszusagende oder zu Erkennende an und für sich selber keinesfalls neu ist. Wenn also nur eine neue Erkenntnis und mit ihr nicht auch eine Erkenntnis von sachlich Neuem, das ist: jetzt erst sachlich Heraufkommendem gewonnen werden soll. Es gibt dieser Art in der Geschichte eine *ökonomisch-soziale Blickschranke,* sie ist auch dem kühnsten Geist unüberspringbar. Vorwegnahmen, Vorblicke traten viele ins vorhandene Bewußtsein und wurden von ihm selber im Noch-Nicht-Bewußten pointiert, erhellt; jedoch die gesellschaftliche Schranke hemmte die Ausführung. So haben Forscher ersten Ranges wegen ihres gesellschaftlich-geschichtlichen Standorts und von ihm her oft nicht einmal die halbe Minerva an sich gebracht (wie die Alten selber dies Widerständige nannten). Kein griechischer Mathematiker hätte die Differentialrechnung verstanden, auch Zenon nicht, so nahe er ihr gekommen war. Das Unendlichkleine, die variable Größe lagen total unter dem Horizont der griechischen Gesellschaft; erst der Kapitalismus ließ das bisher Feste und Endliche so in Fluß geraten, daß Ruhe als unendlich kleine Bewegung, daß unstatische Größenbegriffe gedacht werden konnten. Hierher gehört auch, daß der griechischen Sklavenhaltergesellschaft der Begriff der Arbeit fremd war, auch erkenntnistheoretisch und gerade hier.

Sie hat das Erkennen stets nur als ein empfangendes Schauen, nirgends als eine Tätigkeit pointiert; so nahe das etwa der Stoa und dem »subjektiven Faktor« in ihr hätte liegen können. Nicht alle Einsichten und Werke sind zu allen Zeiten möglich, die Geschichte hat ihren Fahrplan, oft sind die ihre Zeit transzendierenden Werke nicht einmal intendierbar, geschweige ausführbar. Das pointierte Marx mit dem Satz, daß die Menschheit sich immer nur Aufgaben stellt, die sie lösen kann. Die ihre Zeit transzendierenden Aufgaben sind selbst dort, wo sie ausnahmsweise abstrakt stellbar sein mögen, konkret unlösbar. Auch diese Schranke aber ist letzthin einzig im historischen Zustand des *Materials* fundiert, vor allem in seinem eigenen prozessual-unabgeschlossenen Zustand, wie er selber in Mühe, Front und Fragmenten steht. Das auch dort, wo nur neue Erkenntnis und noch keine Erkenntnis eines sachlich Neuen fragmentiert; wie sehr erst dort, wo, wie beim Arbeitsbegriff, die ganze Sache – als bürgerliche Gesellschaft – noch unter dem Horizont liegt. Das den Produktivitäts-Widerstand letzthin Bestimmende bleibt auch hier das schwierige Fahrwasser der Sache, bleibt die nur rationiert sich lichtende Verschlossenheit des *Novum im Gesamtprozeß überhaupt*, der als Welt vor sich geht. Der keinesfalls grundsätzliche, wohl aber historisch-temporäre Widerstand darin wird selbst dort noch notiert, wo er als überwunden ausgegeben wird, nämlich durch Mut. So in dem herrlich anti-agnoszistischen Prospekt Hegels: »Das verschlossene Wesen des Universums hat keine Kraft in sich, welche dem Mute des Erkennens Widerstand leisten könnte, es muß sich vor ihm auftun und seinen Reichtum und seine Tiefen ihm vor Augen legen und zum Genusse bringen« (*Werke VI*, 1840, S. XL). Man sieht, auch hier fehlt das Wort Widerstand nicht, obwohl es sich am allerwenigsten um Gegenstände eines Unterbewußtseins handelt. Vielmehr ist die Verschlossenheit eines ganzen Universums zitiert, und diese gerade im Verhältnis zum hemmungslosen Mut eines Erkennens. Wieviel größer erst der Widerstand der Objekthaftigkeit zur Subjekt-Objekt-Beziehung der Erkenntnis, wo ein Universum nicht, wie bei Hegel, panlogisch und darin zugleich geschlossen vorliegt. Wo ein unabgeschlossener Prozeß anhängig ist, der überdies mit keinem so vertrauten, jedem idealistischen Professor verwandten Namen signiert ist wie Geist. Recht im Gegenteil dazu heißt der Träger des Prozesses Materie und ist ein Wesen, das keineswegs an sich schon, gleich der sogenannten Weltidee, das Subjekt mit dem Objekt zusammenschließt, es sei denn im Gefolge harter, eben durch Mühe des Widerstands geschärfter Arbeit. Das noch verschlossene Wesen des Universums, das gerade als Materie noch in einem unabgeschlossenen Prozeß seiner Objektivierungen liegt, läßt sich am wenigsten als bereits Fertiges, gar überschwenglich Sonnenklares abspiegeln oder deklarieren. Das noch Ungewordene, noch Ungelungene ist eine eigene Wildnis, an Gefahren der unbetretenen vergleichbar, an ungekommenen Möglichkeiten ihr überlegen. Dieses Noch-Nicht-Gewordene, ja Noch-Nicht-Gelungene im Objekt fundiert also den letzten Widerstand, er ist ersichtlich erst recht ein anderer als der der Verdrängtheit oder versteckten Vorhandenheit. Das Weltgeheimnis selber liegt nicht in einer Art kosmoanalytischer Abfallsgrube, sondern im Horizont der zu gewinnenden Zukunft, und der Widerstand, den es seiner Eröffnung entgegensetzt, ist nicht der eines verschlossenen Kastens, wie in dämonischen Schatzmythen, mit boshaft blickenden Hunden zur Seite, die ihn bewachen, sondern der Widerstand ist hier der einer in sich selbst noch im Prozeß befindlichen, noch nicht manifesten Fülle. Das macht bezeichnenderweise, daß der objektive Idealismus, gar Spiritualismus das ihm Wesenhafte hinter der Erscheinung kraft der falschen Gleichung: Denken = Sein meist zu bestimmen unternahm, als wäre es nur geographisch an einem anderen Ort, während Marx, der doch gewiß nicht des »Agnostizismus« Verdächtige, bereits vom »Reich der Freiheit« fast nur privativ spricht, nämlich als bloßem Nichtdasein der Merkmale der Klassengesellschaft, oder äußerstenfalls in der ferntiefen, durchaus noch schwebenden Bedeutung einer »Naturalisierung des Menschen, Humanisierung der Natur«. Das sogenannte Wesen des Universums also ist noch an und für sich verschlossen im Sinne von: Noch-Nicht-Erscheinung seiner selbst; *diese seine eigene Aufgabe-Natur macht es schwierig*. Das Schwierige aufzuheben, dazu ist nicht nur Erkenntnis nötig im Sinn einer Ausgrabung dessen, was war, sondern Erkenntnis im Sinn einer Planbestimmung dessen, was wird; Erkenntnis mithin ist nötig, die zu diesem Werden, als einem gut verändernden, selber entscheidend beiträgt. Revolution und Genie geben Vertrauen darauf, daß dies schwierige heliotropische Geschäft nicht umsonst war oder umsonst gewesen sein wird; trotz des Widerstands in ihm selbst und im Sauerteig Welt.

Epilog über die Sperre, die den Begriff des Noch-Nicht-Bewußten so lange verhindert hat

Sonderbar schwer macht der innere Blick gar sich selber hell. Hier ist ein eigener Widerstand im allgemein sachlichen; seelisches Leben wirkt flüchtig, schattenhaft. Wie lange dauerte es, bis man überhaupt nur merkte, daß dieses Leben sich selber bemerkt, also ein *bewußtes* ist. Und unterbewußte seelische Vorgänge werden als solche erst seit wenig mehr als zweihundert Jahren bei Namen genannt. Dem mag allenfalls zugute gehalten werden, daß die unterbewußten Vorgänge nicht ohne weiteres bemerkbar gegeben sind, daß sie erst aus Zeichen erschlossen werden, daß sie inhaltlich Vergessenes enthalten. Doch schwerer verständlich wirkt es, nach der immerhin geschehenen Notierung des Bewußten, gar Unterbewußten, daß das *Noch-Nicht-Bewußte* so lange unbeachtet geblieben ist. Denn es wird nicht durch den Akt des Erinnerns erst ausgegraben, sondern ist sich gerade als eigener Akt unmittelbar gegeben, nämlich im Ahnen, außer diesem, was inhaltlich darin vorgeht. Trotzdem wurde das Schwebende, Offene, Ausmalende dieser Vorgänge so dargestellt, als ob es, wie gesehen ward, gleichfalls nur unterbewußt wäre; und eben: in diesem Dunkel lag es bis heute versteckt. Wie bekannt, wurde Unbewußtes überhaupt erst von *Leibniz* psychologisch kenntlich gemacht, auf weitem Umweg. Nicht nur Beobachtung, auch Theorie bewirkte die Entdeckung; Beobachtetes kam zum Teil nachträglich als ein Beispiel dazu, das die Theorie illustrierte. Eines der Leibnizschen Grundgesetze war das vom lückenlosen Weltzusammenhang; diese lex continui duldet keine Unterbrechung, keine Leerstelle, nirgendwo. Scheint sie sich dennoch zu finden, so ist sie in Wahrheit mit unmerklich kleinstem Etwas besetzt, mit anfangendem und wachsendem; die Differentialrechnung drückt dies Unendlich-Kleine als Bewegungsmoment mathematisch aus. Wie es aber nun kleinste Impulse der Bewegung gibt, so auch solche der Vorstellungsintensität des nach Klarheit und Deutlichkeit graduierten Bewußtseins: das sind die »petites perceptions insensibles«. Und als ihre Beispiele führt Leibniz kleinste Wahrnehmungen an, die wegen ihrer Schwäche unmerklich oder unbewußt bleiben, doch bei hinreichender Summierung, etwa als Wogengeräusch oder Stimmengewirr, durchaus bewußt werden. Also müssen sie auch vorher in der Seele vorhanden gewesen sein, desgleichen vergessene Vorstellungen, die durch genügende Verstärkung ins Bewußtsein treten. Die petites perceptions werden von Leibniz in der Vorrede zu den *Nouveaux Essais* sogleich als große Entdeckung ausgezeichnet: »Die unmerklichen Wahrnehmungen sind mit einem Wort in der Geisteslehre von ebenso großer Bedeutung, wie es die unmerklichen Körper in der Physik sind; und es ist gleich unvernünftig, die einen wie die anderen unter dem Vorwand, daß sie außerhalb des Bereichs unserer Sinne fallen, zu verwerfen.« So wird der Begriff des Unbewußten aus der lex continui geboren, ja es läßt sich cum grano salis sagen: *aus der Differentialrechnung*, als deren Pendant in der Seele. Zugleich jedoch wird der so gewonnene Begriff des Unbewußten gänzlich unter den des vorhandenen Bewußtseins gebeugt. Unbewußtes ist von seiner ersten Notierung ab als Unterbewußtes abgestempelt. Die petites perceptions werden durch das im Menschen bereits erreichte Bewußtsein allemal überboten, auch aufgelöst; so kommen sie nach einer erlangten Klärung, und jenseits ihrer nicht abermals etwa gebärend, als Schöpfungselemente vor. Trotzdem war durch den Heros der Aufklärung selber noch ein anderes als vorhandenes Bewußtsein in der Seele aufgezeigt worden, wenn auch nur als Mondlicht im Ahnensaal des Bewußtseins. Schieres Bewußtsein galt nun nicht mehr als das Wesensmerkmal des menschlichen Geistes, der bis dahin so paradoxe Begriff einer unbewußten seelischen Tätigkeit begann. Und eben, auch das besondere Versteck des Noch-Nicht-Bewußten in diesem Dunkel begann, die Beugung des Noch-Nicht-Bewußten unter eine vergangen brütende Mondscheinwelt: diese *Maske* des Noch-Nicht-Bewußten trat nun auf. Mit eigentümlichen, jetzt erst durchschaubaren Pseudomorphosen, zuerst im *Sturm und Drang*, dann in der *Romantik*. Fünfzig Jahre nach dem Tod von Leibniz, mit dem Erscheinen seiner posthumen *Nouveaux Essais* schallte das Stichwort der petites perceptions in die Vorwehen jener bürgerlichen Revolution, die dann in Deutschland nicht kam. Das Unbewußte blieb dem *Sturm und Drang* zwar durchaus ein Unteres, lag im bloßen Anfang der Geistesgeschichte, aber es schien darin quellend und wallend. So blieb auch das Unbewußte nicht mehr infinitesimal wie die kleinsten Impulse, nicht mehr schmal wie die petites perceptions, vielmehr, aller Nebel des Nordens und der Vorzeit wogte darin, die Fingalshöhle wie Macbeth' Heide, der Geist der hebräischen Poesie wie das Straßburger Münster schienen darin Platz zu finden. Das Unbewußte hatte bei all seinem dumpfen Schwalm die Urstimme, die Glut, die Jugend, den wildschaffenden, hinwerfenden Genius. So erschien freilich das Dämmernde im Sturm und Drang, der ja weithin zur Aufklärung gehört, zum ersten Mal auch mit Zukunft versehen und sich dessen, mitten im Nachtwind der Vorzeit, auch bewußt zu sein: »Wer will«, ruft Hamann, als Magus dieser raunenden Aufklärung, »wer will vom Gegenwärtigen richtige Begriffe nehmen, ohne das Zukünftige zu wissen? Das Zukünftige bestimmt das Gegenwärtige und dieses das Vergangene, wie die Absicht Beschaffenheit und den Gebrauch der Mittel.« Und weiter sagt Hamann, mit Bezug auf Ezechiel 37, 1-6: »Das Feld der Geschichte ist mir daher immer wie jenes weite Feld vorgekommen, das voller Beine lag, und siehe! sie waren sehr verdorret. Niemand als ein Prophet kann von diesen Beinen weissagen, daß Adern und Fleisch darauf wachsen und Haut sie überziehe.« Auch an der Regel, diesem Stolz des rationalistischen Bewußtseins, wurde vor allem doch das Erloschene abgelehnt, das Geworden-Tote, im Gegensatz zur Entspringung oder Natur, die allemal als Quell-Natur andrang. Trotzdem jedoch blieb selbst dieses, auf betäubende Weise, noch mit Regressio gemischt, mit dem Mondschein Ossians, mit moosbedeckten Malen und Heldengräbern. Die Unreife Deutschlands zur bürgerlichen Revolution, die dadurch bedingten unklaren Durchkreuzungen der progressiven revolutionären Vernunft haben so das Originalgenie zuletzt doch mehr zu einem Boten aus der Urzeit als der Zukunft gemacht. Dergleichen steigerte sich in den erst recht merkwürdigen Verwicklungen der *Romantik*. Das Quellen war hier gewiß lebhaft, und Unerhörtes schien darin in Gang zu kommen, aber das Gefühl eines verlorenen Gestern schlug mit einer Kraft dagegen an, die der Sturm und Drang nicht kennen wollte noch konnte. Diese Kraft wurde von dem reaktionären, gegen die bürgerliche Revolution gerichteten Auftrag geliefert, wie er wachsend die deutsche Romantik bestimmte und trotzdem vorhandene unleugbar progressive Züge durchkreuzte. Auf kaum mehr nacherfahrbare Weise war der Romantiker Vergangenem verfallen, und das mit einer lex continui, die – dem reaktionären Auftrag gemäß – in der mondbeglänzten Zaubernacht vorzugsweise nur Ritterburgen ragen ließ. Das Geschichtliche verband sich noch wachsend mit Archaischem und dieses mit Chthonischem, so daß das Geschichts-Innere bald wie Erd-Inneres selber dreinsah. Dies Truhengefühl, dies Inzestwesen des Eingehenwollens in den Mutterschoß Nacht und Vergangenheit kulminiert spät bei Bachofen, dem Lehrer des Mutterrechts, doch mit Grabliebe für die chthonische Demeter schlechthin. Der Nachtsicht gemäß kommt auch psychologisch jegliches Gute, Ahnungsvolle an den Nachtpol des Bewußtseins: Schöpfung geht mit Trieb und Instinkt, mit atavistischem Hellsehen und Raunen des Abgrunds heimatlich zusammen; auf der Tagseite, sogar auf der Gestalt- und Erfüllungsseite wohnte dem Romantiker nichts halb so Vertrautes. Jede Produktivität, ja gerade der Erwartungscharakter, an dem die Romantik so paradox reich ist, meditierte sich hier in antiquarische Bilder ein, in Vergangenheit, in Unvordenkliches, in Mythos, als Halt gegen die Zukunft, welche immer mehr nur als Spreu, Leere, Wind gilt. Nicht überraschend also, wenn hier Jugend und Produktivität jedes Bewußtseins ihres Noch-Nicht-Bewußten bis zum Ahnenkult redressierten: die andere Sprengkraft, außer der Produktivität: die erfaßte Zeitwende fehlte. Nicht überraschend auch, wenn die trotzdem stark-vage Erwartungsstimmung in der Restaurationswelt Romantik sich immer nur zu einem Advent erhob, in dem Vinetaglocken läuten, die Glocken einer versunkenen Stadt. Görres, der Renegat der phrygischen Mütze, hat dieses Pathos Vergangenheit am leidenschaftlichsten formuliert: »So reich war jene vergangene Welt, sie ist versunken, die Fluten sind darüber hingegangen, da und dort ragen die Trümmer noch hervor, und wenn sich die Trübe der Zeitentiefe klärt, sehen wir am Grunde ihre Schätze liegen. Wir sehen aus großer Ferne in den wunderbaren Abgrund nieder, wo alle Geheimnisse der Welt und des Lebens verborgen ruhen, aber ist es uns gelungen zu ergründen die Wurzel der Dinge, die in Gott verborgen ruht? Es zielt hinab der Blick in die Tiefe, es locken die Rätsel aus der Ferne, aber nach aufwärts drängt die Strömung und wirft den Taucher aus in die Gegenwart« (*Mythengeschichte*, 1810, Seite 599 f.). Bezeichnend führt hier das Aufwärts nur mit Trauer in die Gegenwart, und die Zukunft ist überhaupt nicht im Blick; es gibt zwar Rätsel der Ferne, sie sind dem Romantiker die allerdringlichsten, doch sie liegen fast einzig im Abgrund, die Ferne ist und bleibt Urgewesenheit. Zweifellos hatte die deutsche Romantik – was gegenüber einer veralteten abstrakten Unterschätzung ihrer nicht oft genug betont werden kann – auch progessiven Charakter; eben der Sinn fürs Quellen, Werden, Wachsen gehört hierhier, der berühmte »historische Sinn«, der ganze Wissenschaften, wie Rechtsgeschichte, Germanistik, erst schuf; gar das Vaterländische ist nicht zu vergessen und ihm gemäß das Organ für alles große Nationalwerk in der Weltliteratur. Es gibt durchaus, wie allein schon das Wartburgfest 1817 zeigt, auch Revolutionär-Romantisches in der deutschen Romantik; indes selbst das leidenschaftlichst utopisierte Morgenrot ist hier immer wieder mit den angegebenen Nachtgedanken eines Antiquariums durchsetzt, mit der Projektion überfeierter Vergangenheit auch noch in die Neuheit Zukunft. Und fast nur außerhalb Deutschlands, in der englischen, der russischen Romantik, die beide nicht unter einem so reaktionären Stern standen, sondern unter dem wild erinnerten der Französischen Revolution, bei Byron, bei Shelley, bei Puschkin, wird das den Menschen angemessene, wahrhaft Heimatliche explosiv und Zukunft haltend, nicht versinkend gesucht. Doch das war in Deutschland Anomalie; gegen die romantische Reaktion kam eine revolutionäre Romantik damals noch nicht unverwechselbar auf. Selbst Jean Paul, der ohnehin nur uneigentlich zur Romantik gehört, der blühendste und ungehemmteste Wachtraum-Dichter, dessen Liberalismus sicher war und dessen Morgenrotsprache, wenn sie in Nacht steht, so in Johannisnacht, hat die Hoffnung, die bei ihm freilich unablässige, unter die Erinnerung gebeugt oder dort letzthin angesiedelt. Selbst Jean Paul also, der Dichter der schönsten vorschwebenden Wunschlandschaften, hat das Licht, sobald er es nicht dichtete, sondern darüber reflektierte, am Ende doch nur in der Vergangenheit, nicht in der Zukunft gesucht. »Aus eben diesem Grunde glänzt jedes erinnerte Leben in seiner Ferne wie eine

Erde am Himmel, nämlich die Phantasie drängt die Teile zu einem abgeschlossenen heiteren Ganzen zusammen. Sie könnte zwar ebensowohl ein trübes Ganzes bauen; aber spanische Luftschlösser voll Marterkammern stellt sie nur in die Zukunft und nur Belvederes in die Vergangenheit. Ungleich dem Orpheus gewinnen wir unsere Euridice durch Rückwärts- und verlieren sie durch Vorwärtsschauen« (*Vorschule der Ästhetik*, § 7). Derart verführte Romantik, mit dem Brunnenland in den petites perceptions, das Noch-Nicht-Bewußte doch immer wieder. Der Blick auf den utopischen Zustand, die Ausbeute seines Inhalts fanden so, bei aller Erwartung, die durchs romantische Gefühl ging, an der Anamnesis, als einer geradezu beschwörenden Wiedererinnerung, die stärkste Sperre.

Und sie blieb nicht die einzige, wie noch Freud mit seinem nur unterbewußten Traum zeigte. Wohl wenig Zeiten haben so unvermeidlich den Übergang zu einem Anderswerden, einem Heraufkommenden gespürt wie die jetzige. Aber desto betretener und blinder verhält sich das Bürgertum hierzu, ist am Widerschein des Morgen gar nicht oder nur feindlich interessiert. Kommende Ereignisse werfen diesem Bürgertum lediglich ihren *Schatten* voraus, nichts anderes als Schatten; die kapitalistische Gesellschaft spürt sich von der Zukunft verneint. Mehr als je fehlt zu einer Trennung des Noch-Nicht-Bewußten vom Nicht-Mehr-Bewußten im Bürgertum der materielle Anlaß. Jede Psychoanalyse, mit Verdrängung als Hauptbegriff, Sublimierung als bloßem Nebenbegriff (für Ersatz, für Hoffnungs-Illusionen), ist darum notwendig retrospektiv. Sie entstand zwar in einer früheren Zeit als der heutigen, sie nahm, um die Jahrhundertwende, an einem sogenannten Kampf gegen die konventionellen Lügen der Kulturmenschheit teil. Trotzdem ist Psychoanalyse in einer schon damals überalterten Klasse entstanden, in einer Gesellschaft ohne Zukunft. So überdimensionierte Freud die Libido der Parasiten und kannte keinen anderen Antrieb, gar Auftrieb. Keine anderen Träume als diejenigen, die der Herr, der jetzt Eros heißt, den Seinen im Schlaf gibt. Und je länger, je lieber verstärkte sich das durchaus interessierte Mißtrauen gegen die Zukunft durch den neuen Angst-, den alten Resignationsvorrat der Bourgeoisie. Und dieses eben bezeichnet die Schranke, die sich, wie gesehen, auch Freud vor dem Begriff eines Noch-Nicht-Bewußten, vor der

Dämmerung nach vorwärts auftut. Von daher der schlechthin unvermeidliche, schlechthin regredierende Satz: »Das Verdrängte ist uns das Vorbild des Unbewußten« (*Das Ich und das Es*, 1923, S. 12). Die Schranke wurde schließlich in der sogenannten Tiefenpsychologie absolut; dort also, wo die psychoanalytische Regression für den Blut-Boden-Zauber ideologisch brauchbar wurde. Das Unbewußte C. G. Jungs begab sich desto gänzlicher in den Keller des Bewußtseins, als nur in ihm das Opium geraucht werden kann, womit der Faschismus Utopie betäubt. Jung interpretiert auch Heraufdämmerndes ganz und gar archaisch-okkult, nach Analogie des prophetischen – Tempelschlafs. Auch das »inconscient superieur«, auch die noch so geschwollen ausgedrückte »prospektive Tendenz subliminaler Kombinationen« wird derart, wie begriffen wurde, gänzlich unter Regression gebeugt. Die Stelle bei Jung, worin »ein das Zukünftige vorahnender Gedanke« dermaßen archaisiert wird und bleibt, ist gerade für die Geschichte der verhinderten Novum-Psychologie aufschlußreich genug, um in extenso zu erscheinen: »Die Psychoanalyse arbeitet rückwärts wie die Geschichtswissenschaft. So wie ein großer Teil der Vergangenheit dermaßen entrückt ist, daß ihn die Kenntnis der Historie nicht mehr erreicht, so ist auch ein großer Teil der unbewußten Determination unerreichbar. Die Historie weiß aber zweierlei Dinge nicht, nämlich das in der Vergangenheit Verborgene und das in der Zukunft Verborgene. Beides wäre vielleicht mit einer gewissen Wahrscheinlichkeit zu erreichen, ersteres als Postulat, letzteses als historische Prognose. Insofern im Heute schon das Morgen enthalten ist und alle Fäden des Zukünftigen schon gelegt sind, könnte also eine vertiefte Kenntnis der Gegenwart eine mehr oder minder weit reichende und sichere Prognose des Zukünftigen ermöglichen. Übertragen wir dieses Räsonnement [. . .] auf das Psychologische, so muß sich notwendig dasselbe ergeben: so wie nämlich dem Unbewußten nachweisbar längst unterschwellig gewordene Erinnerungsspuren noch zugänglich sind, so auch sehr feine subliminale Kombinationen nach vorwärts, welche für das zukünftige Geschehen, insofern solches durch unsere Psychologie bedingt ist, von allergrößter Bedeutung sind. So wenig aber die Geschichtswissenschaft sich um die Zukunftskombinationen bekümmert, welche vielmehr das Objekt der Politik sind, so wenig sind auch die psychologischen Zukunftskombinationen Gegenstand der Analyse, sondern wären vielmehr Objekte einer unendlich verfeinerten psychologischen Synthetik, welche den natürlichen Strömungswegen der Libido zu folgen verstünde. Das können wir nicht, wohl aber das Unbewußte, denn dort geschieht es, und es scheint, als ob von Zeit zu Zeit in gewissen Fällen bedeutsame Fragmente dieser Arbeit wenigstens in Träumen zutage träten, woher dann die vom Aberglauben längst geforderte prophetische Bedeutung der Träume käme. Die Abneigung der Exakten von heutzutage gegen derlei wohl kaum als phantastisch zu bezeichnende Gedankengänge ist bloß eine Überkompension der Jahrtausende alten, aber allzu großen Neigung der Menschen, an die Wahrsagerei zu glauben« (*Wandlungen und Symbole der Libido*, 1925, S. 54 f.). Das ist alles, was Jung gerade bei Gelegenheit der psychischen Repräsentation des Heraufkommenden zu sagen weiß: Das utopische Bewußtsein erscheint als ägyptisches Traumbuch. Nur das archaisch Unbewußte, im tiefsten Dunkel, vollzieht hier die sogenannten Zukunftskombinationen; tritt ein Geringes von diesem Dunkel aber ins Licht, so an jenes, das letzthin Regressio zeigt. Gerade im geschichtlichen Zusammenhang mit den petites perceptions wird so die nochmals erinnerte Archaisierung des Unbewußten nochmals warnend: die Schranke vor dem Novum bei dem großen progessiven Leibniz wird zum Fallbeil fürs Novum in der letzten bürgerlichen Psychologie des Unbewußten. Haben doch, wie nun völlig deutlich wird, *selbst die aufsteigenden Zeiten der bürgerlichen Psychologie* die Bewußtseinsklasse des Neuen nicht oder mindestens nicht unverwechselbar notiert. Leibniz legte den Akzent auf den Aufstieg des Bewußtseins, doch eben die petites perceptions, in welchen der Keim ist, lagen ausnahmslos unterhalb des bereits gewonnenen Bewußtseins, zeigen also genau jene historische Topik, die dem Vorbewußten bis Freud geblieben ist. Auch die Konstruktion der Wunschträume, die die Neuzeit entwickelt hat: die sozialen Utopien und die einer technisch beherrschten Welt, selbst diese Vorwegnahmen haben in der philosophischen Beachtung, die sie von Morus, Campanella, Bacon bis Fichte und fortan fanden, weder eine Psychologie ihrer erweiternden Tagträume noch eine Erkenntnistheorie ihres möglich-realen Orts in der Welt ausbilden lassen. Der Grund hierfür liegt diesesfalls nicht in einem interessierten Mißtrauen gegen die Zukunft, gewiß nicht, wohl aber in einem sozusagen uninteressierten, nämlich im *nachwirkenden Bann des statischen Lebens und Denkens.* Auch das Bewußtsein des aufsteigenden Bürgertums war noch zu wenig aus dem Begriff einer vorgeordneten, letzthin fertigen Welt (ordo sempiternus rerum) ausgetreten; nachwirkende feudale Statik hemmte den Begriff Neuheit. Sie hemmte ihn bei Leibniz, sie hemmte und depravierte ihn sogar in der entschiedensten aller bisherigen Werdens-Eröffnungen, Prozeßphilosophien wie der Hegels. So abgeriegelt muß selbst der berühmte Prozeß-Satz aus der *Phänomenologie des Geistes* gelesen werden: »Aber wie beim Kinde nach langer stiller Ernährung der erste Atemzug jene Allmählichkeit des nur vermehrenden Fortgangs abbricht – ein qualitativer Sprung – und jetzt das Kind geboren ist, so reift der sich bildende Geist langsam und still der neuen Gestalt entgegen, löst ein Teilchen des Baues seiner vorhergehenden Welt nach dem andern auf, ihr Wanken wird nur durch einzelne Symptome angedeutet; der Leichtsinn wie die Langeweile, die im Bestehenden einreißen, die unbestimmte Ahnung eines Unbekannten sind Vorboten, daß etwas anderes im Anzug ist. Dies allmähliche Zerbröckeln, das die Physiognomie des Ganzen nicht veränderte, wird durch den Aufgang unterbrochen, der, ein Blitz, in einem Male das Gebilde der neuen Welt hinstellt« (*Werke II*, 1832, S. 10). Der Reflex der Französischen Revolution ist hier wie im gesamten Sprungcharakter der Hegelschen Dialektik unverkennbar; dennoch ist das Ganze ebenso gedacht als fertiges Zugleichsein, als – Erinnerung. Der Blitz des neuen Anfangs ist auch hier nur Aufgang mit längst entschiedener Abgeschlossenheit des Aufgehenden und darum im Kreis geschehend, ohne Öffnung zu einem noch Ungekommenen. Ewig ist das ungeheure Unternehmen schon in Pension gegangen, in die Ruhe fertiger Gelungenheit: »Die Erscheinung ist das Entstehen und Vergehen, das selbst nicht entsteht und vergeht, sondern an sich ist und die Wirklichkeit und Bewegung des Lebens der Wahrheit ausmacht [...] In dem Ganzen der Bewegung, es als Ruhe aufgefaßt, ist dasjenige, was sich in ihr unterscheidet und besonderes Dasein gibt, als ein solches, das sich erinnert, aufbewahrt, dessen Dasein das Wissen von sich selbst ist« (l. c. S. 36 f.). Die utopische Verborgenheit, welche im Keim oder An-sich gewiß besteht und auf jeder Stufe des Hegelschen Prozesses wieder hervorbricht, ist danach ebenso durchs Ganze der begriffenen Manifestationen von je enthüllt. Die Lehre Platons, wonach alles Wissen lediglich *Anamnesis, Wiedererinnerung an ein einstmals Geschautes* sei, diese einzig auf Ge-wesenheit ausgerichtete Erkenntnis wurde derart immer wieder reproduziert; – das allerletzt ideologisierte die Sperre vor dem Sein sui generis eines Noch-Nicht-Seins. Eben die nachwirkende Statik des reaktionär Ruhebedürftigen, diese fertig abgemachte, abgeschlossene Anamnesis-Welt leistete hier, was in der Niedergangszeit der Horror vor dem Unbekannten leistet, das im Anzug ist.

Von dieser Sperre ist kein noch so scheinender Neutöner der alten Art befreit. Auch dort nicht, wo, wie bei Bergson, ausschließlich, allzu ausschließlich gerade die Neuheit auszuzeichnen versucht wird. Bergson sagt einmal, in seiner *Einführung in die Metaphysik*, die großen Erkenntnisse seien bisher betrachtet worden, als erleuchteten sie Punkt für Punkt eine in den Dinge längst vorgeformte Logik, »so wie man an einem Festabend nach und nach den Gasflammenkranz anzündet, welcher schon die Konturen eines Ornaments zeichnete«. Aber was sich bei Bergson nun als Novum gibt: Anti-Wiederholung, Anti-Geometrie, Elan vital und mit dem Lebensstrom fließende Intuition – all diese Lebendigkeit ist impressionistisch, auch liberal-anarchistisch, nicht antizipatorisch. Der Elan vital Bergsons ist eine »immer von neuem, wie etwa in einer Kurve, einsetzende Richtungsänderung«; die sogenannte Intuition setzt sich in dies bewegend Überraschende hinein, ohne jedoch vor lauter schlechter Unendlichkeit und unablässiger Veränderlichkeit das Novum je als ein wirkliches anzutreffen; – wo alles immer wieder neu sein soll, bleibt ebenso alles beim alten. Darum ist auch an Bergsons Überraschungsstrom in Wahrheit alles verabredet und zur Formel erstarrt, zu jenem selber toten Gegensatz zur Wiederholung, der das Neue zu bloß ewigem, inhaltslosem Zickzack herabsetzt, zu jenem absolut gemachten Zufall, an dem weder Geburt noch Sprengung noch eine inhaltlich fruchtbare Überschreitung des bisher Gewordenen statthat. Bergson wendet sich gegen einen Prozeßgedanken mit Ziel, aber er wendet sich nicht dagegen, weil das Ziel bereits vereinbart wäre, so daß der genannte Prozeß – auf höchstem Niveau – fast wie Schiebung aussieht, sondern er eliminiert alles und jedes Voran, Wohin und offen betreibbare Ziel überhaupt. Wonach das angebliche Novum auch nicht anders dreinsieht als in der Anamnesis, nämlich immer gewesen, immer Phönix, immer gebannte Rückkehr in das Unveränderliche, das hier Veränderlichkeit heißt. Im Ganzen also bleibt fast überall das Erstaunliche, daß die Aufdämmerung im Fixum steckenbleibt, letzthin unnotiert oder mit Gewesenem zugestellt. Ein riesiges psychisches Reich des Noch-Nicht-Bewußten, ein dauernd befahrenes, blieb bis jetzt unentdeckt, oder seine Entdeckungen blieben unbemerkt. Desgleichen: ein riesiges physisches Reich des Noch-Nicht-Gewordenen, wie es dem Noch-Nicht-Bewußten sein Korrelat bildet, blieb stabil, und die eng zusammengehörigen Realkategorien: Front, Novum, objektive Möglichkeit, die der Anamnesis unzugänglichen, blieben in der Welt vor Marx ohne Kategorienlehre. Der Epigone befindet sich stets nur auf den gangbaren Straßen, welche Produktivität vor ihm gebaut und geschmückt hat, in der Notierung des Neuen verhielt sich aber auch die bisherige Produktivität so, als kenne sie nur Epigonentum. Der Niedergang der bürgerlichen Klasse hat weit über die reaktionär gewesene Romantik hinaus diese Unlust am Begriff Aurora besiegelt. Und – wie jetzt spruchreif – erst *Erfahrung der heutigen Zeit, als positive,* soll heißen: als Bejahung ihres heraufziehenden Inhalts, läßt einen Bewußtseinszustand bezeichnen, der die Jugend, die Zeitwenden, die kulturelle Produktion ebenso erfüllt, wie er stets verdeckt war. Erst unsere Gegenwart besitzt die ökonomisch-sozialen Voraussetzungen zu einer Theorie des Noch-Nicht-Bewußten und was damit im Noch-Nicht-Gewordenen der Welt zusammenhängt. Erst der Marxismus vor allem hat einen Begriff des Wissens in die Welt gebracht, der nicht mehr wesentlich auf Gewordenheit bezogen ist, sondern auf die Tendenz des Heraufkommenden; so bringt er erstmalig Zukunft in den theoretisch-praktischen Griff. Solche Tendenzkenntnis ist notwendig, um sogar noch das Nicht-Mehr-Bewußte und das Gewordene nach seiner möglichen Fortbedeutung, das heißt, Unabgegoltenheit, zu erinnern, zu interpretieren, aufzuschließen. Der Marxismus hat derart ebenso den rationellen Kern der Utopie herübergerettet und ins Konkrete gebracht wie den der noch idealistischen Tendenz-Dialektik.

Die Romantik versteht nicht Utopie, nicht einmal ihre eigene, aber konkret gewordene Utopie versteht Romantik und dringt dahin ein, sofern und soweit Archaisches und Historisches, in seinen Archetypen und Werken, ein noch nicht Lautgewordenes, ein Unabgegoltenes enthalten. Das fortgeschrittenste Bewußtsein arbeitet derart auch in der Erinnerung und Vergessenheit nicht als in einem abgesunkenen und so geschlossenen Raum, sondern in einem offenen, im Raum des Prozesses und seiner Front. Dieser Raum aber ist ausschließlich mit Dämmerung nach vorwärts erfüllt, auch noch in seinen Exempeln aus fortbedeutender Vergangenheit; er ist mit bewußtseinsfähiger, gewußtseinsfähiger Lebendigkeit eines Noch-Nicht-Seins gefüllt. Wo die Romantik als archaisch-historische ins lediglich antiquarische Quellen, als in eine falsche Tiefe, hinabgezogen wurde, dort legt das utopische Bewußtsein auch noch das Heraufkommende im Alten frei, wie sehr erst im Bevorstehenden selbst. Es entdeckt die wirkliche Tiefe – in der Höhe, nämlich *in der des hellsten Bewußtseins, wo noch helleres dämmert.*

Conclusio: Das Novum im Unbewußten, objektive Phantasie (1938)

Wie kurz erst sehen die Menschen sich an. Der kaum bewußte oder unbewußte Zustand ist der häufigste, trotzdem, welche Mühe kostete es, ihn zu nennen. Und auch dann wurde er ausschließlich als Nicht-Mehr-Bewußtes notiert. Gerade das starke Tendieren von verworrenen Vorstellungen auf helle sah im Neuen keinen eigenen und nur ihm eigentümlichen Dämmer. Kein Vorbewußtes, das von dem bisher allein Beachteten so verschieden ist wie die Wege oder Spuren der Hoffnung von denen der Erinnerung. Man sah nicht, daß sich Vorbewußtes immer wieder auch ganz vorn und oben einstellt.

Gut nun, das untere Dunkel wurde endlich ausgegraben. Das obere, das des Neuen, ist seit zwanzig Jahren endlich bei Namen genannt. (Der Titel *Geist der Utopie*, 1918, hat noch nicht die damalige, wohl aber die seit 1945 dazu reif werdende Zeit und ihren sachlichen Titel beim Namen genannt.) Desto mehr überrascht, daß der Begriff eines Noch-Nicht-Bewußten selber erst spät bewußt geworden ist. Dabei ist das »Gefühl« der inneren Zukunft und der Kräfte, die zu einer äußeren hinstreben, nicht nur das eigentliche der Jugend, sondern jeder Wendezeit. Das Gefühl täuscht sich oft, reflektiert oft nur das milliardenfach schon gewesene organische Wachstum: dennoch ist es subjektiv echt. Seine öffentliche, auch objektiv echte Jugend aber lebt in der jeweils aufsteigenden Klasse; eine psychische Geladenheit mit Heraufkommendem, ein bald elektrifizierendes, bald aurorisches Gefühl füllte deshalb auch alle bisherigen Wendezeiten – nur eben ohne rechten Begriff seines Zustands. Verständlich ist das geringe Interesse besitzender, erst recht niedergehender Klassen am Neuen (gar eine »Psychosynthese« des Unbewußten wurde in der niedergehenden Epoche des Bürgertums ausgebildet). Nicht so ohne weiteres verständlich aber ist, daß der subjektive Faktor der echten Zukunft auch in Menschen der aufsteigenden Klasse so lange eine Begriffssperre hatte, ja vielfach heute noch kaum anders erscheint als zur Leibniz-Zeit die petites perceptions. Theorie des Noch-Nicht-Bewußten ist gewiß nur in revolutionären Zeiten möglich; aber es hat deren schon manche gegeben, ohne daß das Material theoretisch-praktisch durchgearbeitet worden wäre. Der Begriff der petites perceptions, über denen sich die bewußten Perzeptionen als große und erwachsene schlechthin erheben, ohne Dämmerung nach vorwärts im Bewußtsein selber, ja gerade auf den Höhen des Bewußtseins: diese überwiegende Schlafseite ist dem Unbewußten wie noch dem Vorbewußten sein Schicksal geblieben. Erst recht hat der auch reaktionär brauchbare Begriff des Unbewußten alle Vorkehrungen getroffen, um an der Spitze des verhaßten Lichts kein Keimendes, keine Latenz vermuten zu lassen. Das hat der kurze historische Blick unter die Schwelle gezeigt; die Spuren des begriffenen Noch-Nicht-Bewußten sind in der Äquivokation eines generell Unbewußten fast schlechthin unterggeangen.

Einzelne Deuter nach vornhin in uns fehlen, wie gesehen, trotzdem nicht. Sie treten aber nicht so sehr in ihrer eigenen Beleuchtung als einer anderen, erst jetzt gekommenen vor. Der Sturm und Drang war streckenweise doppelten Gefühls, auch überschwellig, wenigstens bei Hamann. Voll Raunen, dann, man weiß oft nicht, ob aus der alten Nacht oder aus einem Traum, der Anfänge wälzt. Die viel verquere Romantik pflegte im Mondlicht auch Ungeahntes und dauernd Märchen. War die Wunscherfüllung, die sich darin bot, hier eine betont infantile, so *überholte* doch das Kind den Erwachsenen und vieles, das unterdes erwachsen war. E. T. A. Hoffmann läßt bei Kreisler einen »Fremden« von seiner Wanderung erzählen, »dessen Sprache von selber in ein wunderbares Tönen verhallte, in dem er ohne Worte unbekannte Dinge verständlich aussprach«. Musik ist hier das Zeichen oder die vielstimmige Notierung eines Wohin, eines Morgen; diese besagt, daß dem Menschen in Zukunft »ein hoher, den Kreis allen irdischen Genusses überschreitender Wunsch erfüllt werde, den der Geist wie ein streng gehaltenes, furchtsames Kind nicht auszusprechen wagt«. Jean Paul gar, von Träumen erfüllt (und nicht nur von regredierenden), ein Dichter, der »noch aus Arkadien nach Utopien schmachten läßt«, fragt dieses Sinnes: »Warum vergißt man darüber, daß die Musik freudige und traurige Empfindungen verdoppelt, ja selber erzeugt, daß sie allmächtiger und gewaltsamer als jede Kunst uns zwischen Freude und Schmerz ohne Übergänge in Augenblicken hin und her stürzt – ich sage, warum vergißt man eine höhere Eigentümlichkeit von ihr: ihre Kraft des Heimwehs, nicht ein Heimweh nach einem alten verlassenen Land, sondern nach einem unbetretenen, nicht nach einer Vergangenheit, sondern nach einer Zukunft?« Novalis hat, in den ersten Sätzen des *Heinrich von Ofterdingen,* dies romantisch noch nicht Bewußte unvergleichlich beschrieben, auch ohne Bezug auf Musik. Es wurde zum Interieur der Jugend, einer solchen, die mit Boten zusammengestoßen ist, ins Neue hinein gärt, wach liegt. So wirken im Ofterdingen-Roman die Uhr, der Wind, die klappernden Läden, die Stube, wechselnd vom Licht des Monds erhellt, die Erzählung des Fremden, die Sehnsuchtsfarbe Blau, die dem Jüngling vorherzieht. Auch die Novalis'schen Fragmente nehmen zuweilen an dieser Richtung teil (sie verbessert dann die Velleitäten seiner uferlosen Analogie); so das *Fragment 211:* »Jede künstliche Gestalt, jeder erfundene Charakter hat mehr oder weniger Leben und Ansprüche und Hoffnungen des Lebens. Die Galerien sind Schlafkammern der zukünftigen Welt [...] Einst kommt die Zeit, wo jeder Eingeweihte der besseren Welt, wie Pygmalion, seine um sich geschaffene Welt mit der Glorie einer höheren Morgenröte erwachen und seine lange Treue und Liebe erwidern sieht.« Das führt zugleich in jene romantische Naturphilosophie, der das »schaurig Erwartungsvolle« oder die »versteinerte Zauberstadt« Welt nicht immer nur bekannte Menschen oder Prinzen oder die bisherige Geschichte enthielt; solch andere Bestimmung des Unbewußten ist die der *Phantasie.* Ihr ist es wesentlich, die wahrgenommenen Gegenstände in veränderter Gestalt wieder vorzustellen; diese Kraft der Lüge oder aber der schöpferischen Fortarbeit des Gegebenen ist ihr charakteristisch und verband romantisch vielleicht die bewußte Phantasie im Menschen, die unbewußte in der Natur mit einem Blauen, das allein schon aus Unbestimmtheit, aber auch aus einer Art eingeborenem Vorschein mit den reaktionären Aufträgen und Inhalten der Regression letzthin nicht zusammenstimmt. Deshalb notierte gerade die romantische Mnemosyne, als eine der Sehnsucht, Worte zuweilen, sehr unvergeßliche dazu, vom Erwartungsvollen Intra hominem et extra. Vorausgesetzt bleibt dazu freilich allemal ein Schlüssel von andersher, ein Aufschluß, der in der Romantik selber nicht wachsen konnte.

So auch blieben all diese Zeugen dichterisch, drangen nicht zum ausgesprochnen Begriff vor. Schopenhauer bemerkt hierzu, in anderem Zusammenhang: »Im Allgemeinen ist zu sagen, daß von jeder Wahrheit sich, ehe sie gefunden worden, ein Vorgefühl kund gibt, eine Ahnung, ein undeutliches Bild, wie im Nebel, und ein vergebliches Haschen, sie zu ergreifen; weil eben die Fortschritte der Zeit sie vorbereitet haben.« Dasselbe Präludieren gilt sinngemäß für die Wahrheit des Noch-Nicht-Bewußten im Menschen, als der psychischen Repräsentation bevorstehender und möglicher Neuheit; das Aufdämmernde ist hier sogar eines der Sache selbst. Nur ist das Präuludieren im selben Übermaß präludierend geblieben, wie das Dunkel des Unterbewußten bis Leibniz dunkel war. Ein der Psychologie so abgelegenes Hilfsmittel wie die Differentialrechnung war nötig, um das Unbewußte, als Unterbewußtes und als Nicht-Mehr-Bewußtes zu finden. Das Organon der psychischen Utopie, des auf konkret Neues subjekthaft bezogenen Noch-Nicht-Bewußten, wie es Noch-Nicht-Gewordenes psychisch repräsentiert, ist weniger abgelegen, es ist die Politik. Ökonomisch-politische Realität (die Unangemessenheit der privaten Aneignungsform zur kollektiv herangereiften Produktion), kurz: »die Wende der Zeiten«, das ist der Gesellschaft, treibt zwar die sinkende Klasse verstärkt in Regression und Höhlenzauber, auch in psychischen, bis zur Zitation der Barbarei. Die neue Gesellschaft dagegen, womit die alte schwanger geht, kann auch den noch nicht bewußten Zustand zur theoretisch-praktischen Merkbarkeit erhöhen, vor allem zur Echtheit. Das subjektiv-reflexiv Noch-Nicht-Bewußte der »Jugend«, das subjektiv-mystische des »Schöpfers« erlangte dann an der auch objektiv erkannten und beherrschten »Tendenz« zum ersten Mal »Grund«. Einen Grund, durch den und auf dem sogar das Nicht-Mehr-Bewußte stellenweise noch bedrängbar ist; sofern nämlich seine »Archetypen« gesellschaftlich-ideologisch nicht abgelaufen sind, sodern einige, genau bezeichenbare, selber noch unabgegolten bleiben. Das heißt: gleich dem Archetyp vom Tanz auf den Trümmern der Bastille und Zukunft aus unerledigter Vergangenheit, noch Vergangenheit aus ungewordener Zukunft bildhaft herkommen lassen. Der Begriff eines Unbewußten schlechthin übersah das Noch-Nicht-Bewußte oder implizierte es in sich ganz ununterscheidbar. Der Begriff des Noch-Nicht-Bewußten verhilft dazu, das Unbewußte aus der bloßen Negation zum Bewußtsein zu entfernen und deutlich Erinnerungsspur, Hoffnungsspur, mithin zwei völlig verschiedene Akt-Inhalt-Bezüge darin zu unterscheiden (die erst später, nach begriffener Unterscheidung, streckenweise auch in ihrer Verschränkung [vergleiche Romantik, Archetypen] aufgehen können). Noch-Nicht-Bewußtes mit Novum aber liegt einzig oben, an der Front des Bewußtseins; ein nicht erinnernd, sondern aurorisch Vorbewußtes, worin sich Neues psychisch meldet oder antizipiert.

Wir wiederholen nochmals: Künftiges ist nicht immer auch neu. Im jungen Leib regen sich Liebe, auch Träume der Zukunft jedesmal frisch. Oft aber, besonders in stillen Zeiten, sind sie nur für den jeweiligen Jüngling, das jeweilige Mädchen selber so frisch, sonst fast eine alte Geschichte. Ähnlich mag es mit vielen Fragen und Umwälzungen bestellt sein, von denen der junge Kopf braust. Der Most ist echt, der gegen die Wände des Fasses tobt; doch oft sind Sturm und Drang nur subjektiv echt und objektiv kann da Vaterkomplex von gestern sein, der sich lediglich individuell erneuert. Kurz, nur auf *echte* Zukunft kommt es bei noch so traumschwerer Ahnung in Frühe an, sofern es anderes bedeuten will als bloß Vorbewußtes eines längst bewußt Gewordenen. Die »Disposition« oder gar die »Latenz«, welche sich auf bloße alte, gut eingefahrene Reaktionsbahnen bezieht, ist keine produktive. Der Motor, welcher das Noch-Nicht-Bewußte bewußtseinsfähig macht, ist Wille zum schöpferischen Fortschritt ins Neue, das auf der *Tages*-Ordnung steht, ist Artikulierung jenes gar nicht barbarischen Chaos, das einen Stern gebären will. Beethoven erregt so nach vorwärts, keineswegs nach rückwärts, er führt den Menschen ins Bewußtsein, daß sie zu Großem, zu künftig Hohem ausersehen sind oder sein könnten, er erregt im Sinn jenes Gebets, das der junge Goethe seinen Mahomet sprechen läßt: »Herr schaffe mir Raum in meiner engen Brust.« Hier ist auch gar kein anderer »Widerstand«, keine andere »Zensur« als: Grenzen der Begabung, des Zeitbewußtseins, des Materials. Sind das sehr verschiedene Arten von Verschlossenheit, so sind sie doch zuverlässig in dem geeint, daß die Kraft ihrer Hemmung mit bloßer verdrängter Erinnerung, mit Trauma, Zensur und Komplexen nichts gemein hat. »Meeresstille und glückliche Fahrt«, nach Goethes Bild: jede geistige Produktion kennt diesen Wechsel. »Eine Philosophie ist ihre Zeit, in Gedanken gefaßt«, nach Hegels geschichtsphilosophischer Formel: jede geistige Produktion kennt diese Grenze. »Das verschlossene Universum hat keine Kraft in sich, dem Mute des Erkennens Widerstand zu leisten«, nach Hegels erkenntnistheoretischer Formel: jede geistige Produktion, außer der agnostischen, kennt diese Hoffnung. Das alles bezeichnet eine eigene Sperre, einen eigenen Durchbruch; ja, es gibt sogar eigene Depressionen, wo nicht Neurosen, mindestens Katarakte schöpferischer Hervorbringung, von denen eine Psychoanalyse der Verdrängung und ihrer Auflösung ins bereits Bekannte überhaupt nichts weiß, wissen kann. Gerade die (biographisch reich bekannten) Widerstands-Reaktionen dieser Gegend entstehen daher zum größten Teil aus verhinderter Zukunft, und zwar echter, aus jener, die der anfangende Künstler, aber auch der alternde noch ungesagt in sich stecken fühlt, aus Hemmung der »Genialität« also, nicht der »Normalität«. Dem Produzierenden kann es dann zumute werden wie dem Kind im Märchen, dem die Hexe aufgibt, in einer Nacht den Flachs zu spinnen, wozu einem Erwachsenen Wochen nötig wären. Dem Produzierenden kann es auch ergehen wie jenem Fischer in Hauffs Sage

Die Höhle von Steenfoll, der jeden Abend vorm Einschlafen ein Wort ins Ohr geflüstert hört, es scheint ihm auch immer dasselbe zu sein, aber er kann es nie recht verstehen. Das ist dämonisch, aber nicht anders kann auch eine Wahrheit, ein musikalischer und anderer Einfall gären und flüstern, zunikken, zurückweichen, sich annähern, ohne über die obere Schwelle zu geraten. Die so sichtbarste Nicht-Artikulierung des Noch-Nicht-Bewußten, das doch gerufen hat, ja »in des Ausformens rätselvoller Seligkeit« sich geschenkt zu haben schien, »wie gesagt, so in großen Umrissen«, heißt Ulrik Brendel in Ibsens *Rosmersholm;* auch das – und wie viel mehr erst der große Moment und das kleine Geschlecht, das große Geschlecht und der kleine Moment – verlangt eine Dämmerungsforschung nach vorwärts, individual- wie gesellschaftspsychologisch und immer bezogen auf die Aktbeziehungen zum wirklichen Noch-Nicht-Neuen, als der echten Zukunft. Nicht die Ohrenbeichte, sondern seine tendenzkundige Mäeutik sind gerade für geistige Produktion Äskulap und Bereitschaftsdienst – auf der Höhe des Bewußtseins, statt im Schacht. Auf dem Weg zu dieser Höhe wird die obere Schwelle des Bewußtseins betreten, die Tür – nicht in irgendein Transzendentes, sondern ins Freie eines offenen, zukünftigen Zustands. Hier werden Fragen beantwortet, die im durchschnittlichen Bewußtsein der Zeit noch nicht einmal gestellt sind; das fortschreitende Bewußtsein fühlt sich von einer Sonne beschienen, die nur für es und eben erst über den Horizont heraufkommt.

Noch etwas leuchtet hier auf verschiedene Weise nach unten und oben herein. Wird das Bewußte nicht zuständlich, sondern gegenständlich gefaßt, so ist es dasselbe wie das Bewußte. Das Unbewußte schlechthin ist zwar sehr viel breiter als das Ungewußte, doch in uns selber fällt es mit dem Ungewußten zusammen. Wird ein psychisch Unbewußtes gewußt, so hört es auf, unbewußt zu sein, es wird in gegenständliches Bewußtsein gebracht. Nun ist es aber auch hier ein Anderes, ob erinnert oder geformt wird, das heißt: ob das Wissen um etwas auf Vergessenes oder aber auf Heraufämmerndes sich bezieht. Ist das Wissen nur erinnernd, wie bei Freud, so wird das Unbewußte, als nicht mehr Bewußtgewesenes, völlig aufgelöst. Es ist im Gewußten verschwunden, die Psychoanalyse heilt von Verdrängtem, indem sie es verschwinden läßt. Ganz anders ist das auf Noch-Nicht-Bewußtes gerichtete Bedenken, schließlich Eingedenken, beschaffen, kurz, das Wissen, das Noch-Nicht-Bewußtes gewußt macht. Dieses erinnert nicht, sondern formt, gestaltet; es streift nicht die bloße Hülle der Unwissenheit ab, die den »Komplex«, das »Symbol« bedingte, sondern es gibt das Symolische, gerade als gestaltetes, mit. *Noch-Nicht-Bewußtes wird durch Gewußtsein ausgeführt, nicht zerschlagen, und wird es gewußt gemacht, so ist das Bewußtsein um Inhalte bereichert, die vorher nie manifest, nur latend in ihm waren.* Das Nicht-Mehr-Bewußte zeigt nicht oder nur sehr schwach die Tendenz, gewußt zu werden, oft sperrt es sich sogar dagegen. Das Noch-Nicht-Bewußte dagegen besteht – mit ganz anderer, mit Begabungssperre in ihm – aus lauter Tendenz nach Bewußtsein und Gewußtsein. Es drängt im Menschen, vorzüglich im produktiven, nach Aussage, Gestaltung, Gegenständlichkeit, ja es ist bereits von Haus aus nicht nur noch nicht bewußtes Gewußtes, sondern noch nicht bewußtes *Wissen,* das sich artikulieren will. Noch nicht bewußtes Wissen ist daher auch keineswegs daran beruhigt, Gewußtsein des Noch-Nicht-Bewußten, Wissen ums Noch-Nicht-Bewußte zu bleiben; im gleichen Sinn wie die Psychoanalyse nur ein Gewußtsein des Nicht-Mehr-Bewußten, ein Wissen ums Nicht-Mehr-Bewußte ist. Dieses Wissen ist vielmehr selber hervorbringend, als am psychischen Faktor des in Möglichkeit Seienden aktiv beteiligt. Das ist selbstverständlich nicht in der Weise irgendeiner idealistischen »Erzeugung« zu verstehen, wohl aber in der Weise der erarbeiteten Gestaltung – »ce qui n'est pas formé, n'existe pas«, sagte derart Flaubert. Noch-Nicht-Bewußtes wird zwar genau wie Nicht-Mehr-Bewußtes durch »Aufmerksamkeit« ins Bewußtsein gerufen; von daher das Wort: Genie sei Fleiß. Aber die Aufmerksamkeit der Produktivität, die ein ihr Vorschwebendes stets genauer zu erlangen versucht, ist eine andere als die lediglich reproduzierende der Erinnerung oder die lediglich fixierende der Beobachtung. Übergänge zwischen dem bloß Vergessenen, Verdrängten, Komplexhaften, unecht-Symbolischen einerseits und dem Vorschwebenden, neu Andrängenden andererseits bestehen gewiß; jede Produktion ist voll von ihnen. Aber der Übergang ist weder notwendig, um das Noch-Nicht-Bewußte zu nähren, noch bleibt vor allem ein Jugendtrauma (zum Beispiel Andersens »Graues Entlein« oder Kellers »Regenbogenschüsselchen zweimal« im *Martin Salander*), sobald es zum Novum der Gestaltung beiträgt und in sie eingeht, das Trauma und sein Symbol, das der Psychoanalytiker vorfindet. Daher auch war diejenige Produktivität, welche durch psychoanalytische »Durchleuchtung« nachläßt, gar verschwindet, keine gewesen; von der kanonischen, von jener, die sich Raum schlagen muß in der engen Brust, ist sie charakteristisch verschieden. Weniger deutlich allerdings gibt sich die Abgetrenntheit des Neuen von den sogenannten Archetypen; besonders dort, wo diese, wie bemerkt wurde, selber noch als unabgegoltene stehen und wirken. Hier findet sich in der Tat manche Verschlingung; archaische Urbilder bevölkern alle großen Werke, auch die lichtvollsten, und geben ihnen ein uns uralt Berührendes, lakonisch Urhaftes. Archetypen sind im Mutterbild, in dem eines Führers, im Stern oder Signal, das die Rettung verkündet, in Beatrice, aber auch in dem scheuen Verhältnis: Nausikaa und Odysseus, aber auch in dem ruhevollen: Philemon und Baucis – hier überall klingen Saiten über einem abgrundtiefen Resonanzboden. Das gibt ihren Melodien den einfach-gewaltigen Klang, das verstärkt freilich auch die Gefahr der puren Regressio, des mythischen Banns. Große Werke haben daher nur diejenigen Archetypen eingefügt, in denen noch ein uns weiter Betreffendes, ein Unabgegoltenes steckt, *und sie haben sie aufgesprengt.* Das Trompetensignal, das im *Fidelio* die Rettung verkündet, spricht zwar mit der Gewalt eines Urbilds, doch eben mit einem, dessen Stunde immer noch bevorsteht. Für die Artikulierung des Noch-Nicht-Bewußtten, mit Noch-Nicht-Gewordenem, Noch-Nicht-Gelungenem als repräsentiertem Inhalt, gibt es keine fertigen Muster, am wenigsten gibt es ein prähistorisch abgeschlossenes Apriori der Phantasie. Es gibt keine Zahl, die den Kreisumfang der Zukunft berechnen läßt, keine Lullische Kunst, die alles noch nicht Gedachte deduzierend vorwegnimmt. Das Nicht-Mehr-Bewußte ist durch Wissen in seinem vergessenen Inhalt grundsätzlich ausschöpfbar, das Noch-Nicht-Bewußte in seinem Inhalt, seinem selber noch latenten, in Geburt stehenden, heraufkommenden, nur bezeichenbar, tendenzhaft artikulierbar. Und das gemäß dem erlangten Horizont der Zeit, worin visiert wird, und dem bevorstehenden. Ist doch das Noch-Nicht-Bewußte selber die psychische Repräsentation des bevorstehend

Noch-Nicht-Gewordenen; was freilich nicht hindert, daß bei bedeutenden Gebilden auch ein fernes »Überhaupt« des Noch-Nicht-Gewordenen, Noch-Nicht-Gelungenen mittönt, kraft seines sehr hohen Gehalts an Utopikum im Glockenguß. Sowohl das Nicht-Mehr- wie das Noch-Nicht-Bewußte, also das Unbewußte beider Arten, sind dem Menschen (in variierender Weise) seit eh und je mitgegeben. Sinngemäß wird aber – wie klar geworden – der Begriff des Noch-Nicht-Bewußten erst innerhalb einer Philosophie entdeckbar und frontal, der der Mensch und seine Welt noch nicht fertig sind, ja, die antizipiert: das Eigentliche der Welt ist noch nicht heraus. Vermittelte Antizipation und Objektive Phantasie geben uns und dem Weltprozeß das plus ultra des Heimkommens seiner Ausdrucksgestalten, Auszugsgestalten; – Objektive Phantasie ist das Organ realer Möglichkeit.

Schwere Geburt und materielle Selbstantizipation im Novum

Wir Menschen können noch ein anderes Erwachen rundum bringen, außer daß es da farbig wird. Unser Tun in der Welt öffnet noch mehr Neues in ihr über die sinnlich belebenden, nicht nur eingefühlten Zuschüsse hinaus. Denn wir stehen an der Front der Weltgeschichte, mit dem Bewußtsein, begonnen ist der Weg, er ist von uns weiterzugehen, vollende die Reise. Das Verändern ist an sich ein Vermehren, wie erst, wenn Verändern ein Neues hinzubringt, und das mit einem Umschlag. Wobei das durch uns eingreifend Vermehrende gewiß allemal ein Vermehrbares, zum Umschlag Fähiges und Fälliges in der Welt voraussetzt, um nicht dauernd bloß subjektiver Faktor zu bleiben. Ein ohnehin schon vor uns Begonnenes liegt im Umschlag bisher bloßer Quanta in Qualitäten vor, hier geht der dialektische Sprung zu immer neuer Qualität und ihren Gestalten schon lange vor unserem Bewußtsein und unserer Arbeit an, wird aber in den eigentlich geschichtlichen Nova bisher unerhört beschleunigt. Dialektisch ist auch das vorher Geschehende durchaus, das vor- wie außermenschliche Umschlagen zu frischen Qualitätsgestalten in der Natur und wieder Auszugsgestalten aus den bisherigen Gestalten. Nur, wie gerade an dem Neuen aufgeht, das durch menschliches Bewußtsein und seine Arbeit hinzugefügt, so ausgeführt wie herausgeführt wird: es ist im qualitativen Umschlag, sofern er einzig durch wachsende (nicht etwa »unzufriedene«) Quantitäten geschieht, noch unentwickelte Dialektik. Das heißt, es fehlt noch der Stachel des *ausgebrochenen* Widerspruchs; dieses subjektiv Negierenmachende, zum Negieren Bringende, wie objektiv Negative im unzureichend Vorhandenen, dies Unzufriedene findet sich ausgebrochen, allein entscheidend in der menschhistorischen Dialektik. Kraft der durch Vorhandenes so oft verhinderten, dadurch aber auch besonders gestärkten und gezielten Unruhe des Novum in ihr, wie es gerade dadurch als sprengendes Novum aufgeht. Der Widerspruch, das Negative zum Schlechten, überaltert Vorhandenen und sein Verhältnis zum vorschwebend, gar schon fällig Besseren wirkt negierend als Wurm im Apfel, creativ gar als Puls der Lebendigkeit, als die stärkste Stoßkraft eines Neuen in der menschlichen Geschichte und ihrer Welt. Vor allem aber wirkt hier die Antizipation, und zwar im genau humanen Sinn als Selbstantizipation; Schöpfung des Novum und seine Freisetzung sind zugleich am Werk zur Herstellung möglich gewordener Angemessenheit an ein uns wahrheitsgemäß entelechetisches Ziel. Große musische Werke der Menschheit sind antizipierend voll davon, es fehlt ihnen bloß die ungeheure Kleinigkeit, mehr als musisch sein zu können. Doch immer wieder kann in der Welt durchaus Neues, Besseres nicht nur intendiert, schöpferisch antizipiert werden; und sie ist durchaus so beschaffen (was nicht selbstverständlich ist), daß Neues, Besseres überhaupt in ihr entstehen kann, daß Widerstand gegen das ungeheuerlich Widersacherische in ihr antreten kann; es wäre auch totaler Sisyphus möglich und nichts als Sein minus Horizonte. Das Neue als Besseres muß zweifellos den Zeitort Zukunft und die ihn ermöglichende Kategorie der offenen Möglichkeit mit dem wenigen Neuen, doch bleibend Drohenden des Widersacherischen, schließlich Katastrophalen teilen: »Geschichte ist [. . .] keineswegs auch, wie im säkularisierten Augustinismus, ein festes Epos des Fortschritts und der heilsökonomischen Vorsehung, sondern harte gefährdete Fahrt, ein Leiden, Wandern, Irren, Suchen nach der verborgenen Heimat; voll tragischer Durchstörung, kochend, geborsten von Sprüngen, Ausbrüchen, einsamen Versprechungen, diskontinuierlich geladen mit dem Gewissen des Lichts« (Bloch,

Thomas Münzer als Theologe der Revolution, 1969). Dergleichen stellt auch gewiß eine Aporie, noch unzureichende Wegsamkeit im objektiv-realen Weg selber dar: eine Aporie unseres noch unentschiedenen Weltseins selber. Es gäbe ja überhaupt keinen dialektisch-historischen Prozeß, mit seiner schweren Geburtshilfe, er wäre als solcher nicht, wenn es in der Welt nicht etwas gäbe, das so nicht sein sollte, ein Hemmendes, Stockendes, Widersacherisches, Durchkreuzendes, hereingeschickt vom noch nicht entschiedenen, doch drohend umgehenden Vereiteltseinkönnen, vom Nichts statt Alles. Nur: wird diese stärkste Art Aporie, den Gewinn des *Weltexperiments* betreffend, zentral auf den Fundus Materie gebracht, bezogen, dann ist gerade diese außer wie über der Stockung und Unwegsamkeit eben voll von Auszugsgestalten, getrieben und fortgetrieben von jener dialektischen Unruhe des Sichnichthabens im Agens, seinem noch nicht Heimgekommensein, dem noch nicht adäquat Manifestiertsein seines Kerns. Diese Unruhe des Kerns ist ebenso das genau Protestierende gegen alles Inadäquate im unzureichend Manifestierten selber, wie sie ein adäquater Erreichtes in sich latent vorschwebend hat, besser und uns utopisch adäquater als das bisher in Gesellschaft und Welt Gewordene; weshalb auch diese Unruhe, mit immanentestem Fond, die Auszugsgestalten, jenes Neue also, mit dem die bisher vorhandene Gesellschaft und ihre Welt hin zum revolutionär möglich gewordenen Umschlag schwanger geht, in eine und als eine nächst fällige, der Selbstantizipation adäquatere Welt je und je treibt. So tendenziell wie latent, das heißt: *Tendenz ist Energetik der Materie in Aktion, forttreibend in allen ihren schon erreichten Gestalten zu Auszugsgestalten, hin zum tendenziell Implizierten des entelechetisch gemeinten Ziels, wie es noch nicht geworden, doch utopisch latent ist. Latenz ist das Entelechetische der Materie in Potenzialität, utopisch, doch mittels der Auszugsgestalten im Prozeß bereits konkret-utopisch, substanziiert vom Überhaupt jenes entelechetisch gemeinten Ziels, das mit soviel Trotzdem in der menschlichen Geschichte, in der bedeutenden Natur von Horizonten her vorscheint.* Von der Materie als einer offenen kann nicht groß genug gedacht werden, als einer selber spekulativ beschaffenen im angegebenen Sinn des objektiv-realen In-Möglichkeit-Seins, das ebenso der Schoß wie der unerledigte Horizont ihrer Gestalten ist. Es gibt qua dynamei on den wichtigen Bogen Utopie – Materie; ihn zu begreifen ist jede Philosophie an der Front dem Weltexperiment schuldig. Hier vor allem ist *Materie nach vorwärts;* und das nicht nur als Maßgabe und Träger der Bedingungen, nach denen etwas möglich sein kann, sondern erst recht als Substrat des objektiv-real Möglichen überhaupt, gewiß auch Scheitern, Umsonst, Nichts enthaltend, doch kraft menschlicher Weichenstellung und Information im noch Potentiellen durchaus eine – sublime Materie von Heimat im Prozeß latent haltend. Nichts wie Alles unserer Materie sind freilich Grenzbegriffe der äußersten Latenz, doch ihr Inhalt hat in seinem Negativen und desto stärker im Positiven wie oft schon einen Vorschein, der hier zu einem Eschaton des Abstürzens, dort zu einem der Erfüllung gehört und daran schon rührt.

Processus cum figuris, Figurae cum processu; und nun das Vermehrende als synthetisch-antizipatorische Gestaltung selber

Werden bedeutet immer, daß ein Etwas wird, gestaltet wird. Und gestalten: es bedeutet schon sprachlich das Zeitwort von Gestalt, sachgemäß ihr formendes Geschehen. Unaufhörlich vermitteln sich so bauende Genese, erbaute Struktur, und in dieser *faßt* sich Werdendes, *schließt* sich nicht. Denn genau das eigentliche Organon des Werdens: der Widerspruch zum unzulänglich gewordenen Erreichten, betreibt seinen Widerspruch schlechthin an, in, gegen das Erreichte als Gestalt – hin zur neuen, inhaltlich adäquateren Gestalt. Derart bekräftigt sich hier aufs entschiedenste, genau vom universalen Gesetz der Dialektik her: alle Gestalten sind einzig *Spannungs*-Figuren, *Tendenz*-Figuren veränderbarer, ja sprengbarer Art, und sie sind das gemäß der nirgends noch gelegten objektiven Experimentalbeschaffenheit der Welt als Prozeß. Also ist das Gestaltende im Werden allemal auch das dialektisch Umgestaltende, in dem noch nichts geworden Gestaltetes auch wirklich gelungen ist; wonach zwar der Prozeß voll mit Figuren steckt, aber erst recht die Figuren mit Prozeß geladen bleiben. Grundfrage an dieser selber geladenen Stelle wird aber nun das konzentrierende *Woher des Überschusses* selber, der die

Gestalt so eigen zentriert macht. Also jener *Ursprung* des Mehr steht zum Problem, der eben das Ganze einer Gestalt mehr sein läßt als die bloße Summe seiner Teile. Wie schon betont, weist dies Mehr auf ein *Vermehrendes* zurück, – ohne dessen Funktion ja kein Mehr sein könnte. Genau der erste Dialektiker, Heraklit, hat das wörtlich am Werk gesehen, und zwar bei ihm in der Seele, als dem höchsten »Gemeinsamen« des Feuers; psychēs esti logos heauton *auxōn* (fr. 115), der Seele ist das Gemeinsame eigen, das *mehrt.* Und genau der letzte große idealistische Dialektiker, Hegel, hat diese synthetische Pluswerdung, statt eines bloßen Additiven, implicite in seiner Dialektik des Umschlags von Quantität zu Qualität und weiter im Aufgang von neuer Gestalt. Auch hier Vermehren pointierend, ja sogar, als wäre »nur vermehrend« noch nicht genug, vor allem Surplus eines *Aufspringens:* »Wie beim Kinde nach langer stiller Ernährung der erste Atemzug jene Allmählichkeit des nur vermehrenden Fortgangs abbricht – ein qualitativer Sprung –, und jetzt das Kind geboren ist, so reift der sich bildende Geist langsam und stille der neuen Gestalt entgegen, löst ein Teilchen des Baues seiner vorhergehenden Welt nach dem anderen auf, ihr Wanken wird nur durch einzelne Symptome angedeutet; der Leichtsinn wie die Langeweile, die im Bestehenden einreißen, die unbestimmte Ahnung eines Unbekannten sind Vorboten, daß etwas anderes im Anzuge ist. Dies allmähliche Zerbröckeln, das die Physiognomie des Ganzen nicht veänderte, wird durch den Aufgang unterbrochen, der, ein Blitz, in einem Male das Gebilde der neuen Welt hinstellt.« (*Phänomenologie,* Vorrede, *Philos. Bibl.,* 1952, S. 15 f.) Hegel selber freilich hat dies Grenzüberschreitende, dies einzig Schöpferische von E-volutio am Ende doch wieder zur bloßen Auswicklung entspannt; das ist der Tribut, den das letzte Glied seiner dialektischen Methode: die Rückkehr zum Anfang, der Platonischen Anamnesis zahlt. Aber bezeichnend bleibt: der Begriff des Vermehrenden ist jeder Prozeßlehre als ebensolcher Gestaltlehre eingeschrieben, ja er macht die so oft zur Reaktion konservierte Gestaltlehre nun entscheidend zur *Entelechetik der Umwälzung*: Das heißt: zur unvollendeten Entelechetik in einer Welt, die immer wieder ihre Töpfe auf dem Feuer stehen hat, die ebenso aber ihr Feuer nur um des zu bereitenden Weltinhalts, des unvorhandenen Zentralfigur-Inhalts willen in Gang hat. Bedeutend freilich ist diese letzte Gestalt, als ebenso höchste Wert-Gestalt (summum bonum), im *Realmodell* einzig als *Realsymbol*; denn alles *Real-Erprobende* meint mit sich das *noch Real-Verhüllte* an sich. Womit das Vermehrende selber das eigene Feuer seines Gestaltenbildens utopisch-nächst umkreist: »Am Ende solcher Signaturen steht daher wieder das durch höchste Realsymbole, wie *Reichs-Figur*, konzentriertest Bezeichnete« (*Das Prinzip Hoffnung*, 1959, S. 1593). Das alles aber mittels des synthetisch-dialektischen Gangs eines Vermehrenden, das noch in keiner Gestalt seinen Lohn dahin hat. Und doch nur in Gestalten, nicht in Partikeln und Aggregaten, die Proben auf sein ausstehendes Exempel anstellt, herstellt.

Gewiß, wird ein Etwas untersucht, so ist erst vonnöten, es zu teilen. Nur durch forschenden Abbau auf die einfachsten Teile und ihre Bewegungen ist Gewordenes analytisch zugänglich. Nur darf auch bei diesem Aufteilen nicht stehengeblieben werden, so sehr es immer Ganzheiten, gar allzu hohe, kausal anzustechen hat. Seccare naturam, das ist seit Galilei die beste und fortschrittlichste wissenschaftliche Überlieferung, doch geschafft freilich ist damit nur die halbe Sache und nicht einmal die halbe. Genau doch Galilei, der bahnbrechend die »resolutive Methode« lehrte, das ist die Auffindung der einfachsten mathematisch bestimmbaren Elemente der Bewegung, fügte die »kompositive Methode« an, das ist den Nachweis, daß die resolutive Theorie zu denselben Resultaten führt, wie sie in der komplexen Erfahrung vorkommen. Oder wie dann Marx sagt, nun allerdings ganz genetisch-kompositiv, also historisch nachgestaltend: es komme nicht nur darauf an, die *Elemente* etwa der Religionen aufzuzeigen, sondern entscheidender darauf, von diesen Elementen her den historisch geschehenen Aufbau der Sache kritisch zu verstehen. In nachvollzogener, denkend abbildender *Entwicklung* also, der Geschichte gemäß, die sich auch in ihren spezifischen Elementen (arbeitender Mensch) und wie sehr erst in deren Organisierungen dialektisch anreichert. Womit also der eigentlichste Charakter des Vermehrenden spruchreif wird: es ist, indem es jede bloße Summierung samt der fertigen Grenzsetzung *übersteigt*, ein dialektisch-*synthetisches* und dialektisch-*antizipatorisches* zugleich. Synthetisch deshalb, weil sich das Werden bildend zu Gestalten faßt und darin ein verbundenes Ganzes sich hebt; antizipatorisch aber deshalb, weil dies synthetisch jeweils Konzentrierende ja nicht nur Gestalten, sondern damit Neu-Gestalten aus sich entspringen läßt. Das Vermehrende ist so als antizipatorisch zuhöchst das *Schöpferische*, bewußt geschehend in den großen geistigen Gestaltbildungen der Geschichte, den Kunstwerken, den Philosophien, mit nie so gewesenen In-formierungen des darin bedeuteten Inhalts, nie so erhörten Selbstmodellen einer – weit übers Vorhandene hinaus – ausgetragenen Welt. Derart daß der *Zentrierungs*-Zusammenhang utopischer zu einem *Identifizierungs*-Zusammenhang andringen mag. Das ist, zu einem veritabel versuchten Namenszug noch latenter Inhalte, schließlich des Welt-Inhalts überhaupt, als welcher ja an und für sich selber noch im Noch-Nicht seiner adäquaten Gehalts-Figur läuft. Schon jetzt aber, schon im Prozeß stehen die materialen Kategorien der Gestalten senkrecht auf der Zeit, aus deren Fluß sie entspringen, aus dem sie sich doch ebenso gehoben haben. Wobei aber allemal, gerade in Ansehung des Vermehrenden, wahr bleibt: Genese ohne Struktur ist blind, Struktur ohne den zu fassenden Inhalt der Genese ist leer. Erst im sich selber Durchdringenden beider kommt die Welt zur begriffenen Metamorphose ihrer Erscheinungen, zur Baukunst ihres Austrags. Der Prozeß mit geprägten Gestalten, die lebend sich entwickeln, ist selber experimentelle Baukunst eines adäquaten Gehalts. Seine Parusie ist nirgends, sein Real-Entwurf: ständig mit Endfigur im Sinn, als Sinn – ist deshalb *tendenziell-latent* die menschliche *Geschichte, verschlossen-latent* die ihr noch unvermittelte *Natur*. Beide sind geeint im Topos christförmige Materie, gerade was ihre projektiv gedachten Endgestalten betrifft: menschlich die des Summum bonum, naturhaft die einer erst recht nur eschatologisch symbolisierten Sabbatwelt.

Entfremdung, Verfremdung

Man sagt, daß ein Kind fremdelt. Nämlich bei Erwachsenen, die es nicht oder nicht ausreichend kennt. Dann sprechen die Kleinen wenig oder nichts, stehen eher da mit dem Finger im Mund. Doch sie sind noch bei sich, sind ihrem eigenen Leben nicht etwa entfremdet. So wie auch ein Erwachsener in voller Freude noch bei sich sein kann, ja auf sich desto mehr zurückgewiesen, je weniger die Fremde von ihm wissen will. Dagegen Entfremden von sich selber, das ist etwas anderes und wieder anders ist Verfremdetes. Was zu zeigen sein wird, umweghaft über das Fremdeln hinaus.

Manchem Laut hört man bald an, woher er kommt. Das Wort *Entfremden* ist alt, wurde von frühauf geschäftlich gebraucht. Abalienare, das bedeutet römisch, sich einer Sache entäußern, sie verkaufen. Grimmelshausen nennt Umtauschen noch »veralienieren«, sonst ist, zum Unterschied vom Französischen und Englischen, das Fremdwort aus der Umgangssprache verschwunden. Das deutsche »Entfremden« fast ebenso, wenigstens in seinem angestammten veräußernden Sinn; Menschen haben sich gegenseitig entfremdet im Sinn von Kühle. Anschluß an abalienatio erlangt das Wort erst in der Fachsprache wieder: bei Hegel als Entäußerung der Idee in die Natur, anders auch als die des Menschen in seine Arbeit (hier als günstiger Umtausch seiner). Feuerbach aber setzte die wichtige Beziehung einer Selbst-Entfremdung hinzu, nun mit deutlich negativem Akzent. In der Arbeit seiner Hände kann sich der darin ausgebende Mensch noch bestätigt fühlen, aber in Verlegung, Entäußerung, Verschleuderung, Hypostasierung aller seiner anthropologisch-eigenen Schätze an und in ein Jenseits, einen Himmel, hat sich der dergestalt selbstentfremdende Mensch nach Feuerbach lediglich verarmt. Marx nahm diesen Sinn von Selbstentfremdung auf, doch statt Himmel setzte er die Ausbeutung, wonach vom Menschen, der sich verkaufen muß, nur der ausgepowerte Arbeiter zurückbleibt.

Das Wort *Verfremden* dagegen ist durchaus nicht alt, auch schwer zu übersetzen. Merkwürdigerweise ist es, nach Grimm, literarisch erst bei Berthold Auerbach bezeugt, 1842, im Roman *Neues Leben*. Dort fühlten sich Eltern verfremdet, nämlich tief verletzt, weil ihre Kinder in ihrem Beisein französisch sprechen, was sie nicht verstehen. Vermutlich wurde über sie gesprochen; zu Abwesenden fühlten sie sich verfremdet, oder zu Domestiken, die nicht hören sollen. Von da nun: welcher Bogen bis zum Brechtschen Gebrauch des Worts Verfremdung (obwohl das fremde Wort, Fremdwort als distanzierend noch mitschwingen kann). Der »Verfremdungseffekt« geschieht jetzt als Abrückung, Verlegung eines Vorgangs, Charakters aus dem Gewohnten, damit er als weniger selbstverständlich betrachtet werden könne. Wonach gegebenenfalls die Schuppen von den Augen fallen – exempla docent, doch eben nur indirekte. Nicht zuletzt soll dadurch gerade die heimische Entfremdung gemerkt werden, mit Umweg als kürzestem Weg, mit einer Bereitung durch Entlegenheit, die als Sache nun freilich weit älter ist als ihr Wort. Der Mond, meinten die alten Perser, sei ein Spiegel, der über der Erde aufgehängt ist und diese zeigt; das ist Unsinn. Aber daß fern, abseitig oder hoch Vertragenes, indem es wieder zurückscheint und so verstanden wird, realistischer sein kann als Naturalismen, das ist ein besonderes Gastgeschenk der – Reflexion. Entfremdung, Verfremdung: sie sind durch Fremdes, Äußeres verbunden, und doch trennen sich darin, auf eigene, besonders erfahrbare Art ein schlechtes und helfendes Abheben.

Das Schlechte sehe man zuerst an. Es ist hier das Draußen, worin man sich selber fremd gemacht worden ist. Das ist das unfreundliche, unglückliche und so ungewollte Außensein, das uns keinesfalls enthält. Die Fremde darin ist in der alten Bedeutung dieses Wortes vorgeformt; sie meinte Elend, auch Irre. Heute wird dergleichen neu erfahren: nicht als entferntes Draußen, sondern genau als eines daheim, in der Welt unseres veräußerten, zur Ware gewordenen, darin verdinglichten Lebens. Die meisten gelten nur noch als Rädchen im Betrieb, sind darin rein auf ihre verkaufte Arbeitskraft eingeebnet, reduziert, quantifiziert, sind teils vermaßt, teils verapparatlicht, teils beides. Freizeit, obwohl sie gewachsen ist, hat einzig der Reproduktion der Arbeitskraft zu dienen, wobei der Besitzer der Produktionsmittel freilich etwas von der Sache hat. Obwohl der Manager selber, die Schaltstelle der allgemein gewordenen Tauschrelation, so beschaffen sein muß, daß er nicht einmal im Bett mehr zu sich kommt. Der Prolet aber und am meisten der Angestellte, zu dessen Heer der Prolet gestoßen ist, gestoßen worden ist, im Westen mit ablenkender, verdummender, im Osten aber mit sprachlos scheinsozialistischer Selbstentfremdung, – der vom Unternehmen stets nur Unternommene also, dieser fürs Geschäft hier, fürs Schema dort Benützte soll am wenigsten mehr zu dem kommen, was am meisten gefürchtet wird: zum früheren Klassenbewußtsein, gar zur rebellischen Einsicht, bürgerlich im Stall der Tierfütterung zu leben, totalitär im gewordenen Käfig unter Dompteuren und Dressuren. Was man an letzterem so kommunistisch nennt (und es nicht ist, wenigstens nicht im Sinn des Kommunistischen Manifests), das überbot im Lauf der Zeit sogar die Selbstentfremdung von heutzutage; denn die geplante Vergesellschaftung der Produktionsmittel steckte fest in bloßem, überwiegendem Staatskapitalismus und dieser vor allem noch in den überkommenen, den nie gesprengten Formen des Zarismus. Auf diese Art wurde sogar das Programmwort »menschlicher Sozialismus« zu einer Strafsache, obwohl es doch, von Haus aus wie der Sache nach, eine Tautologie ist. Statt dessen kam die Tautologie: Verheizung aller Personen und Diktatur eines verdinglichten Apparats; so wurde dergleichen freilich das – außer dem Faschismus – schärfste Exempel von Entfremdung und das selber abgeirrteste dazu. Der Kapitalismus aber ist mindestens in der Kunst des Verheizens richtunggebend vorangegangen, ein Original bildend, das der Faschismus hernach ja genuin und nicht etwa fremdkörperhaft herausstellte. Hat doch Marx gerade aus dem Kapitalismus, aus seiner Gesellschaftsweise selber, seinen Begriff der Entfremdung gezogen; und das Material reichte aus, auch ohne Staat, gar Zarismus. »Was kümmert mich der Reis, ich kenne nur den Preis«, dieser Händlersatz bei Brecht (bereits auf der Stufe des Handelskapitals) gilt so erst recht im Umgang mit Menschen, nicht nur mit Reis. Zur-Ware-Werden aller Dinge und Menschen, Reduktion der zwischenmenschlichen Beziehungen auf Tauschwert, Verselbständigung des Warenumlaufs hinter dem Rücken, über den Köpfen der Menschen: das ist die wichtigste Fabrik der Entfremdung.

Nur im Engeren hielt sich noch ein Auslauf, um nicht so veräußert zu sein. Beisichsein, echtes Miteinandersein hat in Liebe, Freundschaft, zuweilen noch in Familie einen Schutzpark. Doch dringt nicht nur, selbstverständlich, ein öffentlicher Zustand auch in diese Buchten ein, es kann auch in ihnen nur erholt, nicht gewendet werden. Der allgemeine Wecker scheucht sogleich auf und ohnehin: Trautes Heim, Glück allein, das ist die Gefahr, nochmals, mit Götzen wie Fernsehen, Kühlschrank dazu, sein Gesicht zu verringern. Kleines Glück in allen Ehren, nachdem anderswo selten großes erblüht, aber als Ersatz vermehrt es, indem es verkleinert, mit der Reproduktion der Arbeitskraft, zu der es ebenfalls einzig genormt ist, nicht auch die beste Art der Privatheit, die des aufrechten Gangs. Wozu noch kommt, daß die andere Art der Privatheit, samt der Geselligkeit, die sie mit dem Zwang des Scheinens, des social standard umgibt, das Feld des Konsumterrors geworden ist; mit Nivellierung ohnegleichen samt der »persönlichen Note«, gar »unverfälschter Natur«, die Zigarettenmarken, Whiskyarten, Autoserien der Selbstentfremdung verheißen. Aus der weitgekommenen Nullität der Teilhaber folgt mühelos, durch kleines Glück unvergeßbar, die Uniformität wie die Banalität des allgemeinen Daseins, ihr entspricht die nicht nur subjektive, sondern objektiv Langeweile. Dies braucht nicht nur zur Nausée, zum taedium vitae, das heißt zu solcher Heftigkeit zu steigen, daß sie sich in der bloßen matten Langeweile wieder vertreibt. Auch braucht sie sich nicht so interessant zu machen bis zu kokettem oder snobistischem oder selbst philosophischem Nihilismus hin, daß diese böse Lust Langeweile gleichfalls vertreibt, sondern die echte spiegelt recht einfach die Herausnahme des Lebens, damit der Atmosphäre, gar Aura, wobei es ja nicht nur eine Entfremdung der Menschen, sondern eben auch der Dinge gibt. Ist doch auch die Landschaft durch eine zu ihr beziehungslose, eine abstrakt-betriebliche Technik verwundet und mit wachsender Uniformität überzogen. Dergestalt, daß sie vielerorts schon selber wirkt wie Maschinenware ohne Aura, – ein Umbau des Sterns Erde zu einem Groß-Chicago mit etwas Landwirtschaft dazwischen, was entschieden von Faust und seinem Erdgeist am entferntesten ist. Nicht freilich, als ginge auch hier, entsprechend etwa dem kleinen Glück, ein Weg zurück, mit Lobrednerei alter Zeiten und Maschinensturm jeder Ordnung: das ist ohnmächtige Romantik und mit ihr ist der Entfremdung, wie die Blut- und-Boden-Fratze schrecklich zeigte, am wenigsten beizukommen. Vielmehr wird, wie richtig gesagt worden ist, Amerika auch der technisch, abstrakt-technisch hervorgerufenen Entfremdung, mit dem ganzen Betriebsfetischismus, woher sie kommt, erst verschwinden, wenn es zu Ende entdeckt worden ist. Auf Grund einer Gesellschaft, die die über ihren Kopf gewachsene Warenerzeugungs- und Warenumlaufswelt konkret in der Hand hat, also statt Selbstentfremdung möglicherweise Selbstbegegnung möglich macht.

Letzthin auch in der Stellung der Menschen zur Natur, die im selben Maß konkreter werden dürfte wie die Stellung der Menschen zueinander, unter sich selber. Entfremdung jedenfalls ist überall ein Zeichen der verlorenen Beziehung zum Erzeugenden und seinem Inhalt. Statt dessen schiebt sich Betrieb – Getriebe dazwischen, eine ebenso dominierende wie abstrakte Mechanei.

Die Fremde wirkt ganz anders, wo sie nicht verrät und verkauft. Wo sie eher aufsehen läßt, auch nicht künstlich, sondern kunsthaft wirkt, ein eigenes haben, das sich anderwärts zeigt. In solcher *Verfremdung* steckt zwar Befremden, auch Befremdliches durchaus, doch hier nicht unfreundlich, sondern gewollt. Dies Draußen soll abtrennend wie Rahmen oder erhöhend wie Sockel betrachten lassen. Vom Gewohnten führt das, wie bemerkt, wachsend weg, läßt stutzen und merken. So beginnt Verfremdung dunsthaft bereits in einem Tonfall, der plötzlich aufhorchen läßt. Das Beiseitesprechen, auch betont Beiläufige schließt sich an, um so auffallender, verräterischer oder verschworener, wenn es den Zusammenhang, als wäre es unbeachtet, verläßt. Verfremdend wirkt gar jedes Sprechen durch die Blume, verschlüsselt oder metaphorisch codehaft, also weit über jede zarte Andeutung hinaus. Große Teile der Tierfabel gehören hierher, und ganze Plantagen von Blumensprechern finden sich in jenen Reisefiktionen, die indirekt sprechen müssen, damit man sie desto direkter versteht. Kanonisches Beispiel für Blumensprache sehr weit vertragener Art sind derart Montesquieus *Lettres persanes* von 1721, dieser Blick durch ein fingiertes, in Grund und Boden kritisiertes Morgenland hindurch aufs heimische Frankreich, seinen Hof, seine allein gemeinte Korruptheit. Und es muß ja nicht immer die politische Gefahr sein, welche dergestalt zur Maske greift oder, wie bei Wieland zum Parabel-Roman: Abdera sagend, Mannheim meinend. Die eigentliche Höhe der Fremdbereitung wird vielmehr in scheinbar reinster Artistik erreicht, so unter anderem beim *Doktor Faustus* Thomas Manns. Steht hier doch die ganze Teufelskumpanei der alten Lage um einen Musiker des zwanzigsten Jahrhunderts, und dieser wird dadurch besonders sichtbar, mit Flagellanten als syphilitischen Geißeltierchen, mit Hure als tropischem Falter und vice versa verfremdet in Smaragd. Überall wirkte ja die Maske denaturierend, aber durch Unkenntlichkeit das Dargestellte zur Kenntlichkeit verändernd; bis zum Effekt des Tua fabula narratur, Tua res agitur, in den stärksten Fällen. Locus classicus für solche Art der Verfremdung steht nach wie vor im *Hamlet* II 2, dem Theaterspiegeln im Theater, den detektivischen Sorgen für die vor dem gesamten Stück geschehene Untat. Der Prinz informiert die ins Schloß gekommenen Schauspieler:

Sie sollen was
Wie die Ermordung meines Vaters spielen
Vor meinem Oheim, ich will seine Blicke
Beachten, will ihn bis ins Leben prüfen.
Stutzt er, so weiß ich meinen Weg ...
Das Schauspiel sei die Schlinge,
In die der König sein Gewissen bringe.

Der Erfolg ist bekannt, das Stück hieß Mausefalle, als ebensolcher Fernbericht wurde es nun wirklich eine.

Und so, nicht allzu weit, zu *Brechts* Instrument der Verfremdung, nun gegen die Entfremdung selber gerichtet, doppelt stark, wenn sie der Mensch in seine Gewohnheit nimmt. Deshalb muß aufgescheucht werden, damit Hören und Sehen nicht vergehe. Eigens weckt dazu die Sprache, scheinend und scheinbar einfach zugleich, nicht wohlig fortlaufend, sondern oft absetzend. Sie wird vom Schauspieler selber gesprochen, als sage er die Worte eines anderen auf, neben ihm stehend, ihn von sich entfernend, keinesfalls verkörpernd. Dem entspricht das häufige Anhalten, die Unterbrechung der Handlung, bis zum lebend erstarrten Bild eines Choks, einer darin stumm, also doppelt beredt werdenden Szene (früher im Witzblatt, wenn es soweit war, »Tableau!« genannt). Songtexte der Reflektierung haben gegebenenfalls darin Platz, dem Anliegen des antiken Chors, doch eher der Moral von der Geschichte nach Kalendergeschichten, wo nicht Moritaten verwandt. Ohnehin ist dies Theater kein gewohnter Musentempel, es will liebend gern mehr einer Anatomie gleichen, mindestens einem speziellen Laboratorium, worin die dramatisch-politische Ausprobung des richtigen Verhaltens modellhaft vor sich geht. Verfremdung, um der Sache näher zu kommen, geschieht vor allem auf dem Umweg übers Exotische oder über ein Modell aus historisch gemachtem Heute oder heutig gemachter Historie, woran sich der in Rede stehende Sonderfall mit dem *Problem* seiner richtigen Erledigung besonders störungsfrei erkennen lassen soll. Eben mittels des Verfremdungs-Effekts, der dialektisch umschlagend einer des Aha-Erlebnisses werden kann, das ist, der Einsicht in nächster Nähe aus dem Staunen hinreichend ferner Ferne gezogen. Ja es gibt sogar, wie nie verschwiegen werden soll, Exempla von Verfremdung und ihrem Schlüsseleffekt in jener äußersten Fremde, die nicht dergestellt wird, sondern nur sich selber darstellt. Weit also von jeder Schaubühne weg, doch gedacht ist dieses allerparadoxeste Verfremdungsstück in dem Satz Kants, daß uns Wüste, Meer, Hochgebirge, gar Sternenhimmel, als menschfernste *Erhabenheiten,* eine Ahnung unserer künftigen *Freiheit* übermitteln. Doch so sehr das am letzten Rand zur Sache gehört, die mit jedem Fernwink beginnt, so sehr ist damit die Kategorie Verfremdung doch wieder überspannt oder überlastet: ihr genuines Feld ist und bleibt in der Zurüstung eines epatierenden Fernspiegels über allzu Vertrautem, damit der Mensch sowohl darüber betroffen werde wie davon richtig betroffen sei. Wie gesehen, braucht für so etwas das verfremdende Fernspiegeln nicht immer sehr hoch zu stehen, ja Abseitiges wie bei Poe oder Hoffmann dient dazu zuweilen genauer. Auch braucht das indirekt fallende Licht nicht immer, wie im locus classicus der Hamletszene, detektivisch auf die Untat zu fallen; viele Brecht-Verlegungen, vor allem aber die durchaus verfremdende Ringparabel in *Nathan der Weise* sind nicht detektivisch, sondern demonstrierend. Auch reflektiert dies Verlegte nicht nur auf eine Untat zurück, sondern der utopische Gebrauch der Verfremdung ist bereits im *Nathan* so beschaffen, daß eine Vision vorläuft, mit gutem Inhalt, dem der erfüllten Toleranz. Nur dieser Inhalt wird dann vom Verlegten, mit reflektierender Vision, zurückgeworfen. Und wie zart-erhaben schallt gar diese Vision von den Verfremdungstempeln der *Zauberflöte* wider. An ihnen wird lautes Echo der Aufklärungsutopie des achtzehnten Jahrhunderts gebraucht. Immer wieder aber ist Verfremdung, wo sie kenntlich macht, mit dem Tua fabula narratur beschäftigt. Auf ihrem Umweg als dem hier nächsten Weg, contra Entfremdung, pro Selbstbegegnung auch so, auch in Exotik, die heimwärts blickt. Solcher Umweg ist nicht der Hauptweg, als welcher in seinem immanenten Verlauf, ohne

Herangetragenes, gar Ultraviolett berühren kann. Doch auch Verfremdendes, sein Imprévu, das besser sehen läßt, gehört zur Ehre des Hauptwegs, soll heißen, zu seiner Unterbrechung, von Fall zu Fall, durch – Tableau.

Montage, unmittelbar

Hier erst ist der Wind durchaus, von überall weht er her. Teile stimmen nicht mehr zueinander, sind lösbar geworden, neu montierbar. Faßlich für viele war zunächst nur das geschnittene, neu *geklebte* Lichtbild »montiert«; im Umgang mit Maschinen ist das Wort freilich älter. Auch am menschlichen Leib wird Haut, werden innere Organe versetzt; doch leistet der versetzte Teil am neuen Ort bestenfalls nur, was des Ortes ist, nichts anderes. In der *technischen* und *kulturellen* Montage jedoch wird der Zusammenhang der alten Oberfläche zerfällt, ein neuer gebildet. Er kann als neuer gebildet werden, weil der alte Zusammenhang sich immer mehr als scheinhafter, brüchiger, als einer der Oberfläche enthüllt. Lenkte die Sachlichkeit mit glänzendem Anstrich ab, so macht manche Montage das Durcheinander dahinter reizvoll oder kühn verschlungen. Sachlichkeit diente als oberste Form der Zerstreuung, die Montage erscheint kulturell als oberste Form spukhafter Intermittenz über der Zerstreuung, ja, gegebenenfalls als *gleichzeitige* Form der Berauschung und Irrationalität. Insofern zeigt die Montage weniger Fassade und mehr Hintergrund der Zeit als die Sachlichkeit; ebenso hat sie die Paradestücke der Sachlichkeit nur als Trümmer. Sie täuscht keine Stabilität vor, welche den Vordergrund verhärten will; ihre Form war vielmehr – bereits in der Stabilität – der Jazz, die Revue, das Mosaik aus Fetzen, Lumpen und Lockerung. Der Jazz mischte Maschine und Sentimentalität zugleich; aber wie der Maschinentakt die Trommel Afrikas einließ (und wieder doppelt: als Aufregung und Bann), so kannte die Sentimentalität das ironische Zitat, trieb Chopin, gar den Pilgerchor in die Frechheit des Stegreifs. Noch verblüffender als beim Jazz berührt sich die Revue mit konkreteren Intentionen der Lockerung: die Revue wurde nicht bloß Zerfall des Zerfalls, wie ihn die bloße Gemeinheit der späten Operette darstellt, sie hob vielmehr – in der Kraft des vollendeten Unsinns – auch die Einheit der Personen, den letzten Zusammenhang der Architektur auf; die Bühne schien aus sogenannten Träumen oder als Kaleidoskop regelloser Wünsche. Freilich zeigte der Ausgang an Jazz wie an Revue, daß nicht hier schon das Material irgendwo konkret durch Montage verändert worden ist, sondern das Großkapital lenkte beide wieder (ohne daß eine Materialveränderung geschehen wäre) in die kleinen Formen der Irratio ab – hier der Militärtrommel, dort der Hitlerparade. Auch die Montage also kann *unmittelbar* immer nur als Mittel enden, den Hohlraum zuzubauen; war die Sachlichkeit Fassade des Vordergrunds, so endet *Montage dieser Art* als Schloß-Restaurierung des Hintergrunds. Entsprach der reflexiven Sachlichkeit die Mode des neuen Machismus, so lebt die Montage gleichfalls von »Modellen« (die sie anpaßt und variiert), so flickt sie vor allem, als bürgerliche Leermontage, den Abgrund des »Existere« mit den sogenannten ontischen Erlebnissen (im Gefolge der Husserlschule, bei Heidegger und, wider Willen bereits übergehend, bei Jaspers). Diese letzteren Montagen, mehr Kaleidoskope, werden später, an ihrem Ort, noch beachtet werden; fast spukt darin schon Joyce herein, in eine Professorenphilosophie, die derlei gar nicht kennt. Ohne das Ineinander der Stände und Dinge gäbe es desgleichen kaum Verständnis für die Metamorphosen-Mythologie des rezenten Klages; soweit diese auch – durch willenlosen Traum und Archaismen – vom Nolens-*Volens* der »Montage« getrennt ist. *Unmittelbar* freilich, in ihrer eigenen bürgerlichen Wahrheit, sind alle diese durchkreuzten Emotionen oder Hieroglyphen nur ebenso durchkreuzter und verbauter Hintergrund. Aus Trümmern, die den Mut nicht finden, zu phosphoreszieren, aus Teilen der alten Welt, die immer wieder nur zum Gebrauch in der alten Welt umfunktioniert werden. So ist mindestens gewöhnliche Montage unmittelbar nur eine geschlossene Flasche: geschüttelt, oder ein fertiger Rest: gemischt. Trotz einer Zeit, die mit »Revue« und Folgen manchen Übergang zur Avantgarde zu nehmen schien.

Nochmals Montage: höherer Ordnung

Doch nicht nur leichte Form drängt hier, in Fluß zu kommen. Sie schäumte schon dort, als Pinsel und Feder ganz hoch hinauswollten, nämlich expressionistisch. Damals wollten alle Künstler, als »innerliche«, ein sozusagen musikalisches Spiel treiben, ein bewegliches, ein kreuzungsreiches. Diese Lockerung, dies Eintun der Formen in den Schmelztiegel war eines der expressionistischen Ämter; kurz vor, in und kurz nach dem Krieg. Da die Form bei den damaligen Mitläufern mit dem äußeren jeden Inhalt verlor, also im Gegensatz zur gemeinten Ausdrucksfülle nichtssagend wurde, wurde freilich auch ihr Ineinander, Durcheinander sehr oft starre Manier. Abstraktes Rebellieren tobte sich dann aus, ohne einen anderen Boden als den der bestehenden Gesellschaft zu finden, nur als einer verneinten; in diesem Schein lebte uferlose Bewegung an sich, uferloser Schrei gegen den Krieg überhaupt, für den Menschen überhaupt. Die abstrakt gesprengte Form stellte sich gerade im selbstgenügsamen, im musisch fixierten Zerfall wieder her, weil sie gegenstandslos blieb, das ist, weil sie keinen Anschluß an wirkliches, klassenhaftes Versinken und Steigen, an andere Gegenstände fand, als die abstrakt abgelehnten der kapitalistischen Dingwelt. Das musikalische Kaleidoskop gerann in diesem *uneigentlichen* Expressionismus kunstgewerblich, fast zur Tapete, ja, schlug geradezu in sein Gegenteil aus, nämlich in den sogenannten Kubismus, das ist, in selbstzweckhaften Genuß an Ingenieurkunst, in die Verdinglichung geometrischer Konstruktion an sich. Führten vom Kubismus sehr rasch Wege in die neue Sachlichkeit, so haben Noskes Feldzüge freilich auch den *eigentlichen Expressionismus* beendet, diese erste und echteste Form ungegenständlicher, anders gegenständlicher Traum-Montage in unserer Zeit. Diese Montage war nicht die buchstäbliche im Kunstgewerblichen (Uhrräder oder Holzklötze auf manchem Ölbild), auch nicht der Münchhausen ganz beliebiger Titel (sieben aufeinandergestellte Hutschachteln als Geburt Christi): der Expressionismus *im Original* war vielmehr Bildsprengung, war aufgerissene Oberfläche auch vom Original her, nämlich vom Subjekt, das gewalttätig aufriß und verschränkte. Dies Subjekt bürgerlich-ästhetischer Opposition (gegen Zusammenhänge der Oberfläche, bildhafte und stabile) blieb also nicht, wie die Mitläufer, bei jener Malerei, die sich noch mit Stolz eine »abstrakte« nannte; nicht bei Kubismus und Tapete. Vielmehr suchte es durchaus Anschluß an die Welt, freilich an eine andere als an das Subjekt-Objekt undeutlicher Gärung und phantastischer Kristalle. Echter Expressionismus (das Folkwang-Museum in Essen bewahrt von ihm eine Sammlung wahrer Vulkanausbrüche) legte nicht nur subjektivistische Intentionen in eine weggeleugnete Materie, sondern überzog die Welt mit Krieg, montierte ihre Bruchstücke zu Fratzen, montierte in die Hohlräume vor allem Exzesse und Hoffnungen stoffhaltiger Art, archaische und utopische Bilder. Auch dieser Expressionismus hatte, obwohl er die Verdinglichung sprengen wollte (statt sie abstrakt zu ignorieren), noch keinen überlegten oder verstandenen Anschluß an die Konkreszierung, nämlich an den revolutionären Prozeß der Subjekt-Objekt-Vermittlung. Immerhin hatte er, in der Avantgarde seiner Zeit, »Tendenz« genug im Hintergrund; weshalb der »Blaue Reiter« des Expressionismus besonders verdrängt worden ist, als die sozialdemokratische Revolution den »Boden der Tatsachen« betrat. Aber auch heute noch ist kein großes Talent ohne expressionistische Herkunft, mindestens ohne deren höchst gesprenkelte, höchst gewittrige Nachwirkung. Den letzten »Expressionismus« stellten die sogenannten Surrealisten; eine kleine Gruppe nur, aber wieder ist Avantgarde bei ihnen und: Surrealismus ist erst recht – Montage. Bei *Joyce,* als dem Monument der »Surrealisten«, ist Montage geradezu der Schlüssel aller Wunderlichkeit, sie ist die Beschreibung des Durcheinander der Erlebniswirklichkeit mit eingestürzten Sphären und Zäsuren. Die Sprache hier ist auf nichts als Anfänge gebracht, auf verkommene Anfänge des Klingklangs und in ihm nochmals kombiniert; die Handlung läuft zwischen innerem Dialog (der alles sagt, was der Person durch die Sinne geht), Unterwelt, Querwelt und Überwelt (die wieder im engsten Leibkontakt stehen). Der Raum und Gegenstand der Handlung ist im *Ulysses* ein Tag unbedeutender Personen (der aber mehr als tausendundein Tag sein möchte, ja ein Omnia ubique in der Nuß). Zote, Chronik, Gewäsch, Scholastik, Magazin, Slang, Freud, Bergson, Ägypten, Baum, Mensch, Wirtschaft, Wolke gehen in diesem Bildfluß aus und ein, mischen sich, durchdringen sich in einer Unordnung, die ihre Gestalt freilich bei Proteus sucht, im Durcheinander der gärenden Natur, nicht mehr bei Prometheus, am expressiv gärenden Subjekt. Als letzte Buchmagie wird Proteus selber noch mit seinem Gegenteil tingiert, nämlich mit behaupteter Symmetrie, ja, Durchentsprechung aller Teile; dergestalt, daß nicht nur Leitmotive sich winden, sondern jedes Kapitel – in der *Kathedrale* des Relativismus – Körperteilen, Farben, Mineralien und dergleichen, mit ruhelos verdeckter Konkordanz, zu entsprechen versucht. Die zerlegte Geige Picassos ist so, in schwer durchschaubarer Breitstapelei, zur Wortkinetik geworden; Relationen – nicht gerade zu Dante, wohl aber zu den Romantikern, geben dieser Art Montage das Mondlicht, worin sie gedeiht. Heute ist das alles erst Bilderrätsel des gesprungenen Bewußtseins; mit der »Totalität«, die ihr All in Fetzen, Gesprächsfetzen, Querschlägen ungerichteter Erlebniswirklichkeit hat. Aber eine Welt, deren kurioseste Literatur die bürgerliche Bildung so ausläutet, ist immerhin fähig, wenn sie keine Dialektik treibt, diese an ihr betreiben zu lassen. Die konstitutive Montage *nimmt sich die besten Stücke, baut andere Zusammenhänge daraus*, und der Besitzer des früheren Zusammenhangs erfreut sich am neuen, falls dieser kein Flickwerk und musischer Mythos bleibt, nicht mehr.

Montage, mittelbar

Ins einzelne der brauchbaren Stücke führt auch hier noch nichts herein. Weniger der Betrug durch neue Ablenkung als der einer *ruhenden* Verschlingung verhindert auch Montage, an Ort und Stelle widersprechend zu sein. Wir hatten, bei der mittelbaren Sachlichkeit, nur das als mittelbar gebrauchsfähig bezeichnet, was am kapitalistischen Ort selbst schon als verdächtig oder widerspruchsvoll erkannt werden kann. Dieses ist auch hier das Kriterium brauchbarer Erbstücke: sie müssen im Spätkapital, das sie ausbildet, ebenso unvollkommen und verhindert wie suspekt sein. Sie müssen das Irreguläre sein, nämlich ein im kapitalistischen Schoß entstandener Widerspruch aus echtem Heute, aus Heute und konkretem Morgen zugleich. Das ist bei Phänomenen der Montage gewiß oft der Fall; sonst hätte das restaurierte Kapital nicht die mannigfachen expressionistischen Aufrüttelungen und Schüttelungen gestoppt. Sonst würde Montage nur bei Joyce erscheinen oder anderen »interessanten« Zerfallsfiguren und nicht auch bei Brecht, der sie geradezu als Produktivkraft gebraucht. Nämlich als Unterbrechung des dramatischen Flusses und lehrhafte Versetzung seiner Teile, kurz, als regiehaftes Politikum. Aber was bei der mittelbaren Sachlichkeit gesagt wurde, gilt auch hier: erst in und nach der Revolution lassen sich Einzelheiten selbst herausmontieren. Einzelheiten des riesigen Improvisations- und Mischwesens, das die Gebilde dieser Zeit, wie keiner anderen, in ihrem Fluß kennzeichnet, in den *Ornamenten* ihres Relativismus, ihrer »Revue-Kultur«. So wenig man aus der kapitalistischen Gleichzeitigkeit jedes Erbe ablehnen darf, außer »der jeweils letzten Maschine«, so wenig darf man umgekehrt jedes antinomisch Versehrte schon als Leben unter der Decke notieren. So wenig sind erst recht aus einer bloßen »Idee« von Montage Übergänge konstruierbar, bloß weil das gesprungene Bewußtsein des Spätkapitals hier Bilderrätsel aufgibt. Bilderrätsel und Vexierbilder, die zum Teil dem Kapitalismus zwar irregulär sind, ihm aber doch zum Glanz dienen, eben zum »interessanten« Glanz einer geistigen Produktion, die regulär hier gar nicht mehr möglich wäre. In und nach der Revolution freilich pointiert sich auch die Brauchbarkeit dieses Einzelnen, erst recht des ganzen Habitus, und zwar ohne Gift; nur daraufhin lassen sich jetzt schon »Montage-Gebilde« erinnern, damit sie im Begriff stehen, nämlich in dem einer merkwürdig strudelnden Kultur-Vergangenheit, *die auch sozialistisch lange diese Form haben kann.* Was also *Montage, mittelbar*, angeht: so fehlt ihr in der konkreten Zuständigkeit jeder Spaß leerer Kombination, jeder Betrug des Kaleidoskops (um das Chaos des Hintergrunds schlecht geheimnisvoll zu machen). Auch Montage ohne Ausbeutung holt aus der zerfällten Oberfläche ihre Teile, setzt sie aber nicht in neue Geschlossenheiten, sondern macht sie zu Partikeln einer anderen Sprache, anderen Informationen, anderen Unterwegs-Gestalt der aufgebrochenen Wirklichkeit. Bei Brecht etwa bestehen, dieser Art, unbedenkliche Verwendungen neumechanistischer Modelle; indes: wird jede eigne Form, erst recht jeder materielle Inhalt ummontiert, so erscheint kein »angepaßtes« Kaleidoskop, das nichts ändern will, es wird auch kein musisches Chaos versucht. Sondern: die Montage des Bruchstücks aus dem alten Dasein ist hier das Experiment seiner Umfunktionierung in ein neues. Maschinelle, dramaturgische, gar philosophische Montage ist mit mehr oder minder rascher Umfunktionierung, das ist: mit dem Gebrauch kurzer und wegwerfbarer Modelle gewiß nicht zu Ende. In den philosophischen Querbohrungen Benjamins etwa zeigt sich: Montage holt sich das Ihre aus manchem Stegreif, der früher beliebig gewesen wäre, aus mancher betonten Unterbrechung, die früher nur unbetonte Störung geblieben wäre; sie holt eingreifende Mittel aus verachteten oder verdächtigen Formen und aus Formen ehemals zweiter Hand. Aus den Trümmer-Bedeutungen zerfallender Großwerke dazu und aus dem Dickicht eines nicht mehr glatt arrangierten Materials. Montage hat den Zug zum Interim, zu neuer »Passagenbildung« durch die Dinge und zur Auslage von bisher weit Entferntem; an anderen Stellen, so in manchen merkwürdigen Versuchen der Surrealisten, von Max Ernst bis Aragon, ist sie eine Art Kristallbildung am gekommenen Chaos, die die kommende Ordnung bizarr versucht zu spiegeln. Hier überall ist nicht viel mehr als Programm, flüchtig, einsam und oft vorübergehend; doch im meisten eben, was die zwanziger Jahre an bedeutsamer Kunst und Wahrnehmung hervorgebracht haben, ist der Reiz dieses Programms oder die abgebrochene Teilnahme an seinen Weiterungen. Schon die im Selbsteinsturz des Bürgertums erscheinende Durchdringung und Vertauschbarkeit der Teile liegt über der Geschlossenheit seines bisherigen »Weltbilds«. Ja, hier ist relativ vorgeschrittenes Bewußtsein noch gegen jene Art vulgärmarxistischer Fertigkeit, die alles recht arbeitsteilig an seinem Ort weiß und alles recht abstrakt im Rahmen. Relativismus, der den Sprung der geschlossenen Oberfläche anzeigt, Montage vor allem, die sich auf die unheimliche, die experimentelle Figur dieser Trümmer versteht – so überliefert das Spätbürgertum noch »Kultur« oder läßt sie überliefern. Aus einem Guß gelingt auf diesem Boden nichts mehr, er gelingt erst auf dem nächsten oder auf den Landzungen, die der nächste ins Chaos hereinschickt. Doch ist der Guß geneigt, manche Konkursmasse in sich aufzunehmen, vor allem eben Bilderrätsel eines gesprungenen Bewußtseins, so wunderlich und neu »den Menschen« meinend. Diese Art hat alles Negative der Leere, doch sie hat auch, mittelbar, als möglich Positives: daß sie Trümmer in einen anderen Raum schafft – wider den gewohnten Zusammenhang. Montage im Spätbürgertum ist der Hohlraum seiner Welt, erfüllt mit Funken und Überschneidungen einer »Erscheinungsgeschichte«, die nicht die rechte ist, doch gegebenenfalls ein Mischort der rechten. Eine Form auch, sich der alten

Kultur zu vergewissern: erblickt aus Fahrt und Betroffenheit, nicht mehr aus Bildung.

Zeitraffer, Zeitlupe und der Raum

Kurz oder lang, das scheidet viel. Raffen, das meint zunächst: etwas zusammenscharren. Darin ist Gieriges; wird nicht Geld, sondern Zeit gerafft, so bleibt das gleichsam innerlich Böse des Tuns merkwürdig erhalten. Wogegen freundlich wirken kann, wenn sich einer Zeit läßt, und ebenso, wenn sich ein Vorgang verlangsamt. Sei es auch nur im Film, unter der Lupe. Seine Hetze mildert sich dann, atmet aus.

Mache man zuerst den *Zeitraffer* deutlich. Er scharrt und preßt, Vorgänge, unter ihm gesehen, werden fremd, oft unheimlich. Die beschleunigte Blüte tut in fünf Minuten auf der Leinwand, wozu sie sonst fünf Tage braucht. Aufbrechende Knospen sind wie Tiere bewegt, bald zögernd, bald ruckweise; das ist schon fremd, obwohl doch nicht eigentlich unsere Zeit gerafft, sondern gerade eine fremde Zeit auf unsere Maße gebracht wird. Wo aber *Menschen* ihre Zeit gerafft, verkleinert, genommen wird, verwandelt sie sich völlig zum erbarmungslosen Treiber. Sie wird nicht nur fremd, sondern genau unheimlich, gleich, ob es im Film »berauscht« oder grotesk hergeht, vor lauter Tempo. Der Pseudorausch durch Zeitraffer ist ja schon Klischee geworden, besonders mit Montage, mit durcheinanderwirbelnden Köpfen, Füßen, Jazzbandteilen, crescendo, prestissimo. Viel Rausch aber ist nicht dabei, sondern Verfolgung, Trieb, der sich selbständig gemacht hat. Ein dämonisches Uhrwerk treibt von außen und die Menschen sind darangehängt. Überdreht sich das Tempo auf der Filmstraße, so werden die Menschen erst recht zu Automaten. Time ist dann nicht nur money, sondern ein Stück der ältesten Dämonie. Jahre werden zu Minuten, wie in Sagen, wo die Hexe in der scheinbaren Zeitspanne einer einzigen Nacht ihre Opfer um das lange Leben betrügt. Oder über den Rasenden ist Gefahr, sie wissen nicht wohin und sind aus Personen zu Ameisen geworden.

Ganz anders läßt sich, wie bemerkt, die *Zeitlupe* an, nämlich sehr angenehm. Das verlangsamte Leben wirkt leicht und friedlich, Boxer streicheln sich, der Kinnhaken landet als Liebkosung. Läufer, selbst Springer scheinen zu schwimmen, sie sind wie in Wasser, bewegen sich in einem weicheren Medium, das noch trägt. Es gibt Ausnahmen: wie die beschleunigte Blüte nur fremd, noch nicht unheimlich wurde, so ist der elektrische Funke etwa, der im verlangsamten Zeitablauf erscheint, noch nicht »anmutig«; er ist ja wie die beschleunigte Blüte von vorhin nur auf die Maße unserer Zeit gebracht. Genau so müssen sich auch verlangsamte Vorgänge genügend erst aus unserer Zeit entfernen, sie müssen wirklich übertrieben werden, nicht am gewohnten Tempo entlang schleifen und schleppen. Sonst kommt gar ein Gelähmtes herauf, der stockende Schritt von Toten, die sich anzeigen (Angstträume gehören hierher, sie eignen sich vorzüglich für halbe Zeitlupe). Diese bloß *halbe Zeitstrekkung,* noch in Konkurrenz zum natürlichen Tempo des Vorgangs, wechselt zwar gleichfalls vom Festland ins elegischere Wasser, hat aber nur den Widerstand davon, noch nicht die Leichtigkeit und das Rokoko. Erst genügend *volle Vergrößerung* also läßt Tempi mit Leichtheit und Frieden imaginieren, dann aber sogleich und unvergeßlich. Ein seliges Schweben scheint dann, durch die pia fraus Zeitlupe, anzugehen, ein Garten, wo die Worte und die Schritte nicht mehr eilen, fast eine Elfengeisterweise für Menschen und eine Arbeit wie Spiel. Die Mühe ist im Ritardando gestrichen, die Eleganz verzehnfacht, kurz das Tempo der Zeitlupe macht dann, zum Unterschied vom Zeitraffer, aus dem bösesten Rekord ein freundliches Märchen. Der Unterschied des verlangsamten und des beschleunigten Zeitablaufs ist dann schlagend, der entstehende Ausdruckskontrast zwischen dem streichelnden Boxer, voll Güte, dem rasenden Spaziergänger, voll Wut, auch Entsetzen, verblüffend.

In unseren Blick auf zeitliche Vorgänge hat man erst spät eingegriffen. Verkleinern, Vergrößern, schon das Wort Lupe stammt aus der auf Dinge, nicht auf Vorgänge bezogenen Optik. Gesetzt den Fall nun, man darf sich ans formell Gleiche des Verkleinerns und Vergrößerns von Teilen halten, so tritt aber das Erstaunliche und gerade an Dingen und ihrer Welt Lehrreiche auf, das genau über »Größe« von Zeit, von Raum werthaft zu denken gibt: Die Raffer- oder Lupenwirkung an *Raumteilen* ist deutlich *umgekehrt* wie die an Zeitvorgängen.

Der Zeitraffer, das Verkleinerte in Zeit macht grotesk oder dämonisch, doch das Verkleinerte im Raum zieht gerade freundlich zusammen, bildet seine Welt liebenswürdig. Geraffte Vorgänge werden fremd, geraffte Gegenstände, also durch das Verkleinerungsglas gesehene, wirken menschlich nahe; die Aura des Kleinen ist hier menschlicher. Kinder sehen gern ins Wahlverwandte, nicht Erschreckende, das durch die väterliche Konkavbrille, gar durchs umgekehrte Opernglas erscheint. Im Bericht vom Riesenfräulein blicken sie auf eine schönere Welt, nehmen Bauer und Pflug, durch die Raumrafferaugen des Fräuleins gesehen, mit in die Schürze; die Dinge werden als Spielzeug sonderbar erträglich. Goethes Märchen von der neuen Melusine ist ganz so ein geschriebenes Verkleinerungsglas, mit objektivem Zauber, worin die Welt abnimmt ohne zu verschwinden, ja durch Verkleinerung »wesentlich« wird. Gibt aber der *Raumraffer* dergestalt Rokoko, während der Zeitraffer doch umgekehrt dämonisierte, so wird man die Überraschung der gleichen Umkehrung an der *Raumlupe* erleben, sobald sie von zeitlichen Vorgängen auf räumliche Gegenstände gedreht wird. Die Raumlupe schafft dann keineswegs wie die der Zeit Elfengeisterweite, sondern macht – als hätte sie das Werk des Zeitraffers zu tun – das Bekannte oft fremd, oft grotesk, nicht selten unheimlich. Selbst die menschliche Haut, die Züge einer geliebten Frau rücken schon unter schwacher Lupe in andere Gestalt- und Wertordnung, erinnern jedenfalls in nichts mehr an den Leib, dem die Liebe gegolten hatte. Desto erschreckender aber bleibt die Grobdingnahwelt unter starker Lupe, wenn Fliegen wie Dämonen und menschliche Haut wie Terrain auf einem fremden, nicht eben behaglichen Erdteil dreinsehen. Item: verkleinerte Vorgänge in der *Zeit* wirken unheimlich, vergrößerte freundlich, verkleinerte Gegenstände im *Raum* dagegen wirken freundlich, vergrößerte unheimlich.

Woher diese umgekehrte Wirkung stammt, läßt sich unschwer andeuten. Das Zeithafte ist unserem eigenen unmittelbaren Zustand immer näher, meist verwandter als das Raumhafte. »Sich Zeit lassen«, das bedeutet also schon von Haus, von unserem Haus aus ein Behagliches, wogegen Hetze aus verkleinerter Zeit ein Unbehagliches, ja uns Feindliches zeigt. Das Raumhafte andererseits, als uns entferntere, aus-gespanntere, kurz extensive Daseinsweise, ist überwiegend die Form des Außer-uns-Seins, damit aber so vieler mit uns noch unvermittelter Gegenstände, das Menschenmaß ohnehin überbietender. Was sich hier gar noch auf ellenhohe Socken stellt, bleibt nicht, was es ist, sondern wird monströs. Erst in sehr gestalteten und human durchdrungenen Formen zieht von übermäßiger Raumgröße das Ungeheure ab, das so leicht dem Ungeheuer benachbart sein kann: *Erhabenheit* erscheint dann und gewiß auch als quantitative. Jedoch das Niederdrückende, das selbst diesem erzmenschlichen Gefühl eingemischt ist, wird nur dadurch völlig entlastet, mit dem Erhebenden durchtingiert, daß uns Erhabenes, wie Kant sagt, eine Ahnung unserer künftigen Freiheit übermittelt, also doch zuletzt der – Menschengröße. Und nicht grundlos geben von hier aus sehr intensiv durchgeformte Darstellungen von Erhabenheit gerade einem räumlichen Diminuendo Platz. Gibt es davon Ausnahmen (der Schluß des *Faust* ist keine), dann sind sie nie die besten, gar allerbesten. Um ein selber ungeheures Beispiel zu nehmen, eines, das sich unter anderen Zeichen attisch nennen ließe, wenn es nicht dermaßen christlich wäre: Dante faßte sein ganzes Paradiso in der, so wenig gigantenhaften, Figur einer Rose zusammen. Und Beethoven setzt den Höhepunkt im *Fidelio* nicht an den Schluß, wo das Fazit jubelt, sondern vorher in die langsame, kleine Szene und ihre Musik, worin Leonore Florestan die Ketten abnimmt. Gigantisches jedenfalls ist nicht das genuine Teil der Tiefe; weshalb eben jede substanzielle Aussage zuletzt ebenso langsamer wie dichter zu werden pflegt. Und eine Dünung davon läuft eben aus, wenn selbst noch so Peripheres wie Zeitlupe und Raumraffer eine Art Deflation leisten. Sie machen das gewiß nur optisch, ja im Trick bloßer Sensationen, die Boxer streicheln sich ohne Lupe durchaus nicht, das Brontosaurische ist ohne Raffer durchaus keine Eidechse, aber der Effekt ist lehrreich, auch voll Erinnerung. In gehetzter Zeit und umgekehrt in aufgedonnertem Raum ist wilhelminische Leere, zum Unterschied von der Sache, die einen angeht. Das illustriert sich auch noch – mit Raffer und Lupe gleichsam in sich – in der einschlägigen Differenz zwischen so verschieden Bedeutendem wie den ersten Aktfinalen von Wagners *Walküre* und Verdis *Othello*. Zwischen der jagenden Brunst hier und einer Liebe dort, der das Langsamerwerden, Kammermusikwerden ihre Steigerung ist. Zwischen dem Weltüberschäumenden hier und dem immer mehr Zusammengelegten, Humanisierten der Szene dort, mit verkleinertem Raum als selber substanzielle-rem. »Schon wollen die Plejaden das Meer *berühren«*, singt Othello – selbst die Sterne senken sich hier auf unseren Boden, der Raumspektakel hört auf, die Welt wird tief. Dann läßt sich zwar nicht sagen: die Welt ist eine pure Nachtwolke, die sich sogleich in Tau auflöste, wäre nur erst die rechte Sonne gekommen. Gleichwohl ist das verkehrte Wesen allemal eher von jener Art Größe, worin auch das Verirren, die Irre Platz hat und erst recht purer Weltozean – ohne Ufer. Wogegen als Ende der Irre, der leicht grenzenlosen, das Haus gedacht ist, und dies noch im Ganzen der Welt, die zu sich kommt.

Begegnung der utopischen Funktion mit einzelnen Künsten und Kunstgattungen

Die Bebauung des Hohlraums

Neue Häuser und wirkliche Klarheit

> Eine Geburtszange muß glatt sein, eine Zuckerzange mitnichten.
>
> Ernst Bloch, *Geist der Utopie,* 1918

Heute sehen die Häuser vielerorts wie reisefertig drein. Obwohl sie schmucklos sind oder eben deshalb, drückt sich in ihnen Abschied aus. Im Innern sind sie hell und kahl wie Krankenzimmer, im Äußeren wirken sie wie Schachteln auf beweglichen Stangen, aber auch wie Schiffe. Haben flaches Deck, Bullaugen, Fallreep, Reling, leuchten weiß und südlich, haben als Schiffe Lust, zu verschwinden. Ja, die Feinfühligkeit der westlichen Architektur geht so weit, daß sie ziemlich lange schon, auf Umwegen, den Krieg witterte, der das Hitlerische ist, und sich auf ihn bereitete. Da erscheint selbst die Schiffsform, die rein dekorative, dem Fluchtmotiv der meisten heutigen Menschen in der kapitalistischen Kriegswelt nicht real genug. In ihr werden seit geraumer Zeit Häuser ohne Fenster projektiert, künstlich beleuchtete und entlüftete, stählern durch und durch, das Ganze ist ein Panzerhaus. Überhaupt mehrt sich, während die moderne Architektur bei ihrem Entstehen grundsätzlich auf das Draußen orientiert war, auf Sonne und Öffentlichkeit, – es mehrt sich das Bedürfnis nach verschlossener Lebenssicherheit, wenigstens im Wohnraum. Der begonnene Grundzug der neuen Baukunst war Offenheit: sie brach die dunklen Steinhöhlen, sie öffnete Blickfelder durch leichte Glaswände, doch dieser Ausgleichswille mit der äußeren Welt war zweifelsohne verfrüht. Die Entinnerlichung wurde Hohlheit, die südliche Lust zur Außenwelt wurde, beim gegenwärtigen Anblick der kapitalistischen Außenwelt, kein Glück. Denn nichts Gutes geschieht hier auf der Straße, an der Sonne; die offene Tür, die riesig geöffneten Fenster sind im Zeitalter der Faschisierung bedrohlich, das Haus mag wieder zur Festung werden, wo nicht zur Katakombe. Das breite Fenster voll lauter Außenwelt braucht ein Draußen voll anziehender Fremdlinge, nicht voll Nazis; die Glastüre bis zum Boden setzt wirklich Sonnenschein voraus, der hereinblickt und eindringt, keine Gestapo. Auch kaum ohne Zusammenhang mit den Schützengräben des ersten Weltkriegs, vor allem aber mit den freilich vergeblichen Maginotlinien des zweiten entwickelte sich der Plan einer unterirdischen Stadt – als der der Sicherheit. Statt des Wolkenkratzers laden so projektierte »Earthscraper« ein, glänzende Dachslöcher, rettende Kellerstadt. Droben am Licht wiederum erschien der weniger reale, doch dekorative Fluchtplan einer fliegenden Stadt, in Stuttgart, auch in Paris utopisiert: die Häuser erheben sich in Kugelgestalt auf einem Mast, oder sie hängen als veritable Ballons an Drahtseilen; im letzteren Fall wirken die Schwebebauten besonders abgetrennt und abfahrtwillig. Aber auch diese Spielformen zeigen nur, daß Häuser hier als Höhlen, dort auf Pfählen wieder geträumt werden müssen.

Wie nun, wenn auf solchem Boden trotzdem ein Sprung ins Helle vorgemacht werden soll? Was bautechnisch in der Tat versucht wurde, doch jetzt mit der *bejaht* ungemütlichen Lust auf lauter Fenster und ebenso kahlklare Häuser und Geräte. Gewiß, dergleichen gab sich als Reinigung vom Muff des vorigen Jahrhunderts und seinem unsäglichen Zierat. Doch je länger, je mehr wurde deutlich, daß es bei dieser bloßen Weglassung auch geblieben ist und – innerhalb der spätbürgerlichen Leere – bleiben mußte. Je länger, je deutlicher tritt als Inschrift über dem Bauhaus und dem, was damit zusammenhängt, die Devise hervor: Hurra, es fällt uns nichts mehr ein. Wo ein Lebenszuschnitt so verworfen ist wie der spätbürgerliche, kann eine bloße Baureform nur erreichen, nicht mehr verhüllt-, sondern dezidiert-seelenlos zu sein. Das ist der Effekt, sobald zwischen Plüsch und Stahlsessel, zwischen Postämtern in Renaissance und Eierkisten kein Drittes mehr in die Phantasie greift. Der Effekt ist desto erkältender, als er nichts Schlupfwinkliges, sondern nur Lichtkitsch an sich hat; mag auch, wie unbestreitbar, sein Anfang noch so sauber, nämlich staubsaugerisch gemeint gewesen sein. Adolf Loos zog in Europa, Frank Lloyd Wright in Amerika gegen das epigonale Geschwulst die ersten

Negationslinien. Wright allerdings auch mit Stadthaß, mit teils anarchistelndem, teils gesundem, mit Aufteilung der mörderischen Überstädte zu »home towns«, zu einer »Broadacre City« und zehnmal soviel Raum für jeden, als er zu haben gewohnt ist. Corbusier wiederum pries umgekehrt eine hochstädtische »Wohnmaschine«, er bezeichnet zusammen mit Gropius und gar geringeren Bildnern neuer Sachlichkeit jenes Stück Ingenieurkunst, das sich so progressiv gibt und das so rasch stagniert, so rasch zum alten Eisen wird. Seit über einer Generation steht darum dieses Stahlmöbel-, Betonkuben-, Flachdach-Wesen geschichtslos da, hochmodern und langweilig, scheinbar kühn und echt trivial, voll Haß gegen die Floskel angeblich jedes Ornaments und doch mehr im Schema festgerannt als je eine Stilkopie im schlimmen neunzehnten Jahrhundert. Bis es dann auch in Frankreich zu dem Satz eines so bedeutenden Betonarchitekten wie Perret langte: »Das Ornament verdeckt immer einen Konktruktionsfehler.« Wobei ein klassizistisches Möchte-gern, fast romantisch, nicht fehlt, teils wegen der geometrischen Formen, teils wegen der Ruhe als erster Bürgerpflicht, teils wegen abstrakter Menschlichkeit. Corbusiers Programm »La ville radieuse« sucht überall eine Art griechisches Paris (»Les éléments urbanistiques constitutifs de la ville«), er illustriert an der Akropolis eine Art allgemeinmenschlichen Geist (»le marbre des temples porte la voix humaine«). Aber Griechenland ist hier eine Abstraktion geworden wie nirgends zuvor, ebenso das weiter nicht differenzierte »Être humain«, auf das sich die Bauelemente rein funktionell beziehen sollen. Auch die Stadtplanung dieser unentwegten Funktionalisten ist privat, abstrakt; vor lauter »Être humain« werden die wirklichen Menschen in diesen Häusern und Städten zu genormten Termiten oder, innerhalb einer »Wohnmaschine«, zu Fremdkörpern, noch allzu organischen; so abgehoben ist das alles von wirklichen Menschen, von Heim, Behagen, Heimat. Das ist das Ergebnis, muß es sein, solange eine Baukunst um den Boden, der nicht stimmt, sich nicht bekümmert. Solange die »Reinheit« aus Weglassungen und Einfallslosigkeit besteht, die Heiterkeit aus Vogel-Strauß-Politik, wo nicht aus Irreführung, und die silberne Sonne, die hier überall blitzen will, eine verchromte Misere ist. Hier überall ist Architektur als Oberfläche, als ewig funktionelle; wonach sie auch in größter Durchsichtigkeit keinen Inhalt zeigt, kein Ausschlagen und keine ornamentbildende Blüte eines Inhalts. Diese Abstraktheit allerdings verbindet sich ausgezeichnet mit Glas, konnte darin seltsam gebildet werden, geschliffene Leere in Luft und Licht, neukosmisch aus Nichts. Bruno Taut, ein Jünger Scheerbarts, hat so ein »Haus des Himmels« skizziert (vgl. *Die Stadtkrone*, 1919), der Grundriß besteht aus sieben Dreiecken, die Wände, die Decke, der Boden sind aus Glas, die Beleuchtung macht das Haus zum farbigen Stern. Eben in Nachfolge des »Pankosmikers« Paul Scheerbart, der zuerst Glasarchitektur universalisiert hatte, sollte letzthin die ganze Erde zum Kristall umgebaut werden. Und als Exempel der neuen Durchsichtigkeit zitierte Taut aus Claudels *Verkündigung* die Verse: »In die Wellen des göttlichen Lichtes stellt der Baumeister planmäßig weise / das Steingerüst hin wie ein Filter / Und gibt dem ganzen Bauwerk das Wasser einer Perle.« Auch hatte in Tauts Programmen Zahlenmystik neben modernstem Material Platz, mit Astralischem letzthin über Farbigkeit; so ging hier das Abenteuer eines Ägyptens aus Nichts auf, ging vergebens auf. Daneben wieder grassierte eine Gotik aus Nichts, mit Strahlen und Strahlenbüscheln ohne Inhalt emporschießend wie haltlose Raketen. Pure Zweckform und anschlußloser Überschwang verhalten sich so dualistisch, aber auch ergänzend, dergestalt, daß der Maschinenstil kältet und entlastet, die Phantasie aber desto heimatloser wird und erst recht vorkommt. Während doch in der alten Baukunst gerade die drei von Vitruv angegebenen Prinzipien: die utilitas und die firmitas, die nirgends fehlten, mit der venustas oder Phantasie sich durchdrungen und so im Einzelnen wie Ganzen das Gebilde durchornamentiert haben. Doch im Zerfall kommen auch Zweckform und Phantasie nicht mehr zusammen, selbst dann nicht, wenn letztere, wie bei manchen expressionistischen Malern – als Malern, nicht Architekten –, eine ungeheuerliche, oft bedeutsame war. Anschluß an mehr als das umgebende bürgerliche Nichts oder Halb-Nichts war zwar durchaus gesucht, er wurde meistens halb ingenieurtechnisch, halb ohne rechten Sinn und Verstand einer an die »Gesetze des Weltalls« genannt: doch so interessant die Ausbeute in der Malerei, auch Plastik sein mochte, so fruchtlos blieb ein Taut- und Scheerbart-Wesen in der Baukunst. Eben weil diese weit mehr als die anderen bildenden Künste eine soziale Schöpfung ist und bleibt, kann sie im spätkapitalistischen Hohlraum überhaupt nicht blühen. Erst die Anfänge einer anderen Gesellschaft ermöglichen wieder echte Architektur, eine aus eigenem Kunstwollen konstruktiv und ornamental zugleich durchdrungene. Der abstrakte Ingenieurstil wird auf keinen Fall qualitativ, trotz der Phrasen, die seine Literaten ihm anhängen, trotz der Schwindelfrische von »Modernität«, womit polierter Tod wie Morgenglanz verabreicht wird. Die Technik von heute, die selber noch so sehr abstrakte, führt auch als ästhetisch aufgezogene, als künstlerischer Ersatz aus dem Hohlraum nicht heraus; dieser durchdringt vielmehr die sogenannte Ingenieurkunst, so wie diese ihn durch eigene Leere notwendig vermehrt. Das einzig Bedeutsame daran ist die Abfahrtsrichtung dieser Zeiterscheinungen aus sich selbst, eben das Haus als Schiff. Gewiß, weitere Umschlagsmomente bereiten sich auch hier, im selben Maß, wie die blühenden neuen Mensch- und Naturbeziehungen einer neuen Gesellschaft dazu reif und deutlich sind, sich auch in architektonischen Grundrissen und Ornamenten niederzuschlagen. Voll Erbe, ohne Historismus, erst recht – wie sich jetzt von selbst versteht – ohne die infamen Stilkopien, die knotige Romantik der Gründerzeit. Gegen die Extreme Kiste und Kitsch gilt so schlechthin: Reinigung aller noch erhaltenen, Pflege und Flußbett-Bereitung aller entspringenden Quellen zum bildnerischen Überfluß. Dem geht die radikale Unterscheidung der Baukunst von der Maschine voran. Und auch das relativ Interessanteste von heute oder gestern: die Glasbau-Utopie braucht Gestalten, die die Durchsichtigkeit verdienen. Braucht Gestaltungen, die den Menschen als Frage behalten und den Kristall als eine erst noch zu vermittelnde, erst noch aufzuschlagende Antwort. Der Baumeister gibt dann seinem Werk vielleicht »das Wasser einer Perle«, doch endlich auch eine verlorene, weniger durchsichtige Chiffer: den bildnerischen Überfluß in nuce – das Ornament.

Stadtpläne, Idealstädte und nochmals wirkliche Klarheit: Durchdringung des Kristalls mit Fülle

Mit anderen verbunden sehen Häuser nicht mehr reisefertig drein. Der gute Baumeister braucht Gruppen, Plätze, eine

Stadt, sie soll das Verschwinden nicht mehr nötig haben, sie soll langfristig geplant sein. Es ist das eine Hoffnung von morgen, und wo der Morgen schon tagt, von heute, doch sie ist so alt wie Baukunst selber, bleibt ihr eingeschrieben und selbstverständlich. Stadtplanung ist daher keineswegs auf neuere Zeit beschränkt, ja, obwohl sie in dieser, schon vor dem vorigen Jahrhundert, häufig vorkommt, so ist sie darin ebenso eigentümlich durchkreuzt. Denn die bürgerliche Gesellschaft ist zwar um des Profits willen eine kalkulierende, doch wegen der anarchischen Wirtschaft ebenso eine ungeordnete, eine des wirtschaftlichen Zufalls. Daher sind gerade die Industriestädte und die Wohnviertel des vorigen Jahrhunderts, die man der Großmut der Bauspekulation verdankt, Unüberlegtheit und Planlosigkeit schlechthin. Einheitlich ist nur ihre Öde, die Steinschlucht, die trostlose Straßenlinie ins Nichts, der Kitsch ihres eigenen Jammer- oder gestohlenen Protzenstils; die übrige Anlage jedoch ist anarchisch wie die Profitmacherei, die zugrunde liegt. Wogegen nun gerade die sogenannten gewachsenen Städte der vorkapitalistischen Zeit auf Grund der noch geregelteren Produktionsweise keineswegs aufs Geratewohl entstanden sind. Deutliche Stadtpläne hat die Antike überliefert, auch aus der Zeit vor Alexander, dem raschen Städtegründer vom Nil bis zum Himalaja. Überlegte Vorsorge zeichnete hier von Anfang an Architekten aus, sogar in verblüffender Nähe zum sozial Konstruktiven. Aristoteles erwähnt so einen Architekten Hippodamos, und zwar in denkwürdiger Duplizität architektonischer und politischer Planung: »Hippodamos, der Sohn des Euryphon, aus Milet, der die Abteilung (diairesis) der Städte erfand und den Piräus durchschnitt, [...] war der erste zugleich, der, ohne praktischer Staatsmann zu sein, es unternahm, etwas über die beste Staatsverfassung zu sagen« (*Politik II*, cap. 8). So alt mithin ist Kontakt von architektonischer mit politischer Planung überhaupt: besagter Hippodamos hatte am Staatsboden ebenfalls eine Diairesis in Zwecke des Kultus, des öffentlichen Nutzens, des Privateigentums geplant und seinen Bebauungsplan fast gesellschaftlich untermauert. Überdies hat die Ausschweifung des Planens nicht gefehlt, die seit je ein Teil des Cäsarenwahnsinns war und die mit dessen Bauwut rechnete, doch eben, es war ein Wahnsinn mit Plan und Methode. Alexander und sein Baumeister Dinokrates träumten davon, das ganze Vorgebirge Athos zu einem besiedelbaren Koloß auszuhauen; in der linken Hand sollte die Bergstatue eine Stadt tragen, in der rechten eine Schale, welche alle Flüsse des Gebirges sammelt und als antiken Niagara ins Meer ergießt. Das ist eine Stadtphantasie, der auch an Überlegtheit, nicht nur an Extravaganz keine konstruktiv-barocke neufeudaler Art an die Seite gestellt werden kann. Stadtpläne, obgleich halb geomantischer, dann astrologischer Ordnung, lagen vor, als Augustus Rom aus einem ziegelsteinernen in ein marmornes verwandeln ließ, dann, als Konstantin Byzanz zur Residenz umbildete. Und nicht zuletzt ist das Mittelalter, das von der Romantik und ihrer Aufwärmung als so besonders »instinktiv« ausgegebene, an Stadtplanung sui generis reich. Mit genauem Vorbedacht wurde die frühmittelalterliche Siedlung um die Burg zentriert; Kolonialstädte in Südfrankreich, Ostdeutschland zeigen sogar eine regelmäßig wiederholte Planung. Es bleibt freilich wahr, bei aller individualistischen Zufälligkeit, wie sie dann in der Bau-Anarchie des neunzehnten Jahrhunderts explodierte: erst der kapitalistische Kalkül, diese andere Seite der Warengesellschaft, hat rationelle Stadtutopien besonders zahlreich entstehen lassen. Das in pathetisch-konstruktivem Kontrast zur gleichen Wirtschaftsanarchie, der der Kalkül, als abstraktes Gesetz über Zufällen, selber zugehört. Vor allem vor der Französischen Revolution, als die Masse der kleinen und mittleren Individualwirtschafter noch nicht emanzipiert war, als die Manufakturperiode eine generelle und alles reglementierende Bürokratie setzte, reüssierte die vorweggenommene Anlage, das Schachbrett, der Ring, kurz eine förmliche Stadtmathematik der Planung und Neugründung. So wild sich auch die Kartusche am einzelnen Bauwerk bauschen mochte, so kühn selbst noch die Baugruppe auf kurvenreiche Veduta orientiert war: wie der Grundriß der einzelnen Barockbauten war auch ihre geplante Gruppen-Anlage streng symmetrisch. Hier regierten Versailles-Garten und Descartes, nicht Galli-Bibiena; erst das Rokoko hat diese Symmetrie aufgehoben. Die Schachbrettanlage einer barocken Neugründung wie Mannheim, von dem Goethe, der sonstige Verächter des Barock, in *Hermann und Dorothea* sagen konnte, daß es heiter und freundlich gebaut sei, steht zu dem organisch-exzessiven Stil der Barock-Architektur in einem fast ungleichzeitigen, fast klassizistischen Gegensatz. Es ist dieses die gleiche Spannung wie in den kultivierten Gesprächen der Barockgesellschaft selbst: am interessantesten waren ihr die menschlichen Leidenschaften, und nur eines konnte damit konkurrieren: das Interesse an Mathematik. So gingen auch Festungsingenieure und Schloß- und Kirchen-Baumeister zusammen: viele der bedeutendsten Barock-Architekten, Hildebrandt, Balthasar Neumann, Welsch, Eosander, kamen aus dem militärischen Zweckbau und haben dieses Gebiet, neben ihrer Bauphantasie, weiter verwaltet. Das Barock ertrug auf erstaunliche Weise dies Nebeneinander von Berauschung und bürgerlichem Kalkül, von Gegenreformation und Militärgeometrie; letztere siegte, unter Rückgriff auf Renaissancemuster, vor allem eben in der Stadtplanung. Hier überall findet sich der gleiche Gegensatz, worin auch die im siebzehnten Jahrhundert kulminierende Mechanisierung des Weltbilds zum exzessiv-organischen Barockornament steht. Gewiß auch die Mathematik dieser Zeit ist eine der Bewegung, der Funktionsbegriff dringt durch, die Fluxions- und Differentialrechnung, die Veduta eines Unendlichen. Aber das Weltbild selbst ist bei Descartes, wie gar bei Spinoza, ein anorganisches, ein grundsätzlich mechanisches; so regiert auch im Bauplan: Barockphilosophie tunlichst kristallene Klarheit, more geometrico. Neben der organischen Überladenheit in Plastik, Architektur, auch Dichtung erhob sich derart die mathematische Fassade: Klarheit, Kristall; ja es läßt sich sagen, neben der »Gotik« des Baubarock stand das »Ägypten« des Denkbarock (am eklatantesten im Spinozismus). Dieses Kristallwesen verband sich überdies sehr leicht mit allen Ordnungstendenzen, Hispanisierungen im neufeudalen Barock. Das zeigt sich sogar im Unterschied der utopischen Architekturbilder, wie sie in den Staatsromanen der Renaissance und dann des Barock hervortraten. Während die liberale Sozialutopie des Thomas Morus ihren besten Staat mit Einzelhäusern, Flachbauten, aufgelockerten Gartenstädten ausschmückt, zeigt hundert Jahre später Campanellas autoritäre Utopie Wohnblöcke, Hochbauten, ein völlig zentralisiertes Stadtbild. Hier herrscht – mit konzentrischen Mauern, kosmischen Mauerfresken, Kreisanlage insgesamt – die mathematische Abzirkelung schlechthin, in Konsequenz der sonstigen, sogar astrologisch determinierten Ordnungsutopie. Darüber hinaus aber ist generell Geometrisches seit den Stadtplanungen des Barock das Losungswort jeder bürgerlichen Idealstadt, Kalkülstadt geblieben. Mit Ausnahme eben derjenigen Zeiten, die überhaupt keine Stadtplanung mehr kannten, also der zweiten Hälfte des neunzehnten Jahrhunderts, wo Stadtplanung durch die individuelle Profitwirtschaft nicht nur durchkreuzt, sondern völlig aufgehoben war. Jedoch bis dahin und dann wieder in der monopolkapitalistischen Periode, bei einer sozusagen dirigierten, einer imperialisierten Wirtschaft, herrscht immer wieder ein an Ägyptisches angrenzender Kult regelmäßiger Anlagen, Baukörper, Stadtbilder. Das schloß zugleich, von einigem gebogenen Straßenluxus in Villenvierteln abgesehen, jede Berührung mit dem gotischen Stadtbild aus, mit der Winkligkeit, tief-behaglichen Fülle der alten deutschen Städte. Die Gebundenheit, die die kapitalistische Gesellschaft nicht mehr gab, sollte durch Stadtgeometrie ersetzt oder auch neu vorgebildet werden. Diese letztere wurde nun die *Utopie der gesamten neueren bürgerlichen Stadtkonstruktion;* wie sogleich an einigen ihrer signifikantesten Beispiele auch einzeln ersichtlich werden mag. Sie enthalten insgesamt den Kontrast zur Wirtschaft des Zufalls, und zwar in einer mit deren Anarchie steigenden Weise, aber sie enthalten ebenso steigend die apologetische Zustimmung zu deren Entfremdung und Seelenlosigkeit. Sie enthalten glücklichstenfalls, also im bloßen Programm außerhalb der decouvrierenden Verwirklichung, das *Problem* eines Stadtkristalls, hinter dem die konkrete Ordnung (die Ordnung wozu) freilich verdrängt oder immer noch versteckt ist.

Gesucht also wurde durchaus, dem unordentlichen Leben den Rahmen eines klareren zu setzen. Der früheste Entwurf dieser Art entstand 1505, er stammt von Fra Giocondo: die Traumstadt ist rund, in der Mitte liegt ein Kreisplatz mit Kuppelbauten, von diesem laufen die Straßen strahlig aus. 1593 projektierte Scamozzi, der Erbauer der Prokurazien auf dem Markusplatz, ein regelmäßiges Stadtpolygon mit korrespondierenden Toren, gleichen Hälften und Vierteln (Palma nuova bei Udine wurde hernach so angelegt). Bei Vasari il Giovane, 1598, wird die Città ideale eine Verbindung von Rechteck- und Radialanlage: der Hauptplatz mit Richtungsbau liegt in der Mitte, acht Strahlstraßen laufen von ihm aus, mit Toranlagen als Zielpunkten, weitere Straßen sind im Rechtecknetz geordnet.

Piranesi (1720-1778), den man allzu lange nur als Radierer römischer Ruinen geschätzt hat, verwandte den Frühklassizismus, um eine Idealstadt nicht bloß in der Anlage, sondern auch in den Häuserzügen und Schmuckgestalten mit jener Symmetrie zu versehen, die der bürgerlichen Gesellschaft wachsend fehlte. Die sowjetrussische Architektur nahm sogar gewisse Elemente und Stadtbau-Utopien des Piranesi auf (»penseur dans le domaine de l'architecture« nannte ihn der Sowjet-Architekt Sidorow), besonders Bogenhallen und Platzanlagen, Turmgliederungen und Höhenproportionen. Der wohl eigentümlichste Entwerfer künftiger Siedlungen, der überhaupt in der Geschichte der utopischen Architektur vorkommt, ist der französische Revolutionsbaumeister *Ledoux*, ein erst heute ganz gewürdigter Mann (vgl. Kauffmann, *Von Ledoux bis Corbusier*, 1933); er macht den Klassizismus nicht so repräsentativ, wie das Empire es tat, er macht ihn desto vielfältiger. Ledoux (1736-1806) entwarf die Idealstadt Chaux, und zwar vornweg mit Rücksicht auf eine nach Berufen gegliederte Kommune. So wird der Bauverband in kleinere Gruppen aufgelockert und zugleich zusammengefaßt; es erscheint das moderne Pavillonsystem. Statt Citybildung und endloser Peripherie plant Ledoux überall Grünflächen mit Arbeitszentren und in ihnen eine den Gebrauch ausdrückende, eine »sprechende Architektur«. Die Idealstadt enthält verschiedene, dem Beruf des Bewohners entsprechende Bautypen (Haus des Holzfällers, des Flurwächters, des Kaufmanns und so fort); sie enthält sogar ein »Haus der Leidenschaften« (eine Art Tempel der sexuellen Emanzipation), ein »Haus zum Ruhm der Frauen«, ein »Haus der Eintracht«. Aber mit der Geometrie, Stereometrie dieser Häuser ist der relativen Auflockerung eben wieder die Grenze gesetzt; über der Auflockerung steht die charakteristische Ordnungs-Utopie aller neuzeitlichen Stadtpläne. Die geometrische Allegorik, die Ledoux seinen Bauten angedeihen läßt, weist auf diese Art Ordnungs-Utopie hin, als auf eine geometrischführende, ägypitsch-verführende. So herrscht trotz Pavillonsystem eine an Campanellas Stadt gemahnende Militärgeometrie, wobei selbst astrologische Anpsielungen nicht fehlen. Der Holzfäller haust unter einem pyramidalen Dach, der Flurwächter in einem die Erde abbildenden Kugelhaus, die »ville naissante« insgesamt ist von einer den Planetenbahnen entsprechenden Ellipse umgeben. Damit taucht auch in der Idealstadt Ledoux' letzthin das Pathos der Gebundenheit auf; und überraschenderweise, vorweggreifenderweise mitten in der Französischen Revolution. Ledoux nannte den Baumeister den »Rivalen Gottes«; das ist ein großartiges Selbstbewußtsein der menschlichen Schöpfung; die Welt aber, die er so prometheisch bilden will, schmiegt sich den Ordnungen eines Kosmos ein, der als fertig, und zwar als geometrisch fertig gesehen wird. Wie Piranesi klassizistische Motive mit der idealen Stadtgeometrie verbunden hat, so Ledoux freimaurerisch-ägyptisierende: ihr Inhalt ist zwar utopischer Kollektivismus, aber er steckt selbst hier im Leib einer kristallinischen, allzu kristallinischen Stadtutopie. Die »Einschwingung in den Kosmos«, die noch bei Taut, ja bei Corbusier den humanen Architekturzweck und seine Ausprägung überwölbte, – dieser säkularisierte Astralmythos, wie er nicht nur in Phrasen, auch in der Idolatrie eines äußerlichen Rahmens gesreift wurde, zeigt demgemäß in den Stadtutopien der gesamten Neuzeit seine Wirksamkeit. Seine im *kapitalistischen Kalkül* mathematisch, im *Kontrastgefühl zur wachsenden Wirtschafts- und Kulturanarchie* sentimentalisch begründete Wirksamkeit. Von daher die Lockung zum Kristall als der nächstliegend-kontrastierenden Strenge, von daher, neben Kalkulation und Kalkül, die Macht der Geometrie, die wenigstens vom grassierenden menschlichen Durcheinander entblößt zu sein scheint. Hinzu kommt allerdings neuesterdings noch ein besonders verfremdetes Motiv, an sich das *einzig originale,* auch utopisch bedeutsam wirkende der *Ingenieurkunst als Architektur.* Vielmehr der Ingenieurkunst, an der die Architektur als wirkliche Kunst eingegangen ist und aus der sie sich an der Schwelle einer konkreteren Gesellschaft wieder erheben muß. Gemeint ist der neue Zusammenhang der alten Kristallisierungs-Utopie mit der *Lust zu entorganisieren.* Dergleichen hängt genau mit der abstrakten Technik selber zusammen, mit der die neue Architektur so eng verbunden ist, und gibt auch der kristallinischen Stadtutopie Entorganisierung sui generis, eine aus technischen Grenzfeldern wohlbekannte. Der nicht mehr menschenähnlichen Maschine entsprechen so das Haus ohne Aura, das Stadtbild aus bejahter Leblosigkeit und Menschenferne, aus Strahlenbüscheln an sich oder anderen Imitationen projektiver Geometrie. Die funktionalistische Architektur reflektiert und verdoppelt ja ohnehin die eiskalte Automatenwelt der Warengesellschaft, ihrer Entfremdung, ihrer arbeitsgeteilten Menschen, ihrer abstrakten Technik. Ja, wie Technik möglicherweise in Nicht-Euklidisches vordringen mag, so zeigt Architekturraum, soweit er, besonders eben in Glasgebilden, abstrakte »Kompositionen« weitertreibt, den unverkennbaren Ehrgeiz, einen imaginären Raum im empirischen darzustellen. Der Expressionismus experimentierte damit, durch rotierende oder schwingende Körper Raumfiguren zu erzeugen, die immerhin mit dem perspektivischen Sehraum nichts mehr gemein haben; eine gleichsam überkubisch seinwollende Abstrakt-Architektur sucht zuweilen ähnlich entlegene, nicht mehr organisch, sogar nicht mehr mesokosmisch erscheinende Ordnungen. Freilich bleibt der Raum dieser Rotationskörper ebenso euklidisch wie jeder andere, und mit der sogenannten aneuklidischen Pangeometrie (vgl. Panofsky, *Vorträge der Bibliothek Warburg*, 1927, S. 330) hat es in der Architektur, auch der symbolischen Andeutung nach, gute Wege. Wichtig bleibt nur: Kristallinisches herrscht in allen Stadtplänen seit der Renaissance vor, einschließlich derer des sonst so organisch-rauschenden Barock, sucht kosmische Anschlüsse, sucht aber auch einige Künheiten außerorganischer Entlegenheit, obzwar, wie in der Technik, noch ohne jeden materialen Kontakt, trotz aller »Einschwingung in den Kosmos«. An jenen Stellen freilich, wo der Expressionismus nicht nur, wie so oft, Exzesse purer Subjektivität ins Leere warf, experimentierte er auch mit dem Problem eines objekthaften, dabei dem menschlichen Subjekt tief gemäßen Ausdrucks in hochabstrahierten Werkformen, in einem »Ichkristallwald«. Ausgemachter und legitimer, das heißt mit einer noch aufsteigenden bürgerlichen Gesellschaft verbunden, hat der Manierismus im Barock und gegen es (Correggio, Tintoretto, Greco, aber auch bereits Michelangelo) höchste Subjekthaftigkeit der »Stimmung« und des Ausdruckswerts nicht nur neben härteste Kühnheit statuarischer Modellierung gestellt, sondern sie in diese hineingetrieben. Und heute ergibt sich, wie längst spruchreif, das ungeheure Bauproblem *einer »Gotik« im Kristall*, dergestalt, als wäre das gesamte Kristallwesen in der Raumkunst, statt letzthin nur in ägyptische Todesklarheit zu führen, malgré lui ein besonders scharf anschießendes Humanum. Als Fazit, besser:

als Problem des Fazit bleibt mithin dieses: *Wie kann menschliche Fülle in Klarheit wieder gebaut werden? Wie läßt sich die Ordnung eines architektonischen Kristalls mit wahrem Baum des Lebens, mit humanem Ornament durchdringen?* Synthese zwischen den Bauutopien Ägypten hier, Gotik dort ist unmöglich, sie wäre eine läppisch-epigonale Phantasterei, doch es gibt ein noch nirgend erschienenes, orginales Drittes über Starre und Überschwang, wie im Sozialbau, so in der Architektur. Macht es doch gerade die Kraft des Marxismus aus, daß er Ordnung zu dem Ende setzt, damit menschliche Fülle Platz erlange; die in allen früheren abstrakten Sozialutopien alternativisch auftretenden Inhalte: subjekthafte Freiheit (Morus) oder gebaute Ordnung (Campanella) sind im Marxismus – nicht synthetisiert, wohl aber produktiv vermittelt und so zu einem Dritten: dem gebauten Reich der Freiheit selber aufgehoben. Auch den Ordnungen der Natur gegenüber ist Marxismus weit entfernt von subjektlos-undialektischer Abbildlichkeit, also von jeder »Einschwingung in den Kosmos«; die konkrete Tendenz ist vielmehr Humanisierung der Natur. So wird die Raumkunst einer klassenlosen Gesellschaft schwerlich abstrakt-kristallinisch bleiben, aus Kontrast zur Wirtschafts-Anarchie (welche doch verschwunden ist). Bereits in den alten Stadtplänen, bei Piranesi, bei Ledoux, erscheint zuweilen eine Raumahnung, eine völlig neue, wenngleich klassizistisch verkapselte, die aber abstrakte oder menschenleere Kristallform weit hinter sich läßt. Nicht-formalistische Glasplastik und Glasarchitektur reicht ebenfalls zuweilen, wie bemerkt, in unbekannte Bauform, Raumform; diese drängt darin an, seltsame Kurven und Stereometrien drängen darin an, in scheinbar kosmischer, aber der Wahrheit nach menschlicher Expression. Hier beginnt menschliche Antizipations-Gestalt mitten im Kristall, vielleicht mittels seiner, doch nur durch ihn hindurch; sie beginnt mit Extravertiertheit zum Kosmos, doch in Zurückbiegung seiner *zum Lineament einer Heimat*. Architektur insgesamt ist und bleibt ein Produktionsversuch menschlicher Heimat, – vom gesetzten Wohnzweck bis zur Erscheinung einer schöneren Welt in Proportion und Ornament. Architektur sieht nach Hegels wahrer, nicht bloß idealistischer Bestimmung ihre Aufgabe darin, die anorganische Natur so zurechtzuarbeiten, daß sie als kunstgemäße Außenwelt dem Geist verwandt wird. Der Geist, soll heißen: das menschliche Subjekt, das selber noch auf der Suche nach dem ist, was ihm verwandt genannt werden kann, dies Wesen baut in verschiedenen Gesellschaften immer andere Winkel, Bögen, Kuppeln, Türme einer zum Menschen hin konzentrierten Erde aus. Die architektonische Utopie ist so der Anfang wie das Ende einer – geographischen Utopie selbst, all dieser Edelsteinsuche auf der Druse Erde, der Träume von einem irdischen Paradies. Die große Architektur wollte insgesamt dastehen wie ein gebautes Arkadien und mehr; und wenn sie Beweinenswertes, tragische Mysterien mit sich führte, wie in der Gotik, so nur, um es zu dem schwierigen Wohlklang mitzubringen. Riesig der Reichtum, aus wenigen Grundelementen gezogen, riesig die Alternative zwischen einer Säulenhalle in Karnak und Ste. Chapelle in Paris, zwischen unserem Heimatsbild aus Stein hier, aus Sprengwerk und Lichtzufluß dort. Aber Schutzkreis, vorausgebaute Heimat: *Das meinen die Grundrisse einer besseren Welt, was ihre Ausführung in Architektur angeht.* Hier emergiert die ästhetische Gestalt, als eine umschließende, dergestalt, daß alle anderen bildenden Gestalten in ihr Platz und Einordnung haben: die Malereien an der Wand, die Plastik in der Nische. Das Umschließende gibt Heimat oder berührt sie: sämtliche großen Bauwerke waren sui generis in die Utopie, die Antizipation eines menschadäquaten Raums hineingebaut. Und das so aufgerichtete, zu streng-bedeutender Raumform transponierte Humanum ist als Aufgabe ebenso Hineinwandern von Organischem, Humanem in den Kristall, wie vor allem Durchdrungensein von Kristallhaftem mit darin ausgebautem Auftrieb, Humanum und Fülle. Wenn die Bedingungen zur Ordnung der Freiheit nicht mehr partial sind, wird der Weg endlich wieder offen zur Einheit von physischer Konstruktion und organischem Ornament, zum Geschenk des Ornaments. Er wird zum erstenmal realiter offen, ohne daß Ägypten hier, Gotik dort, das heißt, das damit als Kristall oder Lebensbaum Bezeichnete, immer wieder zu alternieren, zu mischen oder isoliert zu beneiden wäre. Der Kristall ist der Rahmen, ja der Horizont der Ruhe, aber das Ornament des menschlichen Lebensbaums ist der einzig wirkliche Inhalt dieser umschließenden Ruhe und Klarheit. Die bessere Welt, welche der große Baustil ausprägt und antizipierend abbildet, besteht, als reale Aufgabe vivis ex lapidibus, aus den Steinen des Lebens.

Über bildende Kunst im Maschinenzeitalter

(Vortrag auf der Documenta III, 1964, Kassel)

1. Sicher ist, daß wir nicht mehr am Plüsch leiden. Eher an etwas zuviel Glas und Stahl und zu wenig an dem, was schmückt. Aber wenn zuviel geschmückt wird, und als das geschah, wurde auch zuviel, viel zuviel damit zugehängt, gräßlich aufgeputzt und geprotzt. Denn nicht nur im Krieg, erst recht in der Lüge schweigen die Musen. Der so erkaufte Anschein ist immer danach, lieber keiner.

2. Unehrliches ist Kitsch, der uns auch heute nicht fehlt. Doch sein eigentlichster Fundord und sein – für die Russen bis zuletzt vorhandenes – Souvenir waren die deutschen Gründerjahre nach 1871. War eben die Plüschzeit, obwohl diese auch schon eine Maschinenzeit war. Das aber am wenigsten wahrhaben wollte, es vielmehr mit lauter gestohlenem, so komisch wie unheimlich gewordenem Prunk von vordem maskierte. Voll Deckchen überall, mit wallenden Portieren, samt Büfetts wie Ritterburgen und daneben lehnten Hellebarden, mit Thermometerchen am Schaft. Die Frauen darum her als Gretchen im Hoftheater, und Franz Lenbach malte die Herren Direktoren aufwärts, als ob er Tintoretto hieße. Dem entsprachen draußen, wo man immerhin ohne Eisen nicht auskam, vorzüglich an Bahnsteigen, garantiert gotische Kapitäle an gußeisernen Säulchen, ja sogar eine bereits vollkommen durchgebildete Stahlkonstruktion der Hallen, wie die im Frankfurter Hauptbahnhof, bekam damals ein Palastportal à la Palladio vorgesetzt –, Lüge allerorten.

3. Genug davon, der zustande gebrachte Umschlag ist bekanntlich jäh. Hoijotoho hat nicht mehr den Duft der großen weiten Welt, auch der Stalinstil lief aus. Seit langem kam Zweckform an den Tag, von van de Velde, Frank Lloyd Wright hin zu Corbusier; die grind- und geschwürartigen Ornamente, wie Adolf Loos sie nannte, fielen ab. Nicht mehr anklebbar, und die bloße Fracht- oder Eierkiste als Bauwerk, mit: »Hurrah, es fällt uns nichts mehr ein!« als einzigen Stirnschmuck, braucht ja, gegen voriges Geschwür, nicht das letzte Wort zu sein. Ja am wenigsten in dem eigentümlichen *Ineinander*, das unsere Zeit – scheinbar unverbunden – in ihren technisch-ar-

chitektonischen *Kühlungen*, dann aber wieder in ihren malerisch-plastischen *Phantasien* aufweist. Es gab ein Muckertum der neuen Sachlichkeit, es gab und gibt eine oft zum Selbstzweck verdinglichte reine Zweckform, es gab und gibt in der Baukunst einen bisher beispiellosen Bildersturm gegen das Ornament. Trotzdem: ein Paul Klee lehrte gerade im Bauhaus, und viel breiter wurde gleichzeitig mit einer Clarté um und um das Folkwang-Museum in Essen eröffnet, voll lauter Expressionismus, wahlverwandter Folklore, Exotik. Aber nicht nur gleichzeitig, auch gleichräumig sozusagen: wie eigentümlich geht eine neue Bilder- und Plastikwelt mit Stahlsesseln, Betonwänden zusammen, ein Hinauswurf jedes Ornaments im Gebrauchsraum und pure Ornamentgeschöpfe völlig luxusfreier Art in Rahmen, auf Sockeln. So wirkt das ad hoc bestellte Chagallgemälde im Glas- und Stahlfoyer des neuen Frankfurter Theaters am wenigsten unzugehörig. Und eben nicht als Maskerade wie einst die Plüschhellebarde um ein Zimmerthermometer oder auch wie Renaissanceportal, um Geleise zu verstecken.

4. Was also spricht jetzt anders an, läßt Fackeln im heutigen Wasser brennen? Ausgemachte Maskerade, gar doppelte Buchführung liegt offenbar nicht vor; von Franz Marc bis Max Ernst, von Archipenko bis Henry Moore kann selbst der Snobspießer nichts Aufbesserndes, Dekoratives erwarten. Das Etwas freilich, das Technik mit dem neuen Kunstschock verbinden mag, ist ganz entscheidend von jenem Homogenen und so Verbindenen verschieden, das früher Stil war. Als das einfachste Gerät so schön gebaut war wie das kostbare, als einer burgundischen Edelfrau Spitzhaube genau so gotisch dreinsah wie eine Fiale am Dom, als ein Schriftduktus so barock gezogen war wie eine Volute, und die Verneigung von Standespersonen die gleiche Form voreinander legte wie die Freitreppe vor ein ancien régime- Palais. Sehr vorbei das alles im Hiatus zwischen Zweckform und ausdrucksvollem Überschwang, vorbei auch dann, wenn man sich etwa daran beruhigt, daß ein Stilgesicht unserer Zeit eben pluralistisch wäre (womit man das Antagonistische pulverisiert). Wahrer freilich ließe sich ein Stil dieser Epoche, auch der spätbürgerlich-übergehenden und gerade ihrer, als internationale Bahnhofhaftigkeit ansprechen. Doch das reicht für die vorhandene, so höchst paradoxe Entsprechung

von Glashaus und Ultraviolett nicht aus; beides wäre dann nur zu Abfahrt an sich, ja um ihrer selbst willen aufgelöst. Statt dessen gilt für beides mindestens als Aufgabe und ihr Problem: Getrennt marschieren, vereint schlagen; so entsteht statt Dualismus ein Anblick von möglicher Arbeitsteilung zwischen technisch-Anonymem und gesichtehaft-Artikuliertem, im offenen Raum nach vorn.

5. Das äußere Leben war früher für einige schöner, aber auch dann gewiß nicht bequemer. Über den Unterschied von Kienspan und Glühbirne braucht nicht gesprochen zu werden, er ist stellvertretend für jede Erleichterung dieser Art. Zweifellos hat das technische Zeitalter sehr heftige Schäden in Leib, Leben, Ruhe, Natur gerissen, und das nicht nur deshalb, weil es gesellschaftlich noch schlecht verwaltet ist. Aber wächst es auch dem Menschen über den Kopf und stellt es vor allem ihren Antagonismen totale Todesmittel zur Verfügung, so ist ihm, im Frieden, am wenigsten Entlastung fremd. Das Eisenwerk, das Adolf Menzel malte, sieht bitterer aus als eine moderne Fabrik, und die Postkutsche steht den Unbequemlichkeiten der Steinzeit noch näher als das Auto, so kurz erst her, denen der Postkutsche. Eben *Entlastung vom Unwesentlichen* wurde technisch angetreten: wie also, wenn genau dadurch ein sonderlicher *Ausdrucksraum des Wesentlichen* offen geworden wäre, ein von allem Luxus ums Unwesentliche befreiter? Ja, sind die technisch gekommene Entlastung und die kunsthaft gekommene Neufigur nicht Variablen von gleichem Exodus? Schon weit also über bloße Bahnhofhaftigkeit hinaus, mindestens im Fernzug und der abstrahierenden Sicht der besten Bilder? Wonach also Platz für Kunstwerke wäre, die (nach einem Wort des »Blauen Reiter« um 1910) keine objets d'art mehr sind, sondern Expressionen, erst recht: sichtbar-unsichtbare Expeditionen hin nach Wesen. Lebte dergleichen im Expressionismus über seine Verhältnisse hinaus, gab und gibt es in der gesamten denaturierenden Kunstweise genug Hochstapelei des bloßen Epatierens: so war das in keiner Zeit des Umbruchs anders, wie also erst bei so abrupt gekommener Transformation. Welche ohne die erstrebte, die ornamentfreie Nüchternheit der Wohnmaschine sich schwerlich so entlasten und eigen ins Losgelöste hätte abstoßen können. Mit Protest auch noch aus dem bisherigen Ensemble von Kultur heraus, gar einer immer not-

wendiger epigonal gewordenen. So eben bringt die Lösung vom alten Schmuckauftrag der Kunst die Malerei und Plastik völlig an den Exodusort von Häresie –, eben als der des Wesentlichen.

Wie bemerkt, die neuen Häuser sind bis auf weiteres, als zierlose, sehr verarmt. Hier ist wirklich wenig mehr, was mit der Fülle, selbst der Strenge alter Baukunst zusammenginge; schon Glas und Stahl machen bleich statt blühend. Doch setzt sich hier eher auch der Anfang von einem ganz Anderen als das Gestorbensein von großem Alten. Wirkliches Ende kam der Baukunst nicht durch den Ingenieur, es kam vielmehr wilhelminisch, in Wallots Reichstagsbau lief sie aus, nicht in der Entlastung ohne Schmuck, selbst in der vorerst noch so eintönigen. Aber ebenso wird das davon so getrennt Marschierende, die neue Malerei und Plastik also, trotz aller Phantasie darin, ja wegen ihrer als »Ende aller Kunst« ausgegeben. So etwas freilich, wenn es derart allgemein gesagt wird, ist immer schon und immer nur ein Kriegsruf des Stillstands gewesen, bei jenen nämlich, denen nur ihr eigener Verstand stillsteht. Die nach Bruckner riefen, als Schönberg gespielt wurde, und die die Kälber von jener Kuh waren, die nach Haydn gerufen hatte, als zum erstenmal Bruckner gespielt wurde. Reagenten also, wie sie auf theoretischem Gebiet, doch ganz parallel, Lichtenberg einordnete, wenn er sagt: Als Pythagoras den nach ihm benannten Lehrsatz fand, opferte er den Göttern zum Dank hundert Ochsen; seitdem zittern alle Ochsen, sobald ein neuer Lehrsatz entdeckt wird. Indes auch: »Ende aller Kunst«, wenn ironisch gebraucht und auf ganz anderen Sinn gebracht: wieso sollte Franz Marcs, Kandinskys »Blauer Reiter« nicht vor mehr als einem halben Jahrhundert das Recht gehabt haben, statt der bisherigen, der epigonal gewordenen Hauptstraße, eine schmale, bisher unscheinbare zu ziehen, um sie, wie man sagte, zu neuer Hauptstraße zu machen? Ende der Kunst in Klees *Angelus novus*, in Max Ernsts *Zitadelle:* diese Chiffrebildungen sind aber mehr das Ende jedes Beisatzes von Musealem im üblichen Kulturblick selber, dem kulinarisch rangierten, einrangierten. Solch Ende kann dann der Anfang einer Information sein, die auch noch auf die unwiederholbar, unkopierbar gewordenen Bildwerke alter Großzeit neues Licht gießt, genau durch ihre zerfallene Ausgemachtheit hindurch. Daneben setzt solch Ende auch die Reinigung von Homeros und Goethe der roten Oberlehrer; zugunsten der *ungeschlossen* zu sprechenden Klassik selber. Soviel hier über das bedeutend-neue Gebiet, das einer sich abstoßenden Kunst gekommen ist oder gekommen sein kann, indem technische Entlastung auch vom verdinglichten Galablick, historischen Galerieton losriß; indem sie also neue Chiffrebildung des Wesentlichen zur einzigen noch kunsthaften, neukunsthaften Aufgabe machte.

6. Hierbei fehlen auch nähere Weisen nicht, geteilt und sich doch anblickend. Die Werkbank kann keinen alten Kunstpapst lehren, aber einen Künstler, mehr als je. Machen, Erzeugen, die neue Umwelt dieses Gemachten und seines Gestänges läßt sich von der neuen Kunst in Menge verwenden, obzwar zu sehr anderem Zweck. Auch Material von daher wurde so entdeckt wie gebraucht, die Drahtknäuel, das gewellte, um Hohlräume gegossene Eisen. Vor allem aber das Gestänge selber wurde in den bisherigen, rein organischen Bauplan des Leibs eingetragen oder dieser darauf aufgetragen. Erst recht in der Landschaftsmalerei passierte eine andere, eine technisch sowohl verwundete wie umgebaute Natur, noch mit Untergang am Geist, mit versuchter Herausdestillierung von Flüssen, Bergen, Ebenen zu einem puren Liniengeschöpf à la Landkarte. Dahinter nicht selten ein Umbau des Sterns Erde, glasklar gemeint, im Sinn der durchaus rationellen »Stadtkronen«, »Planetarien« Tauts und Scheerbarths. Im Sinn von Kristallbildungen also, diesfalls architektonischer Art, und den neuen Stereometrien der Zweckform mit phantastischem Umschlag verpflichtet. Weiter vor allem wurde aus der modernen Technik die künstlerische Montage gezogen, als Hilfsmittel in einer keineswegs mehr fertig oder eindeutig geschichteten Welt. Derart wurde Montage verwendet, die Auswechslung von Teilen und Elementen aus einem Ensemble in ein anderes, alles Wohlarrondierte aufbrechend, kündigend, verquerend. Es ist eine Auswechslung, die bisher nur in der Groteske bekannt war, nun aber reicht sie vom frühen Photoklebebild (Photomontage) bis in die jähsten Verfremdungs-Einsätze, aus scheinbar wo ganz anders her, bei Brecht. Welch fremdnah, nahfremd Verspelltes in Chiricos ungeheuerlichem Stilleben am Kamin, links mit Meerwoge ins Zimmer einschlagend, rechts mit Urwald als Wand. Eng-Benachbartes in der Erlebniswirklichkeit und bisher gewohnten

Natur wird so durch Montage viele Meilen voneinander getrennt, viele Meilen Getrenntes sieht sich in Montage allernächst zusammengerückt und auf Bildebene eingetragen. Verwandtes geschah in Literatur bei Joyce, das heißt: der eine Tag des Annoncenacquisiteurs Bloom ist ebenso vierundzwanzig Jahre des Odysseus, auch die Docks im Londoner Eastend und die wasserdurchblinkten Tempelhöfe Indiens tauschen ihren Ort, haben auch am gleichen Ort ihr Ineinander, als auswechselbare Konkordanz. Dermaßen vielfältig also wirkte auch das Besondere moderner Technik auf die künstlerischen Umsetzungen, gerade dann, wenn sie nicht nur subjektiv versucherisch sind, sondern einer dermaßen verspellten Wirklichkeit gerecht zu werden haben. Damit unsere Welt im jetzt Wesentlichen, von Grauen und Hoffnung durchsetzt, halb Scherbenhaufen, halb Figur, die sich erst bildet, auch anschaulich-signifikant in den Rahmen, auf den Sockel komme.

7. Doch freilich bleiben die Wege des Machens: hier erfinderisch, dort bildnerisch, bei alldem wieder verschieden. Das Künstliche ist nicht das Künstlerische, und der Stahlsessel gab dem Bildschock zwar den Freipaß, aber mitnichten das Losungswort. Auch sind die grundlegenden Anfänge in Marcs, Kandinskys »Blauem Reiter« noch bäuerlich und exotisch, nicht industriestädtisch. Und das bildende Subjekt, das sich über den Entlastungen expressiv weiter einsetzt, ist auf lange mehr innere Stube, musikhaft-Inwendiges, das Sichtbare überziehend, als technisch-äußere List. Aber das Industriezeitalter, das die bildende Kunst abstoßen lassende, war trotzdem vorausgesetzt, fürs ganz und gar nicht Äußerliche einer anderen, einer gerade subjekthaft widerhallenden Dimension. Die Objekte selber konnten so künstlerisch als Bewohner des eigenen inneren Lands erscheinen, ja als die »vermummten Ornamente unserer innersten Gestalt«. Wobei gerade auch nach der kosmischen Objektseite hin die Außenwelt vor allem dazu denaturiert wurde, daß Auswendiges ebenso als Inwendiges erscheine. Eben deshalb freilich war genau das Verhältnis der bildenden Kunst zur Natur, trotz aller Subjektivität, nie so unbefreundet wie in der modernen Technik, der ein Goethisch »Naturierendes«, gar ein allegorisch-ornamenthafter »Ichkristallwald«, als Expressivwelt, selbstredend fremd ist. Seit Galilei gibt es naturwissenschaftlich, also auch technisch, trotz aller »Formali-

sierung« keinerlei hier denkbare »signatura rerum«. Während doch selbst bei der abstraktesten Malerei ein Hineinschwingen in Figurierendes unvermeidlich ist, auch wo man nicht an Marcs »organischen« Pantheismus denkt. Von daher also die ständige Chiffrebildung, das so verrätselnde wie weisenwollende Zerlegen, Durchmengen, Gegenerleuchten der Dinge: eben zu Ornamenten ohne Schmuck, zu geschriebenen Bildern, zu Objekten wie aus Namenszügen. In unerwarteter Nachfolge des Shakespearesatzes: »Der Künstler gibt Bäumen Zunge, findet Schrift im Bach« (wobei die Zunge ebenso expressiv wie die Schrift Chiffre findend, abschreibend, emblematisch ist). Aber die Chiffre selber steht auch da als eine des Weiterdeutens, Weiterbedeutens, in einer als unfertig aufgeschlossenen Welt; so sind die ehrlichen Bild-Informationen dieser neuen Art nicht nur, wie gewiß oft, aus Schwäche unfertig, sondern auch aus einem offenen, daher mit Noch-Nicht und nur erst Möglichem geladenen Horizont. Möge man, um beim Selbstverständnis solcher Künstler selber zu bleiben, mit einem Wort des russisch-amerikanischen Bildners Gabo schließen, *in wie über dem Industriezeitalter:* »Wenn diese Kunst für irgend längere Zeit überleben wird oder wenn sie in etwas wächst, das künftigen Zeiten mindestens so wichtig ist wie es die alten Künste für die ihre war, dann ist das nur erreichbar, wenn der Künstler der Zukunft in diesem seinem Medium eine neue Imago, malerisch oder plastisch, zu manifestieren vermag, welche den wahren Geist von dem ausdrückt, was der gegenwärtige Verstand zu schaffen versucht, und was die empfangene Imago des Lebens im Weltall sein wird«. Oder wie das bedeutend einfacher Franz Marc ausdrückte, sowohl dem Exodus der Imago wie der Imago des Exodus utopisch verschworen: »Malen ist unser Auftauchen an einem anderen Ort.«

Bezeichnender Wandel in Kinofabeln (1932)

Zu sehen ist hier viel, zu erzählen weniger. Sonderbare Fälle sind selten, also kehren sie gern wieder. Nämlich in den Köpfen derer, die unterhalten wollen und nicht das Salz dafür haben. Immer wieder ist zu erblicken, wie sich einer als seine Tante verkleidet und ins Bett legt. Wann freilich und wie oft, das bleibt sich bei so einem Stoff ohnehin gleich.

Aber einige Züge gibt es, die sind nur zuweilen fällig. Früher brachte sie die Zeitung im stillen Sommer, sie füllten damals das leere Papier, noch nicht den Film. Erinnert man sich der sogenannten heißen Hundstage von früher, in denen dem Blatt Stoff fehlte, weil nichts passierte, so waren auch damals Begebenheiten, die immer wieder von Zeit zu Zeit auftauchten. Die zwar den *Ort* wechselten, wo sie geschahen, nicht aber sich selbst, obwohl ihre Helden meist bewegliche waren. Etwa als Heuschrecken, die überfielen, oder auch nur als der geistesgegenwärtige Reisende, der mit dem Schrecken davonkam. Eben hat er sich zur Ruhe begeben und raucht noch eine Zigarette, Asche fällt auf den Bettvorleger, der Reisende blickt herunter – um eine sorgende Hand zu sehen, die unter dem Bett vorgreift und den Funken auslöscht. Bekannt, wie nun der Reisende halblaut zu sich spricht, von einer Decke spricht, die er sich noch holen will, das Zimmer verläßt und derart so wenig ausstirbt wie seine Geschichte. Hier ist das Muster einer beliebig wiederholbaren Wanderfabel, sie ist so alt wie die Seeschlange und wechselt mit ihr ab. Sie war allerdings an eine Zeit gebunden, aber an eine äußerliche, eben an den Hochsommer, worin nichts geschah. Sonst war nichts dahinter; die Fabel lebte als überall verwendbar, als geschichtslos auf.

Kehren jetzt aber gruselige Stoffe wieder, dann haben sie unterdes etwas erfahren. Sie sind erst recht zu etwas zuständig, zu bestimmten Wünschen des Publikums, zur Flucht ins Grauen, zu bestimmten Absichten der Hersteller. Zwei Filme waren in letzter Zeit zu sehen, welche Wanderfabeln und vor allem ihre *Veränderung*, seit sie zuletzt waren, demonstrierten. *Der Andere,* als stummer Film schon dagewesen, wandelt das alte Motiv der Bewußtseinsspaltung ab, des Mannes mit zwei Seelen, die nichts voneinander wissen. Glock zehn sinkt die hellere des Staatsanwalts in Schlaf, tritt die eines Ganoven hervor, wie die andere Figur eines Wetterhäuschens, und treibt die Dinge, die der Staatsanwalt verfolgt. Als Bassermann denselben Fall stumm spielte, war er ein klinischer, der das Publikum so viel anging wie eine Wachsfigur mit drehbarem Januskopf oder wie die Schrecken der menschlichen Seele überhaupt. Heute trifft derselbe Stoff ausgewechselte Beschauer, er trifft einen labilen Mittelstand, der alle Widersprüche seiner Klasse am eigenen Leib trägt, er trifft den zweideutigen Zustand dieser Mitte, ihre Klasse verlassen zu müssen, ohne sie verlassen zu wollen. Die Mehrzahl der Beschauer wurde über Nacht proletarisiert, ohne über Tag die Allüren des besseren Herrn oder der Madame abzulegen; die Mehrzahl merkt auch die Montage, welche heute nicht nacheinander, sondern ineinander mit ihren Bruchstücken geschieht. Der Film selbst begnügt sich mit der trivial-humanen Nutzanwendung, daß der Held, nachdem er Unterwelt gewesen war, nicht allein Staatsanwalt bleiben kann, sondern noch ein viel besserer werde; aber das Publikum riecht seine eigenen Lunten. Die Armut, welche zur Reprise solcher Stoffe zwingt, kommt hier nicht nur aus der pauvreté (des Einfalls oder der Hundstage), sie kommt ebenso aus einer Klasse, die wie Holz gespalten wird, ohne es zu wissen.

»Der Andere« aber, das wurde, in zweiter Filmreprise, auch der Amerikaner *Frankenstein*, ein smarter Herr und Homunculusmacher, der vor zehn Jahren noch Rabbi Löw hieß. An seiner Werkstatt ist Kurpfuscherisches von heutzutage, das mit elektrischem Zauberstab oder Patentlösung arbeitet, nicht spurlos vorübergegangen; der neue Golem wird unter Blitz und Donner, mit Hochspannung auch seitens des Publikums geboren. Der alte Film-Golem war schon mehrmals da: einmal als der, den Rabbi Löw selbst erst unter Beihilfe der »Astarte« bildete; sodann als die nach dreihundert Jahren aus einer Grube ausgegrabene Figur noch einmal, welche ein Althändler ersteht und tief in der Nacht, mittels der Gebrauchsanweisung eines alten Zauberschmökers, belebt. Beide Male aber war auch hier etwas weit hinten in der Türkei, spielte eher leere Unterhaltung, gute alte Kuriosität, noch mehr von Rudolf Baumbach als von Meyrink und wie hinter Butzenscheiben photographiert. Jetzt fehlen die Butzenscheiben zwar ebenfalls nicht und der Ort des modernisierten Golem, eben »Frankenstein« genannt, ist, Hollywoodsches Tirol, die Zeit jedoch ist jene Gegenwart geworden, welche ihre Golems selbst erzeugt. Der Tonfilm mußte erfunden werden, um in *Frankenstein* den Weiberschrei des Opfers festzuhalten; das Opfer wird freilich gar keines, aber der Golem ist bereits der riesengroß aufsteigende faschistische Mörder, er ist die Technik mit falschem Bewußtsein, die Angst eines Amerika, ohne prosperity, vor sich selber. Seltsam immerhin, wie gering die Zauberstoffe sind, die der Film ausbeutet: Dämmerzustand, Homunculus, Golem, manchmal noch etwas Fliegender Teppich, zuletzt Vampir, fast immer dasselbe. Seltsamer, daß gerade diese Wanderfabeln in unserer Zeit immer rascher rotieren und immer größere Stücke Gegenwart bezeichnen; als wäre sie nicht nur Romantik, sondern Prognose. Prognose von neuer Angst, neuer Ungeborgenheit (kein Wunder auch bei diesem Wetter), Zeichen eines zu Ende laufenden Zeitalters, das seine Mitternachtsglocke hört.

Weil er nicht immer viel zu erzählen hat, läßt der Film viel sehen. Floskeln von früher leben sichtbar auf und füllen die Pause, bis sie ist und nicht ist. Der Rechtsanwalt reichte seinem Gegenüber eine Zigarre: dies ist im Film nicht leer oder braucht es nicht zu sein; denn jede Geste ist im Zeitalter der Bedrohung geladen geworden, verbirgt oder bedeutet dann Unterirdisches im Glanzlicht. Das alles unterstützt von dem Kunststück des Photographen, der sich auf scheinbares Nebenbei versteht, wie es im durchschnittlichen Roman vielleicht nur Gesprächsflickwerk bilden würde, im Film aber in entlegene Hauptstraßen von heute weisen kann. Der Film macht aus der formelhaften Sprache der Schriftsteller die ungebundene Tugend des Photographen, und die Gesten von unterwegs überschneiden oft das ausgesprochene Ziel, so verblüffend wie lehrreich. Auch neue photographische Technik verändert derart die Wanderfabeln oft sehr, macht hier mit wirklichem Ernst und fast unerlaubtem neuen Animismus aus Dingen, ja oft nur aus Beleuchtungen auf Dinge dramatis personae, kaum noch bekannt, woher und wohin. Es gibt also auch Wanderfabeln, die sich dergestalt aus *bloßen Gesten und Dingen* gebildet haben; nämlich aus solchen tausendfach wiederkehrender, doch erst im Film bemerkter Art. Dadurch, daß diese Gesten in den Film wandern, darin bei guter Regie von selber weiterwandern, werden sie erst zu Fabeln, zu unscheinbaren, gewiß doch. Aber in einem Film, dessen Regie Chaplin geführt hatte, lebt ein Mann, der sucht ein Mädchen, das er liebt, das er von sich gehen ließ oder verloren hat, durchs ganze Land vergeblich die Jahre lang. Im letzten Bild erzählt der Mann einem Freund diese Geschichte, er erzählt sie, in die Polster seines Wagens zurückgelehnt, blicklos, ganz den Erinnerungen hingegeben. Und haben

Sie nie wieder etwas von ihr gehört? fragt der Freund; in diesem Augenblick beschreibt der Erzählende eine todtraurig kreisende Bewegung mit der Hand, es zucken die Schultern, das müde Gesicht: und in diesem Augenblick, von dem riesigen Wagen verdeckt, fährt das Mädchen, das er verloren hat, das er jahrelang sucht, von ihm ungesehen auf einem Bauernfuhrwerk vorüber. Das Doppel-Ich, die Golems passen ausgezeichnet in unsere Zeit und ihre Welt, worin sie fast schon seßhaft sind. Aber auch die sanfte Wanderfabel des Versäumens, wie sie hier und da immer wieder bei Chaplin wiederkehrt, hat einen Blick in die Natur getan. Als in die Natur der Zeit, worin das Alte vergeht, aber das Neue noch nicht so einleuchtend wird; worin das Beste zwar keine Fabel, doch gleichfalls auf Wanderschaft ist, vorbeifahrend, nicht erkannt.

Gesprochene und geschriebene Syntax; das Anakoluth

1. Gleich und gleich gesellt sich gern, seit je. Sprechen und Schreiben, beides geht im Wort vor sich. Aber ist es deshalb darin geeint oder liegt ein Sprung dazwischen und welcher? Eine etwas quere Frage und doch, wie sich zeigt, durchaus keine müßige.

2. Mündlich, schriftlich, es ist allein schon verschieden lange mit ihnen her. Waren doch Sprechen, Erzählen, auch Singen so viel früher da als Schreiben, gar als Aufschreiben des Erzählten. Literae, Buchstaben sind spät, also auch Literatur, gelesene, von der viva vox herstellend wie aufnehmend verschieden. Mit offenbarem Sprung also, eindeutig in der Zeit, hernach freilich weniger klar in der Sache. Solchen Sprung gibt es in Malerei, Bildhauerei nicht, sie hat vielmehr von vornherein künstliche literae, sozusagen. Das heißt, so sehr es einen Unterschied macht, ob – wie in eiszeitlichen Anfängen – mit blutigem Finger gemalt, ohne alles Werkzeug außer der Hand geknetet wurde, es ist das doch nicht das gleiche wie schriftloser Zustand. Und vor allem: Steinzeit-Künstler haben auch durchaus schon mit Werkzeugen gearbeitet, gemalt, gemeißelt. Von ihnen bis heute ist malerisch, plastisch kein Sprung in den Mitteln eingetreten oder wenigstens kein entfernt so großer wie zwischen nichts als mündlichem Wort und dem durch

schriftliche Zeichen vermittelten. Bildende Kunst, selbst wo sie heute noch so »unmittelbar«, »am Fleck«, »tachistisch« sein will, kennt nicht die Andersheit zwischen Erzählen wie ehemals in Spinnstuben, Herberge, arabischem Markt, und der schweigsam, mit einsamer Akribie formenden literae-Arbeit am Schreibtisch, für den gelesen sich mitteilenden Druck. Auch ist der Leser des Buchs selber einsam, sitzt nicht wie ehemals hörend gegenüber, allermeist als Gruppe wie in der Spinnstube oder um den arabischen Märchenerzähler auf dem Markt. Und nur gesprochen war bis in späte Zeiten die Bibel, nicht bloß wegen des uralten Prius von Erzählung, auch wegen der Schriftunkundigen selbst in Israel, sondern: was war Prophetenrede als gelesen? Sogar bei nicht mehr heiligem Wort oder nie heilig gewesenem ist Schrift spät. Erst Pisistratos ließ die Gesänge Homers aufzeichnen, bei verschwindenden Rhapsoden; bis ins vorige und vorvorige Jahrhundert gab es unaufgeschriebene Volksmärchen und die Stimmen der Völker, nur zu einem Bruchteil erhalten durch Grimm und Herder. Also ist Literatur aus Zeichen und Buchstaben, dies reiche, nun erst unsere Kultur eröffnende Quellwesen, geschichtlich paradoxerweise wie eine acte accessoire.

3. Das Wort konnte darin leichter behalten, der Satz ungemein feiner und kühner geformt werden. Auch gab wohl erst der Schreibgriffel den beginnenden eigenen Köpfen das Mittel, sich ebenso unverwechselbar zu äußern. Das Lob der Schrift braucht ja nicht erst selber eigens besungen zu werden, wohl aber ist ein Augenmerk auf eben die Spannung zu richten, die zweifellos, bis heute, zwischen Hören und Lesen, aber auch sachlich, nach Burckhardts Wort, zwischen Rede und Schreibe bestehen. Wobei gerechterweise auch das Anderssein zunächst nicht unbedingt, ohne Verlust, nur den literis zugute kommen muß, ohne Problem. Ja die andere Übertreibung wäre denkbar, daß das nur noch lesbar, sogar unlesbar gewordene Literaehafte auch als Ersatz, um nicht gar zu sagen: als eine Art Prothese erschienen ist. Im Zeitungsdeutsch ohne weiteres, dann, trotz aller möglichen Schärfe, im Juristendeutsch, und wer würde einem Skribenten von Frauenehr und hoher Tugend sein Machwerk als eine Lavinia abkaufen? Doch sonst ist auch für literae als ehemalige bloße Gedächtnisstütze das Wort Prothese, als zu billig-analogisch, falsch. Wohl aber ist dafür

eine andere Analogie mit Maßen vertretbar, nämlich wirklich meßbar: es gibt die Mercatorsche Projektion eines Globus auf eine Ebene, was bekanntlich nicht ohne Verzerrung abgeht. Indem so die Nord- wie Südbreiten beträchtlich gestreckt werden, und nur die Äquatorlinie wird davon nicht betroffen. Jean Paul, gewiß er war, nicht nur als letzter großer Allegoriker, der, mit Klopstock, genuinste Äquator-Erhalter, Tropen-Erhalter auch in der stilistischen Projektion. Und ohne Bild: der formende Gewinn in letzterer ist kaum ermeßlich, doch trotzdem kann der Übergang von viva vox ins Land hinter den Buchstaben ein Problem enthalten, nicht nur einen Werksieg.

Dem entspricht auch, was der Schreibende selber daran spüren mag. Von Nichtskönnern ist dabei nicht die Rede, im Gegenteil, ihnen wird leicht ihr Gemachtes ein Jubel. Aber von echten Schriftstellern wird eine Erfahrung berichtet, die an Flauberts so richtigen Satz: »ce que n'est pas formé n'existe pas« ein Häkchen anhängt. Schon so (und nicht nur psychologisch), daß beim späteren Lesen ihrer Manuskripte, dann im Druck, eine gewisse Fremdheit entgegentreten kann, auch bei Nicht-Anfängern, ja gerade bei ihnen. Zwar läuft da viel Täuschung unter, auch grenzt der besondere Fall an die viel allgemeinere, weit tiefere Melancholie in jeder Erfüllung an, doch selbst weniger daran Beteiligte, nicht nur der Hörer ohne Personalunion, sondern der rein rezeptive Leser kann gegebenenfalls diesen Zuschuß von Fremdheit spüren (außer dem entscheidenden Wertplus Gestaltung). Hierher gehört bereits, als von außen und so objektiv nachspürbar, der Unterschied zwischen dem Impromptu, Imprévu eines Vortrags und seiner genauen, also besonders treuen, ge-treuen Niederschrift; Mercators Projektion bringt hier gerade den Hörer und späteren Leser des scheinbar Gleichen durcheinander. Gewiß ist auch das keine Regel und ohne Täuschung, es gibt offenbar ausgezeichnete Transponierungen eines Gesprochenen, besonders aber eines oft, eines überliefert Erzählten in schriftliche Wiedergabe. So die Grimmschen Märchen, so – mit einzigartiger Nähe zum genius loci seiner selbst – vor allem Hebels *Schatzkästlein des Rheinischen Hausfreunds*. So im größten Feld, die Schrift selber wie gerade gehört übertragend, Luthers Bibelübersetzung, die von der lateinischen sehr nachwirkend verschiedenen. Eben dadurch verschiedenen, daß sie hörend das längst verklungene Original reproduzieren wollte, also aktuell durchaus, indem sie, nach Luthers Wort, dem Volk aufs Maul schaut. Aber wie oft mußte der Erzählton im Spezifikum schriftgebauter Syntax verlassen werden, auch in ihrem wirklichen Pantheon, als einem leicht unakustischen, klassizistisch bedrohten. Worin sich doch vielerlei Epigonen befinden, und, von Archaikern bis Klassizisten, Truhen ohne jeden Altertumswert, erzliterarisch nachgemachte.

4. Hier ist anzuhalten, damit sich der so gern unmittelbare Spießer nicht freue. Keinerlei Brustton wird das Wort geredet, gar irrational oder auch nur frisch vom Fleck. Sprechen eigener, erhaltungswerter Art kommt nicht aus Kindermund, dem beliebten, nicht aus dem Schnabel, wie er dem angeblich einfachen Mann, von heutzutage, gewachsen ist. Alter, ungleichzeitig gehaltener Dialekt hält da noch einiges, nicht nur bei Karl Valentin, indes wie breit wurde auch die Volkssprache, genau diese, von gelesenem kleinbürgerlichen Abhub durchsetzt. Ruft das Bitterfelder Programm in Ostdeutschland, halb Förderung, halb Intelligenzhaß im Herzen: Greif zur Feder, Kumpel, dann greift dieser, notgedrungen, am leichtesten zur Papierphrase, wie sie klischiert, wie sie gerade nicht aufs Maul sieht, aufs verlorene. Der Zugführer in Thomas Manns Erzählung vom Eisenbahnunglück, wenn er sagt, er sei nur mit knapper Not übers Dach entkommen, ist dafür typisch; »er hat kein Eisenbahnunglück, sondern den Zeitungsbericht über ein Eisenbahnunglück erlebt«. Noch katastrophaler freilich, daß falsche Unmittelbarkeit sonderlich gern, immer noch wieder an Blut und Boden streift. Mit »Volkston« von Ganghofer bis zu sämtlichen ähnlichen Feldwegen, bis zu jener auf Flaschen gezogenen Archaik scheinbaren Raunens bei Heidegger und Orphischem aus bloßer Buchexegese. Wie anders das eben bei echt gewesenem, wieder echt werdendem Melos, dadurch bezeichnet, daß, wie im Sturm und Drang, wie wenigstens in der Intention des Expressionismus, überhaupt keine Künstlichkeit als Unmittelbares statthat. Und so auch keine geschraubte, ihres einzig reaktionären Auftrags bewußte Regression, keine kopierte, freilich im reaktionären Auftrag höchst brauchbare Munkel-Archaik. Das alles hat mit der Schicht der viva vox und ihres Verhältnisproblems zur schrifthaften Projektion also

nichts gemein. Der als solcher blühende, in die literae noch eintönende Sprechduktus ist nicht keine Vernunft, sondern eine eigene, wo nicht eigentliche *Musik* von Vernunft. Demgemäß konnte auch der Papierstil à la Klages, knochendürr und geschwollen zugleich, geistfeindlich sein; die durchaus sprechende Orakelsprache des Kantfreundes Hamann war es nicht.
Hierbei gilt es freilich, nicht nur den bloßen, dunklen Brustton vom Sprecher zu trennen. Auch anderes, gleichsam umgekehrtes Mißverständnis von viva vox sei ferne, nämlich jenes, das sich nun selber ganz von seiner literarischen Form her einordnet und begreift. Von der »Rede« oder von der Kategorie »Erzählung« her; hier also de oratore als rhetorisch, dort de arte poetica als episch und sonst nichts mehr. Fürs erste, das *Reden*, gibt es die Kunstlehre der Rhetorik als einer vorbedachten, mit nur scheinbarer Entstehung im Augenblick. Ist auch meist auf gründlich überlegte Beeinflussung, auf Rede als Überredung nach angewandten Regeln gezielt. Als solch Vorbedachtes, ja zuweilen Abgefeimtes erscheint Rhetorik bei den Sophisten hat durch sie ihren zum Teil schlechten Namen, ihren nicht nur edel-rationalen. Das trotz der Redekunst in besserer Vergangenheit: nicht so sehr die schlechtere Sache zur stärkeren zu machen, als die schwächere Sache sittlich-logisch einleuchten zu lassen; so zuweilen bei Cicero, ganz bei Demosthenes. Wie dem auch sei: gerade der *Kunstgriff* macht diese Redner gleich, zum Unterschied von dem fast Naiven des lebendigen Sprechens aus dem darin quellenden oder frisch sich wiederzeugenden Stoff. Wobei dies Sprechen ja keineswegs nur inwendig bleiben muß, als innerer Monolog des Erzeugens; auch öffentlich braucht es diesen seinen ersten Tag am wenigsten zu verlieren. Was aber, zum zweiten, das *Erzählen* angeht: auch hier ist nichts zu verwechseln mit gleichnamiger Spielform und deren eigenen Fragen. Etwa mit der Unterscheidung der lockeren Form »Erzählung« von der strengen der Novelle oder auch nur der Lukácsschen Trennung von Erzählen und Beschreiben. Wobei, wohlverstanden, gerade bei Lukács das Erzählen rein nur als Form da ist und hochgehalten wird, damit es – übrigens falsch – gegen Beschreiben ausgespielt werde. Thomas Mann erscheint dann als reiner Erzähler (wie wenn es bei ihm kein Beschreiben gäbe, allein schon vor dem Musikinstrumentenladen im *Doktor Faustus*) und ein ad hoc herabgesetzter

Stifter erscheint konträr als reiner Beschreiber (wie wenn es im *Nachsommer* keine Erzählung gäbe). Hier regieren besonders abstrahierte reine Begriffsbilder von Erzählung und Beschreibung, machen expressis verbis aus Formen und nichts sonst eine *Deduktion* an sich. Davon abgesehen erhellt jedenfalls auch daran: Erzählung an sich, als Literaturform von dargestelltem Nacheinander, bleibt vor allem ein Anderes als das viva-vox-Problem eines Erzählens vorliterarischer Art und seiner eigenen »Form«, wie sie hier allein interessiert. Lessings *Laokoon* hat zuerst auf das Plus von genetisch-erzähltem Nacheinander vor gemalt-beschriebenem Nebeneinander hingewiesen; da stimmen die Exempla (Schild des Achilles bei Homer und Vergil). Doch gerade an solch anschaulicher Exemplifizierung erhellt: die alte viva-vox-Weise des Erzählens selber hat auch mit unabstrakter Form-Poetik nicht viel mehr gemein als das Pneuma guter Rede mit Rhetorik. Wichtig aber bei alledem, erneut: keinerlei Ja zu einer selber nur gemachten, gar bestellten Unmittelbarkeit, als irrational abgestempelter, kommt dadurch zu angeblichem Urständ. Das hier gemeinte genuine Erzählen ist kein selber zu verdinglichendes oder auch nur als eigene Form abhebbares *Gegenspiel* zu rationaler Poetik; so sehr es diese auch, wenn sie zu Künstlichkeit à la Gottsched wurde, immer wieder durchbrochen hat. Aber sonst ist erhaltene viva vox die conditio sine qua non jeder nicht zum Selbstzweck gewordenen Poesie, durch sie hindurchtönend, nicht zuletzt: anakoluthisch in aller noch so magistral geschlossenen Ordnung.

5. Am *Anakoluth* also ist der Unterschied zwischen noch gesprochener, nicht nur geschriebener Syntax aufs beste faßbar. Denn lebendes Sprechen setzt von vornherein neu ein, bricht auch um. Schlecht beliebig ist hier nur der schlampige, nicht der eigen bewegliche, auch überraschen-könnende Satz. Daß dergleichen nicht nur bei Sturm und Drang vorkommt oder gar mit trüb bleibendem Anti-Stil an sich, auch nicht aufs Alte, Naive des Erzählens beschränkt ist, zeigt gerade einer der stärksten Stilisten, Kleist. Man denke nur an den höchst geformten, doch spezifisch erhaltenen und so unterbrechenden Sprechton seiner Anekdoten. Wenn da Heben und Senken des Atems allein schon in der Interpunktion sich ausdrückt, wenn die Sprache über die (bei Kleist überall verschwenderisch ange-

brachten) Kommata gleichwie über eine Hürde springt, das kommt nicht allein aus »Verfertigung von Gedanken beim Schreiben«, es markiert deutlich erhaltenen Sprechsieg in genauester Schrift. Wie gar erst in Kleists dramatischer Rede, der gerade von geschwungener, abstrakt überbrückender so freien, an Satz-, mehr eben: an *Satz-Unterbrechungen* so reichen. Einfachstes Modell hier für das Vorpreschen, Zurückholen, Umbetonen, Neubetonen, kurz Unkontinuierliche ist der Verhörsakt aus *Käthchen von Heilbronn*, 1. Akt, vor allem im Bericht des Vaters. Gewiß: streng überlegte Stilistik in literis bei alldem; ist doch Kleists Schriftsprache energisch an der Kantschen erzogen. Trotzdem, ja eben deshalb springt hier hörbarst noch ein anderer, ein unverdeckter, unzugedeckter Quell; lehrreich, daß er nicht auf Sturm und Drang, Hamann, gar auf Anti-Tabulatur schlechthin beschränkt ist, vielmehr in *höchster Stilistik selber* durchbricht. Und das, wie bei Kleist, dem harten, am deutlichsten wird, nicht notwendig nur aus durchbrechender *Subjektivität*, sondern aus dem Umbruch in Teilen einer äußeren *Realität* selber. Eben gemäß einer *Sach*-Unterbrechung *in nicht mehr ohne Anakoluth darstellbarem Objekt-Zusammenhang.*

6. Was nicht zuletzt dies Brechende neuerdings besonders wichtig macht. Der gute Schriftsteller verschmäht den abgehobenen, so schön geschwungenen Schriftsatz mehr als je. Dergleichen taugt weniger als je zur Darstellung, sage man gar: zur Abbildung der syntaktisch selber so unstilisierten Welt. Nichts anderes als Lese-Partitur, so groß und wirklich klassisch sie in heiteren Zeiten steht, wird auch in ganz objekthaft neuem Sinn epigonal. Wird ungemäß vor dem Scherbenhaufen, unerträglich durchaus vor dem aufgebrochenen Grauen (soll der Spruch Adornos, nach Auschwitz könne kein Gedicht mehr geschrieben werden, einen vertretbaren Sinn haben, so ist es dieser). Aber nicht nur der Schrei, der ruchlos durch güldene Harfe saust, auch ein gemachtes Bett, eine wohlarrondierte Stilistik in nicht mehr möglicher Nachfolge Thomas Manns bleibt über die Hälfte Ästheticum im ausgeschwungenen Sinn. Ausgeschwungen, nämlich abgelaufen und schön-geschlosen zugleich, steht dies fertige Schriftbild vor einer weniger als je geschlossenen Welt. Ja, zum Bruch durch Erzählen kommt dadurch noch ein Notwendiges hinzu, das auch vorliterarisch fehl-

te. Wenn der alte Erzähler anhub und mit viva vox auch den ihm und seinen Hörern vertrautesten Stoff als immer wieder neu geschehend vorfabulierte, so war die Umwelt der Spinnstuben, Marktplätze doch selber noch ohne viel Gebrochenes; sie war ständisch und wenigstens dem Anschein nach beständig. Heute dagegen, wo selbst eine immer noch vorhandene Einheit der Epoche, sogar und gerade die tiefer liegende dialektische Einheit der Widersprüche gar keinen Scheinrest eines ordo sempiternus rerum übrig ließen, kommt der neugeborene Elan des alten Erzählers, gar des freien Sprechens auch objektgemäß nach Hause. Daher also die besondere Fälligkeit des gemäßen Anakoluths vor einer keinesfalls klassischen Welt, der beweglichsten Rede, der plötzlich leicht beeinander wohnenden Montage dazu. Joyce vor allem gab dazu die Mittel an die Hand, mindestens mit jenem inneren Monolog, der fürs Ineinander so vieler äußerer Dinge hörend, vernehmend macht. Für das auch objektiv Verspellte, für die auch objektive Montage von bisher weit Entferntem, nicht mehr als seßhaft Gesehenem und so in der Darstellung Arrondierbarem. Einsturz gewiß, ehrlich gespiegelter Scherbenhaufen, aber erst recht der Fortgang einer nicht nur wieder *geöffneten*, sondern auch *sprechend-versucherischen* Satzweise in unnormiertem Schrifttum, gemäß dem Frisch-Johnson-Walser-Stoff, der sich erst bildet. Und experimentierend gibt genau die Unterbrechung einer Szene in Brechts Theater dem sprachlichen Anakoluth Raum, den Raum der Schwebung, Probe, des Beratschlagens in anderer Beweglichkeit als der von allzu Ausgemachtem hinter dem Perfekt ewiger Buchstaben. So ist das noch Sprechbare, noch Hörbare ein Korrektiv großer Schriftsprache; nicht als rhapsodischer, doch als vernehmender. Damit sie nicht – was heute weniger als je angängig ist – rein idealistisch ausgeschwungenes Totum ihrer Welt vortäusche. Denn genau das Totum des sich in einer Zeit Zutragenden ist – bei kräftig dämmernden Konturen mehr als je – nur versuchend, immer nur unterbrechend, als selber experimentell antreffbar; auch in der Darstellung.

Über Gegenwart in der Dichtung (Leipzig, 1956)

Soll ich dir die Gegend zeigen,
Mußt du erst das Dach besteigen.

Westöstlicher Diwan

In den Tag hinein

Leicht ist es, in den Tag hinein zu leben. Alle Nichtstuer tun das und rechtens alle, die endlich ausgespannt haben und entspannt genießen, was sich da so bietet. Je wechselvoller, desto besser, weil sich dann das Vorige leicht vergißt und weil unzusammenhängende Eindrücke besonders frisch, gleichsam ungekocht geschnappt werden können. Und wie man derart in den Tag hineinleben kann, wenn auch zerstreut und ganz flüchtig, ganz äußerlich, fast genauso leicht und äußerlich läßt sich's auch in den Tag hineinschreiben. Auch dann wird gepflückt und weggeworfen; jeden Tag neu und verwelkend, was immer sich an heutigen Fällen zuträgt. Wäre nicht auch diese Art Tagpflücken mühelos, dann gäbe es ja nicht so viel frisch geschriebene Zeitung. Gut Ding aber braucht Weile und etwas davon schon in der Zeitung, wenigstens in der nicht klischeehaften. Wobei die Weile eben auch einen Schritt von der Sache wegtreten läßt, um sie besser zu sehen.

Schatten aus fehlendem Abstand

Denn unmittelbar, ganz eng darin läßt sich ein Fall nicht einmal recht erleben. Geschweige denn darstellen, in treffenden Blick bringen (der zugleich ein überblickender sein muß). Allgemein ist es so: jede Nähe macht schwierig, und ist sie allzu groß, dann blind, mindestens stumm. Das gilt in diesem strengen Sinn freilich nur für das genau-punktuelle Erlebnis, für den gerade gelebten Augenblick, der als dieses von sich völlig abstandslose »Jetzt« noch dunkel ist. Dies Augenblicks-Dunkel, in seiner einzigartigen Unmittelbarkeit, gilt aber nicht so für das davon verschiedene, nämlich bereits vermitteltere Jetzt dessen, was man miterlebte jeweilige »Gegenwart« nennt, häusliche, öffentliche, politische und so fort. Dennoch teilt sich – den Unterschied einmal begriffen – etwas vom Dunkel der unmittelbaren Nähe auch der vermittelteren, ausgebreiteteren notwendig mit: eben als größere Schwierigkeit des Darstellens (verglichen mit der Darstellung länger vergangener Zeiten, gewordener Zeiträume). Indem man diese Schwierigkeit, als welche genau eine der kämpfenden Front, nicht sieht, ist sie nicht aus der Welt, im Gegenteil; ebenso wird dann das, worauf es ankommt: die marxistisch beginnbare Überwindung dieser Nähe-Schwierigkeit versäumt. Vom *Darstellen* ist hierbei die Rede, wie bemerkt, nicht vom Aufruf, ja auch zunächst nicht von der Situationsanalyse und dem höchst gegenwärtig gewiesenen Handeln, durch diese Analyse, als marxistischer, möglich gemacht. Vom eigentlichen *Zeitstück geformter Art* ist die Rede; solch ein Zeitstück setzt heute, genauer als je, gekannte Situationsanalyse voraus, fällt selbstverständlich nicht mit ihr zusammen. Nur Nichtkünstler, die trotzdem schreiben, merken bis zuletzt keine Schwierigkeit in der Nähe, und gewiß merken auch junge wirkliche Künstler, wenn sie im echten Sturm und Drang ihrer Zeit Krieg erklären oder gar umgekehrt eine gute, aufsteigende Zeit als die ihre leuchtend bejahen, den Schatten aus fehlendem Abstand wenigstens am Anfang nicht. Als der 25jährige Majakowski dem 28jährigen Prokofjew ein Exemplar von *Krieg und Frieden* auf die Reise mitgab und hineinschrieb: »Dem Vorsitzenden der Musiksektion des Weltalls – der Vorsitzende der Poesiesektion des Weltalls«: da ging stolzer Sturm und Drang großartig, sehr verwandt und berufen mit einer neuen Zeit zusammen. Doch das Problem des Jetzt-Konkreten war auf die Dauer nie erspart, das Problem, das in der Landschaftsmalerei heißt: wo endet der »Vordergrund«, wo fängt die »Landschaft« an?, und das in der Poesie so ganz besonders angestrengter Gestaltungskraft bedarf. Ja das, wie zu sehen sein wird, zu seiner künstlerischen Bewältigung ganz eigentümlicher Hilfsmittel bedarf, nämlich kritischer, utopischer oder beider zusammen. Ist gar der aktuelle Stoff in seinem Ausmaß ungeheuerlich, auch nur um schweren Preis progressiv, dann war allemal zeitlicher Abstand von ihm die Regel. Selbst nur halbwegs zureichend-breite Romane, den ersten Weltkrieg betreffend, brauchten an die zehn Jahre Entfernung von der Kriegs-Gegenwart; *Krieg und Frieden*, der umfassendste »Zeitroman« überhaupt, brauchte ein halbes Jahrhundert Abstand von seinen Ereignissen, um so sehr aktuell wirkend, so wenig »historischer Roman« zu sein. Doch allerdings, es gibt auch *Anna Karenina*, genau gleichzeitig mit ihrem Stoff, überhaupt gab es in der Vergangenheit eine ziemliche Zahl gleichzeitiger Novellen, Romane, Dramen von Rang. Die Schwierigkeit der Nähe bestand doch auch für sie und hat zu jeder Zeit erschwert, wenn auch durch Intensität des Autors, durch die Macht und die Transparenz des gesellschaftlichen Stoffs variiert. Trotzdem wirkte selbst ein mäßiges Jetztbild-Produkt, und ein bedeutendes, wie etwa *Simplicius Simplicissimus*, brauchte nicht viel Abstand, um Dreißigjähriger Kriegs- und Nachkriegs-Spiegel (sogar Lachspiegel) zu sein. »Greift nur hinein ins volle Menschenleben, / Und wo ihr's packt, da ist es interessant«: diese nicht nur realistische, sondern durchaus aktualitätsmächtige Maxime hat es folglich hinter den Ohren. Wie das nicht nur die schmächtige Figura des gegenwärtigen Zeitromans beweist, sondern eben auch die üppige der früheren. Item: wo erschwert die Nähe das Gestalten-Ausgestalten, und wodurch wurde diese Erschwerung öfter so eklatant überwunden? Welche Haltungen des Autors und welche Eigenschaften im jeweils aktuell Gegebenen müssen besonders ausgebildet sein und beachtet werden, damit die Nähe das Werk sogar beflügeln möge? Letzteres vor allem ist jetzt die Frage; prüfen wir unsere Angelegenheiten, die Poesie ist ja nicht mehr ganz im gewesenen Hohlraum.

Ohren am aktuellen Puls

Zeitgemäß schreiben, das ist nicht dasselbe wie etwas nach dem Leben schreiben. Denn wie viele, die das Ohr am aktuellen Puls zu haben scheinen, hörten bloß, was gängig war, nicht was vorging. Und nur, weil solche Schriftsteller die gängigen Meinungen statt der Sache darstellten, konnte der Anschein von Zeitroman unter ihren Lesern entstehen, kurzweilig vielleicht, sicher kurzfristig. Von kleinen Skribenten dieser Art ist nach wie vor nicht die Rede; diese hätten ja auch am nicht-aktuellen Stoff versagt, gehören also gar nicht zum Problem. Sogar wenn frühere Schriftsteller von immerhin noch gebliebenem Namen wie Gutzkow, Spielhagen, Freytag im Zeitroman (den sie doch besonders pflegten) versagt haben, ist nicht ihre zweit- oder drittrangige Begabung bedenkenswert, sondern einzig das, was sie infolge ihres Halbtalents an dem, was ihnen auf die Nägel brennen mochte, nicht gemerkt, genutzt, geformt haben. Gutzkow schrieb je neunbändige Zeitromane (*Die Ritter vom Geiste*, 1850, *Der Zauberer von Rom*, 1858), Spielhagen war ebenso liberal-kämpferisch up to date (*Problematische Naturen*, 1860), Freytag war nur noch liberal (*Soll und Haben*, 1855), in sozusagen sozialer Absicht, »das deutsche Volk bei der Arbeit zu suchen« (minus der Arbeiter, selbst Handwerker). Das alles geriet mehr als mäßig, stand bereits weit zurück hinter den Zeitromanen Immermanns (*Die Epigonen*, 1836, und der bedeutendere *Münchhausen*, 1838), die noch sehr nachträglich nichts Geringerem als Goethe-Form nacheifern wollten, und von denen die Gutzkow, Spielhagen, Freytag doppelt epigonal herkamen. Wenn aber auch der stärkere Immermann nur ein mäßiges, großenteils ungenaues Bild einer Zeit darstellen konnte, so erhellt zugleich, daß solch Versagen nicht nur, wie bemerkt, vom bloß formalen Format des Talents relativ unabhängig sein kann, sondern sogar noch von der Größe (Keimkraft, Transparenz) des Zeitstoffs selber. Selbstverständlich geben gesellschaftlich aufsteigende Zeiten blühenderen Stoff her als absteigende, auch wenn das Leben hier rascher fließt, also weniger dem beobachtenden Blick standhält. Fast ebenso selbstverständlich enthalten ausgereifte, in sich selber ausgestaltete Epochen manchen »Vordergrund«, auf erleichternde Weise, bereits als »Landschaft«, mithin als werkhaft an Ort und Stelle herausgehobene und so darstellbare. Freytag, in der leeren Zeit seiner deutschen kapitalistischen Spießbürger, war mit ihr selber als Philister konform, so riß ohnehin nichts aus dem Vordergrund des banalen Alltags heraus. Aber Immermann, der kein Philister war und eben noch dem großen Atem der Klassik sich benachbarn wollte, sah in seinem damaligen deutschen Bürgertum selber höchst epatierende Angelegenheiten vor sich: rauchende Schlote, beginnende Industrialisierung, scheußliche Bourgeois neben preußisch-feudaler Borniertheit und Reaktion. Er notierte das literarische Epigonentum seiner Zeit, in der doch gleichzeitig »Junges Deutschland« und Besseres aufbegehrte, in der das Diktum Herweghs vorausklang, der Tag des puren Dichtens sei aus, der des Trachtens sei gekommen. Trotzdem kam der klagende Immermann (wie mutatis mutandis später Raabe) über die Morituri-Stimmung seiner Nähe, über romantisch-antikapitalistische Außenbilder des kapitalistischen »Schwindelgeists«, des feudalen »Moders« wenig hinaus. »Wer mag die Strömung nennen, in der das Schiff unsrer Tage fährt«, ruft Immermann in einer der eingelegten Reflexionen des *Münchhausen*. Aber es war nun auch der Mangel an sozialwissenschaftlichen Einsichten, an damals noch gar nicht vorhandenen, der solchergestalt die »Strömung«, mitten darin, nicht gestalten ließ. Denn auch der große Balzac, mitten im kapitalistisch hochentwickelten deutlichen Frankreich verstand die »Strömung« bekanntlich nicht, ja war nicht einmal romantisch-, sondern schlicht reaktionär-antikapitalistisch, stand auf Seite der Torys, wenn auch gegen die Wucherer und Hyänen des nachrevolutionären Frankreich. Er hatte freilich auch keine Bourgeois vor sich, die sich, wie im gleichzeitigen Deutschland, aus dem Spießbürger des verfallenden Zunftwesens langsam zum kapitalistischen Philister ummodelten; so war also zum eigentlich romantischen Künstlerprotest kein Anlaß. Desto heftiger aber wurde Balzacs unvergleichliche Malkunst des Enrichissez-vous durch zwei Hilfsmittel befördert, die auch dann wirken, wenn noch keinerlei marxistische Situationsanalyse, gar »Strömungs«-Analyse gebraucht werden kann. Es sind die Hilfsmittel: *Kritik bis zur Satire* und *humane Utopie*, und zwar beides nicht etwa als bloß subjektiver Zusatz, sondern tunlichst als erfaßtes Ingrediens in der aktuellen gesellschaftlichen Wirklichkeit selbst. Das verhilft dann zu dem vormarxistisch möglichen Darinsein, gestaltendem Anwesendsein in der Nähe, mit einer Balzac'schen »Landschaft«, worin noch der unmittelbare »Vordergrund«, und gerade dieser, nicht als Äußerlichkeit, sondern bereits mit fingerzeigenden Instanzen auftritt. Überflüssig zu sagen, daß dieses vermittelt-treffende Instanzlesen in Vordergrunds-Pinseleien und Schönfärbereien à la Freytag völlig fehlt (wozu uns in heutigen Ostromanen manch noch schlechteres Beispiel anblickt, roh und verkitscht zugleich). Ein erfaßt-*Satirisches* läßt auch in der Nähe scharf sehen, ein erfaßt-Utopisches, dieser Maßstab der Satire und diese Rettung vor ihrem alleinigen Maß, auch in der Nähe weit, voll, ergänzend-ganz. Die Frucht solcher noch vormarxistischen Seinsmächtigkeit in der Dichtung mag dann unter das rubrifiziert werden, was man kritischen Realismus nennt. Wobei real eben nicht der Vordergrund sein kann und ebensowenig ein Totum aller Vordergründe, sondern wesentlich die Strömung, die Fluß-Landschaft, die das Zeitgemälde in der Zeit selber enthüllt. Auch dann, wenn die erst marxistisch mögliche Anatomie und Physiologie des Zeitstoffs (damit er genetisch vermittelt aufgehe) noch fehlt.

An diesem doppelten Erfassen also liegt es, daß die Nähe nicht immer schwierig machte. Gerade in der bürgerlichen Dichtung nicht, sie floh keineswegs das Jetzt, es gibt eine Fülle großer Zeitstücke. Sie sind selbstverständlich in verschiedenem Grad erhellend, durchdringend, aber sie heben alle das flache Erlebniswirkliche auf, meißeln die Personen wesenhaft heraus, eröffnen forttreibende, dichterisch zur Entscheidung getriebene Handlungen, gießen übers aufgezeigte Unzulängliche und gegen dasselbe das oft nur idealisch vorhandene, also nicht zuhandene Licht. Das im Roman wie im Drama; nur die Patina, die solche Werke zum Teil erlangt haben, verhindert sie als das zu sehen, was sie zu ihrer Zeit ganz waren: Aktualitäten auch im Stoff. Die neuere Reihe geht – um ihre prägnantesten Recherches du temps actuel zu nennen – von den Zeitstücken des Sturm und Drang über das Exemplum *Wilhelm Meister* zu Balzac, zu Stendhal und Flaubert, zu Dickens, zu Dostojewskij und Tolstoi, zu Gottfried Keller, zum experimentierenden Robert Musil und zu Thomas Mann, dem bewußtesten Romancier des bürgerlichen Präsens. Das ist eine mehr als weitgespannte Folge, mit enormen Unterschieden dazwischen, doch einheitlich ist ihr das Thema: dichterisch zu bewältigendes Jetzt. Gleichgültig auch, in diesem Zusammenhang, ob hierzu das Durchschnittliche gewählt wurde, wie bei Dickens, oder das Extreme, wie bei Dostojewskij. Das bei freilich immer stärkerer Schranke im bürgerlichen Zeitroman des zwanzigsten Jahrhunderts, trotz gesteigerter Kritik, Ideal-Beschwörung; in beidem hemmte wachsend die gesellschaftlich bedingte Perspektivenlosigkeit des spätbürgerlichen Romans. Desto bemühter aber sind bei Robert Musil, bei Thomas Mann (wo revolutionäres Proletariat nicht einmal am Rande sichtbar wird) die beiden Mächte Satire-Kritik und humane Utopie nachweisbar. So erst recht in dem Hauptwerk des bürgerlichen Zeitromans, des so realistischen wie der Perspektive sui generis noch fähigen: im *Wilhelm Meister*. Analytische Durchschauung des »Zeitschicksals« fehlt selbstverständlich auch noch hier; dennoch fehlt weder der Satire-Kritik noch der Utopie in diesem Roman ein reelles Widerlager. Eben die versuchte Bewältigung der Gegenwart war nicht möglich ohne breiten Einlaß der Geschäfte, und da das Bürgertum noch aufsteigend war, gab es hier sogar eine ökonomische, nicht nur ästhetische Erziehung des Menschen. Das erweist gerade die bekannte Ablehnung, die Novalis dem *Wilhelm Meister* angedeihen ließ, nennt er ihn doch »prosaisch und modern«, vermißt also »das Romantische, die Naturpoesie, das Wunderbare«. Eine erbitterte Polemik, doch sie geht eben nur von einem romantischen Ort des Utopischen aus, vom rückwärts blickenden und der Fernbläue des *Heinrich von Ofterdingen*; ein undeutlich gesteigerter Tasso spricht hier nochmals gegen Antonio, als wäre Hic Rhodus hic salta immer Traumverrat. Wahr ist vielmehr, daß das Utopische Wilhelm Meisters (mit dem Idealischen als engem Nachbarn) nicht nur Flügel haben will, sondern ebenso Sohlen, ja, nach dem Rat Bacons, sogar ein weniges Blei in ihnen, damit gerade Idealisches im Diesseits stehe, wirke, vermittelt sei. Das aktuelle Diesseits im *Wilhelm Meister* ist gewiß eingeschränkt, ja gesiebt, ist nirgends mit materiellen Sorgen belastet, zeigt nirgends gar eine plebejische Schicht; gegenwärtig zur Handlung sind ausschließlich wohlhabende Bürger, begüteter Adel (den eigenen, anderen Traum von blauer Blume um Mignon und den Harfner ausgenommen). Demgemäß hat sich auch die Utopie einer »Insel«, einer »pädagogischen Provinz« wenigstens zunächst oder expressis verbis auf eine tätig wie moralisch zu befördernde Elite der höheren Stände beschränkt. Das jedoch, wie bemerkt, nie ohne reelles Widerlager in den bestehenden Elementen, in einem Deutschland, das nicht länger kapitalistisch zurückgeblieben, dafür feudal verrottet bleiben konnte. Jedenfalls stammt gerade im *Wilhelm Meister* alle treffende Zeitkritik aus dem Bewußtsein einer besser möglichen Welt und alles Haltbare dieses Bewußtseins aus aktuellen Tendenzen, mindestens aus den nachwirkenden, wenn auch abgebrochenen des Citoyen. Ja, wenn Goethe die aktuellen Tendenzen als die zur Industrie versteht und sie gleichzeitig zu moralisch-intellektuellen Organen hinstreben läßt, so war darin schon viel Saint-Simonismus und das nicht nur in den Wanderjahren Meisters, mit dem Orden der sozialen Ehrfurcht, sondern ante rem bereits in seinen Lehrjahren.

Freilich: selbst aus diesem Exemplum Zeitroman, und gerade aus diesem erhellt: Kritiksatire und idealische Utopie allein reichen selbst bei starkem aktuellem Tendenzgefühl für das seitdem entstandene, seitdem zu bewältigende Jetztbild nicht mehr aus. Es gibt zweifellos Zeiten, in denen das Satirische völlig objekthaft selber steckt (das ist der Sinn des Juvenalschen Satzes in der römischen Kaiserzeit: Difficile satiram non scribere), und es gibt Zeiten, in denen das Utopische überwältigend-reell umgeht (alle Incipit vita nova-Zeiten gehören dazu). Aber obwohl auch unsere Zeit zu diesen mit Fratze und mit Morgenröte hochgesättigten gehört, ersetzt das am wenigsten die endlich geschulte Kenntnis ihrer »Strömung«, die *ökonomisch-kausale Situations- und Tendenz-Analyse.* Diese erst hat den Erfolg, die bis zur Satire gesteigerte Kritik wahrhaft schneidend zu machen, das heißt, sie unter die Symptome herunterzuführen, und die Utopie konkret. Man hat gesehen, erst Satire und Utopie waren die Ingredienzen, welche eine dichterische Bewältigung des aktuellen Vordergrunds, der so wenig im Abstand gegebenen Landschaft des Jetzt und Hier überhaupt möglich machten. Jedoch erst der Marxismus und vor allem auch: erst die wirkliche Incipit vita Nova-Zeit, in die der Marxismus fällt und deren Ausdruck er wird, heben die gesellschaftlich bedingte Perspektivenlosigkeit auf, die selbst im aufsteigenden Bürgertum es nur zu mehr oder minder abstrakten Idealbildungen kommen ließ, auch im *Wilhelm Meister.* Und wo, bei eingetretenem bürgerlichen Verfall, noch Kellers so herrlich geschriebene Zeitplastik möglich war, mit einer echten oder wenigstens noch echt scheinenden nationalen Demokratie und ihrer geglaubten, mindestens beschworenen Aussicht, dort endete das Werk nicht nur in der Melancholie des *Martin Salander,* sondern es fehlt klassengemäß der Durchblick, um sich einer Gegenwart auch hinter den Symptomen zu vergewissern. Das alles sind Romane, doch auch in der bürgerlichen *Wissenschaft* kann sich nichts mit der wahrhaft offenbarenden Analyse vergleichen, mittels derer Marx-Engels fast noch unmittelbare Gegenwart erfaßt haben; so historisch im *Achtzehnten Brumaire,* philosophisch im *Kommunistischen Manifest.* Andererseits steht allerdings fest, daß der Wissenschaft solcher Analysen auch in der sozialistisch orientierten Gegenwartsliteratur kein nur halbwegs vergleichbares Pendant bisher erwachsen ist, es sei denn in den ziemlich einsamen Realpoeten des Vis-à-vis Gorki, sodann Brecht. Bei Gorki, indem er zum kundig-beteiligten Gestalter der proletarischen Revolutionskämpfe und der der armen Bauern in Rußland wurde. Das Zeittheater des Kommunisten Brecht aber arbeitet mit Chok wie im Sturm und Drang, jedoch mit wolkenfegendem Sturm und unterwiesenem Drang, verfremdend-lehrhaft, versuchtes Licht am Fuß. Satire-Kritik und Utopie werden also durch marxistische Klarheit überhaupt erst poetisch seinsmächtig, indem sie poetisch prozeßmäßig werden. Die Klarheit verkürzt sich hierbei gewiß nicht zu einer bloßen Straßenlaterne für den jeweils nächsten Fünfjahrplan. Vielmehr reißt sie Kritik wie Utopie von der Unmittelbarkeit los, die es auch darin noch gab und gibt; so entsteht – Genie des Könnens bewährend – präsenter Gesang.

Das jeweilige Jetzt in verschiedenen Zeiten

Das Jetzt treibt und regt sich durch jeden Tag, wann immer. Es klopft in allem Geschehenden, mit seiner kleinsten Zeit, und es klopft an. Aber nicht jede Gegenwart tut ihm auf, nicht in jeder schlagen die eigentlichen, die gesellschaftlich treibenden Pulse, Impulse frisch lebendig mit. Nicht jede Zeit also tut dem Jetzt und wieder Jetzt auf, das genau in jedem Augenblick, als dieser, vor der Tür steht und noch nie bisher »eingetreten« ist. Das seinen wahren Inhalt, mit dem und zu dem hin es unterwegs ist, noch nicht anders als fragmentarisch, als bestenfalls in Abschlagszahlungen eines gefüllteren Da-Seins ausgeladen hat. Selbstverständlich bedeutet das so als treibendes Jetzt Bezeichnete nichts anderes als das auf den Zeitverlauf projizierte und darin atomare Tendieren in allem Seienden. Doch ungeheuer sachlich macht sich der in dieser Projektion isolierte »Zeitpunkt« in jedem *geschichtsinhaltlich* so benannten geltend: als das in der jeweiligen Nähe nicht nur Unsichtige, sondern *Stockende*. Die gesellschaftlich-kulturell matten Zeiten schleichen auch in ihrer Jetzt-Nähe dahin, diese ist dann, gelähmt, ja wie erstickt. Die subjektive Reaktion darauf ist Langeweile, der objektive Befund Leere in actu, unbewegt scheinend und geschichtslos. Dagegen frühlingsklassische Hoch-Zeiten: mit ihnen lohnt es sich, ihrem Jetzt, in Kontakt zu kommen, soll heißen, sich dieser gefüllteren Jetztzeit von ehedem actualiter zu vergewissern. Das ist freilich nur möglich, wenn die eigene Jetztzeit, also etwa unsere von heute, den damaligen Aufschlagungen in Aktualität wahlverwandt ist. Also nicht stagniert wie das Gros der viktorianischen, auch wilhelminischen »Jetztzeit«, auch nicht sinnlos fazettiert und schließlich nihilisiert wie die jetzige westdeutsche. Dagegen *Begeisterung* und *Parteilichkeit*, diese nur in aufsteigenden Zeiten vorkommende Verbindung bringt die Jetztzeit, welche Begeisterung mit Parteilichkeit erregt und ihrer wert ist, selber in Verbindung mit anderen Aufbruchszeiten, wie lange sie auch schon her sein mögen und wie verschieden sie in einem historischen Kontinuum eingebettet sein mögen; sie werden daraus sozusagen herausgesprengt. Zu der marxistisch-tendenzwissenschaftlichen Erhellung der Nähe kommt so als weiteres, nicht weniger marxistisches Ingrediens die *Konkordanz* mit vergangenen und doch noch aktuell-gegenwärtigen Zeiten, mit deren Tua res agitur, De te fabula narratur. Dadurch wird ein Blick von vergangenen Zeiten auf die eigene möglich, von objektivierbaren mithin, die trotzdem als Jetztzeiten betreffen mögen und so im doppelten Sinn des Worts wieder angehen. Spartakus, Thomas Münzer, aber auch alles, was an gestalteten Kulturwerken der Vergangenheit nicht nur historisch, gar historisch-abgegolten getan ist. Solches Mitfahrende, ja zuweilen mit uns Gesichter-Tauschende kann folglich nicht ganz mit dem zusammenfallen, was man Kulturerbe nennt. Auch nicht mit jenem einzig echten (also nicht nur betrachteten, gar zitathaften oder musealen), dem der Satz zuvorgeschrieben ist, der ebenso bekannte wie weithin noch unentdeckte: »Was du ererbt von deinen Vätern hast, / Erwirb es, um es zu besitzen.« Freilich an der wirklich unabgegoltenen Vergangenheit gibt es gar keinen Erwerb; Jetztzeit in der Vergangenheit kann auch kein Besitz sein, sie ist Hilfe und Mahnung. Ganz am Rand sei auch das Unverständnis ferne, als wäre etwa der historische Roman, weil er, wie es heißt, Vergangenes neu belebt, ein Schritt zum hier gemeinten Gedenken. Das heißt, Howards Fasts *Spartakus* etwa mag Jetztzeit im Vergangenen kenntlich machen, doch dergleichen gehört nicht ganz zum unterhaltend-antiquarischen Zwitter historischer Romane. Dieser ist in seinen meisten Exemplaren fast zur Gänze mehr Flucht und Dekoration als Eingedenken; das trotz wie wegen der bunten Historismen beim Urmodell Walter

Scott oder der bauenden Genauigkeit, die ein Flaubert in *Salambô*, seinem fragwürdigsten Werk, bewahrheitete. Das echte Belebnis dieser Art geschieht überhaupt nicht durch das Einwandern eines Dichters und seiner notgedrungen mitgenommenen Gegenwart in eine (schließlich fast beliebige) Vergangenheit, sondern durch das Auswandern von vergangener Jetztzeit in gemeinsam unsere und durch Gestaltung von so Vergangenem als Unabgegoltenem.

Die schwierige Nähe wird derart besonders geweitet, ja gegenerleuchtet. Auch rückschrittliche Gesellen glauben zwar, weil sie rückschrittlich sind, hier einen Pfiff zu haben. Denn beschwor Robespierre Aristides, als wäre dessen Bleibendes von heute, so gab es kurz danach auch Mimen christgermanischer Ritterschaft, noch und noch. Und da das Großkapital, das selber gar unromantische, nicht gestorben ist, so leben sie heute noch. Aber die echte Jetztzeit-Weitung verhält sich dazu nicht einmal wie ein Original zu Blendwerk; eine Montanunion als karolingisches Abendland ist so lachhaft falsch, daß sie echte Berührungen nicht einmal imitiert. Die Konkordanzen der echten Jetztzeit betreffen in Form wie Inhalt einzig Zukunft in der Vergangenheit, folglich Ungewordenes, im Werden. Unterdrücktes darin, Abgebrochenes, Unabgegoltenes, auf das wir ebendeshalb und im gleichen Akt zurückgreifen können, in dem es auf uns vorgreift, um besser zu geraten. »Und auch die anderen kehren darin verwandelt wieder, die Toten kommen wieder, ihre Tat will mit uns nochmals werden. Münzer brach am jähesten ab und hat doch das Weiteste gewollt. Der ihn tätig Betrachtende also hat das Heute und das Unbedingte daran abgehaltener, überblickbarer als im allzu schnellen Erlebnis und doch gleich ungedämpft. Münzer vor allem ist Geschichte im fruchtbaren Sinn; er und das Seine und alles Vergangene, das sich lohnt, aufgeschrieben zu werden, ist dazu da, uns zu verpflichten, zu begeistern, das uns stetig Gemeinte immer breiter zu stützen« (Bloch, *Thomas Münzer als Theologe der Revolution*, 1921, S. 13). Gemäß solcher Art von »Tradition« wollen und können alle historischen Betroffenheiten einzig in Jetztzeit von Geschichte leben, Zeugnis geben – eine Mahnung aus Suchen, Irren, gegebenenfalls Vor-Finden. All das nun berührt sich mit den hochbedeutenden Aperçus, die Walter Benjamin in seinen letzten Arbeiten der von ihm besonders erhellten Kategorie Jetztzeit gewidmet hat. Die Aktualität wird hier schlechthin Postulat, doch freilich nicht nur im üblichen, chronologisch-aktuellen Sinn, sondern eben in einem geschichtsphilosophisch-sammelnden, einschlagenden. H. H. Holz veranschaulicht das richtig derart, daß eigentlich philosophische Geschichte nicht mehr in die lineare Zeit eingeschrieben ist, sondern sie ist eine Art konzentrische Zeit, die sich perspektivisch um die Gegenwart legt. Mit Benjamins Worten: »Und es ist im Grunde genommen derselbe Tag, der in Gestalt der Feiertage, die Tage des Eingedenkens sind, wiederkehrt.« Der Revolutionär, der historische Materialist, »überläßt es anderen, bei der Hure ›Es war einmal‹ im Bordell des Historismus sich auszugeben. Er bleibt seiner Kräfte Herr: Manns genug, das Kontinuum der Geschichte aufzusprengen [...] Er erfaßt die Konstellation, in die seine eigene Epoche mit einer ganz bestimmten früheren getreten ist. Er begründet so einen Begriff der Gegenwart als der ›Jetztzeit‹, in welcher Splitter der messianischen eingesprengt sind« (Benjamin, *Schriften I.* 1955, S. 503 ff.). Freilich ist, wie auch an diesem zuletzt zitierten Satz sichtbar, der Akzent wie der messianische Inhalt von »Jetztzeit« sinnlos punktuell, wenn er nicht innerhalb objektiver »Antizipation« gefaßt wird. Geht es darum, das Kontinuum der Geschichte aufzusprengen, so bedeutet das keinesfalls, auch noch jenen unterbrochenen, doch immer wieder insistierenden Zusammenhang zu sprengen, der »Strom«, »Tendenz« der Geschichte heißt. Denn nur in dieser Fahrttendenz, als einer sich immer wieder meldenden, Kruste sprengenden, blitzen und überliefern sich die korrespondierenden Jetztpunkte einander selbst. Aufsprengen also heißt hier nicht: punktualisieren, nicht einmal: monadisieren, es setzt vielmehr in der eigenen aufbrechenden Jetztzeit das Eingedenken aller kernverwandten utopischen Momente von vorher und nachher frei und ihre Anweisungen aufeinander. Nur dieser eigentliche Akzent und messianische Inhalt (wie Benjamin den stromhaft mündenden, ultimativen nennt) unterscheidet ja letzthin auch die Parteilichkeit wirklicher Jetztzeit-Pointen vom Historismus tot gesammelter, nochmals totgemachter Vergangenheiten. Und die eigene Jetztzeit, wenn sie dergestalt wirklich eine ist, erfaßt sich entweder als wieder bereiteter, weit besser bereiteter Durchgangsort oder gar als erster Empfangsort zu einer erfüllenden Zeit, das ist einer, worin erscheint, was unerschienen, noch nicht erscheinenkönnend vorher umging. »Le jour de gloire est arrivé« das konnte deshalb der große Ruf der Französischen Revolution sein; die Bedingungen zum Hervortritt des Tags aller ihm verwandten Tage schienen erfüllt. Anrichtung einer neuen, besseren Welt, das ist hier stets der ultimative Inhalt; weshalb eben Jetztzeit dieses entschiedensten Sinns allemal eine revolutionäre ist, auch in religiös-chiliastischer Gestalt. Daher gehört in dieser Gestalt gar die Zeit, die »erfüllet ward«, also der »Kairos« Johannes des Täufers hierher, kaum viel anders als die späteren apokalyptisch eingekleideten Termingefühle, so diejenigen des deutschen Bauernkriegs in bezug auf das Jahr 1525. All das involviert ein höchstes Carpe diem gleichsam, als ein Verweile-doch, worin nicht nur die Intention aufs Eigentliche in einem »höchsten Augenblick« anzukommen hätte, sondern ebenso alle bisherigen Jetztzeit-Inhalte dieses Augenblicks sich aufschlagen würden. Doch lasse man in Ansehung poetisch bewältigter Nähe diese Grenzprobleme aus Konsequenz; obwohl sie gerade auch in der letzten Poesie des *Faust* vorkommen. Wichtig fürs spezifische Poesie-Jetzt-Problem bleibt: Der mitgestaltende Zeitgenosse eines hinreichend großen Moments ist nicht nur der Genosse dieser seiner Jetztzeit, als einer der marxistisch begriffenen Wende, sondern eben wegen dieser begriffenen Wende hat er alle unabgegoltenen Korrespondenzen dieser Wende bei sich, in seiner zu gestaltenden Zeit versammelt. Das ist die Hilfe, welche unter diesem letzten Gesichtspunkt Jetztzeit auch im Abstand und doch nicht kontemplativ, also nicht unter Verlust ihrer Aufgabenstellung, ihres Frontcharakters sehen läßt. Im Gegenteil, sie erlangt eine so unerwartete wie legitime Resonanz in einem Präteritum, das keines ist, – Aktualität, gesehen durch Eingedenken.

Wieder Dichtungs-Jetzt heute

Wieso aber ist dann die schwierige Nähe heute so wenig darstellerisch überwunden? Wieso gibt es so wenig taugliche Romane aus dem Alltag oder auch aus unseren Festen? So wenig gelungene Zeitstücke mit einem gegenwärtigen gesellschaftlich-menschlichen Konflikt, einem nicht-antagonistischen immerhin? An Schriftstellern fehlt es kaum, und sollten bedeutende dünn gesät sein, nun, es muß ja nicht immer gleich die große Liebe sein, das völlig überzeugende Werk. Statt dessen aber sind auch die passablen Hervorbringungen heute dünn gesät, dünner jedenfalls, als selbst behördlicherseits erwünscht. Einige glauben, daß gerade diese behördlichen Wünsche, soll heißen, die mit ihnen verkündeten »Anleitungen« lähmend wirken, indem hier den Künstlern die individuellen Hammelbeine geradegezogen werden. Das wird dann als Bevormundung angesehen, gleich als ob die Zeigefinger, die nicht schreiben können, den Schriftstellern vorschrieben, bei Androhung allerhöchster Ungnade, wie sie zu schreiben hätten. Auch diese Erklärung vorhandener schriftstellerischer Schwächen ist aber *auf die Dauer* unzureichend, nachdem der Sozialist ein Ziel vor Augen hat, ein so ernstes, reiches, scharfes, daß es keines schlechthin Unzeitgemäßen, nur eines Kenners von Wesen und Unwesen, Unwesentlichem bedarf, um auch das unewig Gestrige am Jetzt zu durchdringen. Denn sofern sich eine Zeit im Aufbau bewegt, dann kann sie, wider alles noch so institutionelle Zurückbleiben, höchstes Interesse ihrer Abbildung, folglich Orientierung, folglich Beförderung hervorrufen wie keine zuvor. Eingangs dieses wurde gefragt, angesichts so vieler vorher geglückter Zeitstücke, Zeitromane: Welche Haltungen des Autors und welche Eigenschaften im jeweils aktuell Gegebenen müssen besonders ausgebildet sein und beachtet werden, damit die Nähe das Werk sogar beflügeln möge? Diese Frage wäre nun, nachdem sie mit Angabe der »Haltungen«, der »Eigenschaften« einigermaßen, wenn auch nur umrißhaft, zu beantworten versucht worden ist (Satire, Kritik, humane Utopie), so umzukehren: Ermangelt die »schmächtige Figur des gegenwärtigen Zeitromans« solcher so lang bewährter Ingredienzen, Darstellungshormone? Hierbei hat doch die gegenwärtige Zeitpoesie eine in der Welt erfaßte Eigenschaft für sich, die zuvor nicht helfen konnte: eben die marxistische Situationsanalyse und ökonomisch-dialektische Tendenzforschung sowie die endlich verstehbaren Konkordanzen: Jetztzeit. Beides müßte Satire, Kritik wie humane Utopie auch poetisch wirksamer, seinsmächtiger machen als je, vorausgesetzt, daß beide, auf die Füße gestellt, auch genugsam, genugtuend gehen können.

Gewiß, selbst so bleibt die Nähe, als solche sozusagen, noch schwierig. Das auch dann, wenn nichts das in ihr sich Bereitende hemmt, selbst wenn der gute Augenaufschlag so sachlich wie möglich fällig geworden ist. Rein erkenntnistheoretisch ist das Jetzt wie auch das Hier immer das jäh Unmittelbare; als dieses braucht es sogar bei stärkst bewegtem und vermittlungsreichstem Inhalt darin, ja gerade dann, eine eigens sorgfältige Pflege. Ödipus war der weiseste der Menschen, das Rätsel der Sphinx, das den »Menschen« im allgemeinen, nicht den gerade lebenden, gar hier stehenden betraf, hat er gelöst. Aber der gleiche Ödipus hat als letzter begriffen, daß er seine Mutter geheiratet; genau das Selber-Darinsein, der geringe Abstand, nicht nur der Chok des Inhalts machten schwerer verstehend. Zwar ein *Darstellen* von Jetztzeit braucht schon deshalb keine so große Anstrengung, wie sie Ödipus für sich nötig hätte, weil der Autor, selbst wenn sein Dichten, nach Ibsens Wort, Gerichtstag über sich selbst sein sollte, mit keiner seiner Figuren dermaßen wie Ödipus zusammenfallen kann. Aber was Zeitgemälde in dieser Zeit angeht: wie bedenklich hat eben wieder ein sorgfältiger Autor wie Thomas Mann im *Zauberberg*, gar im *Doktor Faustus* Blickdistanzen einlegen müssen, fast sonderlich vertrackte Klausnereien, gar Hinterhalte zur Jetzterfassung, trotz seines bekannten kritischen Realismus (oder auch wegen seiner, als eines bürgerlichen). Hier ein Sanatorium hoch droben, weit vom kommenden Schuß, dort ein Tagebuch einschiebend, leicht posthum zum lebend daseienden Ereignis, ja zu zwei ineinanderschwingenden Zeiten, denen des erinnernden Magister Zeitblom und des agierenden Adrian Leverkühn, bewußt noch die dritte des späten Lesers hinzufügend (vgl. *Doktor Faustus*, Kap. XXVI). Das sind recht intrigierende Praktiken oder Optiken, und sie sind selbstverständlich bei einem so abstandshaften Autor wie Thomas Mann weder per Zufall noch für wenig abstandshafte von heutzutage ohne Bedeutung. Nicht direkt kann verschifft werden, meint also diese Art Aktualität, mit ihrer Ware, ihren Bestimmungsorten, es bedarf dazu mehrerlei Umschlagshäfen, auch einer oratio obliqua, wie sie in keiner bisherigen Zeitdarstellung üblich, vielleicht auch nötig war. Manns falltürhaft-konkordante Lutherdeutsch-Kopie, die spätgotische Ansiedlung aktueller Kälte, Größe und Dekadenz, das zeigt noch überdies, mit wieviel Echo, auch Vineta vorgegangen wird, um Aussagen einer Jetztzeit, wenigstens einer spätbürgerlich ausgeschnittenen und arrivierten, tonig zu vernehmen. Fehlt auch alle gesellschaftlich aufsteigende Kraft, so ist doch die Heimlosigkeit der Übergangszeit in diesem späten, erstaunlichen Mann-Buch gerade indirekter genauer porträtiert als in jenen direkt versuchten Gegenwartsromanen, die den gesellschaftlich aufsteigenden Kräften entscheidend gerecht werden und doch – auch bei der großen Kunst einer Anna Seghers – der anderen Seite der Heimlosigkeit: also immerhin dem Zwielicht zwischen Nacht und dem mehr als nur möglichen Tag, nicht entfernt gerecht werden. Das Jetzt scheint es also episch noch besonders in sich zu haben, wenn es geschichtlich-substantiell besonders viel Transitorisches für sich hat. Das gilt auch dann, wenn einmal günstige Verhältnisse, unabdingbar-störungsfreie, zur Hevorbringung des wahren Zeitspiegels vorliegen sollten. Die Lage ist jedenfalls methodisch noch so: Ein Gegenwartsroman, an dem großes Gelingen sui generis ist, hat dies Gelingen erkauft durch besonders komplizierte Spiegelungen auf verschiedenen Ebenen des Abstands, und vor allem: seine Gegenwart ist noch eher darstellbar als die einer fertigen, wenn auch transparent dargestellten Dekadenz wie als Aufstieg mit zu schöngefärbten Hindernissen.

Wie aber, früher ist doch ohne soviel Scheu der Tag ringsum gedichtet, verdichtet worden. Der kritisch-utopische Blick vom Dach reichte aus, um nicht nur die Ferne, sondern gerade die Gegend ums Haus herum übersichtlicher zu sehen. Heute gelingt das offenbar nicht mehr so unbeschwert, und zwar, wie immer wieder zu betonen, nicht nur wegen des Unterschieds kleinerer Schriftsteller zu großen (denn es gab auch früher kleinere, die sich immerhin aufs Dach wagten). Und wird von Zensur gesprochen, so war diese in der feudal-reaktionären Zeit geradezu vorbildlich, während der Kapitalismus andererseits, nach Marx, der Kunst und Poesie direkt feindlich war. Und sollte es heutzutage selbst im fortschrittlichen Lager nicht so bedeutende Schriftsteller geben wie in den guten Zeiten des Bürgertums, so gibt es zwar nicht für Nichtskönner, wohl aber für die kleineren Jünger oder auch neuen Lehrlinge Apolls die revolutionär so mächtig konkordante Jetztzeit im angegebenen tieferen Sinn. Und es gibt – zum Unterschied von blühendem Juste-Milieu, gar nihilistischer Dekadenz – das Hinreißende sozialistischer Pespektive. Doch freilich, gerade an deren Fehlen scheint der gesuchte Grund zu liegen, weshalb auch begabte Autoren hier zu meinen scheinen, Gegenwartsroman sei ein mit Handlung versehener Leitartikel. Weshalb also ein mächtig geladenes Jetzt auch von der poetischen Praxis so unadäquat verwaltet, erschlossen, in seine Form gesetzt wird. Das trotz der wunderbar möglichen Einheit von Mikroskop und Fernrohr im theoretischen Marxismus, von einem Fernrohr zudem, wie man es braucht, um mit stärkster Reichweite, das heißt hier: Tendenzkunde, endlich den Stern Erde erkennen zu können. Welches Plus, wäre zu meinen, kommt von hierher, in Ansehung konkreten Verhaltens zum Jetzt, auch den Poeten zu. Welchen Zuschuß, könnte man erwarten, gibt die marxistisch begonnene Erkenntnis der realen Bewegungs- und Tendenzgesetze zum methodischen der früheren Zeitbilder, zu ihrer noch symptomgebundenen Kritik, ihrer noch abstrakten Human-Utopie. Daß dergleichen nicht so ist, das dürfte, samt der »Anleitung« eben an der Schwäche, ja genau an der *zu gering erfaßten Gegenwärtigkeit der Perspektive* liegen. Denn bleibt diese nicht genügend bewußt, dann blaßt, noch über den Zwang hinaus, Kritik des Nah-Umstands ab, und das Utopische, statt konkret zu werden, ermattet zu seinem sonderbarsten Gegenteil, der Schönfärberei (auf oft ganz irreale Art). Die spezifischen Prämissen zur Kunst sind im Marxismus offenbar noch nicht genügend herausgestellt, durch Vulgärmarxismus werden sie vollends verhindert. Der Westen aber, soweit aus Zukunft noch ausgelassen, sieht als Feld seiner Muse, sei sie frivol oder komfortabel, allermeist nur das große Hotel Traurigkeit. So wird dann allerdings die Gegenwart, die heute extrem eine in Übergangszeit ist, um die Perspektive verkürzt, dieser poetisch genuinsten Eigenschaft. Die bloßen Mittel, auch die nicht immer unvermeidlichen oder noch notwendigen, geraten zu verdinglichten Selbstzwecken und werden so besungen. Hic Rhodus hic salta, dieser erzsolide Satz gilt gewiß für jede Herstellung, Darstellung, die sich konkret zum Jetzt verhält, also nicht zuletzt für die Poesie. Aber gerade sozialistische Nähe gibt es nie anders als mit den zukunftstragenden Eigenschaften der Wirklichkeit zusammen.

Die Schaubühne, als paradigmatische Anstalt betrachtet, und die Entscheidung in ihr

> Sie sitzen schon, mit hohen Augenbrauen, gelassen da und möchten gern erstaunen.
>
> *Der Direktor im »Faust«*

Der Vorhang geht auf

Seit alters kommen hier sonderlich gespannte Leute zusammen. Die Antriebe, die sie an die Kasse und in den fensterlosen Raum geführt haben, sind verschieden. Ein Teil ist gelangweilt und will sich nur in einen Abend einkaufen, wo man schlecht oder recht zerstreut wird. Ein besserer, sich heute mehrender, werktätiger Teil will keine Zeit totschlagen, sondern sie füllen. Auch diese Besucher wollen in der Vorstellung unterhalten, also gelöst und frei werden, aber nicht ohne weiteres oder lediglich frei von etwas, sondern frei zu etwas. Bei allen aber treibt, was man mimisches Bedürfnis nennen kann. Dieses Bedürfnis ist weiter verbreitet als das poetische, es hängt positiv mit der nicht nur willfährigen oder heuchelnden, sondern versucherischen Lust, sich zu verwandeln, zusammen. Es teilt mit dem Schauspieler selber diese Lust, sucht sie durch ihn, das heißt in allen besseren Fällen durch das, was er jeweils vorstellt, zu befriedigen. Weiter aber, vor allem will der Zuschauer nicht sehen, was der Schauspieler mimisch vorstellt, sondern was er und die ganze Gruppe der Spieler als sinnlich farbige, sprechend bewegte Vorstellung von etwas geben. Wird der Zuschauer in das Leben der Bühne hineingezogen, so wird er damit keineswegs wie der Freund bloßer Zerstreuung aus dem vorhergehenden Alltag schlechthin herausgezogen. Das auch dann nicht, wenn die Bühne sogenannte leichte Kost verabreicht, wenn anders diese von Kitsch, der nicht einmal zerstreut, sondern verblödet, unterschieden ist. Der Vorhang geht auf, die vierte Wand fehlt, an ihrer Stelle ist der offene Bühnenrahmen und hinter dieser Schauseite hat es auf gefallende, auf unterhaltende Art bedeutend, das ist, Etwas bedeutend herzugehen. Vom gehabten Leben verschwindet die Enge, in die es so oft geraten ist; merkwürdige und entschiedene Menschen, ein weiterer Schauplatz, kräftige Geschicke ziehen nun auf. Der Zuschauer ist ebenso erwartend wie miterfahrend der Dinge gewärtig, die da kommen sollen.

Die Probe aufs Exempel

Aber er bleibt nicht nur gewärtig, die leibhaftig packenden Spieler reizen zu mehr auf. Sie verlangen vom Zuschauer, sich zu entscheiden, sich mindestens über sein Gefallen an der Darbietung als solcher zu entscheiden. Und dargeboten wird ein objektives Stück, so daß sich das Klatschen oder Pfeifen, worin die Entscheidung sich äußert, auf das Stück ausdehnen muß, das dem Schauspieler doch erst seine Rolle gibt. Wie erst dann, wenn der Zuschauer, der kein Backfisch und kein Starkult ist, den Mimen überhaupt nicht anders vernimmt denn als Medium der dramatischen Person innerhalb einer ebensolchen Handlung. Das Mißfallen, das hier geäußert, der Beifall, der hier gezollt wird, zuweilen in die offene Szene hinein: sie sind von der lautlosen oder auch noch so temperamentvollen Stellungnahme zu gelesener Literatur recht verschieden. Denn erst, indem der Zuschauer auf der Bühne wirklich sieht, was er zu sehen wünscht oder auch, was er nicht zu sehen wünscht, wird er üblicherweise zu einer Stellungnahme gebracht, die über die Entscheidung des bloßen Geschmacksurteils erheblich hinausgeht. Nicht zuletzt ist dafür auch wichtig, daß sich in jedem Theater eine förmliche Versammlung von Stimmfähigen befindet, während sich vor dem Buch in der Regel immer nur ein einzelner Leser befindet. Sehr interessant wird diese Entscheidung bei Brecht zum Hauptpunkt gemacht und eben dadurch, daß sie sich von dem bloß »kulinarischen« Geschmacksurteil reichlich loslöst. Auch dadurch, daß sie die dargestellten Menschen, Begegnungen, Handlungen nicht nur wertet, »wie sie sind, sondern auch, wie sie sein könnten«; daß der theaterhafte Aufbau eines Menschen »nicht von ihm, sondern auf ihn ausgeht«. Zu diesem Zweck wird bei Brecht die Entscheidung so scharf und so bedacht aufgezeigt, in Regie und Handlungsführung, daß sie sich allemal über den Theaterabend hinaus zu erstrecken hat. Und zwar auf aktiviert-belehrte Weise, ins besser zu tätigende Leben hinein, also wirklich in die Dinge hinein, *die in des Worts verwegenerer Bedeutung kommen sollen.*

Das *erstens,* indem der Zuschauer sich nicht mehr in das Spiel bloß einfühlt. Er bleibt wachen Sinns und versetzt sich in die Handlung und ihre Spieler, während er sich ihr ebenso gegenübersetzt. Richtig ist so einzig »die Haltung des Rauchend-Beobachtens« (Anmerkung zur Dreigroschenoper), nicht die des gebannten Manns, der seine Gefühle schwelgend abreagiert, statt daß er sich *Gedanken* macht und sie vergnügt, erheitert erlernt. Vergnügen am Spiel muß sein, mehr als je, der tierische Ernst ist hier falscher als irgendwo, ja, »das Theater muß etwas Überflüssiges bleiben können« (Brecht, *Kleines Organon für das Theater § 3*), doch der gehabte Genuß hat den Zuschauer nicht zu schmelzen, sondern er macht ihn unterwiesen und aktiv. *Zweitens* wird der Schauspieler selber sich nie ganz mit der Figur und ihrer Handlung verschmelzen, die er nachahmt. »Er bleibt immer nur der Zeigende, der nicht selbst Verwickelte«, er steht neben der Stückfigur, sogar als ihr Kritiker oder Lober, und seine Gebärden sind nicht die des unmittelbaren Affekts, sondern machen die Affekte eines anderen mittelbar kenntlich. Durch dieses mehr epische als dynamische Theaterspielen soll die Vorstellung – von aller Exhibition der Schauspielerseelen oder des sogenannten Theaterbluts befreit – nicht weniger, sondern mehr Lebendigkeit, Wärme, Eindringlichkeit erhalten. Wonach Brecht gerade im Hinblick auf die Publikumswirkung des epischen Mimenstils betont: »Es ist nicht der Fall – wiewohl es mitunter vorgebracht wurde –, daß episches Theater, das übrigens – wie ebenfalls mitunter vorgebracht – nicht etwa einfach undramatisches Theater ist, den Kampfruf hie Vernunft – hie Emotion (Gefühl) erschallen läßt. Es verzichtet in keiner Weise auf Emotionen. Schon gar nicht auf das Gerechtigkeitsgefühl, den Freiheitsdrang und den gerechten Zorn: es verzichtet so wenig darauf, daß es sich sogar nicht auf ihr Vorhandensein verläßt, sondern sie zu verstärken oder zu schaffen sucht. Die ›kritische Haltung‹, in die es sein Publikum zu bringen trachtet, kann ihm nicht leidenschaftlich genug sein« (Brecht, *Theaterarbeit*, 1952, S. 254). Dem Objektivwerden des Schauspielers entspricht aber jenes Kunstmittel des objektiven Heraushebens einer Szene insgesamt, das Brecht *Verfremdung* nennt. Das bedeutet: »Bestimmte Vorgänge des Stückes sollten – durch Inschriften, Geräusch- und Musikkulissen und die Spielweise der Schauspieler – als in sich geschlossene Szenen aus dem Bezirk des Alltäglichen, Selbstverständlichen, Erwarteten gehoben (verfremdet) werden« (Brecht, *Stücke VI*, 1957, Seite 221). Der Effekt soll dann der sein, daß Verwundern eintritt, also jenes wissenschaftliche Stutzen, philosophische Staunen, womit das gedankenlose Hinnehmen von Erscheinungen, auch Spiel-Erscheinungen aufhört und Fragestellung, erkennenwollendes Verhalten entspringt. Der »Rat der Spieler«, die sich auf den Verfremdungseffekt verstehen, heißt demgemäß in einem Brechtschen Lehrstück (recht mit Staunen als Anfang des Nachdenkens):

> Ihr saht das Übliche, das immerfort Vorkommende.
> Wir bitten euch aber:
> Was nicht fremd ist, findet befremdlich!
> Was gewöhnlich ist, findet unerklärlich!
> Was da üblich ist, das soll euch erstaunen.
> Was die Regel ist, das erkennt als Mißbrauch
> Und wo ihr den Mißbrauch erkannt habt
> Da schafft Abhilfe!
>
> Epilog zu *Die Ausnahme und die Regel*

Und zum Unterschied von der folgenlosen Literatur macht die Verfremdung einen besonders heftigen Aufruf zur Nachdenklichkeit mit antizipierenden Folgen. Da das lange nicht Geänderte leicht als unabänderbar erscheint, geschieht die Verfremdung des im Theater abgebildeten Lebens letzthin also dazu, »den gesellschaftlich beeinflußbaren Vorgängen den Stempel des Vertrauten wegzunehmen, der sie heute vor dem Eingriff bewahrt« *(Kleinen Organon für das Theater, § 43).* Damit nun ist *drittens* und letztens das Hauptanliegen dieser Regie erreicht: nämlich das Theater als *Probe aufs Exempel.* Die Haltungen und Vorgänge sollen daraufhin durchgeformt, spielhaft durchexperimentiert werden, ob sie zum Verändern des Lebens taugen oder nicht. Man kann derart sagen: Das Brechtsche Theater beabsichtigt, eine Art von variierenden Herstellungsversuchen des richtigen Verhaltens zu sein. Oder was das gleiche heißt: Ein Laboratorium von richtiger Theorie-Praxis im kleinen, in Spielform, gleichsam im Bühnenfall zu sein, der dem Ernstfall experimentierend unterlegt wird. Als Experiment in re und doch ante rem, das heißt, ohne die realen Fehlfolgen einer gleichsam undurchprobten Konzeption (vgl. das Lehrstück *Die Maßnahme)* und mit der Pädagogik, solche

Fehlfolgen dramatisch vorzuführen. Auch mögliche Alternativen werden derart versuchend dargestellt, mit dem auf der Bühne ausgetragenen Ende jeder dieser Alternativen (vgl. die entgegengesetzten Lehrstücke *Der Jasager, Der Neinsager*). Ein ähnlicher Duktus zeigt sich nicht zuletzt in Brechts reifem Galilei-Drama, wo die Frage durchexekutiert sein mag, ob es sich mit Galileis Widerruf, um des noch zu schreibenden Hauptwerks willen, richtig verhält. Mit alldem wird »Parabeldramatik« erstrebt, an konstruiert verschärften, auch oft vereinfachten Beispielen und Entscheidungen. Und das Brechtische warf, was die zu erfolgende Auskunft angeht, immer mehr, immer weiser die Abstraktheit ab. Nirgends findet sich Vereinfachung in jener wahrhaft schrecklichen Gestalt, die Schematismus heißt, weil er das ihm zugängliche Gebiet mit fünf bis sechs Formeln oder Hurra-Abschlüssen schon auswendig gelernt hat; weshalb er auch das Brechtische haßt. Brechts Theater sucht eine Handlungsweise, in der einzig kommunistische, also immer wieder frisch zu erprobende Schlüssigkeit des Tuns steckt, und führt zum Ziel der zu bewirkenden Herstellung des wirklich Nützlichen und seiner Vernunft.

Weiteres zur Probe aufs zu suchende Exempel

Es ist zweifellos ungewohnt, daß Stücke lehren, indem sie selber erst lernen. Daß ihre Menschen und deren Handlungen fragend-untersuchend gewendet und auch umgewendet werden. Trotzdem kommt eine offene Form in allen Dramen schon vor, wo ein Mensch, eine Lage gerade in ihrem währenden Widerspruch gezeigt werden. Nur wo eine Hauptfigur – als Charakter oder als soziale Funktion – einsinnig-unvermeidlich handelt, dort gibt es keine derartigen Variabilitäten. Othellos Eifersucht wankt nicht und kann nicht anders gedacht werden, in all ihren Konsequenzen und Situationen Schlag auf Schlag; ebensowenig wanken Antigones mutterrechtlich überkommene und durchgehaltene »Pietät«, Kreons gesellschaftlich siegreich gewordene »Staatsräson«. Die Konflikte sind hier unausweichlich, das Experiment eines Anders-Seinkönnens, Anders-Handelnkönnens, Anders-Endenkönnens wäre hier selbst in bloßen Andeutungen einer Interpretation und ihrer Regie grotesk. Aber gibt es nicht in einer großen Reihe von Dramen mehrseitige Naturen und solche mit mehrfach möglichen Wegen vor sich? Gibt es nicht Hamlet oder, in so viel kleinerem, unbedeutenderem, abgestempeltem Alternativwesen, den zwischen Republik und Monarchie schwankenden Monolog Fiescos? Gab es nicht stets schon Dramen mit mehreren möglichen Fassungen; Wertungen des Verlaufs, des Ausgangs? – Goethes *Stella*, *Tasso* im Verhältnis zum Ur-Tasso? *Stella* wurde von Goethe 1776 versöhnungsvoll, 1805 tragisch geschlossen, *Tasso* zeigte in der Urfassung den Prosaiker Antonio verneint, den schwärmerischen Dichter bejaht, in der zweiten Fassung wird das fast umgekehrt. Allerdings gab es keine bisherige Dramatik – und die groß ausgeformte am wenigsten – mit einem eigenen Theorie-Praxis-Verhältnis, gar mit dem Drama als einem sich immer wieder berichtigenden (tableauhaft unterbrechenden) Lehrgang. Doch selbst die unabänderlichen Dramen: waren sie keine Proben aufs zu suchende Exempel, so doch Exempel eines zu Ende geführten Wegs, eines guten oder schlechten, eines zu suchenden oder zu fliehenden, mit der empfohlenen Devise: exempla docent. Das vor allem dort, wo die Schaubühne, mit oder ohne lehrhaftes Pochen darauf, mit einer moralischen Anstalt begabt worden ist. Ja, das Unerwartete geschieht, daß Brecht weit weniger moralisch-pädagogisch sein will als etwa Schiller. Gerade der Verfasser von Lehrstücken und Schulopern lehnt, als freundlicher Materialist, ein Theater ab, das nur moralisierte und so gar keines wäre: »Keineswegs könnte man es in einen höheren Stand erheben, wenn man es zum Beispiel zu einem Markt der Moral machte; es müßte dann eher zusehen, daß es nicht gerade erniedrigt würde, was sofort geschähe, wenn es nicht das Moralische vergnüglich, und zwar den Sinnen vergnüglich machte – wovon das Moralische allerdings nur gewinnen kann« (*Kleines Organon*, § 3). Doch hindert diese Ablehnung der Waschzettel und Leitartikel, des »Sichtwerbung«-Kitschs auf der Bühne das alte Brechtprogramm nicht: das Programm des bewußtseinsbildenden, Entscheidung schulenden Theaters. So will dies Programm »das Theater so nahe an die Lehr- und die Publikationsstätten rücken, wie es ihm möglich ist«. Das Theater, wie sich von selbst versteht, als gekonnte Unterhaltungsstätte, deren Einfluß durch Dichtung geht, nicht durch Leitartikel und Hurra-Konformismus. Gerade letzterer hätte ja gar keine Proben aufs Exempel nötig, weil er ohnehin schon alles weiß und weil er das Wort Exempel mit Musterknabe übersetzt. Gemeint ist statt dessen moralische Anstalt mit Beglückung, wobei die Tiefe der bewirkten Aufklärungen und Impulse direkt proportional zur Tiefe des Genusses zu sein pflegt. Nicht ohne Grund ließe sich hier gerade auf den sinnlich lustvollsten Theaterschein, den der Oper, hinweisen: progressive Meisterwerke ihrer, wie die *Zauberflöte, Figaros Hochzeit,* geben im nobelsten Genuß gleichzeitig das aktivierendste humane Wunschbild. Und wie die Mittel, so ist der Inhalt der durchs progressive Theater vermittelten Belehrung (Medizin und Unterweisung) einer der Freude; als solcher wirkt er im Spiel als der kämpfend herzustellende oder als hergestellt voraufscheinende. »So ist die Wahl des Standpunkts ein anderes Hauptteil der Schauspielkunst, und er muß außerhalb des Theaters gewählt werden. Wie die Umgestaltung der Natur, so ist die Umgestaltung der Gesellschaft ein Befreiungsakt, und es sind die Freuden der Befreiung, welche das Theater eines wissenschaftlichen Zeitalters vermitteln sollte« (*Kleines Organon,* § 56). Soviel hier über das Theater, wenn es als Haus der entscheidenden Handlungen erscheint, über die und zwischen denen entschieden wird. Sobald Probe aufs Exempel gespielt wird, ist das Ziel deutlich sichtbar, aber die Bühne als experimentelle (Vorschau-Bühne) traktiert die Verhaltungsweisen aus, es zu erreichen.

Lektüre, Sprachmimik und Szene

Oben wurde gesagt, alle rechten Stücke seien besser zu sehen als zu lesen. Weil vor der Bühne weit weniger geschmackshaft, weit gemeinsamer entschieden werden kann als vor dem Buch. Aber in beklagenswerten Fällen erscheint es dennoch denkbar, das gespielte Stück ebenso gut, gar besser zu lesen als zu sehen. Dann nämlich, wenn sich die Schauspieler vor ihre Rolle stellen, wenn es etwa den »Intriganten« Müller statt des Jago zu sehen und zu hören gibt. Es wird noch unerfreulicher, wenn ein Star Dichtungen als Vorwand benutzt, um seine ach so persönliche Leiblichkeit und Sprachmanier nochmals zu verkörpern. Hinzu kommt, auch bei weniger großspurigen Darbietungen, daß wegen sogenanntem Temperament oder auch wegen Zeitmangel auf der Bühne in der Regel viel zu schnell gesprochen wird, vor allem, wenn Verse zu erledigen sind oder auch kunstvolle Perioden. Wieviel Kostbares geht bei dieser Abspulung verloren, wie übel wird zu einem Hindernisrennen, was bei der verweilenden Lektüre eine sich immer reicher erschließende Landschaft war. Aber das Theater hat sich doch allemal als ein Plus gegenüber der Lektüre zu bewähren, ganz gleich, wie lebhaft Ohr und Auge beim Lesen schon genossen haben. Und es muß so sehr ein Plus sein, daß selbst das best erfaßte Lesedrama sich zu dem ausgeführten so verhält wie die Schatten aus der Odyssee, die nach dem Blut drängen, um wirklich Rede und Antwort stehen zu können. Sind es doch selten gute und niemals werkgerechte Dramen, die unaufgeführt die schöneren sind, wann immer die Aufführung selber werkgerecht geschieht. Es sind bestenfalls Lyrismen mit Hin- und Widerrede, denen Handlungen Schlag auf Schlag, Knotenbildungen, Auftritt, Abgang, dicke Luft, gleichsam die edle, nicht nur Schillersche, auch Shakespearesche Kolportage des zur Bühne Drängenden fehlen. Es gibt keine Welt im Drama ohne den sichtbaren Platz für Figuren und Wechselszenen, welchen die Akteure, vor allem die Regisseure herausstellen. Und auch große Lyrik, sofern sie in Handlung, also in Drama steht, wird erst in der Szene auf die Bewegung der Stimmung oder der Reflexion, kurz auf das Drama in intravertierter Gestalt abgebildet, zu der sie gehört. Gerade deshalb – und nicht, wie sich hier von selbst versteht, Innenwelt des Leseverses, als Theaterflucht – ist der Satz Brechts so bedeutend-wahr:

Über die abendliche Heide schrieb
uns der Elisabethaner Verse,
die kein Beleuchter erreicht, noch
die Heide selber!

Und der Satz ist wahr, der Beleuchter erreicht die Verse nicht, weil die abendliche Heide des Elisabethaners bis zu ihrem wahrsten Wesen poetisch fortgetrieben ist, doch innerhalb des *Theaters*, innerhalb der Lear-, der Macbeth-Szenen, für die Shakespeare alle diese Verse geschrieben hat. Das Erreichen, das Übertreffen, das Aufschließen der abendlichen Heide durch große Dichtung geschieht unzweifelhaft durch die Schlüsselgewalt solcher Dichtung über die Natur, doch das Theater zeigt eben die gedichtete Heide als den Boden, auf dem *selbst ihr eigenes Stück endlich gespielt wird.* Nicht zuletzt auch realisiert ein dermaßen vollkommenes Theater erst die bedeutende Pause, die im Drama nicht sowohl zwischen den Zeilen als zwischen den Worten, Sätzen stehen mag und zwischen den Auftritten. Horchen, Klopfen, Achtung auf ferne Rufe, ein Erwartendes mithin wohnt vorzüglich in solchen Pausen, samt dem Ablauf oder Faltenwurf bedeutender Gebräuche. Noch der wundervolle Trompetensatz in Verdis *Othello,* die Gesandtschaft des Dogen ankündigend, stammt diesseits oder jenseits der Oper aus der Shakespeare-Pause immanenten Form. Also ist das Theater, zum Unterschied von seinem Buch, die sinnliche Erlebniswirklichkeit, worin Ungehörtes öffentlich gehört wird, worin das der Erlebniswirklichkeit Entlegene plastisch publik wird, worin das Gedichtet-Verdichtete, das Voll-endete wirklich auftritt, als wäre es im Fleisch. Und es ist allemal Mimik, durch welche die Dichtung auf die Ebene des Theaters sich abbildet; es ist *Sprachmimik plus Gestusmimik* plus der *Aura-Mimik* der vom Bühnenbildner geschaffenen Szenerie. Der Bühnenrahmen wird hier wie ein Fenster, durch das sich die Welt bis zur Kenntlichkeit verändert, sieht und hört. So ist das Theater die Institution einer neuen, nirgends mehr unmittelbaren Erlebniswirklichkeit, freigelegt durch die darauf bezogene dramatische Dichtung.

Alles hängt hierbei ab von dem Ton, mit dem eine Rolle versehen wird. Ja, man kann sagen, der gespielte Mensch ist eine Klangfigur, als dieser wird er für die Bühne geboren. Am Anfang steht daher die Sprechform, das heißt, die schwierige Kunst, welche den Tonfall moduliert, modelliert. Der Grundton nun, auf den solche *Sprachmimik* gestellt ist (der vorzügliche Ausdruck stammt von Schleiermacher, Prediger und Philosoph dazu), ist nicht etwa mit dem abstrakten Umriß einer Figur gegeben, gar mit dem Klischee, das sich aus ihm gebildet hat. Der wahre Grundton stammt einzig aus der Anlage, der Bindung und dem Zielbild der Figur, mithin aus der durch ihren Charakter samt ihren Umständen eröffneten Möglichkeit, zu handeln, zu sein. Das meint nicht einen Charakter im statischen Sinn des Eingegrabenen, Eingemeißelten, sondern der Charakter bezeichnet hier die Bestimmung zu einer sich erst bildenden Handlung. Nur in dieser Richtung kommt wahrheitsgemäß eine dramatische Klangfigur zustande, nur von der Destination her wird sie variiert. Als Beispiel führt der große

Regisseur Stanislawskij Hamlet an, dergestalt, daß man im Hamlet etwa die Aufgabe entdecke: ich will meinen Vater rächen. Man könne aber auch eine höhere Aufgabe entdecken: ich will die Geheimnisse des Seins entdecken. Man könne aber auch eine noch höhere Aufgabe entdecken: ich will die Menschheit retten (vgl. Trepte, *Leben und Werk Stanislawskijs*, S. 78 f.). Stanislawskijs Regie entwickelte die Figur Hamlets, mitsamt allen Hemmungen, nach dieser letzten »Grundformel«. Schwieriger allerdings wird der gezielte Duktus in der Sprachmimik, sobald diese bereits durch eine gewisse abstrakte, ja unwahr-pathetische Höhenlage traditionell festgelegt ist. Das ist immer noch angesichts Schillers der Fall, als Problem, Schillerverse auch kühl, auch gänzlich unsonor sprechen zu können; das ist in der Gesangsmimik und nicht minder in der des Orchesters angesichts Wagners der Fall. Der zäh haftende Hoftheaterton, sein schmachtendes oder rollendes Pathos ist im Sprechen selbst Wallensteins räselhaft schwer durchbrechbar. Ebenso rätselhaft schwer (obwohl es im neuen Bayreuth nicht ohne Glück versucht zu werden scheint) ist das Plüschheroinen-, dann Siegesallee-Barock vom Tonfall des Nibelungenrings entfernbar. Diese Verjährtheiten haben gewiß auch im originalen Schiller und Wagner einen Teil ihres Ursprungs: den Ursprung aus einer Rhetorik in allzu gleicher, also oft nur gewaltsam haltbarer Höhenlage. Doch liegt ebenso in der scharf logischen Sprachkraft Schillers, in der scharf kontrapunktischen Ausdruckskraft Wagners das Gegengewicht; und die restitutio Schillers und Wagners bedeutet bei Schiller, das in ihm sprechbare Piano des Nachdenklichen, bei Wagner, das in ihm singbare Bel canto der unendlichen Melodie darzustellen. Bei Richard Wagner ist, als mehr von Haus aus, mehr von seiner eigenen Zeit her im Überdonner steckend, der gleichsam fälligere Fall der restitutio in integrum: vollziehbar zunächst von der Gesangsmimik her und damit auf den ganzen Aufbau übergreifend. Desto wichtiger ist die Aufgabe, die Aufführung Wagners genau von dieser Seite her, dem Blühenden und Scharfen, dem Gewaltigen und jäh Tiefen des Werks endlich gemäß zu machen. Die Gestusmimik samt Szenerie, nicht mehr verschwült und ranzig, nicht mehr mit Donnerhall, Schwertgeklirr und Wogenprall, folgt dann unverstockt nach. *Gestusmimik nun selber*, sie setzt die durch Worte vermittelte dramatische Handlung an den Leibern der Schauspieler, aber auch am Leib, sozusagen, der hingestellten Dinge in Szene. Diese Szene kann karg sein, wie bei Brecht, wie im altenglischen und altspanischen Theater, sie kann üppig sein wie in einigen guten Beispielen der ehemaligen Meininger und den Ausstattungen Max Reinhardts, sie kann vor allem die Dichtung selber sich im Bühnenbild aurahaft ausbreiten und niederschlagen lassen wie in der Kunst Stanislawskijs. Von dem mit Recht gesagt wurde, daß er die Schlüssel zu allen Türen und Wohnungen besaß, ja daß er mit gleicher hausherrlicher Gewalt im Ibsenzimmer des Doktor Stockmann, in der Höhle des Nachtasyls, in den riesigen Gemächern des Zaren Berendij zu schalten verstand. Der Gestusmimik nahe verwandt entsteht so die angegebene *Auramimik* der vom Bühnenbildner geschaffenen Szenerie. Die Calderon-, gar die Shakespeare-Bühne übte dergleichen zwar nicht, doch bei aller Kargheit, eine Höhle, einen Wald, einen Prunksaal bloß durch Beschriftung andeutend, fehlten keineswegs der Dolch oder die Strickleiter als die nötigen Requisiten, und: das allegorische Bühnenbild wird die Weiterung dieser Requisiten, gleichsam deren Abdruck und Ausdruck im Raum. Etwas zugespitzt, doch nicht minder aurahaft ausgedehnt, drückt Stanisławskijs Mitarbeiter Nemirowitsch-Dantschenko diese Gestusmimik samt Szenerie so aus: »Eine Inszenierung ist nur dann gut zu nennen, wenn man die Aufführung von einem beliebigen Zeitpunkt an ohne Worte weiterlaufen lassen kann und der Zuschauer trotzdem versteht, was auf der Bühne vorgeht.« In der Tat ist auch bei Calderon der Dolch in einem Eifersuchtsdrama, bei Shakespeare die Strickleiter in einem Liebesdrama mimisch schlechthin. Ja, der Dolch ist bei Calderon die Eifersucht selber in ihrer äußeren Gestalt, und das Frühlicht zwischen Nachtigall und Lerche ist bei Shakespeare nicht mehr die Äußerlichkeit, sondern die Auswendigkeit der Romeo-Julia-Liebe und ihres Tods. Dergleichen lenkt selbst als hochgetrieben nicht von der Handlung ab, sondern die homogen gewordene Ding-Aura lenkt in die Handlung hinein, sofern, wie Shakespeare seinen Hamlet zu den Schauspielern sagen läßt, »zu gleicher Zeit irgendein notwendiger Punkt des Stückes zu erwägen ist«. Wie sich von selbst versteht, bleibt die gesprochene Sprache auch bei der noch so gelungenen Gestusmimik und ihrer Szenerie allerdings das Alpha und Omega. So daß sich nicht etwa eine Pantomime verselbständigt oder auch nur vordringlich macht, sondern noch die gelungenste Pantomimik in Nemirowitsch-Dantschenkos Sinn dem Dichtwerk dient. Aber von der Mimik her gesehen ist das Theater aufs Beste die Plastik der Dichtung und eine, worin auch die stärkste Bewegtheit, als eine zur Mimik hin, die Plastik nicht aufhebt.

Illusion, aufrichtiger Schein, moralische Anstalt

Die alte Frage ist, zu was und zu welchem Ende die Bühne wirklich aufhebt. Sie arbeitet mit Schmincke und auch sonst überwiegend mit Mitteln und Lichtern, die überlegt vorspiegeln. Die Bühne ist deshalb mehr Schein als jede andere Kunstweise und eben deshalb, weil sie ihren Schein, trotz des abtrennenden Rahmens, erlebniswirklich werden läßt. Das gibt dem Theater zwar seine gleichzeitig entzückende und illusionistische Macht, unterstreicht aber den Schein so stark wie keine einzige reine Kunst. Ja, der Bühnenschein kann für einen unfreundlichen Blick – und er hat ihn öfter gefunden, nicht nur unter Muckern – mehr dem höchst unedlen einer Wachsfigur nahestehen als dem vornehm durchscheinenden, in nichts erlebniswirklichen eines Bilds. Dazu kommt das sozusagen Sich-Verstellende der Theaterhelden oder auch Theatermärtyrer; auf reale Heuchelei übertragen stammt der Begriff Komödiant von hierher. Doch lag freilich der Unterschied zwischen moralischem Schein und theaterhaftem auch damals schon auf der Hand, als die Schauspielerei noch kein »ehrliches Gewerbe« war. Der Komödiant heuchelt, während der Schauspieler sich verwandelt oder besser, die Rolle, die er spielt, leibhaftig kenntlich macht. Und indem die Bühne sich kraft der gespielten Dichtung ebenso als Statthalterin eines nicht Erlebniswirklichen in diesem gibt, fehlt doch wieder jeder Zusammenhang mit der Wachsfigur oder auch mit sogenannten lebenden Bildern, überhaupt mit Blendwerk. Trotzdem bleibt nun, auf der angemessen gewordenen Ebene, die Frage: ist das Theater, wenn nicht Blendung, so immerhin nichts als *Illusion*? Im bürgerlich-ästhetischen Gebrauch fehlt diesem Begriff zwar jedes Herabsetzende, indes bezieht er sich auch dann auf ein Etwas, das kein äußerlich reales ist, das als purer, obzwar gleichsam anständiger Schein mit irgendwelchem Vor-Schein nichts gemein hat. Dieser Art wurde Illusion auf alle, auch auf die sogenannt reinen Künste ausgedehnt, allerdings stets mit Nachklang vom Theaterschein her. E. v. Hartmann etwa statuiert in seiner dreiviertel spießigtrivialen, einviertel resümierenden *Philosophie des Schönen* die Illusion als Kunstcharakter schlechthin und definiert sie als »subjektives Korrelat zum objektiven ästhetischen Schein«. Aber real an diesem Schein wirkt dann gar nichts; dergleichen ist seit Kant-Schillers Definition des Schönen: als der Freiheit von realer Erscheinung, bei fast allen davon herkommenden Ästhetikern ausgemacht. Die Erscheinung wird auch als zweckgemäße erst schön, »sobald sie von der Realität, welche sie hervorgerufen hat, und damit auch von der *Realität* des Zweckes, dem dieselbe dient, abgelöst und zum reinen ästhetischen Schein verklärt ist« (E. v. Hartmann, *Philosophie des Schönen*, 1887, S. 174). Doch die Überraschung freilich, nicht bei E. v. Hartmann, wohl aber bei Schiller, der der beste Kantianer in der Ästhetik war, folgt auf dem Fuße. Denn wenn wirklich Freiheit von der *Realität* des Zwecks das objektive Korrelat zur subjektiven Illusion sein soll, dann ist nicht einmal der Theaterschein eine Illusion, ja dieser am wenigsten, wie man gleich sehen wird. Und wenn ihn auch Schiller selber eine »wohltätige Illusion« nennt, so hebt doch gerade dieses hier betonte Wohltätige seinen Illusionscharakter entscheidend, ein für allemal, auf. »Die Schaubühne, als eine moralische Anstalt betrachtet«, sagt dieses Sinns: »Wir werden uns selbst wiedergegeben, unsere Empfindung erwacht, heilsame Leidenschaften erschüttern unsere schlummernde Natur und treiben das Blut in frischeren Wallungen«; – item, gerade die angebliche bloße Illusion setzt in Realität, erfrischt sie und weist selber zu einer stärkeren, entbindbaren. Die genannte Schillersche Auslassung belebt seine Frühschrift mit dem so wenig der Illusion verhafteten Programm einer Schaubühne, die eben als moralische, folglich keinesfalls realitätsfreie Anstalt betrachtet wird. Wenn aber und indem die Schaubühne eine solche Anstalt ist, so ist jeder Illusionscharakter mit ihr unvereinbar; denn keine Illusion aktiviert den realisierenden Willen und den Willen zur Realität. Einer Bourgeoisie, die Wirklichkeit einerseits, Kunst und Ideal völlig auseinanderriß, weit über Kant hinaus, mußte auch das Theater als Illusion gewiß entsprechen. Wahr aber ist: Kunst als Illusion wäre und bliebe auf der ganzen Strecke Lüge, im moralischen wie außermoralischen Sinne genommen. Das heißt, sowohl in der Absicht zu täuschen wie in Ansehung der Unmöglichkeiten, die eine solche Kunst entwickelt. Der vorhandene Schein des Theaters dagegen ist nirgends illusionärer Schein, sondern *schlechthin aufrichtiger*, auch er »in einer Verlängerungslinie des Gewordenen, in seiner gestaltet-gemäßeren Ausprägung«. Sein Spiel quiesziert nicht, vermag vielmehr gerade den Willen von dieser Welt, in ihren realen Möglichkeiten zu beeinflussen – als paradigmatische Anstalt.

Nun aber darf an dieser, damit sie wirksam sei, der schöne Schein nicht vergessen werden. Die Bühne ist zwar nicht illusionär, doch in ihrem Wappen steht auch nicht der erhobene Zeigefinger. Wo er auftauchte, war viel bürgerlich-puritanischer Kunsthaß, war mindestens Fremdheit zur Kunst am Werk. Nicht zu selten leider wurde diese Fremdheit auch von Sozialisten betätigt, gleich als wäre das Theater kein Vergnügen, sondern eine Sonntagsschule (mit nichts als Bösewichtern und Musterknaben). Oben wurde gezeigt, wie gerade Brecht vom Theater als Abrichtung zurückrief, der gleiche Autor, der zuerst, statt der bloß kulinarischen, die bewußtseinsbildende Bühne pries. Aber das Theater sollte bei Brecht keine *ungeschmückte* moralische Anstalt sein und jedenfalls keine aufdringliche. Konträr: die Moral geht auch hier durchs Vergnügen, als die »nobelste Funktion, die wir für ›Theater‹ gefunden haben«. Aber das Gottschedsche Schulmeistertum im deutschen Gesicht der moralischen Anstalt stirbt so leicht nicht aus; weshalb immer wieder Toleranz für das Licht mit Glück erbeten werden muß. Weshalb Goethe, im Aufsatz *Deutsches Theater*, folgendes Bekenntnis zum schön-heiteren Schein zu setzen hat: »Aus rohen und doch schwachen, fast puppenspielhaften Anfängen hätte sich das deutsche Theater nach und nach durch verschiedene Epochen zum Kräftigen und Rechten vielleicht durchgearbeitet, wäre es im südlichen Deutschland, wo es eigentlich zu Hause war, zu einem ruhigen Fortschritt und zur Entwicklung gekommen; allein der erste Schritt, nicht zu seiner Besserung, sondern zu seiner sogenannten Verbesserung, geschah im nördlichen Deutschland von schalen und aller Produktion unfähigen Menschen.« Und nachdem Goethe die Gottschedsche Reform dermaßen reserviert beurteilt, nachdem er gar den Hamburger Streit für und wider, ob ein Geistlicher das Theater besuchen dürfe, ventilieren muß, fährt er, nicht ganz ohne Erinnerung an den Titel von Schillers Jugendarbeit, fort: »Dieser Streit, der von beiden Seiten mit vieler Lebhaftigkeit geführt wurde, nötigte leider die Freunde der Bühne, diese der höheren Sinnlichkeit eigentlich nur gewidmete Anstalt für eine sittliche auszugeben [...] Die Schriftsteller selbst, gute, wackere Männer aus dem bürgerlichen Stande, ließen sich's gefallen und arbeiteten mit deutscher Biederkeit und gradem Verstande auf diesen Zweck los, ohne zu bemerken, daß sie die Gottschedsche Mittelmäßigkeit durchaus fortsetzten.« Diesem scharfen Plädoyer entsprechend wollte Goethe ja auch, daß man die berühmte Aristotelische Katharsis nicht auf die Zuschauer beziehe und in sie verlege, sondern auf die Personen des Dramas. Zweifellos wirkt mit alldem bei Goethe nicht sowohl eine aristokratische Reaktion gegen die Gemeinnützigkeit der deutschen bürgerlichen Aufklärung, als die Abneigung gegen das säkularisierte Muckertum, das selbst an die moralische Anstalt sich gehängt hat, an eine schließlich minus-Theater. Item, Apollo ohne Musen und Minerva ohne Epikur passen noch weit schlechter zum Materialismus in der Kunst, als sie zu ihrem Idealismus gepaßt haben. Was aber Schiller mit seiner moralischen Anstalt meinte, war statt Gottschedscher Hausbackenheit blühendes Theater und dadurch erst moralische Zweckmäßigkeit, war Szene und dadurch erst Tribunal. Dann erst, durch den Reichtum der Szene hindurch, kann das Theater der Moral dienen, wie so oft in der Kunst, gerade als höchster, geschehen. Die isolierte Vollendung dessen steht in der Hamletszene, wo das Schauspiel den königlichen Mörder zur Entlarvung zwingt; die sozialrevolutionäre moralische Anstalt steht in *Kabale und Liebe* und *Wilhelm Tell*, im *Egmont*, sie ist mit lauter Brutus-Musik versehen im *Fidelio*. Und diese moralische Anstalt ist nicht nur ein Tribunal, denn über dem gerichteten, selbst über dem triumphierenden und dadurch gerade Entsetzen erregenden Lasterbild auf der Bühne erscheinen die Wege der Rettung, mindestens die Zeichen ihres Lichts. Die deutsche Klassik insgesamt war der Versuch, aus der klassenmäßig zerstückelten Gesellschaft den ganzen, unzerstückelten Menschen zu entwickeln. Dieser Versuch – rein auf den Glauben an ästhetische Erziehung gebaut – war selbstverständlich ein abstrakter, doch er stellte ebenso unzweifelhaft bemerkenswerte Leitbilder auf die Bühne. Und unter ihnen sind solche, die heute erst ihren richtigen Auftrag finden, ganz ohne Abstraktion oder gar überschwengliche Misere um sie herum. Der Aufrichtige Schein der Bühne ist also am wenigsten, gleich der Illusion, von der *Realität* des Zwecks abgelöst; er ist vielmehr deren Beförderung durch Lustbarkeit.

Falsche und echte Aktualisierung

Die guten Stücke kehren aufgeführt wieder, doch nie als dieselben. Für jedes neue Geschlecht muß darum auch neu inszeniert werden, und das mehrmals. Der Wechsel der Darbietung wird besonders scharf, wenn eine andere Klasse im Parkett Platz zu nehmen beginnt. Aber bleibt die Bühne dann auch nicht unverändert, folglich plunderhaft, so ist sie ebenso keine Garderobe, an deren Haken immer neue Kleider aufgehängt werden können. Soll heißen: die Menschen und Schauplätze eines alten Stücks können nicht gänzlich und radikal »modernisiert« werden. Auf jeden Fall bleibt das Kostüm der Zeit, worin das gegebene Stück spielt. Dem widerspricht durchaus nicht, daß das Barock seine antiken Helden á la mode eingekleidet hat und sie ebenso agieren ließ. Denn das Barock spielte zwar antike Helden, doch eben keine antiken Dramen, sondern selbstgeschriebene; so entstellte es auch keine antiken Dramen, wenn es deren Stoff in die eigenen bürgerlich-höfischen Figuren und Konflikte versetzte. Aus weit weniger schöpferischem, doch noch überlegterem Grund tragen etwa Cocteaus *Orpheus und Euridike*, in den zwanziger Jahren unseres Jahrhunderts verfaßt, Polohemd und Hornbrille; das ebenfalls ohne jeden Anstoß. Jedoch gibt es nicht leicht einen abgeschmackteren Unsinn, als *Hamlet* im Frack zu spielen oder, mit bescheidenerem Beispiel, den ersten Akt von *Hoffmanns Erzählungen* in eine Chromnickel-Bar zu legen. Oder auch Schillers Räubern Proletenkluft anzulegen und Spiegelberg eine Trotzky-Maske. All das ist ein snobistischer, mindestens übertriebener Rückschlag gegen die ohnehin längst abgelaufene historisierende Theaterspielerei. Richtig ist nur das Selbstverständliche, daß jedes Theater dasjenige seiner Zeit ist und weder ein getreuer

Maskenball noch ein pedantischer Philologenspaß. Darum braucht die Szene zu ihrer Erfrischung zwar einen überall neuen und neu in sie eingearbeiteten Blick, jedoch so, daß das Zeitaroma der Dichtung und ihres Bühnenbilds nirgends verfliegt. Denn gerade die neue Parteilichkeit des Blicks braucht die Personen und Handlungen am Ort ihrer durch die Dichtung gegebenen Ideologie, wenn anders Haß und Liebe, Abschaum und Vorbild den vom Dichter gezeigten Gegenstand haben sollen. Das Bühnenbild, auf das hin der Autor komponiert hat, muß also, statt weggeworfen, zur Kenntlichkeit verändert werden, zur Kenntlichkeit etwa der in ihm sich zutragenden, jetzt erst spruchreif gewordenen Klassenkonflikte. So erst wird das Theater nicht aktuell stilisiert, sondern wirklich aktualisiert, und das, wie im Bühnenbild, so noch viel genauer in der erfrischten Belichtung, Modellierung des *Bühnentextes.* Hier gibt es außer den altbekannten Strichen sogar die Umarbeitung eines Stückes, sofern dieses in mehreren Stellen verstaubt oder auch ungereift und unbeendet vorliegt, und sofern – als conditio sine qua non – der Neubearbeiter oder auch Ergänzer dem Autor verwandt und ebenbürtig ist. So hat Karl Kraus nicht nur Offenbach-Texte, sondern den ganzen Diamant dieser Musik aus dem Schlendrian gerettet, wohin er gefallen war. So hat Brecht den *Hofmeister* von Lenz als eine Menschenpflanze besichtigt, die aus der feudalen Misere des achtzehnten Jahrhunderts in die kapitalistische des zwanzigsten weiterwächst. Aber die Sache wird auch hier sofort prekär, wenn freche Regisseure, verhinderte Autoren oder kummervolle Epigonen Altes als Krücke und Produktionsersatz benutzen wollen. Die Epigonal-Ergänzer (Modell: Abschluß des Schillerschen *Demetrius*) sind in der Literatur, was die entsetzlichen Burg- und Schloß-Restauratoren des vorigen Jahrhunderts in dem waren, was man damals Architektur nannte. Sie sind gleich letzteren seltener geworden, dagegen forsche Regisseure übertragen immer wieder eine unsägliche Aktualisierung in den Dramentext, auf Grund vulgärpolitischer »Auffassung« desselben. Alles zum Zweck, eine – sei sie noch so löbliche – Tendenz außerhalb des Werkspiegels sichtbar zu machen, statt in ihm. Es braucht nicht erst – bei höchst unlöblicher, nämlich vorfaschistischer Tendenz – an einen *Wilhelm Tell* erinnert zu werden, wo Geßler, unter Dämpfung und Retusche der Freiheitsmänner, als »interessanteste« Figur in die Mitte gerückt wurde. Oder gar, wo das Lustspiel *Der Kaufmann von Venedig* zu einem antisemitischen Radaustück herhalten mußte. Denn auch bei richtigster Tendenz fährt die vulgärpolitische Aktualisierung auf ein werkfremdes Feld, *mit Verlust des gegebenen Dramas*. So etwa, wenn *Maria Stuart* dermaßen in Mißszene gesetzt und aus den Maßen gerückt wird, daß das Stück kein Trauerspiel mehr abgibt, sondern den bejubelten Triumph der Elisabeth. Weil sie nämlich – kraft eines dramaturgischen Neubaus ohnegleichen – den aufsteigenden Kapitalismus gegenüber der französisch-katholisch-neufeudalen Maria repräsentieren soll. Das ist historisch zwar nicht unrichtig, fürs gegebene Drama jedoch (letzter Akt) noch schlimmer, vor allem weit überflüssiger als eine Schloß-Restaurierung im Geschmack der achtziger Jahre. Nur bei einer in der Dichtung selber mehrdeutigen Figur, an der Spitze Hamlet, ist die Outrierung einer ihrer Züge, ihrer gegebenenfalls bisher übersehenen, allenfalls zu rechtfertigen; indes müssen auch diese Züge bei Shakespeare belichtet gewesen sein, und der Regisseur hat sie nur zu entwickeln. Nur als diese Art Entwicklung und Nachreife geschieht Erneuerung auf dem Theater, und nur zu diesem Ende werden Meisterwerke, mit einem wie immer glücklichen Zerfall ihres »Galerietons«, Museumswerts, auf die Bretter zitiert. Auch Richard der Dritte, er spielt nicht, als wäre er Hitler, sondern er versinnlicht heute einen Teil des Hitlerschen desto klarer, je mehr er durch Shakespeare seine eigene Haut und die seiner Zeit darstellt. Verwandtes gilt im gleichen Stück, wenigstens was das Allegorische der Rettung angeht, von Richmond und dem schönen Tag von morgen um ihn. Vielsagend allerdings muß diese Darstellung sein und kein geschichtliches Panoptikum mit »Zeitlosem«, mit »Allgemein-Menschlichem« darin. Aber Vielsagendes bedeutet hier: das klassische Drama muß so gesprochen und dargestellt werden, daß nicht die Gegenwart dem Drama aufgepreßt wird, sondern das Drama die Gegenwart mitbedeutet. Und das auf Grund seiner temporär nie erschöpften Konflikte, Konfliktsinhalte und Lösungen, vielmehr: jedes klassisch große Drama zeigt an diesen seinen Konflikten und Lösungen ein gleichsam überholendes, das Temporäre *übergreifendes Anliegen*. Ja selbst die in der Gegenwart verfaßten Stücke besitzen nur dann dramatisch aktuelle Bedeutung (im Sinne von Hinweis wie Erhellung), wenn sie sich auf solch übergreifendes Anliegen verstehen. Es gibt einen gesellschaftlichen Prozeß (zwischen Individuum und Gemeinschaft, zwischen kontrastierenden Gemeinschaftsformen selber), der von den griechischen Anfängen des Dramas in die Zukunft reicht, bis in die Gesellschaft der nicht mehr antagonistischen, doch selbstverständlich nicht verschwundenen Widersprüche. Dieser Prozeß, dramatisch zwischen typischen Trägern konzentriert, macht jedes große Drama ebendeshalb groß, weil es neuer Aktualität fähig ist, und macht es ebendeshalb aktuell, weil es zur künftigen Aufgabe: optimistische Tragödie transparent ist. In *Rameaus Neffe* läßt Diderot sagen: »Der Säulen standen viele am Weg, und die aufgehende Sonne schien auf alle, aber nur Memnons Säule klang.« Diese Säule bedeutet Genie zum Unterschied von Mediokrität, aber reiner sachlich bedeutet sie die dauernde Klangkraft und Aktualität großer Dramen in Richtung Tagesanbruch. Die aktuelle Inszenierung wird also dann am besten einrichten, wenn sie sich nach dieser Richtung richtet. Sie ist den wahrsten Dramen, vom *Gefesselten Prometheus* bis *Faust*, immanent; sie braucht keine an- und zugefügte Sichtwerbung, sondern eben Sichtbarmachung.

Weitere echte Aktualisierung:
Nicht Furcht und Mitleid, sondern Trotz und Hoffnung

Das Maß für diese Frische muß jedoch immer wieder frisch erarbeitet werden. Es gewinnt sich am sichersten aus dem Dasein bedeutender neuer Stücke und aus dem Verständnis für sie. Es gewinnt sich nicht zuletzt aus dem großen Unterschied, worin sich das Wunschbild in einer sozialistischen Zeit gegen die frühere befindet. Greifbar wird dieser Unterschied an dem, was Schiller den *Grund des Vergnügens an tragischen Gegenständen* nannte. Noch Schiller kommt in dem so bezeichneten Aufsatz und deutlicher in dem nachfolgenden *Über die tragische Kunst* von der Aristotelischen Definition der Tragödie scheinbar nicht los. Wobei er überdies zwischen Trauerspiel und Tragödie nicht zu trennen beabsichtigt, indem beide den Zuschauer zu rühren hätten. Und *Rührung* ist es auch, von der her Aristoteles zu seiner berühmten Zwecklehre der Tragödie gelangt: sie habe die Affekte der Furcht und des Mitleids zu erregen.

Schiller akzentuiert daran nur das Mitleid, doch auch im Aristotelischen Original zeigt uns die Tragödie Menschen, vorab ihre Helden, in einem Zustand des Leidens. Und die dramatisch bewirkte Hochsteigerung der Furcht vor dem Leiden, des Mitleids mit ihm, soll den Zuschauer bekanntermaßen von diesen Affekten befreien. Das heißt, die Affekte sollen durch die tragische Steigerung wieder zu ihrer normalen Höhe im Leben abreagiert werden. Das ist der Sinn der Aristotelischen Katharsis oder Reinigung, als einer solchen, die immer eben Rührung durch dramatisch erfahrenes Leiden einschließt. Erst Euripides freilich hat die Rührung in die Tragödie gebracht, weshalb ja auch Aristoteles dem Euripides die stärkste dramatische Wirkung im angegebenen Sinn zuschrieb. Vorausgesetzt ist hierbei aber nicht nur das spezifische Drama, von dem Rührung ausgeht, sondern vor allem doch auch ein Verhalten, das weniger als Aufbegehren gegen das Schicksal als das – wie immer standhaft ertragene – Leiden an ihm, das Unterliegen vor ihm pointiert. Die gesamte antike Sklavenhaltergesellschaft nahm ein tragisch Aufsässiges im Leiden, nahm Prometheus als tragischen Grundhelden nicht wahr oder wollte ihn mindestens nicht voll wahrhaben. Das trotz der Prometheus-Trilogie des Äschylos und trotz des Wissens, daß die tragischen Helden besser sind als die Götter, gar als das Schicksal. Und nun ist es gerade für das *Maß der Erfrischung des dramatischen Aspekts* lehrreich, wie vor allem die Furcht-, dann die Mitleid-Reinigung der uns fremdest gewordene tragische Effekt ist. Einzuräumen bleibt, daß ihn, wie gesehen, noch Schiller liebte (allerdings mit ausschließlicher Betonung des Mitleids); daß ihn vorher Lessing in der *Hamburgischen Dramaturgie* verteidigte oder nochmals reinigte (allerdings gleichfalls mit Reduktion der Furcht, die das auf uns selbst bezogene Mitleid sein soll). Aber bereits die unternehmerische, dynamische bürgerliche Gesellschaft verstand den antiken Grund des Vergnügens an tragischen Gegenständen nur noch mit Mißverständnissen; bereits ihr wird mit dem tragischen Helden, auch dem der griechischen Tragödie, ein ganz anderes Wunschbild Theater aktualisiert als dasjenige, welches die bloß passiven Affekte Furcht und Mitleid mit sich führt. Der Furchtaffekt ist mit der Schicksalstragödie ohnehin gefallen, und das Mitleid? Diese Art Rührung ist am Äschyleischen Prometheus und dem, was damit zusammenhängt, weit geringer als die *Bewunderung*. Ja es läßt sich noch weit mehr, noch ganz anderes in der dermaßen eingetretenen Affektverschiebung feststellen, in dieser wesentlichsten Art von Aktualisierung. Denn ist der tragisch erregte Grund nicht mehr Furcht und Mitleid, so bleibt er auch nicht nur Bewunderung. Er ist vielmehr – und nun als solcher auch *in den tragischen Personen selber* gesehen – *Trotz und Hoffnung*. Das erst sind die beiden tragischen Affekte im revolutionären Verhältnis, und sie kapitulieren nicht vor dem sogenannten Schicksal. Der Trotz schwindet zwar an und in den *Helfend*-Siegreichen, als den Helden der sozialistischen Gesellschaft und Dramatik; den nicht mehr antagonistischen Widersprüchen, der substanziellen Solidarität entsprechend. Desto wichtiger aber ist er an und in den *Scheiternd*-Siegreichen, als den Helden der klassisch überlieferten Dramatik, die – nach Hebbels Wort – an den großen Schlaf der Welt gerührt haben. Und die spezifische Hoffnung, als eine, die in diesem Scheitern allemal ihr sachgemäßes Paradox trieb und die den besten Grund des Vergnügens an tragischen Gegenständen bildet, kommt im sozialistischen Theater überhaupt erst ohne Paradox nach Hause. (Dergestalt daß hier allerdings, im Sinn der letzten Stücke [»Romanzen«] Shakespeares, des Goethischen *Faust*, das Tragische aufgehoben sein mag.) Insgesamt erhellt sich so das Theater in seiner moralischen, seiner paradigmatischen Anstalt als eine heiter-antizipierende. Darum ist es heiter auch in der Tragödie, nicht nur in der kritischen Komödie, nicht nur im Lustspiel. Darum spannt sich gerade um die tragischen Helden, ja noch um die echte Rührung, nämlich um die edlen Untergänge des Trauerspiels der Rundhorizont Morgen. Wenn Schiller sagt: »Was sich nie und nirgend hat begeben, das allein veraltet nie«, so ist dieser Satz zweifellos, sage man, übertrieben; und doch steckt in ihm, unter so viel pessimistischer und idealistischer Resignation, ein materieller Kern. Nur muß der Satz lauten: Was sich *noch nie und nirgends ganz* begeben hat, doch als *menschenwürdiges Begebnis bevorsteht und die Aufgabe bildet*, gerade das veraltet nie. Der wirkende Anteil Zukunft gibt also das eigentliche Maß für Frische, auch in der Komödie, die die Gegenwart kritisiert, im Lustspiel, das sie behaglich ausgehen läßt, wie sehr erst in der Erhabenheit der tragischen Welt. Weil an der hoffnungsreichen Wirkung ihrer Helden klar wird, daß deren Untergang nicht ganz stimmt, daß das Element Zukunft darin erhebt.

Philosophische Ansicht des Detektivromans

1. Etwas ist nicht geheuer, damit fängt das an. Aber zugleich muß nach dem Weiteren, das hier das Nähere ist, gesucht werden. Nach einem versteckten Wer ist gefragt, wird dergleichen freilich erzählt, so ist es nicht hoch angesehen. Ist wenig gelobt und viel gelesen, auch von denen, die es verachten, was liegt da vor? Der Fall selber muß etwas in sich haben, so ganz nebenbei.

2. Es fällt auf, daß das selber, daß dies nicht öfter überrascht hat. Wer freilich wird von so etwas anders bewegt werden als scheinbar und flüchtig? Die Lage ist doch zu gemütlich, in der Detektivgeschichten am liebsten genossen werden. Im bequemen Sessel, unter der abendlichen Stehlampe, mit Tee, Rum und Tabak, persönlich gut gesichert und ruhevoll in gefährliche Dinge vertieft, die flach sind. Aber es muß nicht immer gleich die große Liebe sein, besonders wo sich zeigt, daß Spannendes, ob auch unbedankt, kaum so ohnehin eines ist. Schlechtes gibt es da überviel, doch wie könnte es schlecht genannt werden, läge nicht auch Tüchtiges, immer dabei Gewitztes vor? Dessen man sich als Wünschelrute bedienen kann, mitten in all dem Flachen, das von E. A. Poe herkommt. Und nicht nur E. A. Poe, auch die Form, deren er sich bedient, und die noch in ihrer übelsten Fabrikware kenntlich ist, hält länger, besagt mehr, hat merkwürdig nähere Ahnen und Tieferliegendes als manches Produkt, von dem, als genormt, die Literaturgeschichte voll ist. Daß der Detektivroman so viel elende Schmöker aufweist? – auch der Liebes-, auch der sogenannte Gesellschaftsroman hat sie, wahrscheinlich noch mehr, ohne daß das üblicherweise etwas gegen diese Gattungen beweist. Und gibt es Leute, die Unter den Linden von ihm nicht gegrüßt sein wollen, so paßt das lediglich zu den Gebildeten, die nicht alle werden und die nicht einmal ins Varieté gehen. Ernstlich gilt dagegen Lichtenbergs Satz, daß durch planlose Streifzüge nicht selten das Wild aufgejagt werde, das die planvolle Philosophie in ihrer wohlgeordneten Haushaltung gebrauchen kann. Vor

allem dann, wenn die Streifzüge, gleich den detektivischen selber, gar nicht so planlos sind. Suchen, merken, verfolgen die der Detektivgeschichte doch lauter Kennzeichen auf dem Weg, ja sind eine einzige beschriebene Jagd nach zureichenden Indizien. Doch hier geht es nicht um die Kennzeichen in Kriminalistik, sondern eben um die ihres Romans. Seine Form ist höchst eigen, als die eines Aufspürenden, und setzt, wie sie geworden ist, erst mehrere Anlässe dazu voraus.

3. Denn warum ist der Erzähler, der so im Trüben fischt, noch nicht lange da? Vor allem, warum tritt die *beschriebene* Jagd auf Hinweise selber erst so spät auf? Deshalb, weil der frühere Rechtsgang sie nicht brauchte, sondern sozusagen nur auf bar urteilte, ob erpreßt oder nicht. Weil erst das *Indizienverfahren* zureichende Hinweise verlangt, bereits für einen Haftbefehl, gar erst vor Gericht, und damit zum kriminalistisch Aufdeckenden, mit dem Detektiv im Vordergrund, erst den *Auftrag* gab. Zeichen jeder Art, Bodenspuren, unechte Alibis und die Schlüsse aus alldem sind nun so wichtig geworden wie selbst das alte, oft viel zu breite Cui bono. Vor Mitte des achtzehnten Jahrhunderts gab es aber überhaupt kein Indizienverfahren, sicher kein durchdachtes; nur mehrere Tatzeugen, vor allem das Geständnis, das regina probationis hieß, waren überführungsfähig, nichts sonst. Da mehrere Tatzeugen sehr selten zur Hand waren, wurde, um die regina probationis erscheinen zu lassen, die Folter eingesetzt, und ihre peinliche Frage war die einzig raffinierte in Karls V. Halsgerichtsordnung. Damit der Inkulpat durch Schmerz »unvorsichtig« gemacht werde und so Dinge sage, mit zerrissenem Lügennetz kraft ebenso zerrissener Glieder, die außer dem Täter und dem Richter niemand wissen konnte. Der Effekt war jene unausdenkliche Grausamkeit, wertlose Schulderpressung, gegen die sich die Aufklärung aus menschlichen wie logischen Gründen wandte. Seitdem also sind Indizien nötig, und sie müssen herbeigebracht werden; auf ihnen basiert in den allermeisten Fällen die Beweisaufnahme vor Geschworenen und Gericht. (Das wenigstens außerhalb der Kolonien und bei nicht faschistischer Rechtspflege im eigenen Land.) Selbst das Geständnis ersetzt oder entwertet die Beweisaufnahme durch Indizien gegebenenfalls nicht, denn es kann ja falsche Selbstbezichtigung sein, etwa um einen anderen zu decken oder um die Untersuchung

weiterer, noch unbekannter Verbrechen zu stoppen. Derart ist die Darstellung der auf Indizien gerichteten *Dedektivarbeit* nicht älter als das Indizienverfahren selber. Kein Zweifel, auch das Indiz kann trügen, bis zu Justizmorden neu bornierter Art; gerade je glatter und scheinbar lückenloser es zusammengeht; doch es wurde zivilisierter als die Folter und anders spannend.

Nicht aber, als wäre nun das Aufspüren der nötigen Hinweise sogleich auch spannend erzählt worden. Oder umgekehrt, als hätten die Geschichten dieser Art, nachdem sie viele Jahrzehnte später auftraten, nicht auch ältere Reize und Gruseleien in sich eingeladen. So blieb die alte Neugier, den Deckel vom Topf des Nachbarn zu lupfen, gar tunlichst die Dächer abzuheben, mit Klatschblick durch und durch. Es blieb primitives Interesse an großen Verbrechergemälden, bis zuletzt auf die Moritaten hinab, ihre Bilder und Lieder auf Jahrmärkten. Mit Gift und Dolch als Hausrat wirkten blutrünstige Barockspiele, nach Senecas Vorbild, nach, dazu dann die neuere Lust des Schauerromans, zu der Walpoles *The Castle of Otranto* 1764 das Zeichen gegeben hatte, als der anderen Seite der Empfindsamkeit. Mit Sturmbraus statt Silbermond, Horror statt Elegie, mit Ossianischem zu recht herabgesetztem Preis, aber auch jener Regennacht- und Englisch-Wetter-Szenerie, die dem Detektivroman immer noch ungemein gut ansteht. Der Spuk ist in ihm weggefallen, doch vom Schauerroman her hat er die Farben für seine öden Häuser, für Falltüren und ward nicht mehr gesehen, ja bereits für docks, East End, flickering lamps. Freilich hatte sich kurz vorher auch schon eine eigentliche Kriminalliteratur bereits ausgebildet, jedoch bezeichnenderweise eine rein berichtende, fertig referierende, ohne detektivische Haken. Sie blühte in der berühmten Sammlung des Advokaten Pitaval 1734, in Anselm Feuerbachs psychologisch reicher *Darstellung merkwürdiger Verbrechen,* 1828, im *Neuen Pitaval*, dem plastisch erzählten, von Alexis 1842 und weiter. Am wenigsten zu vergessen ist Schillers *Geisterseher,* die wunderbare Kolportage aus Nichtgeheurem, aus Aufklärung und neuer Unheimlichkeit. Breit geht es auch à la Dumas weiter, zu restauriertem Winkelwesen, dem der entdeckten alten Viertel und ihrer Unterwelt, besonders an den Kreuzungen von Grand Guignol und französischer Romantik. Hier überall ist Szenerie, sind Machenschaften fort und fort, in die dann nur das Detektivische zu treten hätte. Doch die Spannung lieferte bei alledem der Verbrecher und keineswegs vorrangig der – ohnehin fehlende – Detektiv. Deshalb also ist die Geschichte mit ihm selber darin noch ein ganz anderes als ihre erhaltenen Ingredienzien von früher; sie folgt eben der beauftragten Verfolgung von Indizien und dem erzählten Verstand ihrer Deutung.

Der Anfang zum clever end scheint schwer gewesen zu sein, wurde später leider desto leichter. Hoffmanns *Fräulein von Scudéry,* öffnet 1819 die Bahn, mit der edlen alten Dame fast schon detektivhaft, den Goldschmied entlarvend, seinen Gesellen rettend. Scharf entwickelt aber, bereits mit allem Zubehör, wurde das Genre durch E. A. Poe, wie bekannt; Modell gibt *The murders in the Rue Morgue,* 1841, mit Mr. Dupin als klarem Detektiv, mit dem sonderlich schwer herauszuhorchenden Täter, einem Orang-Utang. Dann aber, wachsend von Ende des vorigen Jahrhunderts ab, gingen in der Gattung (heute nur von der Sciencefiction konkurriert) alle Schleusen des Vergnügens und der Spannung auf, gewiß auch der hunderttausend Nieten in der Kriminallotterie, vormals Hoffmann und Poe. Unter den älteren Unterhaltungen sticht hervor die A. K. Green, immer wieder einschachtelnd und auspackend, wie mit stetig kleiner werdenden japanischen Kästchen, und der Clou liegt im letzten. Conan Doyle aber wurde geradezu ein Volkslied, mit dem populärst gewordenen Detektivhelden, aber auch mit einer fast archetypisch anmutenden Summe prekärer Situationen und den Schlußsätzen des ersten Kapitels vom *Hund von Baskerville,* deren Überraschung ihm so leicht keiner nachmacht. Es folgen die rasch vergessenen, daher stets wiederholbaren Unterhaltungen mit Autoren wie Gaborieau, Frank Heller, Oppenheim und sicher Agatha Christie; Thriller mit und ohne Scharfsinn schließen sich leicht an. Leider gibt es auch Wallace, bei dem es trotz einer guten Sache wie dem *Sechsten Sinn des Mr. Reeder* besonders leicht möglich ist, nicht gefesselt zu sein. Aber trotz der Nieten im Lotteriegeschäft und trotz der Gebildeten, die nicht alle werden, und trotz der Anspruchslosigkeit dieser Lektüre gehört ihre entspannende Spannung mehr als je der Intelligenz; worin allerdings ein Problem liegt, sogar, wie zu sehen sein wird, mit bedeutend mehr als nur psychologischen oder soziologischen Hintergründen. Und auch literarischer Rang, seit Hoffmann und Poe durchaus bezeichnet, kommt immer wieder vor, hervor, zuletzt bei Chesterton, mit dem unansehnlichen, träumerischen, aus Seelsorge intuitiven Father Brown; Chestertons Paradoxie zahlt sich auf diesem Feld in Scheidemünze und Denkzetteln aus. Wobei der Detektivroman sogar in mittleren Lagen, ja gerade in ihnen, den Vorteil hat, an der eigentümlichen, der von Kitsch und Schund durchaus abtrennbaren Kategorie »Kolportage« teilzunehmen. Als einer, die immer wieder Bedeutungen bewahrt, wie sie in besserer Literatur längst keinen Platz mehr haben; dabei sei genau an die üblichen Kriminallandschaften von Horchen, Klopfen, Überraschen, Indizienlesen, jähem Schlagblitz gedacht, was alles den legitimen Reißer möglich macht, ja in ihm vor allem sich zutragen mag und doch so transparent wirken kann, als höre man von fern viel vornehmere Kraßheit, etwa aus *Hoffmanns Erzählungen,* oder gar – *Fidelio.* In summa: Kolportage enthält streckenweise Bedeutungen, die auch an höheren Stellen, in Dichtung und Philosophie, vorkommen, dort aber selten mehr so unbegleitet, ungeleitet hervortreten. Erst ihr Auftritt an niederer Statt weist dann erneut und doppellebig auf noch ganz anderen Auftritt hin. Vorliegendenfalls eben auf Grund der *Form des Detektivromans,* der ödipushaft, initialhaft durchscheinenden – quod erit demonstrandum.

So nun vorbereitet zur Weise selber, die hier strickt und verstrickt. Zu ihren *Kennzeichen;* sie sind dreifach, hängen eng zusammen, sind des Abgezielten voll. Da ist zuerst die Spannung des *Ratens;* sie weist, als ohnehin detektivisch, zum zweiten auf das *Entlarvende, Aufdeckende* hin, mit dem besonderen Akzent des Abseitigen, woraus oft das Wichtigste zu erfahren ist; und das Aufeckende geht zum dritten auf Vorgänge, die aus ihrem *Unerzählten, Vor-Geschichtehaften* erst herauszubringen sind. Dies dritte Kennzeichen ist das charakteristischste der Detektivgeschichte und macht sie, sogar weit vom Detektiv, unverwechselbar. Vor ihrem ersten Wort, vor dem ersten Kapitel geschah etwas, niemand weiß es, scheinbar auch der Erzähler nicht. Ein dunkler Punkt ist als noch unerkannter da, von dem her und zu dem hin sich die ganze Wagenladung der folgenden Ereignisse in Bewegung setzt, eine Untat, meist eine mörderische, steht vor Anfang. In allen anderen

Erzählformen entwickeln sich die Taten wie Untaten vor einem durchaus anwesenden Leser, hier dagegen ist er bei einer Untat, einer den Tag scheuenden, obzwar besonders fertig ins Haus gelieferten, nicht dabei gewesen, sie liegt im Rücken der Geschichte, muß ans Licht gebracht werden, und dies Herausbringende ist selber und allein das Thema. Das dunkel Geschehene wird auch in keiner Vorhandlung dargestellt, eben weil es überhaupt noch nicht darstellbar ist, außer durch Ausgrabung, durch Indizien, welche rekonstruieren lassen.

4. Eigen ist und spielt zunächst in sich die *Spannung*. Es gibt eine roh erzeugte, blutige, auf die es aber hier gar nicht ankommt. Obwohl auf Blut und Leiche gebaut, macht sich keine gute Detektivgeschichte mit diesen Reizen wichtig. Sind lediglich Anlaß für eine sozusagen rein intellektuelle Bewegung, eine vor geschriebenem Vexierbild, einzig auf das Raten nach dem Täter gerichtet. Nur das reißt hinein, gibt Erholung durch scheinbares Gegenteil, nämlich durch ein Wettrennen des Lesers mit dem Detektiv nach dem wahrscheinlich richtigen Tip. Die Suche selber ist hier isoliert dargestellt, weshalb nicht die schlechtesten Leser, um kühler mitzumachen, die letzten Seiten zuerst lesen. Dann ist der Wer bekannt, aber das Wie seines Findens tritt, bei gut gemachten Sachen, desto betonter vor. »Ah, Sie sind ja Nichtraucher«, sagt ein Herr in Gesellschaft zu einem anderen, ihm Zigaretten anbietend, den er angeblich gar nicht kennt: der endgeschulte Leser merkt gebührender, wie ein Zungenschlag den Herrn ruiniert. Feinere Spannung geht an als die nur nach dem letzten Streich hin, sorgfältiger verrät das Unterwegs, was es kann. In solchem Wasser fängt man solche Fische, eine Spielform des Forschens für jedermann.

5. Eigen wirken zum *zweiten* das *Aufdeckende* und seine *Indizien*. Es gilt hier, mitten in der Eile, ja Hetze nicht voreilig zu sein, sich langsam umzublicken. Oft sind es die kleinsten Zeichen, ganz nebenbei, von denen der Detektiv die wichtigsten Nachrichten erfährt. Das begann schon, bevor es solch bewußte Spurgeschichten gab, bei Abner dem Juden, der nichts gesehen hat, in der gleichlautenden Erzählung Hauffs. Träumerisch wie Father Brown, obwohl aus viel gedrückteren Gründen, will Abner gar nichts bemerkt haben, außer schließlich einen kleinen Goldstrich an der Mauer und sonst Belang-

loses mehr, ihm aber ausreichend, um andere auf die Spur des gestohlenen Pferdes zu setzen. Hierbei ist interessant, wie sehr überhaupt durch sein Nebenbei Amt und Bild des Detektivs sich *unzünftig* gesteigert haben. Und zwar stets als Amt eines Privaten, Virtuosen, unabhängig von der nur routinehaften Polizei, so schon gleich am Anfang bei Poe, in seinem unbeschäftigten Mr. Dupin. Gern ist der kriminalistische Outsider ein Bohemien, immer wieder auch ein Flaneur in den Pausen, dem gleich Abner nur etwas auffällt, was in Gewohnheit oder Schema keiner zu bemerken scheint. Der Bohemien Holmes zeigt ganz deutlich künstlerisches Air, mit loser Tageinteilung, und viel l'art pour l'art, mit dem Durcheinander der Junggesellenbude in der Bakerstreet, mit dem Tabak in persischen Pantoffeln aufbewahrt, die ein noch viel exotischerer Dolch als Nagel an der Wand hält, mit dem Violinspiel und der Liebe zu Chopin. Und nicht nur das Einfallsreiche wird hier gegen die Polizeiköpfe ausgespielt, der neue Typ Detektiv, in seiner feineren Indiziensuche, bietet auch Schutz für den voreilig Verdächtigten, für die möglichen Opfer des rohen Schemas. So eignet dieser Figur, in fast allen ihren Geschichten, was eigentlich, nach Radbruch, in erster Linie den Juristen auszeichnen sollte: Bedenken. Interessant ist weiter, freilich jenseits dieses Outsidertums, der *allgemein* gesellschaftlich bedingte Wechsel der *Methode*, deren sich die jeweiligen Idealdetektive bei der Gewinnung und Deutung ungenormter Fingerzeige bedienen. Das wird an zwei ohnehin profilierten unter diesen Weidmännern, an besonders auf die Spur gesetzten und setzenden, romanhaft klar. Holmes, fin de siècle, geht naturwissenschaftlich-induktiv vor; aus dem Straßenschmutz an den Schuhsohlen seiner Besucher erkennt er, von welchen Stadtteilen Londons sie kommen, er unterscheidet alle Arten von Tabakasche, Chemie ist seine bevorzugte Wissenschaft. Hercule Poirot dagegen, Figur der Agatha Christie, aus nicht mehr so rationaler Zeit, setzt mit seinen little gray cells nicht mehr auf die induktive Karte, sondern er intuitioniert die Ganzheit des Falls, entsprechend dem irrationaler gewordenen Denkbetrieb des späteren Bürgertums. Auch im Detektivischen also hat Bergson über J. St. Mill, dazu die Ganzheitslehre über den bloßen Aufbau aus Einzelheiten gesiegt. Aber bei alldem, ob induktiv oder intuitiv: das Pathos gerade der kleinen Indizien, der vom Polizeikopf so oft übersehenen Unauffälligkeiten, dieser tunlichst eben *mikrologische* Blick ist geblieben und füllt auch die Niederungen dieser Art Literatur mit fast chinesischer Sorgfalt. Wie wichtig kann es sein, gesehen zu haben, ob das Papiermesser auf dem Schreibtisch mit der Spitze oder dem Griff gegen den Besucher lag, wie schlechterdings gar nichts ist Abner dem Juden unbesehen Hekuba, wie entscheidend wirkt gerade die Gegend Hebukas, wenn in Agatha Christies *Dreizehn bei Tisch* das Double París statt Páris sagt und so das Alibi des Originals auffliegt. Zahllose andere Beispiele bieten sich für diese – buchstäblich mörderische – Akribie an, doch wieder auch besteht, nachdem ihre Tricks auch der Polizei bekannt geworden sind, eine Abneigung dagegen, sie zur Routine, gar zum Schema werden zu lassen. So läßt keine geringere als Agatha Christie in ihrem Opus *Mord auf dem Golfplatz* ihren Hercuel Poirot sagen, indem er sich mit einem Stück Bleirohr zu schaffen macht, einem so dicken, daß es die Polizei überhaupt nicht beachtet hatte, und sein Begleiter sich über Poirots plötzlichen Trivialblick wundert: »Mon ami, ein zwei Fuß langer Anhaltspunkt ist ebenso wertvoll wie einer, der nur zwei Millimeter mißt. Aber die romantische Anschauung ist nicht auszurotten, daß alle wichtigen Schlüssel unendlich klein sein müssen.« Und ein Fehler, ebenfalls »durch die massenhafte Lektüre von Kriminalromanen genährt«, ist in diesen – wovor schon der Ahnherr Poe gewarnt hat – auch jedes Indiz ex machina, besonders am Schluß, damit alles zum besten diene und zu Rande komme. So daß dann allemal, wie Thackeray im *Snob-Buch* so lustig sagt, »die Abhilfe bei der Hand ist, genau so wie in der Pantomime, bei der, sobald der Clown etwas braucht – eine Wärmflasche, einen Pumpenschwengel, eine Gans oder ein Damencape –, ein Bursche mit eben dem gewünschten Gegenstand aus den Kulissen geschlendert kommt.« Sonst freilich gibt es für alle Detektivromane das Nebenbei (zu dem ja das dicke Bleirohr schließlich auch geworden ist) den Fingerzeig; eben das Mikrologische selber ist am mächtigsten allein, abseits vom genormten Blick. Das reicht noch bis zu Father Browns plötzlichem Verwundern über das »kränkliche Aussehen von Marzipanfiguren«, samt dem Licht, das daraus herausspringt. Und noch etwas schließlich, was gerade die mikrologische *Richtung* angeht, ist dem Detektivischen in seinem Jagdgrund eigen, ein Beiseite ringsum selber, auch wachsend unübersichtlich. Es ist der *getarnte Mensch*, die *unechte Umwelt*, ein Talmi selber, wie es seit über hundert Jahren dieser Art von Kolportage zusteht. Benjamin hat das in der *Einbahnstraße* unter »Hochherrschaftlich möblierte Zehnzimmerwohnung« notiert; eine nicht nur deutsche und eine nachwirkende Gründerzeit mit dem »unbegrabenen Leichnam der Eltern« erinnernd. Das Detektivische findet darin genaueren Schauplatz als in Slums und im East End früher: »Vom Möbelstil der zweiten Hälfte des neunzehnten Jahrhunderts gibt die einzig zulängliche Darstellung und Analysis zugleich eine gewisse Art von Kriminalromanen, in deren dynamischem Zentrum der Schrecken der Wohnung steht [...] Auf diesem Sofa kann die Tante nur ermordet werden.« Rüschen, Deckchen, Etuis, Draperien überall gehörten damals noch sozusagen offen zur bürgerlichen Gehabens-, Anstands-, Wohnwelt, zur Cant-Welt mit den jederzeit krummen oder krümmbaren Wegen; war es doch außerhalb des Detektivischen im engeren Sinn die Blütezeit der Stützen der Gesellschaft. Benjamin beruft hierzu den Kriminalschriftsteller Gaston Leroux, rühmt dessen *Phantom der Oper* gleich »einem der großen Romane des neunzehnten Jahrhunderts«; Leroux habe »dieser Gattung zur Apotheose verholfen«. Und ist das übertrieben, ist mindestens das »Khanat des faulen Zaubers« einigermaßen dahin, so keinesfalls der Grundzug des allgemeinen Verstelltseins, der es hervorrief. Die Entfremdung selber ist eher noch gewachsen, worin sich die Menschen von sich wie ihren Mitmenschen wie ihrer gemachten Umwelt gegenüber befinden, und die damit wirr verbundene Unsicherheit des Lebens (verglichen mit der relativen Sekurität des neunzehnten Jahrhunderts) hat in das Verstelltsein ein allgemeines *Mißtrauen* schlechthin gebracht. Jedes kann nun von jedem erwartet werden, gemäß der Tauschwirtschaft, die sich jetzt auch auf Gesichter bezieht, und die, wie in einem Alfred-Hitchcock-Horror-Film, nicht einmal die Richtung kennt, woher der Stoß kommt. Wonach auch der Detektivroman seinen letzten Clou darin haben kann und meist hat, daß die unerwartetste, die verdachtfreiste Person als Täter entlarvt wird. Gewiß hat es früher schon rapidere Verdachtszeiten gegeben, aber sie waren auf einen weit engeren Zirkel lokalisiert. So in den Tagen der Giftmischerin Brinvillier und der Furcht, sowohl ihr Opfer wie das des Gerichts zu werden (Hoffmanns *Fräulein von Scudéry* spielt ja genau in dieser Zeit); so erst recht während der Hexenprozesse, der Inquisition und der bedeutend kürzeren Schreckenszeit. Doch eben, die Beziehungen der Menschen wurden dadurch nicht so breit und diffus berührt wie in den stilleren, nach dem Nazismus wieder gesitteten, doch anonymen Verschlagenheitszeiten, doppelten Sinns. Gewiß auch, so etwas wie der Detektivroman drückt in der metierhaften Grundsätzlichkeit und Weite seines Verdachts diesen Entfremdungszustand nur auf unterhaltende Weise aus und sensationell aufs Verbrechen outriert: ohne eine allgemeine Zeit der Verstellung aber hätte sich in dieser Literaturart nicht ebenfalls, wie Benjamin sagt, »ein Stück des bürgerlichen Pandämoniums ausgeprägt« (und nicht nur des abgestempelt-bürgerlichen). Eine antike Schrift, des Aulus Gellius *Noctes atticae,* eine Lesefruchtsammlung aus dem zweiten nachchristlichen Jahrhundert und, wie man gleich hören wird, nicht bloß aus diesem, enthält den Satz: »Gehe mit deinen Freunden um, als ob sie noch einmal deine Feinde würden«; dieser Satz, unchristlich durchaus, macht auch einen Teil des *Zeit-Raums* im Detektivroman kenntlich, den Verhältnissen entsprechend, die noch so sind. Brecht, nicht grundlos ein Lernender aus dieser Art Literatur, kam der Auswechselbarkeit aller gesichtslos gewordenen Menschen nahe; und es sind nicht immer nur die Bösen, die dabei Masken tragen. Gute Zeit also für Detektivisches schlechthin und für Mikrologie, die nach kriminalistischer Quelle schmeckt, in einer wachsend entfremdeten und Maskenwelt.

Deshalb aber geht es mehr als je auch in besseren Schriften entlarvend her. Man hat die Höhe dieser besseren Schriften noch kaum mit Detektivischem zusammengehalten, obwohl genau in ihnen Masken vom Gesicht fallen. Mit anderen Worten: es gibt auch *eigenste Dichtung und Wissenschaft,* die dem Aufdeckenden als solchem schlechthin nahesteht; wie das bei keinen Klärungen überrascht. Ibsen zum Beispiel, Freud, das sind selbstverständlich keine Detektivgruppen; das zu behaupten wäre auch bei vollster Achtung vor Poes geschriebener Jagd eine Balsphemie, wohl aber sind es *Detektions*-Gebilde, sui generis, dramatischer Art und analytischer. Da gibt es eine eigene »Zugluft«, einen »Gerichtstag« über Muff und Lüge, hebt Verdeckung weg. *Nora,* die *Gespenster,* die *Wildente, Rosmersholm* und noch das letzte Drama wollen ans Licht bringen, was nicht ganz zu den Stützen der Gesellschaft paßt. Wobei bei Ibsen, ganz an detektivische Erzählform erinnernd, überall eine unbewältigte Nacht dem aufgezogenen Vorhang vorhergeht, eine aufzuckende Vergangenheit. Bezeichnend, daß das nicht mehr Satire ist, sondern nach Scotland Yard in Moral wirkt, so wie es, auf ganz anderem Boden, ein solches in Psychologie gibt. Gemeint ist damit Freud, seine analytische Forschung, als durchaus nicht mehr ruhiges Sezieren, sondern voll detektivischer Wachsamkeit. Überzeugt davon, daß es hinter der Maske desto weniger gut zugeht, je illusionärer sie zudeckt, besteht voller Draperieverdacht, Illusionsverdacht: gegen all das Idealische oder Biedere der Oberfläche, das zu schön oder zu bequem ist, um wahr zu sein. Es ist hier nicht der Ort und auch nicht nötig, über Psychoanalyse zu handeln, außer über das Faktum, daß sich mehreres in ihr, als Traumdeutung, als Neurosedeutung, durchaus wie Detektivgeschichte liest. So unzulänglich es auch ist, die wahren Antriebe und Verdrängungen überwiegend nur im privaten Umkreis und im Unbewußten nur als einem Nicht-Mehr-Bewußten zu ergraben, so nahe zeigt sich eine der Detektivform überaus nahe Rekonstruktion dessen, was, nach Freuds Ausdruck, im »Acherontischen« von vorher zu dem vorhandenen Komplex geführt hat und was ihn, als bewußt gemacht, gegebenenfalls auflöst. Das ist versuchte Aufdeckung von *subjektiv*-falschem Bewußtsein, und zwar hauptsächlich eines gesellschaftlich isolierten, privat-neurotischen. Dagegen *objektiv*-falsches Bewußtsein, im Sinn von gesellschaftlich interessierten Verneblungen, von klassenhaften Ideologien, die auf ihres Pudels Kern nicht durchschaut werden: diese Draperie ist keineswegs privat und neurotisch, sie bedarf so einer im ganzen Umfang unvergleichlichen Detektion. *Objektiv*-falsches Bewußtsein stellt den normalen Zustand jeder Gesellschaft dar, die ihren Unterbau nicht kennt, ja deren unaufgeklärten Teile sich mit großen Worten (der Heiligkeit der Elternliebe nicht nachstehend) illusionieren lassen. Das Detektorische an dieser Art (etwa Bibel sagend und Kattun meinend, nicht nur in den Kolonien), aber auch an den großen Ideologien ohne allen Betrugscharakter, es heißt ökonomische Geschichtsauffassung. Marx nennt derart die wahre römische

Geheimgeschichte die des Grundeigentums, und ein Fundamental-Detektivisches will sämtliche Ideologien als Reflexe der jeweiligen Produktionsverhältnisse begreifen, ja (und das wäre allerdings die Probe aufs Exempel) die Ideologien vollständig daraus genetisch entwickeln. Die erhellende Gewalt dieser abdeckenden, aufeckenden Geschichtsauffassung liegt am Tag, auch wenn wirklich nicht jeder Überbau aus dem Unterbau zu entwickeln ist, vielmehr Wechselwirkung besteht und eigener Zuschuß, ja eigener Überschuß in den Ideologien. Gerade deshalb aber wirkt solch Detektorisches, recht verstanden und angewandt, wie Scheidewasser auch in bewährendem Sinn: es löst unechtes Gold auf, macht so verbleibend echtes in ehemals progressiven Zeiten, gar im substantiellen Überschuß über die Ideologien desto unverwechselbarer kenntlich.

6. Eigen schließlich ist zum *dritten* jenes *entscheidendste* Kriterium, das den Detektivroman von allen anderen Erzählformen trennt, so eben sein *Unerzähltes* und dessen *Rekonstruktion* ganz sonderlich interessant macht. Hat er doch die Untat als bereits geschehene noch draußen, vorher, er fällt mit der Leiche ins Haus. Er entwickelt seinen Anlaß nicht während der Erzählung und mit ihr, sondern einziges Thema ist das Herausfinden eines bereits Geschehenen ante rem. Überall sonst ist die Erzählung genetisch dabeigewesen, rauben die Alberiche das Gold vor unseren Augen, Raskolnikoff erschlägt die Pfandleiherin genau so episch-sichtbar, wie er weiteres verdeckt. Geschehen dagegen im Lauf der Detektivgeschichte selbst neue Morde, so sind auch sie noch ein schwarzer Fleck, mit dem Dunkel vor Anfang zusammenhängend, es vermehrend, oft gar die Lösung erschwerend. Hauptsache bleibt dabei stets: das Alpha, bei dem keine der nacheinander auftretenden Figuren eingestanden dabei war, und der Leser am wenigsten, es geschieht – wie der Sündenfall, gar Engelsturz (um allzu mythisches Couleur nicht zu scheuen) – exul der Geschichte. So etwas ist auch jenen Erzählformen fremd, die aufholen, zurückblenden, um bisher nicht Mitgeteiltes, doch in sich keineswegs Verstecktes, bei rechter Gelegenheit zu interpolieren. Auf informierende Art, wie Isolde über einige Vorgeschichte bei Tristan erzählt oder, mit größtem Beispiel, wie Odysseus, gleichsam Ergänzer Homers, beim Mahl im Palast des Alkinoos. Und dennoch: was dem Detektivischen zukam, nämlich

an »Zugluft« weit mächtigerer Ordnung, das kommt auch dem »Ante rem« zugute – aus seiner Pseudomorphose im Detektivroman weit heraus. Wonach also im Dunkel des Anfangs, dies Hauptkennzeichen des Detektivromans, in einigen *früheren großen Literaturwerken* besonders mächtig korrespondiert. Es fehlt ihrem Aufdecken erklärterweise, wegen des nicht vorhandenen oder nicht zur Diskussion stehenden Indizienverfahrens, alles namentlich Detektivhafte oder es bleibt sporadisch, wieder dagegen fehlt nicht im mindesten das Detektorische, das ausgrabend Rekonstruktive, Kolportage, wurde gesagt, hält verlorengegangene oder nicht mehr offiziell signierte Bedeutungen frisch; das gilt besonders auch für Poes Genre, in *Klassisches* hineingebaut, sich gegenseitig Luft und neue Schlüssel gebend. Streift Brechts *Lied der Seeräuberjenny,* wenn man gut zuhört, sehr entlegen gewordene, ja manichäische Gegenden, so die Poesche Detektivform immer wieder die des – Ödipus, der verwandten. Und zwar gerade in Ansehung des X vor Beginn, vor der Tür, die sich aus dunklem Vor-Fall, unbekannter Vor-Geschichte in die Erzählung öffnet.

Dabei muß es nicht immer die Leiche sein, die ins Haus fällt. Auch anderes genügt, große Dichtung ist nicht auf Ganoven und Gangster angewiesen. An deren höchstes Gegenteil, an *Ödipus* darf nun endlich erinnert werden, an den unwissenden Mörder seines Vaters, unwissenden Mann seiner Mutter. An die Pest als verhängte Folge in Theben, an die Deutung der vorher geschehene Untat durch das delphische Orakel. An das dergestalt dringend werdende, andringend Detektorische bei Ödipus, seinem Volk zuliebe, ja, mit vertracktester Ablenkung, damit er selber, Ödipus, vor dem Mörder sicher sei. So lange treibt der Jäger, der die Beute ist und vor sich selber versagt, dies ungeheuerliche Gewerbe, bis der Spätdurchschauende für den Täter von Freveln büßt, an denen er weder mit seinem Charakter noch seinem Bewußtsein, doch mit höchst antiker, höchst moderner Personalunion beteiligt ist. Vielartig verkleidet wirkte der Ödipusstoff weiter, dieser *Urstoff des Detektorischen schlechthin,* immer kriminalistisch, wohlverstanden, und mit dem verdeckten Vorher. So kam der seltsame Nachklang dieses Themas im Mittelalter, in Hartmanns von der Aue *Gregor auf dem Stein,* durch eine lateinische Legende vermittelt (Thomas Mann hat die Geschichte im *Erwählten* nacherzählt).

Wobei zwar der Leser weiß, was an Inzest-Geburt, Inzest-Liebe hinter dem Rücken des Helden vorfiel, doch der Held erfährt es, durchaus detektionsgerecht, erst während der Handlung und als die Handlung selber. Und dann mit noch größerem Sprung in Zeit, Gesellschaft und Stoffaspekt kommt ein Element Ödipus in Fieldings *Tom Jones* wieder, dem breiten, dem immer wieder vom Autor interpretierten Meisterstück an Rekonstruktion. Auch der Leser erfährt hier erst mit dem Findling Jones zusammen und durch viele Irrsale, was es mit dessen dunkler Geburt auf sich habe, mit Enthüllung erst ganz am Schluß. Wo der Findling nicht nur endlich das Dunkel gelöst sieht, wer sein Vater war, sondern auch, wonach er nie gefragt hatte, weil er es fälschlich zu wissen glaubte, wer seine Mutter; diese letzte Entdeckung, eine ganz unerwartete Dame betreffend, gibt dem Detektivroman ohne Detektiv sogar seinen besonderen rekonstruktiven Eklat. Und zuletzt, wieder mit großem Sprung, sei an Kleists wundersam verkleinerten, auf und um ein Schäferstündchen gekommenen Ödipus des *Zerbrochenen Krug* erinnert, an den komischen Schatten, den der große tragische Stoff so wirft. Gänzlich wird hier der kryptische Vor-Fall verkleinert, doch jetzt erst wieder, wie bei Sophokles sozusagen, mit dem Richter selber als Schuldigem, dazu mit der Finesse, sich gegen jetzt erscheinende Indizien, wie verlorene Perücke, hoch im Kopf, selber verstecken zu müssen und das auch noch als Probe seiner richterlichen Fähigkeiten, bei Gelegenheit einer Inspektion. Satire gegen die Willkür der patriarchalischen Gerichtsbarkeit auf dem Lande, gegen die Soldatenpresse und ihren korrupten Zufall ist am Werk, doch die Fabel selber lebt auch hier nur von Herausbringungen eines »Ante rem«: aus Inzest zu versuchtem Schäferstündchen, aus Totschlag zum Zerbrechen eines Kruges gemindert. Kurz, Theben allerorten, durchschimmernd, durchdrohend noch durch die entferntesten Verwandlungen; Tom Jones oder die Umstände bei der eigenen Geburt geben sogar einen vorausgenommenen bohrenden Kaspar-Hauser-Geschmack dem Detektorischen hinzu. Der Findlings-Situation gemäß, worin sich nicht nur der ausgesetzte Ödipus, sondern das ganze Menschsein in der Welt befindet, in der mindestens von ihm nicht ausgesuchten. Und einhellig eben, als hätte auch Poe, nicht nur die Ödipussage Pate gestanden, geht allen Fabeln dieser Art, damit sie sich entwickeln können, ein Verbrechen, mindestens ein Fehltritt in Finsternis vorauf, woran etwas aufzudecken ist. Das macht den kriminologischen Knoten, aus dem der ganze Ödipusstoff, archetypisch für all sein Vorkommen, besteht.

7. Das war gedichtet, ihm entspricht ein noch viel merkwürdigeres Grübeln gedanklicher Art. Und alles ist ihm mit dem Aufdeckenden gemein, das eine bedeckte Untat vor Anfang gar der *Welt selber* voraussetzt. Oben fiel das Wort Sündenfall, das ist mythisch, hat aber in Begriffen nachgewirkt, als dicker Schatten zuvor. Empörung gilt in jeder Treue zu dem angestammten Herrn als Verbrechen, überdies wird allemal Chaos mit ihr assoziiert. Jedoch machte diese reaktionäre Einstellung des Rückblicks eben für das Problem eines nicht Geheuren initial empfindlich. Mehr jedenfalls als der unbelastete Wegblick von jedem Tohuwabohu, wie er nicht nur seinen Gott, sondern den ganzen Weltroman als lauter guten Mann und Verlauf ansah. So kam der Verdacht eines verdammten Geheimnisses ante rem, ante lucem, ante historiam, eines Casus ante mundum auch in *Philosophie* vor, sogar besonders auffallend und penetrant. Will heißen, in jenen Partien und freilich recht parteiischen Bildern eines schon urweltich angenommenen Aufruhrs, die Franz Baader und der spätere Schelling entworfen haben. Eines schlimmen Urvorkommnisses, eines »Ungrunds« als Abgrunds gilt es sich hier zu entsinnen, mit reaktionären Gestehungskosten, doch wiederum seltsamen Ödipus-Berührungen metaphysischer Art. Das zweifellos detektorische Thema ab ovo war derart ein »Unvordenkliches« vor Anfang der Welt, und dies nachwirkend Unvordenkliche ist bei Baader und Schelling nichts Gutes. Derart meint Baader, nachdem er Kausalnexus sowohl wie Endlichkeit als die Hauptbestimmtheiten unserer Welt notiert hat: Endlichkeit deute auf eine Mauer, Kausalnexus auf eine Kette, Mauer und Kette deuten auf einen Gefangenen, dieser aber auf ein Verbrechen, begangen vor dieser ihm gewordenen Welt. Sie ist dauernd bezogen auf eine Erbsünde, durch den Sündenfall nur angedeutet, nicht erschöpft, die ihr Unglück ringsum nachsendet: »Durch alle Schönheiten der Natur vernimmt der Mensch bald leiser, bald lauter jene melancholische Wehklage derselben über den Witwenschleier (!), den sie aus Schuld des Menschen tragen muß« (Baader, *Werke II*, 1851 f., S. 120). Und vor allem: »Nur ein unge-

heures Verbrechen (!), weniger ein Abfall als eine Empörung, konnte diese materielle Offenbarung« (das ist Welt) »als Krisis, Hemmungs- und Wiederherstellungsanstalt veranlassen, und die Fortdauer dieses Verbrechens macht den Fortbestand oder die Forterzeugung dieser Materie begreiflich« (ebd. S. 490). Geheizt ist dergleichen gewiß durch reaktionäre Verleumdungsideologie gegen die Französische Revolution, bezogen von dem französischen Mystagogen Saint-Martin, von dessen Parallelziehung zwischen révolution und révolte des anges. Aber es ist bemerkenswert: ohne jeden gegenrevolutionären Bezug findet sich die Urdunkel-Lehre bereits bei Jakob Böhme, der nachdem für Baader so wichtig wurde, samt dem originär Böhmischen Terminus »Ungrund« an dessen Teilhabe an der Schöpfung. Und weiter zurück, Böhme selber beeinflußt habend, findet sich genau Baaders Lehre von der Welt als zurückdeutendem Gefängnis in der Kabbala, vorzüglich bei Isaak Lurja aus dem sechzehnten Jahrhundert. Wonach bereschith, der Anfang (das Wort, mit dem die Bibel beginnt) nicht den Anfang einer *Schöpfung* bedeutet, sondern eine *Gefangennahme* (tsimsum = Kontraktion) Gottes selber anzeigt. Allerdings mit dem Verbrechen auf Seite des Gefangennehmenden und nicht eines »Ungrunds«, »Abgrunds« im Gott dieser andersartigen Kriminal-Mythologie, auch Metaphysik. Dafür kommt ihr Anfang einer Art finsterem Ur-Ägypten gleich, nachwirkend im Exil Welt, aus dem Exodus zu geschehen hat, als Ausbruch und als Auflösung des Anfangs. Schließlich höre man nach alldem Schelling, mit seinem kulminierenden Problem eines »Abbruchs« von Gott am Anfang, ohne den es nicht zu endlichen Dingen käme. Ungutes ante rem, überall strömt gerade hier Detektivform in freilich wunderlichste Metaphysik. Schellings *Philosophie der Religion*, 1804, befindet derart: »Wer das gute Prinzip ohne das böse zu erkennen meint, befindet sich in dem größten aller Irrtümer, denn, wie in dem Gedicht des Dante, geht auch in der Philosophie nur durch den Abgrund der Weg zum Himmel« (Schelling, *Werke VI*, S. 43). Und weiter gar, in großem Stil, doch kaum von Dante, genau wieder von Ödipus voll, von den dunklen Antezedentien der Pest in Theben, dem sonst wohlgebauten: »Nach der ewigen Tat der Selbstoffenbarung ist nämlich in der Welt, wie wir sie jetzt erblicken, alles Regel, Ordnung und Form; aber immer liegt noch im Grunde das Regellose, als könnte es einmal wieder durchbrechen, und nirgend scheint es, als wären Ordnung und Form das Ursprüngliche, sondern als wäre ein anfänglich Regelloses zur Ordnung gebracht worden [...] Ohne dies vorausgehende Dunkel gibt es keine Realität der Kreatur; Finsternis ist ihr notwendiges Erbteil« (*Philosophische Untersuchungen über das Wesen der menschlichen Freiheit*, 1809, *Werke VII*, S. 359 f.). Ersichtlich wirkt, was gerade das Kriminelle am Anfang angeht, bei alldem auch der Ahriman der manichäischen Lehre nach, der die Lichtfunken geraubt oder sie in seine niedere Welt vergafft gemacht hat; so ragt Gangsterhöhle in die Welt der Gutgesinnten herein, muß dressiert, muß unschädlich gemacht werden. Wurde darum also von den Nacht-Archäologen Baader, Schelling ganz an den Anfang blockiert, als wäre die nachfolgende Geschichte nichts als lautere Anti-Untat und hätte sonst nichts angestellt, sonst nichts zu tun. Weit ist all dergeleichen von der völlig unkriminalistischen Anfangslehre Hegels entfernt, von der gewiß allzu panlogistischen, aber dafür auch jeden *Pan*-Pitaval im *Alpha* störenden: »Den Anfang macht das, was an sich ist, das Unmittelbare, Abstrakte, Allgemeine, was noch nicht fortgeschritten ist. Das Konkretere, Reichere ist das Spätere; das Erste ist das Ärmste an Bestimmungen.« Dazu weiter, ganz ohne Echappement *an dieser* Stelle: »So muß das Unmittelbare des Anfangs an ihm selbst das Mangelhafte und mit dem Trieb begabt sein, sich weiter zu führen« (Hegel, *Logik II*, Meiner, S. 489). Und hinzuzufügen ist: per definitionem steht ein dickes Ende nicht am *Anfang*, sondern kommt erst nach, als in der *Geschichte* zugezogen, sich zugezogen, zusammengezogen. Wahr aber ist in all den angegebenen Ödipus-Metaphysiken, jenseits ihrer Mythologeme, daß, wenn auch gewiß kein ausphantasiertes *Verbrechen*, so doch ein *Dunkel*, ein *Inkognito* des Anfangs darin reflektiert worden ist. In diesem Punkt bleibt jede letzte Grundforschung der Ödipus-Form verwandt, die ein Inkognito im Grunde ja nicht nur als bloß Unbekanntes logischer Art bearbeitet, sondern auch als ein Nichtgeheures, wohl gar sich selber noch Verhülltes. Und noch kein Ödipus hat das Inkognito des Daß, weshalb überhaupt etwas erscheint, Welt ist, dies einzig werte Sphinx-Geheimnis beantwortet, gar gelöst. Wahr ist auch – doch dies bezieht sich am wenigsten auf einen sogenannten Ur-Anfang, sondern einzig auf Zugezogenes von unterwegs –, wahr ist auch ein gewisses Lichtungswesen in der Geschichte, weshalb Schiller wie Hegel die Weltgeschichte ein Weltgericht nennen; und erst recht steht fest, daß kein Prozeß wäre, suchend, verändernd, möglicherweise gutmachend, wenn nicht etwas wäre, das so nicht sein sollte. Ersichtlich wieder geht ein eigener, einheitlicher Archetyp durch das ganze, höchst verschiedenartige Jagdwesen, vom Ödipushaften bis zum Grund-Entsinnen. Es ist und bleibt der der Investigation eines Dunkels ante rem, wie es das Licht zu scheuen hat oder mindestens die zu schlagenden Wege der Beleuchtung braucht; episch wie metaphysisch wurde dies Hauptcharakteristikum des Detektorischen abgewandelt.

Soviel hier über Zeichen an einem Ort, wo man dergleichen nicht zu finden meint. Es sind Instanzen, und sie haben ihren Lohn noch nicht dahin, ja kaum empfangen. Von der dümmsten, sicher der klugen Detektivgeschichte reichen sie hinauf bis zur Gerichtskomödie, bis zu wunderlichen Raubmythologien, bis zum hohen Ernst, der auch darin Instanzen hat. Die Detektivgeschichten, die armen Verwandten, zeigen für die meisten das heuristisch zuerst; so wurden sie bedacht. Der ausgesparte Anfang in ihnen, im *Tom Jones*, im *Oedipus rex*, das vor allem ist hier die höhere Sphäre, weil es die unterste ist. Und um die stärkste Transparenz des Ödipushaften nicht zu scheuen: Liegt nicht auch der Leser der Rätselfälle im Dunkel seines immer wieder anfangenden, noch keinem sichtig gewordenen Augenblick-Seins? Und mag die Welt, wohinein der Leser geraten ist, auch nicht, wie Schopenhauer denunziert, bald wie Abnormitätenkabinett, bald wie Gaunerherberge, bald wie Tollhaus dreinsehen, je nach dem Gesichtspunkt, so doch wohl als ebenso prekäres wie schwieriges Detektionsphänomen, dessen Stichwort noch ungelungen ist. Ein Fragen gewiß, für das selbst Ödipus-Transparenz nicht zuständig ist, immerhin, rebus sic imperfectis, wird durch deren Form, von anderer Seite her, auch ein Hauptgeschäft der Philosophie nicht ganz abwegig bezeichnet. Fontane schließt seinen halben Detektivroman *Unterm Birnbaum* mit den Worten: »Und bezeugte dadurch aufs neue die Spruchweisheit: Es ist nichts so fein gesponnen, 's kommt doch alles an die Sonnen.« Besser ist das jedenfalls als nihilistische Verlassenheitslieder, die überhaupt nichts wissen wollen, oder auch als schematische Siegerkranzlieder, die ohnehin schon alles wissen. Die Griechen aber nannten Δίκη die Gerechte, ebenso die Weiseste; denn sie bringe in der Zeit, mittels der Zeit, alles an den Tag. Das lautet sehr mythisch, hat doch ebenso sehr Rationelles: in Untat hineinleuchtendes Licht.

8. Item: Etwas ist nicht geheuer, damit fängt das an. Forschend Aufdeckendes ist freilich nur das eine, es geht aufs Woher. Forschend Heraufbildendes wäre das andere, es geht aufs Wohin. Ein Gewesenes Finden ist dort, ein Neues Schaffen hier der gespannte, oft nicht minder labyrinthische Vorgang. Und merkwürdig: auch das *Heraufbildende* kommt in eigener Romanform vor. Wieder sogar in oft sinistrer, dann in bedeutend hoher, nämlich im sogenannten *Künstlerroman.* Reizvoll wäre es, darin nicht minder an Ort und Stelle und bei der Stange bleibend, mit dieser selber Gehalte aufzuzeigen. Wie rechtens steht der Autor des *Fräulein von Scudéry* auch hier am neueren Beginn, diesfalls das Geniefach betreffend. Der detektivische Kammergerichtsrat Hoffmann ging recht eigentlich über in das »serapiontische Prinzip« des Malers, Musikers, Dichters. Es erschien offen als der Kapellmeister Kreisler und durch die Blume, durch die Feuerlilie, durch das Salamandrische seines Meisters hindurch als der Studiosus Anselmus im *Goldenen Topf.* Abwärts nachher geht es bis zu den Sittenromanen vom lokkeren Künstlervölkchen, mit nackten Modellen, versteht sich, mit Plastik, die bei Paul Heyse gerne Bacchantin heißt (und unten rauschte die Isar). Breit wieder liegt die mittlere Ebene, ebenfalls voll sogenanntem Blick in die Werkstatt des Künstlers, doch zuweilen schon mit der Ebbe und Flut eines wirklichen Schaffens beschäftigt. Wassermanns mäßiges *Gänsemännchen,* aber auch Rollands *Jean Christophe,* nicht zuletzt Werfels *Verdi, Roman der Oper* gehören hierher. Darüber dann die bisher höchsterreichte Darstellung, durch den *Grünen Heinrich* ausgezeichnet, den Maler erst mit »zypressendunklem Schluß« scheitern lassend, dann in der zweiten Fasung mit erinnernder Resignation. Ganz ohne Schutz ist das verdächtige Heiligtum von Thomas Mann betreten, kontrapunktisch kühn, mit *Doktor Faustus* spätdeutsch, also als Musiker. Das Thema dieser Gattung bleibt Aufdämmern, Sinken, Durchbruch, auch auf Grund abseitig-zentraler Katalysatoren. Für letzteres ist Werfels *Verdi,* trotz seiner mittleren Qualität, ein nicht unbe-

wegendes Exempel; mit der Sängerin und ihrem »wohlerwogenen Duft«, mit dem heraufpreschenden »Rache«-Melos von *Othello,* nach dem Tod Wagners. Der *Durchbruch* selber freilich, dies eigentlich Grelle und Hauptcharakteristikum der Sache, wird in ihrer Romanform entweder vermieden oder aber bloß deklarierend umkreist. Vermutlich hängt das mit einem selber nur Signalisierenden, ob auch Signalhaften des Durchbruchs zusammen, mit einem sonst nur musikhaft Darstellbaren; weshalb denn diese Art Meeresstille und glückliche Fahrt leichter in einer Oper Platz findet (sei es auch in einer keinesfalls selber bedeutenden, etwa im ersten Akt von Pfitzners *Palestrina*) als in einem Roman. Überhaupt fehlt dem Künstlerroman die unverwechselbare Form, die die Romane des Detektivhaften, Detektorischen durchwegs zeigen; es sei denn, man sehe in ihnen eine bedeutsame Art *ausgespartes Ende, ungereichte Frucht* als charakteristisch an. Dies Ende müßte ja eben, nach dargestelltem status nascendi, das *Werk des Künstlers selber* sein, ein ohnehin (romaneske Künstlerbiographien ausgenommen) nur imaginäres; einzig der *Doktor Faustus* wird, mittels suggestiver Velleitäten, dieser Schwierigkeiten etwas Herr. Da könnte das ausgesparte, jedoch als wetterleuchtend, gar aurorisch latente Ende eine ähnliche Bedeutung haben wie der im Dunkel liegende Anfang bei detektorischer Darstellung und ihm korrespondieren. Was indes das bisherige Ausstehen einer unverwechselbaren Form am Künsterroman angeht, so ist hier wohl das Fehlen großer alter Werke dieser Art der Grund; es gibt keine, aus denen der Künstlerroman sich säkularisiert bilden konnte, von denen er, wie fern auch immer, gehalten wäre. Denn selbst die *Tasso*-Handlung leidet, hofft, scheitert in der Liebe, nicht im Werkschaffen des Künstlers; es gibt in dieser Sphäre also keinen *Oedipus rex,* illuminierend, substanzierend. Und das, obwohl die alte Grundfigur dem Kreativen und seiner Darstellung am wenigsten fehlt: sie heißt *Prometheus;* nur: er wurde in der Antike nie als Archetyp des Künstlers in einem Werk geformt. So viel, nicht mehr hier, mit Abgesang, über den Künstlerroman, und das nur, um an seinem Forschend-Heraufbildenden das Forschend-Aufdekkende der Ödipus-Gattung zuletzt zu pointieren, kontrastierend. Der Künstlerroman selber befindet sich, wenn auch im gleichen Buch wie das Detektivische, Detektorische, so auf einem anderen Blatt, auf einem, das in Literatur wie Philosophie nicht halb so vollgeschrieben ist, ja, das seine Prometheus-Form vermutlich noch vor sich hat. Dafür hat das Detektivische sozusagen mehr Schule gemacht, dergestalt daß seine Fabrikware vulgär, während die numerisch ohnehin geringere des Künstlerromans nur kleinbürgerlich ist. Schließe man also, nach diesem Seitenblick auf Verwandtes, Foliehaftes, mit dem sehr viel engeren, dingfest machenden Rückgriff im Detektivroman. Der Streifzug dahin zeigte einiges gar nicht so Triviale in gewordener Trivialliteratur – auch hier ist die Spannung nicht dumm. Und es bestätigte sich, was eingangs bemerkt wurde: Der Fall selber muß etwas in sich haben, so ganz nebenbei. Das Problem des ausgesparten Anfangs wirkt durchs ganze Detektorische hindurch, macht seine Form. Die Form eines Vexierbildes, dessen Verstecktes früher als das Bild ist und erst allmählich dahin eintritt.

Philosophische Ansicht des Künstlerromans

1. Es ist beliebt, sich beim Lesen einzufühlen. Dann vor allem, wenn ein dargestelltes Leben farbiger abläuft als üblich. So etwas braucht dann nicht immer sieghaft zu sein, gar im billigen Sinn. Es packt den mitgenommenen Leser auch durch Leiden, sogar durch Scheitern, sofern das wiederum nicht lau ist. Vorab junge Menschen, neben neugierig entsagenden, nehmen an dergleichen teil, als wären sie sein Gast. Das kann dann auch aufrütteln, vorbereitend, nicht nur ersatzhaft wirken.

2. Das Einfühlen gelingt am weitesten, wenn es zugleich entführt. Da gibt es ein lesendes Durchbrennen, hinaus zu ungewöhnlichen Menschen und Lagen, darunter auch zu künstlerischen. Zug und Ort dieser Art hieß besonders in der Jugendstilzeit Paris, München. Wohin ungewöhnliche Jugend durchbrennt: »Und unten rauschte die Isar«. So kommt sich die Teilnahme an dergleichen oft selber künstlerisch vor; statt sogenannter höherer Schichten der Gesellschaft erscheint dann das Künstlerleben, dem es gelungen ist, eines zu werden, zu sein, und ihm entsprechend sein Künstlerroman. Künstler, nun, das ist ein Wort, welches vom Zigeunerprimas und Schlagersänger

bis zu Hölderlin gebraucht wird, und der Spießer liebt das Künstlervölkchen sogar als besonders antiphiliströs. Daher gibt es Schmöker in dieser Gattung wie Gucklöcher auf Aktmodelle, und auch die früheren Kommerzienratsgattinnen haben gerne Bücher an Badeorten gelesen, worin Tenöre den ganzen Apoll vertraten. Eine Künstlergeschichte hat schließlich auch den Trompeter von Säckingen, nicht nur den Kapellmeister Kreisler als Held. Aber mit solchen Karikaturen ist das Genus (obwohl selbst sie noch von dessen Phantasie leben) ersichtlich nicht berührt. So wenig auch wie von einem Hymnus Heinrich Harts, *Cäcilie* genannt, den Strauß komponiert hat, und der schließt: »Wenn du wüßtest, was leben heißt, umhaucht von der Gottheit weltschaffendem Atem, [...] wenn du es wüßtest, du kämest zu mir.« Sondern das gute Genus betrifft weniger Umhauchtes, nämlich Werkstatt als Leben, Leben als Werkstatt und darin eine Frucht, die bildend gerät oder auch nicht. Wird doch im Bilden solcher Geschichten – und nur in ihnen – wiederum ein Bilden abgebildet, voll Auf und Ab, viel Wetter und Einsamkeit. Meeresstille und glückliche Fahrt, Labyrinth und Faden, Dickicht und Lichtung oder auch nicht. *Schwere Stunde* heißt eine Erzählung Thomas Manns, mit Schiller nachts am Schreibtisch, am *Wallenstein* arbeitend. Schiller erhob sich, »stand am Ofen und blickte mit einem raschen und schmerzlich angestrengten Blinzeln hinüber zu dem Werk, vor dem er geflohen war, dieser Last, diesem Druck, dieser Gewissenqual, diesem Meer, das auszutrinken, dieser furchtbaren Aufgabe, die sein Stolz und sein Elend, sein Himmel und seine Verdammnis war.« Dergleichen ist ein Rapport über Mühe, nicht über Honiglecken auf Hymettoshügeln oder Atelierfesten; auch wenn Genie bedeutend mehr ist als Fleiß, auch wenn das Beste leicht von der Hand geht. Aber Stockung und Durchbruch, Mühe und Phoebus gehören in diesem Sujet zusammen, samt der merkwürdigen Quelle am Parnaß, um deren gefährliche Landschaft zwar nicht der vulgäre, wohl aber bereits der mittlere Künstlerroman zu kreisen versucht. Weshalb sein Entführendes eben auch Vorbereitendes an sich tragen kann, das ist: junge Adepten betrifft, sie im Traum von opus magnum reizt. Manchem Karl Moor sui generis konnte es hier erscheinen, als lese er in seinem Plutarch von großen Menschen. Darauf sind unter anderem bereits Rollands »heroische

Biographien« gestimmt, anekdotisch wie Plutarch um gelebt habende Meister und ihre Werke aufgeführt. Der *genuine* Künstlerroman freilich pflegt dafür *imaginäre* Helden und Werke; wenngleich mit Anlehnungen, auch mit versetzter Selbstbiographie, ja Selbstgericht. So gleich an seinem Beginn, bei Hoffmanns Kapellmeister Kreisler, so an seinem vorläufigen spätbürgerlichen Schluß, bei Manns Adrian Leverkühn. Entführung aber überall und das als mehr oder minder legaler Besuch im sogenannten Genieland.

3. Nicht gar lang ist es her, daß zu solchen Leuten eingeladen wurde. Daß Künstler überhaupt interessant erscheinen; ehe das war, wurde von ihnen auch nichts Besonderes erzählt. Wenn der Detektivroman das Indizienverfahren voraussetzt, dies Bohren rückwärts zu einer gewesenen Untat, so der Künstlerroman Achtung und Interesse für die bildnerische Person, die statt eines Gewesenen Neues hervorbringt. Ihr social standing gehört dazu und sichtbarer, namentlicher Vortritt aus Werktag und Zukunft. Weder der Antike noch dem Mittelalter griff so das Leben und Streben ihrer Künstler in die Phantasie. Die Griechen verachteten sogar ihre bildenden Künstler als Banausen, das ist, Handwerker, indem sie körperliche Arbeit leisteten. Selbst unter den Dichtern, die doch nur in übertragenem Sinn schwitzen, rangierten einzig die Tragiker höher; doch auch deren Namen wurden meist in Ruhe gelassen und sicher ihr wenig interessierendes Leben. Wie erst in der Gesellschaft des Mittelalters, fast ohne Nerv für das, was man später den Reiz der Persönlichkeit nannte. Die ritterlichen Minnesänger, Ependichter allerdings, die sind mit Maßen vertrauter, doch für den unbekannten Dichter des Nibelungenlieds fand man es nicht einmal nötig, einen Namen zu erdichten, und wie viele Maler, Bildschnitzer großer Werke leben nur unter einem Not-Namen fort (Meister des Marienlebens und ähnlich), den ihnen Kunsthistoriker nach 500 Jahren gegeben haben. Noch das Lebensdunkel um einen Grünewald mischt sich ununterscheidbar mit dem hier uneigentlichen, späteren eines verkannten Genies. Gar ein Künstlerroman als eigen Aventiure, entsprechend den fabelhaften Ritterbüchern oder auch Reise-Phantastereien: wo, auf welchem Boden sollte der herwachsen? Es gab diese Arena und Lichter nicht, nicht einmal in dem bekannten, erst romantisch pointierten Sänger-

krieg auf der Wartburg, es gab so gut wie gar keine öffentlichen Charaktere in der Kunst. Solange nicht, bis die ständische Gesellschaft frühkapitalistisch aufgebrochen wurde; erst die Renaissance gab nun auch für den erzählten Apollo Personstoff, unverwechselbaren. Vasari schrieb seine anekdotenreichen Künstlerbiographien von Cimabue bis Tizian, etwas post festum bereits, um 1550, kurz vor den Schatten der Hispanisierung Italiens. Doch ganze visionäre Triumphzüge aus lauter Dichtern waren schon in der Frührenaissance gedichtet worden, so von Petrarca in seinem *Trionfo della fama*, so von Boccaccio in seiner *Amorosa visione*. Und auch die satirischen, folglich dezidiert unanonymen Schilderungen beginnen, freilich mehr gegen die Humanisten als gegen die Künstler, doch immerhin gegen ihren Dünkel als Apollsöhne, wonach sie, wie eine Karikatur sagte, noch vom Schiefen Turm in Pisa, wenn sie daran vorübergehen, eine etwas tiefere Verbeugung erwarten. Genug davon, denn das völlig in die Phantsie greifende Künstlerbild entstand doch erst kraft eines *siegreicheren* Bürgertums im achtzehnten Jahrhundert, und zwar mit deutlich anti-feudalem Charakter; das gerade im Geniekult des Sturm und Drang. Hier doch, im wilden Apollo, erschien der Künstler zum erstenmal als die kanonische Ausnahme kraft Natur, nicht kraft Herkommen; die Dachstube warf Feuer, schöpferisch Dahinwühlendes trat vor, zwang die Blicke auf sich. Nicht zuletzt die Antike und ihr Süden wurde von hier aus, in Heinses *Ardinghello*, bacchantisch statt Winckelmannisch erfaßt. Wurde das Geniebild in Deutschland derart durch Sturm und Drang exzitiert, so hernach, als er lang vergangen, das heißt scheinbar ausgebraust hatte, in ganz Europa durch das Erstaunen an Napoleon, der mit dem Kraftgenie des Sturm und Drang in unglaublicher Wirklichkeit das Titanische gemeinsam hatte, noch bis zum Bild des angeschmiedeten Prometheus in St. Helena. Prometheus selber war erst in der Renaissance wieder erinnert worden, bei Scaliger, weiterführend zu Bacon, zu Shaftesbury, und eben nicht als Feuerdieb, wie meist in der Antike, sondern als Schöpfer, neuer Menschenbildner und so Archetyp des Künstlers. Auch das aber wurde erst im Sturm und Drang scharf, beim jungen Goethe, dann, in Romantik ohne alle Restauration, bei Shelley, so auch in dessen keineswegs nur komischem Drama vom ungebundenen Prometheus. Aura dieser Art gab von da ab dem Künstlerbild immer wieder überhöhende, obzwar in einzelnen Figuren wunderliche Farbe. Denn damals trat auch das sogenannte Dämonische hinzu, wurde mit romantischem Wunschgrauen der Künstlerart innen und außen beigesetzt, als jene nicht geheure Kategorie, die vorher nur Zwischenwesen zwischen hier und dort, wie Käuzchen, geglaubte Kobolde und verrufene Orte, gewiß auch Besessene, Hexen, Beschwörer betroffen hatte. Nun aber, am Künstlerbild, verwandelte sich dergleichen auch in ein Elementarisches vom Sturm und Drang her, positiv genommen, in ein Vulkanisches tief unten und – nie übersehbar – an der Bergspitze im Licht zugleich, sollte sein Dicht- und Liebesfeuer auch exemplarisch hochwerfen. Auch Virtuosen freilich fanden da Platz, so vorzüglich im spätromantischen Publikum, so Paganini, der es gern um sich phosphoreszieren ließ, ziemlich lange nachwirkend. Gehört das doch ebenfalls zum damals gängig gewordenen Künstlerbild, noch in Wagners Hörselberg-Tannhäuser erkennbar, ja noch im Terminus des Zauberers mit der Sackpfeife, den Nietzsche auf Wagner ebenfalls beziehen wollte. Edlen Stoff göttlicher Verruchtheit gab all solchen Archetypen jedoch das Leben eines großen Dichters selber, als dasjenige Byrons. Es wirkte an sich bereits, auch ohne seine ausfahrenden Werke, die, trotz Kain wie Manfred darin, kaum auf kolportageähnliche Spannung setzen wollen. Aber bezeichnend ist, erst recht bleibt: Wie E. Th. A. Hoffmann mit dem *Fräulein von Scudéry* die erste Detektivgeschichte gesetzt hat, so der gleiche Dichter mit dem Kapellmeister Kreisler, ja auch mit Anselmus im *Goldenen Topf* die ersten Figuren des Künstlerromans, samt der Liebe darin. Musikalisch kam das in Schumanns *Kreisleriana,* in Berlioz' *Symphonie fantastique, aus dem Leben eines Künstlers* wieder, zu solchem Sujet konnte die vorromantische Literatur kein Gegenstück liefern, trotz Renaissance, selbst Sturm und Drang. Ja der Künstlerroman ist methodisch der einzige, worin Sturm und Drang immer wieder Gegenstand geworden ist. »Daß eine Schöpfung voller Saft mir aus den Fingern quölle«, dieser Wunsch- und Willensvers des jungen Goethe enthält auch das Geburts- und Schicksalsthema mit Niederlage oder Werksieg, auf das sich der Künstlerroman von da ab seinen Optativ zu machen hat.

4. Sonderbar aber, wie oft hier mehr Versickern als Flut dar-

gestellt wird. Beispiele dafür geben mäßige Romane wie Friedrich Huchs *Enzio* oder Wassermanns *Gänsemännchen*. Die Künstler darin sind auf die Dauer keine, sie haben sich getäuscht, trotz eines Wollens, das nicht von ungefähr kam, und gutem Fahrtwind zuerst. Huchs Enzio scheitert aus Mangel an künstlerischer Zucht oder an Begabung oder an beidem. Und wenn Wassermanns Musiker Daniel Nothafft am Schluß, nachdem eine hexenhafte Trulle seine Partituren verbrannt hat, edel resigniert, so weiß er wohl, warum, auch wenn er nicht wie Enzio den Tod wählt, sondern stilles, lehrendes Alter. Der kleinbürgerliche Habitus beider Romane macht ohnehin klar, was epigonal ist; immerhin, man merkt auch an ihren Gestalten, was Wollen ohne Können ist, was Sirene ist und dann Genarrtheit, Spießerei. Sonderbar auch, daß dieser so echte wie erschütternde Vorgang ganz offenbar wenig bedeutende Darstellung gefunden hat, mit dem »Viele sind berufen, wenige auserwählt« als Motto. Er füllt eines der schuldlosesten Trauerspiele, gemäß jener *negativen* Heterogonie der Zwecke, wonach das Werk nicht etwa den Plan während der Ausführung überbietet, sondern umgekehrt der Plan während der Ausführung schrumpft, also nur in Velleitäten, nicht aber im Fleisch lebt. Auch eine Gestalt wie Ulrik Brendel aus *Rosmersholm* tritt nahe, voll ungeschriebener Werke, und wie er sie ausschütten will, ist alles leer, sein Saatkorn hat er im Traum vermahlen. Das ist das gewiß bedeutende, doch skurrile Porträt eines soi disant-Raffael ohne Hände; und er ist edel, in seiner Art edler als Ejlert Lövborg aus *Hedda Gabler*, der Bedrohte, dem das Seine gelungen, obzwar gleichfalls verloren ist. Wie anders freilich, wenn er der Held eines Künstlerromans – allein schon deshalb, weil er eine nicht erfundene, sondern historisch-notable Gestalt ist – realiter per aspera ad astra geht. So Werfels ohnehin bei Namen genannter *Verdi, Roman der Oper:* voller Nächte aus Depression, doch darin, darüber voller Katalysatoren. Erfunden ist darin viel, der Roman, obwohl nur knapp über historischer Anleihe und Mittelmaß, ist kein Panoptikum, gut erfunden, nämlich gefunden, ist jedoch am späten Verdi das allemal Odysseehafte der Produktion, mit der schwierigen Aurora zum gelingenden Werk. Verdi verbrennt die impotente Partitur seines *Lear*, und das *Requiem*, zehn Jahre zurückliegend, erscheint ihm als sein eigener Totengesang, dann aber kommt der andere, der positive Text, um dessentwillen ein Künstlerroman es sich überhaupt gestatten mag, bewiesene Meister zu erzählen und nicht bloß zu duplizieren. Es kommt das Abenteuer des *Durchbruchs,* der schwere Johannistag des neuen Werks, des im Roman entstehenden *Othello,* als entstünde er eben jetzt. Nicht ebenso historisch, weil an einem deutschen Musiker der »Gegenwart« geschehend, ist Romain Rollands *Jean Christophe,* und doch geht auch darin eine bereits bekannte, ja sonderlich notable Gestalt um, die Beethovens, mit sehr viel größerem Erdenwallen, kämpfend, richtend, hochreißend, das Maß des Citoyenhaften in der Musik. Derart vielmehr will diese lange, gewiß auch langatmige Geschichte eines deutschen Musikers, hier Krafft geheißen, so voll Ernst sein, wie zu viel andere Künstlerromane voll Sentimentalität sind; Heroisches kommt darin zur Szenenbildung eines Schaffens hinzu, das, an einen Stern fixiert, nicht umgekehrt. Freilich auch jene bloße nachträgliche Auslage eines Schaffens fällt auf, zu der immer wieder die romanesk-biographischen Darstellungen, zum Unterschied von selber imaginativen, neigen. Rollands Beethoven-Roman reproduziert Führungen durch eine siebente Symphonie, noch sicherer muß Werfels Verdi-Roman selber wie die Bekanntheit einer Verdi-Oper ablaufen. Gerade der Gang per aspera ad astra ist derart, trotz Lear-Nacht, unerwartetem Othello-Blitz, notwendig genormt; die beschriebene Bild-Weise ist schon über die Hälfte zugebaut.

5. Daher gerät solche Weise richtiger, wenn sie selber eine noch freischwebende ist. Ihr Ursprung schlägt dann durch, und eben er heißt, mit lauter erfundenen und so erst gefundenen, befundenen Gestalten, E. Th. A. Hoffmann. Schrieb dieser doch die echte Künstlergeschichte zuerst, als halb autobiographisch erfahrene, sonst aber imaginierte. Gewiß, auch der Enzio Huchs und der Nothafft Wassermanns kommen in keiner Musikgeschichte namentlich vor. Doch nur, weil sie zu allgemein sind und nicht, weil sie selber von Grund auf schöpferisch aufgebaute sind. Dagegen der Student Anselmus, der Kapellmeister Kreisler verkörpern ihr »serapiontisches Prinzip« aus sich selber, in durchaus unterbrechender Neu- und Fortführung von Bekanntem; Anleihen an Modellen außerhalb ihrer sind gleichgültig. Hier ist eingefangene, aufgebrachte Imago des Künstlerischen in romantischer Zeit, durch einen sich begegnenden

Künstler dargestellt. Auch mit Scheitern, mit der tiefen Verwundung durch das Erlebnis Julia, mit dem Ausbleiben des großen von Hoffmann vorgehabten Musikwerks, mit der Verwandlung Julias in die immer wieder tröstenden und zurückschleudernden »Himmelsbilder« der Weiblichkeit. Mit der Sehnsucht nach Atlantis und dem »Besitztum des inneren poetischen Sinns«, das dort gelegen ist, übrigens, gleich dem Archivarius Lindhorst selber, von entschieden morgenländischem Charakter (was damit zusammenhängt, daß vom alten Deutschland der Weg nach Bagdad allerwegs näher war als vom Mittelmeer). Das schafft die Märchenluft ums serapiontische Prinzip; dieses meint ja – Hoffmanns Künstlerbild, Künstlerlicht in dieser Welt bezeichnend – nicht poetische Subjektivität allein, sondern deren Bündnis mit dem Hintergründigen, mit der schwefligen oder blauen Fernfarbe im Objekt. Der wahnsinnige Einsiedler Serapion, von dem Caprian in den *Serapions-Brüdern* erzählt, und nach dem diese sich nennen wollen, sieht in oder durch eine deutsche Kleinstadt der Gegenwart Alexandria vor zweitausend Jahren – eine ineinander verspellte Welt mithin. Für Hoffmanns Anselmus läuft, kraft des Dichtvorgangs, Alexandria auch wieder in die Kleinstadt, das Reich Lindhorsts auch wieder nach Dresden an der Elbe zurück: und das ist zugleich die Feier des Dichtvorgangs selber, ja lauter Künstlerroman als objektive Phantasie seiner selbst und seiner Welt. Hoffmann also hat hier den Ton angegeben, in dem das Leben eines Künstlers und seiner hintergründigen Imagination selber sich erstmals darstellt. Mit Figuren, die wie Klangfiguren ihrer eigenen Musik dastehen, vor allem auch ihrer erst im Roman geschriebenen und entwickelten. Das gleiche gilt für die imaginierten Werke dieser imaginierten, also ganz und gar nicht aus vorhandener Kunstgeschichte verpflanzten Personen. Bei Kreisler freilich, dem genialen Menschen der *Kreisleriana*, des *Kater Murr*, dem hintersinnigen Musiker, den sein Ungenügen und der Jammer der Umstände hemmten, skurril machten, liegt alles angegebene Werk nur fern am Horizont. Immerhin, dort liegt es, er weiß nur nicht, wie hinzugelangen, doch aus seinen musikalischen Leiden hebt es Hoffmann als beschriebenes nächtelanges Phantasieren auf dem Flügel heraus, mit Werken, die nie geworden sind und dennoch über alles damals Bekannte hinaus als anderes Pastorale gemeldet werden. »Manche«, sagt Kreisler über so abstimmende Komponisten und sein eigenes imaginäres Werk, vielmehr sagt es e contrario der Philister und Widersacher, sich und seinesgleichen betreffend, »manche von diesen unglücklichen Schwärmern sind zu spät aus ihrem Irrtum erwacht und darüber wirklich in einigen Wahnsinn verfallen, welches man aus ihren Äußerungen über die Kunst sehr leicht abnehmen kann. Sie meinen nämlich, die Kunst ließe den Menschen sein höheres Prinzip ahnen und führe ihn aus dem törichten Tun und Treiben des gemeinen Lebens in den Isistempel, wo die Natur in heiligen, nie gehörten und doch verständlichen Lauten mit ihm spräche. Von der Musik hegen diese Wahnsinnigen nun vollends die wunderlichen Meinungen; sie nennen sie die romantischste aller Künste, da ihr Vorwurf nur das Unendliche sei; die geheimnisvolle, in Tönen ausgesprochene Sanskritta der Natur, die die Brust des Menschen mit unendlicher Sehnsucht erfülle, und nur in ihr verstehe er das hohe Lied der Bäume, der Blumen, der Tiere, der Steine, der Gewässer.« Das also ist der Versuch in Kreislers Werken (von den eigenen Musikstücken Hoffmanns deutlich verschieden): Musik, die nie so geschrieben wurde, trotzdem in einer Künstlergeschichte recht gegenständlich umschrieben ist. Was Kreisler gegenständlich hinmalt, dürfte gewiß nicht den treffendsten Auftrag an ein Musikstück enthalten; dafür ist es trotz der Bamberger Philister zuviel Schwärmerei. Indes es hätte zu seiner Zeit versucht werden können, Glasglocken-, Äolsharfen-, Naturlaut-Harmonie außerhalb des irdenen Jammertals. Wie dem auch sei, Hoffmanns Künstlerroman läßt, wiederum zum erstenmal, ungeschriebene Werke als keimende auftauchen, projektiv. Nicht nur im Ringen eines Künstlers, auch in der Kursangabe seiner intendierten Werke taucht so ein Noch-Nicht auf, dreiviertel Stund, dreiviertel Leben vor kommendem oder selbst nichtkommendem Tag, mit dessen Ankunft sich der Künstlerroman, der imaginierend-offene, besonders beschäftigt.

Also nichts hindert dergleichen, am dargestellten Ringen sogar in das zu gehen, was herauskommen könnte. Bauten skizzierend, die nicht gebaut wurden, Tonstücke auch technisch beschreibend, die in ihrer Zeit wohl möglich gewesen wären. Dies erstaunliche Kunststück ist lange nach Hoffmann einem Künstlerroman gelungen, als Fahrtbericht der Imagination mit imaginären Werkangaben durchaus. Das geschieht, unter anderem, in einem letzten dieser Gebilde, mit *Doktor Faustus* endlich auch als Künstler. Der Adrian Leverkühn Thomas Manns ist zwar von Kreisler so weit weg wie Krull von Anselmus, wie Parodie vom Schwarmlicht um Julia, wie Phosphor, allemal kalter, von einer Isisnatur, freilich auch wie Genie, unreines, von Sehnsucht nach Genie. Indes dieser Doktor Faustus wünscht auf ganzer Linie den Produktionsprozeß durch Fleischwerdung seiner Produkte (und ebenso wieder umgekehrt) zu erläutern. Brentano-Kompositionen, dann hochdürerisch eine »apocalypsis cum figuris«, zuletzt ein Faust-Oratorium, es sind ebensoviele Beleuchtungen des blauen, des schwarzen Wegs zu ihnen hin; so gibt dieser Roman Thomas Manns das Charakteristikum des imaginierten Künstlerromans überhaupt im längsten Auszug. Hier wird er ganz faßlich und lehrreich *als Darstellung des Artikulierenwollens von noch nie Erhörtem in Apoll*. Wie der junge Modigliani an einen Freund realiter schrieb: »Io sono ricco e fecondo di germi e ho bisogno dell' opera.« Wie William Blake den Unterschied des Bewahrenden, auch noch des Eklektischen vom Schöpferischen allegorisierte: »The cistern contains, the fountain overflows.« Daß den Leverkühn am Ende der Teufel holt, daß Seuche ihn aufpulvert und dabei wieder alle Hemmungen und kreativen Unzuträglichkeiten der bürgerlichen Spätzeit in sein Dämonisches eingehen, dies hindert die Wiedergabe eines Werkbildens durchaus nicht. So wenig wie es, »ohne einige Bemäntelung und Gleisnerei«, das Werkbild hindert, Aurorisches in der Nacht, trotz wie auch wegen dieser. Denn keine Spätzeit war je nur Niedergang, in jeder gab es ein dialektisches Zwielicht aus Abend- und Morgenröte; und letztere fehlt der Apocalypsis cum figuris gewiß nicht, noch dem einsamsten Schlußton, hoch und lang gehalten, malgré lui. Vor dem Ende, das erlischt, steht die Mitte, in der das Böse schaffen lassen mußte, anderers als das, was der arme Teufel geben oder feiern konnte. Auch wird genau der Lebenslauf der Produktion, dies eigentliche Thema des Künstlerromans, desto penetranter entwickelbar, je weniger ein gesättigtes Zeitalter, in klassisch erprobter Form, für den Künstler bereits dichtet und denkt. Zweideutigkeit, doch nicht nur in moralischem, auch in allegorischem Sinn, ist derart das

Hauptwort im ganzen Roman; Zweideutigkeit als ebenso modulationsmächtiges Schwebewesen zwischen Abgrund und prekärem Aufstieg. Zerborstenes, Abgedecktes kommt in einer Spätzeit, über zersprungenem Lack der Oberfläche, gleichfalls auf; auch dafür gibt es spezifische Wartung. Daher konnte der Roman den Leverkühn so »elementisch« in Zersprungenheiten und an den Grenzen seiner Zeit experimentieren lassen, wie Leverkühns Vater einst andere »elementa spekuliert«, das heißt an den Grenzen der anorganischen Natur vexiert hatte, sie über sich hinausschaffen ließ. Schickt doch auch in reinerer, noch so reiner Gegend die Kunst ihre Gegenstände über sie hinaus, ins weitere oder tiefere Bedeuten, das in ihnen umgeht, so wie der hervorbringende Künstler selber sich in seine natura super-naturans potenzieren muß, um ein hervorbringender sein zu können. Kein vorhandener Künstlerroman allerdings, auch nicht der *Doktor Faustus,* obwohl er wie kaum einer bisher, wenn auch teuer bezahlt und unkanonisch, das Grundthema des Künstlerromans durchhielt, hat solche Schöpfungsvorgänge nach vorwärts, in bisheriges Noch-Nicht dermaßen bereits vergegenwärtigt, daß das Schaffen selber sein *ganzes Selbstporträt* gefunden hätte: eben die Darstellung des Artikulierenwollens, des Gesichtbildens selber von bisher nie Erhörtem. Wobei hier doch Künstler ihre nächste Existenz vor sich haben, diese Meeresstille und glückliche Fahrt, diese Phänomene eines Widerstands und eines möglichen Siegs darüber. Nietzsche machte einmal der üblichen Ästhetik mit Recht zum Vorwurf, daß sie nur passiv, nämlich von Kunst-Konsumenten, verfaßt sei, statt von einem Mann, der mehr als rezeptiv weiß, woher und wogegen Schönheit in statu nascendi ihren Mann stelle. Die Kunst müsse also vom Künstler her begriffen werden, nicht vom Erlebenden, Empfangenden, gar Rubrifizierenden; und mindestens gegen den Historismus, Soziologismus, Schematismus (bei dem man überhaupt nicht mehr weiß, daß von Kunst die Rede ist) ist diese Erinnerung eines Hauptquells wahr. Künstlerromane allerdings, sie können und sollen auch in ihren ausstehend höchsten Exemplaren keine Ästhetik geben (selbst im *Doktor Faustus* ist dergleichen nur als eine Art essayistisches Spruchband den Figuren in den Mund gelegt). Wohl aber würde eine durch das Thema des Künstlerromans mindestens vermittelte Anwesenheit in statu nascendi der Kunst, im Feld dieser eigenen Antizipationen, die Kunsttheorie sehr zugunsten »des Dichters Lande«, sehr zu ungunsten soziologischer und normierender Entfremdung »am Objekt« verbessern. Nicht im Sinn irgendeines Psychologismus, erst recht nicht im Sinn eines l'art-pour-l'art-Partikularismus von Kunstschaffen und Werk, der gerade in den Schwierigkeiten wie Gelungenheiten des Schaffens die Gesellschaft übersieht, worin das Produzieren geschieht, und von der das künstlerische Produzieren zwar nicht letzthin entscheidend, doch weithin bedingend in seinen Form- und Inhaltsbestimmungen abhängig ist. Immer aber muß das Phänomen des Schaffens im Geschaffenen und seiner Stellung in der Welt so parat sein, als käme das angegebene *Thema* des Künstlerromans aus dem Hintergrund der Kunst selber. Als dem Hintergrund einer Schöpfung in eigenem raumschlagenden Sinn, nicht nur eines Geschaffenen, gar eines einrangierten Objekts. Wonach auch das Anliegen des im Künstlerroman Thematisierten seines sehr partiellen Teils zu der allgemeinen Aufgabe gehört: über dem Produkt das Produzierende nicht zu vergessen, auch nicht das Antizipierende.

6. Ersichtlich erscheint so allerhand, worüber ein dargestelltes Leben und Streben zu denken gibt. Das Anliegen des Künstlerromans trägt als solches Bedeutungen herbei, worüber sich sonst nichts oder nicht genug vernehmen läßt. Das Sujet steht hier philosophisch für nichts Geringeres als für die dargestellte Handlung des Herausbringens, für die Arbeit an den Stimmen des Noch-Nicht, die im Schaffen eines Kunstwerks besonders eigen, vernehmlich und suo modo lehrreich klingen. Da ist jeweils eine Traumgeschichte nach vorwärts, sei es auch nur mit einem Kopf voll großer Rosinen, mit einem Jugendhimmel voll veritabler Baßgeigen, doch mit allemal gemeinter Werkgeburt. Und das dem Sujet nach bis in die Kolportage dieser Gattung hinein, trotz Künstlervölkchens, das gerade die Kolportage stört. Das Sujet behält so sehr seinen Hintergrund, daß sich mit einer nur scheinbar überraschenden Konfrontation zwischen Hoffmanns *Fräulein von Scudéry* und Hoffmanns *Kapellmeister Kreisler,* zwischen erster Detektivgeschichte also und erster Künstlergeschichte, schließlich sagen läßt: Wenn die Handlung des Detektivischen – bis herauf zum *Ödipus* – mit dem Aufdecken von *vergangenem Üblem* be-

schäftigt ist, das *herauszubringen* ist, so beschäftigt sich die Handlung des *Artistischen* – bis herauf zu *Prometheus*, ja bis zur Legende des *Turmbaus* von Babel – mit *gestaltbar Humanem*, das hervorzubringen ist. Bohrendes Ausgraben entspricht dem Detektorischen, gestaltendes Hervorbringen in dem und aus dem Noch-Nicht, das vor uns aufsteigt, entspricht dem Inventorischen, als dem des Werks. Mit dauerndem Fahrtbewußtsein, weshalb Joseph Conrad, in seinen *Lebenserinnerungen*, gerade auch die Mühe solcher Kunst mit der Anstrengung vergleicht, »die man erduldet, wenn man Kap Horn bei strengem Winter mit Westkurs rundet«. Doch auch Hilfe eigener Art kann sich bieten, jene Heterogonie der Zwecke, jetzt positiv gefaßt, die ein großes Vornehmen bei der Ausführung nicht schrumpfen und unerfüllt läßt, sondern die konträr den Plan während der Ausführung um ganz unvorgehabte Zwecke mehrt und gelingen läßt. Das besonders sichtbar dann, wenn das Vorhaben zunächst klein anhob, dann aber aus einem bloßen Krug, der auf der Scheibe gedreht werden sollte, eine Amphora wird – statt, wie es oft, umgekehrt. Mit einem großen Beispiel: Kolumbus wollte den Seeweg in das doch wohlbekannte Indien finden und entdeckte Amerika. Doch freilich, der erste, der Jugendplan im Leben eines Künstlers war allemal der große, der Plan des Jünglings von Sais, dem nicht ohne Grund Schiller seine Art Ballade gewidmet hat, mit dem Sturm-und-Drang-Motiv: »Was habe ich, wenn ich nicht alles habe.« Die Einsicht hierbei, die sich hernach auf ein Fiasko bezieht, kann zwar umfassend, doch sie braucht nicht erschöpfend zu sein; das in allen Gebieten der menschlichen Schöpfung, wo sie eine sein kann und ist. Das Bewegende im Künstlerroman selber, als dem, der schließlich, wie der echte Fauststoff, die ganze Menschheit betrifft, auch ohne jeweiligen Beinamen, ist der Wille zum Bahnbrechenden, mit Ritter, Tod und Teufel, zum utopisch gesehenen Schloß hin oder dem, was ihm an gerahmter, tönender, geschriebener Baukunst entsprechen mag. Die vermehrenden Meldungen des Lichts in wie vor einem Menschen sind hier die Hauptsache, oder wie Goethe in *Dichtung und Wahrheit* seiner selbst das benennt: »Die Vorboten desjenigen, was wir zu leisten imstande sein werden«. Keine gute Produktionsgeschichte setzt hinter dieses Vorbotenhafte einen Punkt; ja, dies Vorbotenhafte, dieser Vor-Schein lebt gerade in den *wirklich gelingenden Werken,* sofern und indem sie gelungen sind. Soviel hier über den Künstlerroman und seine nützliche Lektüre; – et hic dii sunt, auch hier ist Vermehrendes, ist Pandora mit der Hoffnung.

Dargestellte Wunschlandschaft in Malerei, Oper, Dichtung

> Malen ist Auftauchen in einem anderen Ort.
>
> *Franz Marc*

> Die Schriftsteller, die wir ewig oder schlechthin gut nennen und die uns begeistern, besitzen ein gemeinsames und höchst bedeutsames Kennzeichen: sie gehen einen bestimmten Weg und rufen auch auf, ihnen zu folgen, und ihr fühlt, nicht mit dem Verstand, sondern mit euerm ganzen Wesen, daß sie ein Ziel haben ... Die Besten unter ihnen sind realistisch und zeigen das Leben, wie es ist, aber da jede Zeile, wie von Saft, vom Bewußtsein des Ziels durchdrungen ist, spürt ihr außer dem Leben, wie es ist, auch das Leben, wie es sein muß, und dies nimmt euch gefangen.
>
> *Anton Tschechow*

> Schönheit ist das Leben, wie es in ganzer Wirklichkeit sein soll, bis es sein muß.
>
> *Tschernyschewskij*

> Videtur poeta sane res ipsas non ut aliae artes, quasi histrio, narrare, sed velut alter deus condere.
>
> *Julius Caesar Scaliger*

Die bewegte Hand

Es führt zu gar nichts, nur auf schöne Art zu fühlen. Das bleibt innen, hat keinen Weg aus sich heraus, wird nicht mitgeteilt. Aber ebenso ist das Innere vorausgesetzt, wo immer künstlerisch gestaltet wird. Ein Ich muß hinter der aufgetragenen Farbe sein, eine Hand, die aufträgt. Ein Gefühl geht durch die bewegte Hand hindurch, fügt sich in das Gemalte ein. So wie andererseits bildende Begabung nur dadurch sich als solche ausweist, daß sie von vornherein auf Gestalten hingeordnet ist, ja überhaupt nichts in sich findet, was nicht auf seinen ausgeformten Platz drängt. Das Handwerk kommt derart nicht zu dem bildend Inneren als anderes, gar Fremdes hinzu, sondern ist das Innere, das sich gürtet und fertigmacht. Wenn auf dem Weg zwischen dem Ich, das etwas kann, und dem Handwerk, das gekonnt wird, etwas verlorengeht, so war es nicht viel wert. Inneres spricht, sobald es etwas zu sagen hat, immer Äußerung; nun sprechen sie beide voneinander. Ein Bild wird darum auch gehört, nicht bloß gesehen, es erzählt das, was man darauf sieht. Und zwar zunächst auf freundliche Weise, Buntes an sich wirkt heiter.

Blume und Teppich

Zart und reinlich setzt hier die Hand dazu an, zieht aus. Was der Stift zeichnet, soll klar sein, was der Pinsel ausfüllt, bunt. Licht muß durchscheinen können, das Feine lehrt und verrät besonders das Können. An Blume und Glas wird deshalb aufs beste malen gelernt, jedes gute Bild hat einen Schimmer von Blumenstück in sich. Und es hat, dem verwandt, einen Teppich in sich, dies Beet voll ausgeglichener Farben. Erst hinter der reinen, bewältigten Feinheit und durch sie hindurch gehen die Dinge als gemalte auf. Sie werden nun aus Farbe wiedergeboren und geformt, Blume und Teppich gehen dinglich auf, zunächst als Stilleben. Auf diesem wird das Tischtuch durchsichtig auf sich selber, so auch der Teller, das Obst, das Fleisch. Dergleichen kann sich, aus der fortbildenden, einschwingenden Farbe, gar nicht genug daran tun, leinenhaft, porzellanen, saftig zu sein. Keine berührte Seide ist so weich und glänzend wie eine tüchtig gemalte, kein Stahl männlicher, blitzender als der durch Blau gegangene. Ebenso ist ein sonst oft Zerstreutes, wie im Teppich, durch einen durchgehenden farbigen Einklang nahe zusammengehalten. Nichts stört und wird gestört, alles handelt an Ort und Stelle, ist sich verwandt und zugehörig, weil insgesamt von Farbe geboren. Sie ist hier der Urteig, und sie bringt das von ihr jeweils Gebildete, ganz gleich, wie verschieden es im Leben ist, auf farbigen Nenner. Aus zugrunde liegendem Weiß werden Schürzen wie Tassen nuanciert, aus Rot der Hummer wie die Rose. Das Stilleben wird durch die

Blume erzogen, wird ein Strauß, der sich selbst überreicht. Überflüssig zu sagen, daß er selber, wie alles darin, von geringer Größe ist.

Stilleben aus Menschen

Zur Nähe überhaupt mag es gehören, daß sie eng ist und so wirkt. Kleine Fläche zieht zusammen, macht einen freundlich *faßlichen* Kreis. Sie malt ein Dasein, das im Leben leicht stokkig werden kann, als vorgemaltes aber merkwürdig warm ist. Zahmes Behagen hat darin Platz, das sich brauchbar bescheidet, aber auch Lust am sicheren Kreis und in ihm. Das vor allem dort, wo der Kreis aus eigener Kraft gewonnen und das Leben darin nicht verhockt, sondern gesichert und umgrenzt ist, also derart friedliche Wärme vorzeigt. So im holländischen Innenbild, alles wird hier Stube, auch die Straße, überall brennt ein Ofen, auch draußen im Frühling. Vermeer, Metsu, Pieter de Hooch haben solch behagliches Wohnen dargestellt, ein home sweet home noch ohne Muff. Die Frau liest einen Brief oder bespricht sich mit der Köchin, die Mutter schält Äpfel oder überwacht ihr Kind in einem Hofraum. Die alte Dame spaziert auf der Straße einer hohen Mauer entlang, jenseits dieser blicken Dachgiebel herein, sonst geschieht nichts, Sonnenstrahlen laufen durch die kleine stille Szene. Und im eigentlichen Interieur wird die Stille ganz zu dem, als was ruckende Tauben auf einem alten umschlossenen Hof sie aussprechen; durch verschieden einfallendes Licht ist sie gegliedert. *Ein Becher Bier* (Amsterdam) zeigt die schräg erhellte Kammer, worin eine Frau, unendlich ruhigen Gemütes, ihr Bier einschenkt; nach rechts geht der Blick durch die offene Tür ins hell überströmte Wohnzimmer und durch dessen Fensterrahmen hinaus ins Freie. Das dreifach einfallende Licht schlägt das Enge und Heimliche auf, ohne es groß werden zu lassen; der Raum ist in allen Bildern gegen die Gestalten primär, aber er umschließt sie, ist nur für die Nähe da. Ruhig offenbaren sich die Gegenstände des bürgerlichen Behagens, der Messingblaker an der Wand, die rote Fliese, der braune Lehnstuhl. Überall ist ordentlicher Wandel schlechthin, Aufgeräumtheit des Hauses wie des Gemüts. Selbst die Fluchtlinien grenzen ein, auch der Durchblick geht bei Hooch nicht über hundert oder zweihundert Meter hinaus. Ein Kramladen des Glücks erscheint, und er wirkt hier wie eine Schatzkammer. Lauter heimischer Alltag ist im holländischen Sittenbild gemalt, doch bei aller Nähe ist er auch so vorgemalt, wie ihn ein Schiffer aus der Ferne sehen mag, wenn er nach Hause denkt: als das kleine, scharfe Gemälde, das das Heimweh in sich trägt. Dem entspricht andererseits, daß auf diesen Bildern sehr oft Weltkarten an der Wand hängen, mit Meer, das hereinsieht, das das ganze häusliche Behagen kraft des holländischen Welthandels freilich erst spendet. Pieter de Hooch hat auch vornehme Räume gemalt, worin Damen mit Kavalieren tanzen, speisen, musizieren. Die Farbe auf den Bogen und Säulenkaminen wird darin weniger gemütvoll, sie ist bläulich und grau, das Rot der Kostüme hart. Doch selbst auf den Hofbildern ist noch Liliput, Elfenweise, die hütet und selber behütet ist. Krankes, Wildes, Lautes, Störendes kann in dem lieblichen Format weder gesehen werden, noch scheint es, als könnte Sorge selber dahin hineinsehen. Zimmer und Fenster auf die Straße sind gemalt, als gäbe es keine Störung in der Welt. Die Standuhr schlägt lauter Abendstunde, nichts wächst dem Menschen über den Kopf, nichts eilt.

Einschiffung nach Cythera

So sanft ist diese Nähe, aber zur Ferne gehört, daß sie unruhig verhüllt ist. Daß sie den suchenden Blick an sich bindet, daß sie gerade als *verschleierte* die Menschen lockt. Das Gefühl ist dann erotische Sehnsucht, als gemalte ist sie Abreise, Liebesreise; so drückt jede Darstellung erotischer Ferne bereits Verführung aus. Ein Grundbild dieser Art ist Watteaus *Embarquement pour Cythère;* sein Titel bereits ist deutlich utopisch. Junge Herren und Damen warten auf die Barke, die sie zur Liebesinsel bringen will. Der damalige Zeitvertreib machte, daß Watteaus Bild, das eines vortrefflichen, doch nicht eben großrangigen Malers, von Wunschlandschaft eine so sinnlich-sinnfällige Schilderei geben kann. Auch durch preziös-erotische Verkleinerung wirkt das Rokoko hierfür konzentrierend, mindestens isolierend. Dreimal hat Watteau sein Bild gemalt; der ersten Fassung liegt ein bloßer Bühneneindruck zugrunde, das Schäferspiel *Trois Cousines* (das bis in Offenbachs *La Périchole* hinein erinnert blieb). Die Anordnung der Figuren ist in der ersten Fassung noch hölzern, das Gefühl noch konventionell, die Tageszeit noch unbestimmt, die Luft noch nicht mit Erwartung geladen. Äußerlich gesehen, wirkt auch der Vorwurf der zweiten und dritten Fassung konventionell, soll heißen, er entstammt der Ära der Hirschgarten- und Boudoirgeheimnisse, einer tausendfach behandelten und ausgemünzten. Er hat insofern nur die Geilheit des damaligen Hoflebens zur Basis und eine austauschbare Kurzweil, die oft mehr erotisierte Langeweile war. Aber wie außerordentlich hat das Bild unterdessen nach dem Rechten gesehen, wie deutlich erscheint in dem modischen Sujet ein Archetyp der Liebesfahrt. Besonders in der zweiten (Pariser) Fassung ist Traum und Gruppenbildung in spe: eine verzaubernde Landschaft umgibt die Paare, schon verschwimmen die Konturen des Parks, die Liebesbarke wartet auf dem silbernen Wasser, ein fernes Gebirge steht in der Dämmerung, unsichtbar, aber gegenwärtig wirkt die Nacht der Insel in die Bewegung und Vor-Lust des Bilds herein. Die dritte (Berliner) Fassung ist weniger vollkommen, denn das Bijou darin ist zu verabredet und bekannt. Sie hat nicht nur den Vordergrund reicher ausgestaltet, sondern vor allem das Liebesschiff, mit dem Motiv der Putten, die das Segel umschweben. Die Barke steht sichtbarer bereit, der Schiffsmast mit dem Amorettensegel bringt eine deutlichere Linie in den verschwimmenden Hintergrund. Das unmittelbare Nebeneinander von Rosenrot und Himmelblau um das Segel ist betonte Süßigkeit, wirkt als eine Flagge des Versprechens, das die Liebesinsel herüberschickt. Doch auch hier ist die Einschiffung nach Cythera nur andeutend oder nicht mehr als die Einschiffung selbst, mit nur antizipiertem Glück. Das unterscheidet Watteaus Bild von allen anderen Darstellungen der Wollust, vorzüglich von solchen, wo Cythera schon als erreicht scheint. Ein großes Bild dieser Art hat Watteau in Form und Farbe weitgehend beeinflußt: der *Liebesgarten* des Rubens (in Madrid). Doch eben das Bild des so viel mächtigeren Malers gibt Ruhe, fast Gewohnheit des Glücks; Cythera dagegen war nie oder ist dahin. Üppige Frauen gruppieren sich bei Rubens in Goldbraun vor massiger Grottenarchitektur, flankiert vom Rot und Schwarz zweier stehender Paare; darüber in Abständen Putten, sie füllen die Bildfläche stark. Wie die schwüle Luft sich ladet und Puttenfleisch bildet, wie selbst der Stein des Portals sich erotisiert, gleich der Brunnenfigur, die Wasser aus den Brüsten spritzt: so ist hier Genuß als Emblem, Koitus als zeitlose Meisterschaft. Der ganze Garten ist in ihn verwandelt, auf schlechthin seiende, also monumentale Weise; Säulen am Portal sind Weiberschenkel, Amor erntete. Einschiffung nach Cythera klingt aber nur dort an, wo Vor-Lust dargestellt ist, mit ganz anderen Gärten als denen des fest vorhandenen Lands. Und ebendeshalb bedürfen solche Bilder eines Schwebezustands, eines Segels, eines Wolkenzustands, einer verhüllten Erwartung und ihres Lichts. Teilt sich der Vorhang, so ist dahinter nicht so sehr der Liebesgarten, mit präsenten Farben, majestätischem Ja, als die Wunschlandschaft ante rem, das Weib als erwartende Landschaft selber. Die *Schlafende Venus* Giorgiones, die *Nackte Maja* Goyas bewahren das Licht um Cythera. Bei Goya geht es unvermindert von den weißen Kissen aus, dem wollüstig-kühlen Fleischton, den Liebeslinien: auch dieser Akt liegt auf einer Insel. Gerade die sogenannten unreinen Gedanken sind rein diejenigen dieser Bilder selbst, sind der lustutopische Grund, wohin ihre Gestalten führen, worin sie liegen. Cythera aber ist, als wäre nichts in der Welt außer dem Scheinen und dem Umriß des Weibs.

Perspektive und großer Horizont bei van Eyck, Leonardo, Rembrandt

Nicht bergend, gegenständlich reicher ist jene Ferne, die den Blick offen läßt. Auch wo die gemalte Aussicht dunstig ist, wird hier nicht eingegrenzt, sondern ein Maß gerade für die *Weite* gegeben. Sobald das Diesseits statt des Drüben unendlich zu werden begann, erschien die Wunschlandschaft offener Ferne im Bild. Blaugrün blickt sie durch Fenster und Bogen, durch geöffnete Grotten; die Weitsicht vom Berg her geht an. Was bisher nur dem Dom zukam: Tiefe der dritten Dimension zu sein, das wird nun Bildraum: die Welt als Langschiff. Tiefe kann nun auch in die Bildebene gebracht werden, indem diese als Schnitt durch den Sehkegel erscheint; so blickt der Beschauer wie durch ein Fenster, die Bildebene selber ist wie ein offenes Fenster. Der Punkt, wo die perspektivischen Linien zusammentreffen, liegt in der Unendlichkeit; noch über den Horizont hinweg gehen die im Mittelstück laufenden Linien fort, die

Figuren umschließt ein Neues: ein Zentrifugalraum. Bereits am Ausgang des Mittelalters wird so die Weite, Wunschweite deutlich: in der Pariser Madonna des *Jan van Eyck.* Die Perspektive dient einer ersten, durch Architektur gerahmten Veduta: eben die Landschaft erscheint als ein Fensterraum des Hauses. Und zum erstenmal wird auf van Eycks Bild das Gesetz des Fluchtpunkts bewußt beachtet, die Übersetzung vertieft gesehener Gegenstände auf die Fläche beginnt. Zwischen der Madonna und der Figur ihres Stifters geht der Ausblick durch drei Bogen einer Prunkhalle hindurch, so eröffnet sich, durch Säulen unterbrochen und eingefaßt, ein mit Schätzen überfülltes Fernland. Meisterlich detailliert, mit allen raumutopischen Emotionen besetzt, deren die Lockerung eines gleichsam horizontalen Abgrunds fähig ist. Eine Stadt wird sichtbar, Giebel und Türme, eine Kathedrale, ein weiter Platz mit Treppe, eine belebte Brücke, ein von winzigen Barken durchfurchter Fluß, in dessen Mitte, auf einer Insel, die kleiner ist als der Fingernagel eines Kinds, sich ein von Bäumen umgebenes Schloß mit zahlreichen Glockentürmchen erhebt. Hinter alldem läuft eine Welt grüner Hügel dem Horizont zu, an ihm verdämmern Schneeberge, und ganz zuletzt liegt die Ungrenze eines sich wolkig verlierenden Himmels. Es ist ein vollkommenes Traumland, obzwar in der Verlängerungslinie hintereinandergelegter Realität. Das ist nicht Brügge noch Maastricht noch Lyon, oder auf welches der damaligen Stadtbilder man sonst geraten hat; die Perspektive zeigt vielmehr gotische Idealstadt ohne Mauern, in der Apsis von Unendlichkeit. Bald fand auch die Veduta der *Natur* Platz, bei Piero della Francesca, mit dem neuen Wert des Horizonts in der Renaissance; Leonardo da Vinci aber gab für den Traumwert Perspektive das volle, offene Original. Ferne mit Geheimnisfarbe schafft bei *Leonardo* einen Raum, worin Plastik aufhört, nur noch Licht sich gliedert, zu fast unbekannten Gegenständen. Die *Madonna in der Felsgrotte* zeigt Höhlendunkel, gotisch verzackte Kanten und Grate, aber die Grotte zerbricht, und der Blick schweift ohne Übergang in ein entrücktes Flußtal. Die Figuren auf der *Hl. Anna selbdritt* sind streng in eine Pyramide eingeschrieben, doch die Landschaft hinter ihnen geht über zu wild zerrissenem Bergmassiv, es ist halb Dunst, halb Körper, ein unbestimmbares Jenseits der übersichtlichen

Gegenstände. Gänzlich dringt dies Fernwesen ins Porträt der Mona Lisa selber ein; durch den Traum des Hintergrunds wird zwar Körperhaftigkeit für die vordere Figur gewonnen, doch gleichzeitig auch wieder verloren. Denn Mona Lisa selber wiederholt die Form der Landschaft im Rieseln des Gewands, die Traumschwere des Hintergrunds in den Augenlidern, den geronnenen, unheimlichen, paradox undurchsichtigen Äther im Lächeln. *Die Landschaft ist hier so wichtig wie die Figur,* ist verwandte, wo nicht gleiche Hieroglyphe. Im Sinn von Leonardos philosophisch ausgedrücktem Weltbild: »Jeder Teil hat Neigung, sich mit seinem Ganzen wieder zu vereinigen, um der Unvollkommenheit zu entfliehen. Und es ist notwendig zu wissen, dieser selbe Wunsch ist eben die Quintessenz, Begleiterin der Natur, und der Mensch ist das Modell der ganzen Welt.« Die ferne Landschaft heißt ebenfalls Mona Lisa und ist sie – ein phantastisch-zackiges Berglabyrinth im weichsten Licht, dazwischen Seen, bleiches Feld, Ströme. Mona Lisa blickt von dort her, und ebenso blickt sie auf diese Ferne hin, auf ihr ausgebreitetes oder ganzes Rätsel, in grünblauem, rauchigem Licht.

Wo aber alles von vornherein rauchig ist, wie läßt sich da in die Weite sehen? Es geschieht, indem der dunkle Grund, aus dem heraus gemalt wird, die Dinge selber verfremdet. Und indem das Licht, worin sie stehen, selber wie aus lauter Hintergrund kommt, sich reflektiert. *Rembrandt* also, der stärkste Maler von Fernschein, der sich in der Nähe spiegelt, läßt sogar Saskia halb im Dunkel, und der Mann mit dem Goldhelm trägt sein Metall als Licht erst sammelnd, ja ins Finstere herableitend. Die Glanzstellen sind bei Rembrandt rein maltechnisch niemals blank und gleichsam flach aufgesetzt, sie sind ein Relief, an dessen körnigen Erhöhungen erst die helle Farbe haftet, während die Vertiefungen, gleichsam der gegebene Nahstoff, mit dem Dunkel der Untermalung oder mit brauner Lasur gefüllt bleiben. Aus dem Gegebenen der Nacht einerseits, aus dem bloß Reflektierenden des Lichts andererseits stammt die wahre Seltenheit und Kostbarkeit dieses Lichts, sein berückender Glanzschein auf Nacht. Dem entsprach die komplizierte Technik der Dunkelgrundierung und des Übermalens, die Rembrandt durch sein ganzes Werk befolgt hat; ihr erster, schon alles enthaltender Sieg ist bezeichnenderweise in einem Passionsbild, in der Münchner Grablegung Christi. Menschen, selbst Dinge stehen einsam in der Weite des Dunkelraums, die Farben kommen einzig aus einem Rätselreflex von innerem Licht in der Welt und hinter der Welt, aus einem Paradox von Endlicht. So stammt es weder von der Sonne noch aus einer künstlichen Lichtquelle, auch ist die vorhandene Welt, samt irgendeiner als vorhanden geglaubten Überwelt, gar nicht imstande, dieses nicht irdische, nicht überirdische Licht zu spenden. Die bisherige Ferne, die kosmisch offene Perspektive wird vom Dunkelraum ausgelöscht, er schafft einen ringförmigen Zusammenbau der Figuren, selber fast ungegliedert. Nur in weltlichen Gruppen- und Landschaftsbildern, wie der Nachtwache, der Kasseler Ruinenlandschaft, ist der Grund mit Lanzen, Burg, Wolken durchschnitten, und ein Gerüst mit Geraden streckt sich in der Nachtwache hinein. Die Porträts dagegen und die Bilder mit christlichem Sujet zeigen wesentlich die ungegliederte Finsternis draußen, die akosmische Einsamkeit innen, ja der späte Rembrandt, der keine Landschaften mehr malte, rahmt gänzlich mit dem mächtig verbergenden, finster geborgenen Dunkelton, der hier Universum und Unendlichkeit heißt. Dennoch ist auch das Dunkel dieses Hintergrunds goldbraun durchzogen, die Figurengruppe steht in einer Sfumato-Perspektive von Schwarz und Gold zugleich, das Licht wirkt in die Finsternis, chromatisiert auch hier, dringt durch aus einem seltsam vorhandenen Nirgendwo. Rembrandts Paradoxlicht kommt so in der ganzen Welt nicht vor, ist aber auch nicht, trotz seines durchgehenden Reflektierens, aus irgendeiner alten Metaphysik von Himmelslicht emaniert: es ist *Perspektivenlicht der Hoffnung*, tief in Nähe und Verlassenheit herabgeleitet, beantwortet. Die offene kosmische Perspektive ist vom Dunkelraum ausgelöscht, doch das Licht, das sich ebenso gegen ihn abhebt wie aus Einsamkeit und Schwärze rätselhaft hervorbricht, malt die Wahrheit der Hoffnung oder des Glanzes, der gar nicht da ist, in den Dunkelgrundierungen der vorhandenen Welt. Dieses sprunghafte, nur durch Reflexe vermittelte Einscheinen macht das Exotische der Rembrandtschen Beleuchtung, das Echo einer märchenhaften Ferne, in der die für sie empfänglichen oder ihr zugehörenden Gegenstände ganz nahe ausgemalt sind. Nur von daher das Glimmernde, aber auch die Liebe zu dem in Seide, Perlen, Juwelen, Goldhelm Aufschimmernden. Nur von daher die notwendige Arabisierung in den Saskia- und Judenbildern: die Ferne Licht spricht am vernehmlichsten durchs Märchenland Orient; ein transzendentes Bagdad glüht in der Nacht. Und nur von daher schließlich, in der Tiefe, das Licht nicht als Welt-, auch nicht als Überwelt-Element, sondern als mystischer Seinsausdruck der ihm zugehörigen Figuren. So am stillsten in dem Münchner Auferstehungsbild, mit dem Christus ganz unten am Rand, bleich leuchtend, auch noch dem mythologischen Himmelslicht entronnen und überlegen, das hinter dem niederfahrenden Engel herunterbricht: ein Ex oriente lux, das selber erst im Aufgang steht und von dieser Leiche in höchster Entlegenheit widerstrahlt. Alle Bilder Rembrandts, auch die profanen, sind vom Hintergrund her komponiert, und seine Farben – aus Nacht, Weihrauch, Myrrhen, Gold – malen die Perspektive: Hohlraum mit Funken.

Stilleben, Cythera und weite Perspektive in der Dichtung: Heinse, Roman der Rose, Jean Paul

Ein Bild erzählt von dem, was man als Zugleich darauf sieht. Und ein Gedicht erblickt und kann uns sehen lassen, was es in seinem Nacheinander erzählt. Vor allem, wenn es von einer erwünschten Bildart sich leiten läßt, vom Stilleben, dann aber von der Ausfahrt, von der großen Weite. Die *dichterische* Art des *Stillebens,* die freilich nun gänzlich heimwehhaft gesehene, ist die *Idylle.* Noch das Winzigste wird darin geehrt und gut, denn wo kein Überfluß, müssen alle Dinge zum Besten dienen. So bei Andersen: Zange, Kessel, Kerze leben, die Stube selber ist ein kleines Märchen, alle Geräte wohnen in ihm. Die Idylle führt bescheidene Küche, pflegt sorglose Gespräche, enthält durchgehends freundliche Geschicke. Freilich kann sie, gleich dem gemalten Stilleben aus Menschen, auch jenes zahme Behagen mit sich führen, das sich, für die Herren höchst brauchbar, nach der Decke streckt. Auch kommt das Idyllische nicht grundlos aus dem alten Hirten- und Schäfergedicht, worin eine übersättigte Schicht das eingeschränkte Leben schönfärbte, das diejenigen führten, die es sich nicht ausgesucht hatten. Und das sie selbst bei der gepriesenen Dickmilch mit Brot keineswegs so satt, so schmuck und bebändert führten. Und doch gab die spätere, die bürgerliche Idylle auch Platz für durchaus Gutes, das nur in diesem biedermeierlichen Kreis sich so wünschbar fand. Eben ein Heimisches, als wäre man von weither dahin zurückgekehrt, ein häuslicher Frieden, ein ländlicher Garten, »mit sanft anatmender Kühlung«. Summen der Bienen umgibt das eingezogene Leben bei Tag, Summen des Teekessels bei Nacht; das bei Voß in der *Luise*, das mit Maßen, trotz des hier einschlägigen Pechs, bei Goldsmith im *Landprediger von Wakefield*. Die Ferne kommt hier nur als Tee vor, die äußeren Stürme orgeln im Rauchfang und tragen eigens zum Zuhause bei, die Bösen sind zu Käuzen vermindert und geben so das Salz des Behagens. Aber reißend, hinwegreißend erscheint gegen die Idylle im Raum jenseits ihrer Beschränkung die *dichterische* Art von erotischem *Exodes*, von *Cythera*. Der Süden bot sich ihm vor allem an, Lautenklang, Wein, Freunde und ihre Mädchen, Purpurnacht, im Fackellicht beschienene Säulen. Nicht bei Winckelmann und den Seinen, wohl aber bei Wieland und den Folgenden wurde im achtzehnten Jahrhundert der Süden unter diesen Zeichen erblickt; auch die Romantik, bei E. Th. A. Hoffmann, hat daran nicht viel geändert. Italien ist hier vor allem das klangvolle und erotische, das Sehnsuchtsland der freien und befreiten Liebe, nicht des apollinischen Marmors. So in einem Dokument des späten Sturm und Drang, das doch ganz seltsam dem Rokoko verpflichtet ist, in Heinses *Ardinghello und die glückseligen Inseln*, 1787, einem archäologisch gebildeten und ebenso halb pornographisch-utopischen Gebilde. Versucht oder erhitzt wird darin ein Wunschtraum des Ver sacrum, wie folgt: »Es ging immer tiefer ins Leben, und das Fest wurde heiliger, die Augen glänzten vor Freudentränen [...] Der höchste bacchantische Sturm rauschte durch den Saal, wie donnerbrausende Katarakte vom Senegal und Rhein, wo man von sich selbst nichts mehr weiß und groß und allmächtig in die ewige Herrlichkeit zurückkehrt [...] Immerwährender Frühling, Schönheit und Fruchtbarkeit von Meer und Land und Gesundheit von Wasser und Luft.« Nicht die erste laszive, aber wohl die erste dionysische Antike wird in diesem Cythera-Roman bezeichnet; wonach gerade Wieland, bei dem die Grazien nie ohne Satyr, aber auch dieser nie ohne die Grazien war, Heinses Roman als Seelenpriapismus ablehnte. Zuletzt gründet Ardinghello auf den Inseln Paros und Naxos einen Idealstaat der Wollust, worin nichts als diese bleibt, nichts als diese Göttin in die mannigfachen Grotten und Tempel eindringt. Arkadien, seit Theokrit das alte bukolisch ersehnte Fluchtwesen, wird derart ganz ohne Glück in der Beschränkung zu den erotischen Zauber-Inseln geschlagen, auf denen die heißen Nächte lauter Bukolisches umgaben. Darum konnte auch Heinses Cythera von so viel früheren Schäfergedichten leben, den ohnehin in Italien, in der Renaissance wieder aufgeblühten, von Tassos *Aminta* vor allem, dem ersten und zugleich vollkommensten Exempel, mit Faunen, Nymphen und Satyrn, mit verzaubertem Hain und dem Pfeilschuß Cupidos, mit kühlem Dianatempel und dem Chorgesang der Hirten vom Goldenen Zeitalter, als dem der freien Liebe. Das war auch in der noch so sentimentalischen alten Hirten- und Schäferpoesie, wenigstens in der der Reanaissance, das haltbare, das sich weiterhaltende Wunschwesen: Goldenes Zeitalter mit antiken Zügen, die ebenso morgenländische enthalten. In solcher Renaissance befindet sich das Original des gedichteten Cythera, so wie die Renaissance wiederum ihre Zaubergärten aus sarazenischen, aus sarazenisch-gotischen Erinnerungen zog, als denen, worin das Bukolische seinerseits ans Tropische angrenzt, an die ungemäßigte Zone. Die unverhüllte Ferne Cytheras enthält solch ungemäßigte Natur in vertrautester Gestalt: als Liebe, und erst im Liebesgarten blüht das auf, in dieser Wunschlandschaft Orient, wohin seit den Kreuzzügen fast jedes Bukolikon tendiert und von woher es geschmückt zurückkommt. Nicht grundlos ist daher auch jenes *Grundbuch Cytheras*, zu dessen Raum auch noch das Ardinghellohafte gehören mag, in den Zusammenhängen sarazenischer Liebeskultur erwachsen und ihrer ritterlichen Erbschaft: nämlich der gotische *Roman de la Rose*. Denn dies Grundbuch, preziöser als alles Rokoko und voll paradox-scholastischem Naturalismus, gibt sich erst gänzlich als Erscheinungsgeschichte des Liebeslands. Überdies kam die Allegorik hinzu, in ihrer mittelalterlichen Anschaulichkeit: Begriffe werden zu Personen, folglich in ihrer Verbindung zu einem Schauspiel; was heute frostig erscheint, war damals voll resonantem Querbezug durch die sinnliche Vielheits-Welt, voll Leben. Auch verlängerte sich nun die Einschiffung nach Cythera, hatte ihre Gefahren und Probleme, wurde so zur ars armandi, mit Quodlibets aus sämtlichen damals vorhandenen Wissenschaften. Der *Roman de la Rose*, begonnen von Guillaume de Lorris, beendet von Jean de Meung, aus dem späten dreizehnten Jahrhundert, besingt in über zwanzigtausend Versen diesen Weg zur Lustnatur. Der Dichter selbst kommt an den Garten der Liebe, Dame Müßiggang öffnet ihm das Tor, sein Herz wird von Amor verwundet, Bel-Accueil lädt ihn zu den Rosen ein. Aber nun entspinnt sich Intrige, um die Rosen wird eine Mauer errichtet, Danger und seine Gesellen bewachen die Tore, mit einer Klage des Liebhabers schließt Guillaume de Lorris sein sehnsüchtiges Buch. Nun aber rät, in der Fortsetzung, Genius, der »Kaplan der Natur«, mit einer ganzen Armee der Liebe vorzudringen; in diesem seinem Aufruf mischen sich Jupiter und Gottvater, Venus und die heilige Jungfrau, Jesusmystik und heiterster pornographischer Materialismus. Natur schreibt die Gesetze menschlichen Handelns vor, damit aber etwas, das nicht außerhalb unseres Selbst im Jenseitigen und in Kirchennormen, sondern im Menschen und seinem Diesseits begründet liegt. Der Genius predigt gegen die Jungfräulichkeit und die Sodomie, droht die Hölle all denen an, die die Gebote der Natur und der Liebe nicht beachten, verspricht den Treuen Leben ohne Ende in einem mohammedanisch tüchtigen Zion, bestrahlt von Jesus und den schönsten Frauen. Ermutigt durch die Worte des Genius und beschützt von Venus, bricht der Liebeszug in den Garten ein, der verborgenen Jungfrau entgegen, die »vollkommener ist als die Statue des Pygmalion«; Eifersucht, Scham, Furcht und andere Affekt-Allegorien legen Hindernisse ohne Zahl entgegen, aber Höflichkeit, Freimut, Güte, vor allem wieder Bel-Accueil (der Sohn der Courtoisie) befreien die Liebesrose aus ihrer Festung, legen sie dem Liebhaber ans Herz. »Ci est le roman de la Rose / ou l'art d'amors est tote enclose«; die vaginale Allegorie der Rose bildet den lustutopischen Grund im gotischen Cythera. Exkurse über die Pflicht des Menschen zur Vermehrung seiner selbst sind eingesprengt, dazu reiche Satire, dazu Astronomie, nominalistische Naturphilosophie, geographische Märchen, Lehren über Geld und Geldumlauf, über klassische Heroen, über den Ursprung der Untertänigkeit, über kommunistische Utopien. »Chascune por chascun commune / Et chascun commun por chascune«: die sozialen Unruhen des vierzehnten Jahrhunderts werfen ihr Licht voraus. Vorzüglich in jenem Teil des Gedichts, den Jean de Meung bereits fürs aufsteigende Bürgertum geschrieben hat, mit rücksichtsloser Fragestellung, Hinwendung zur Natur. Ein Rousseau des Mittelalters spricht mitten in die feudale ars amandi hinein, spricht Urstand durch die Metaphern der freien Liebe. So weit breitete sich Cythera in einer Dichtung aus, so frivol und subversiv, so gelehrt und hintergründig elegant – Cupido am Ende der Welt.

Hier überall ist Ferne, aber eine für uns noch zärtlich verhüllte. Erscheint sie für sich, dann wird sie sehr große und nun in sich selber dämmernde Fremde. Ihre Form ist dann *gedichtete Perspektive*, im Süden, erst recht im Norden. Das ozeanische Gefühl gehört zu ihr, als eines grenzenloser Weite und als alles durchströmendes Ja in ihr. Fallen Nebel ein, so erscheint die Weite als ossianische Landschaft, als dieses, was in seiner Steigerung die Utopie Thule genannt worden ist. Und doch wieder ganz und gar nicht nur Norden ist, wie gemerkt, sondern starkduftend, voll Schleier, halboffener Türen, Orientrauch. *Jean Paul* nun, außerhalb seines Eidyllions von dauernden, bald unterirdischen, bald weit sich dehnenden Wunschperspektiven, Wandelpanoramen, wobei er aber selbst Italien, selbst den Azur, wie sehr erst die Kuriosa, Verfremdungen, Erhabenheiten der Welt, die von ihm riesig allegorisierten, rauchig sieht, zeigt in fast all seinen Landschaften den Doppelschein aus Nacht und Osten (hier wieder vermittelt durch die Bibel). Seine Ferne ist die uneingeschränkteste aller bekannten, so auch, wenn sie in den *Abgrund* geht, darin fortraunt, in endlosen Anfängen: »Ein Turm voll blinder Tore und blinder Fenster stand in der Mitte, und die einsame Uhr darin sprach mit sich selber und wollte mit der hin und her geführten eisernen Rute die immer wieder zusammenrinnende Welle der Zeit auseinanderteilen – sie schlug drei Viertel auf zwölf Uhr, und tief im Walde murmelte Widerhall wie im Schlafe [...]« Dann die Beschreibung eines Objekts, das den Hades nicht murmelt, sondern realiter ausbrüllt, der *Landschafts-Vesuv:* »Der Morgen ging auf, und mitten in seinem dunklen Winter traten wir die Reise nach der Feuerschlucht und Rauchpforte an. Wie in einer abgebrannten, dampfenden Stadt ging ich neben Höhlen um Höhlen, neben Bergen um Berge vorbei und auf dem zitternden Boden einer ewig arbeitenden Pulvermühle mit dem

Pulverturm zu. Endlich fand ich den Schlund dieses Feuerlandes, ein großes, glühendes Dampftal wieder mit einem Berg – eine Landschaft von Kratern, eine Werkstätte des Jüngsten Tags – voll zerbrochener Welt-Stücke, gefrorener, geborstener Höllenflüsse – ein ungeheurer Scherbenberg der Zeit – aber unerschöpflich, unsterblich wie ein böser Geist, und unter dem kalten reinen Himmel sich selber zwölf Donnermonate gebärend. Dunkelröter steigt auf einmal der breite Dampf, wilder gehen die Donner ineinander, heißer raucht die schwere Höllenwolke – plötzlich fährt Morgenluft herein und schleppt den flammenden Vorhang den Berg hinab.« Nachtgrauen, Ruine, Tartarus sind die Wunschländer der negativen Unendlichkeit, als Lethe der Verfremdung; doch je tiefer Pluto, desto höher auch Phöbus Apollo, die Sonne der unendlichen Fingalshöhle Welt. In Jean Pauls *Titan* hat der Held solche Fernsicht in *Appollos Tag*: »Die Alpen standen wie verbrüderte Riesen der Vorwelt fern in der Vergangenheit verbunden beisammen und hielten hoch der Sonne die glänzenden Schilde der Eisberge entgegen – die Riesen trugen blaue Gürtel aus den Wäldern – und zu ihren Füßen lagen Hügel und Weinberge – und zwischen den Gewölben aus Reben spielten die Morgenwinde mit Kaskaden wie mit wassertaftnen Bändern – und an den Bändern hing der überfüllte Wasserspiegel des Sees von den Bergen nieder, und ein Laubwerk aus Kastanienwäldern faßte ihn ein [. . .] Albano drehte sich langsam im Kreise um und blickte in die Höhe, in die Tiefe, in die Sonne, in die Blüten; und auf allen Höhen brannten Lärmfeuer der gewaltigen Natur und in allen Tiefen ihr Widerschein – ein schöpferisches Erdbeben schlug wie ein Herz unter der Erde und trieb Gebirge und Meere hervor« (*Titan*, 1. Zykel). Das Italien des *Titan* war für Jean Paul nicht Anschauung oder gar bestätigte Gegenwart wie für Goethe, selbst für Heinse; es blieb im Fernzauber, dahinter lag fortbedeutende Gelungenheit – das Unvergängliche ist nur ein Gleichnis. Und in Deutschland geben Liebe, Mond, Frühling dem Helden des *Titan* einen jederzeit übertriebenen, das ist in Ahnung und Hoffnung getriebenen Blick, so wenn die Gärten eines Fürsten zu einer *Terra australis* exaltieren: »Aber schaue hinunter, feuriger Mensch, mit deinem frischen Herzen voll Jugend, auf das herrliche, unermeßliche Zauber-Lilar! Eine dämmernde zweite Welt, wie leise Töne sie uns malen, ein offner Morgentraum dehnt sich vor dir mit hohen Triumphtoren, mit lispelnden Irrgärten, mit glückseligen Inseln aus – der helle Schnee des gesunkenen Mondes liegt nur noch auf den Hainen und Triumphbogen und auf dem Silberstaube der Springwasser, und die aus allen Wassern und Tälern quellende Nacht schwimmt über die elysischen Felder des himmlischen Schattenreichs, in welchem dem irdischen Gedächtnis die unbekannten Gestalten wie hiesige Otaheiti-Ufer, Hirtenländer, daphnische Haine und Pappelinseln erscheinen« (*Titan*, 23. Zykel). Diese Form der Fernlandschaft gehorcht den Menschen und spiegelt sie in einem Enthusiasmus des seltsamsten alles Außersichseins, nämlich eines aus Identität, wider; es geschieht utopischer Empfang, durch die Chiffern großer Natur. Die Sphinx der Fremdheit lichtet sich, wird ertragbar und erhaben, in mythischen, doch menschenähnlichen Bildern. Morgen- wie Abendrot werden zur Farbe einer Perspektive, die weit über die Kreislinie des Horizonts reichen will: »Das ungeheure Welträtsel versprechen Nachtstimmen zu erraten, und in tiefer Ferne werden von vorüberfliegenden Nebeln Bergspitzen aufgedeckt, auf welchen der Mensch in die ersehnte andere Welt weit hineinschauen kann.« Das ist randloser Kosmos, so ist er ebenso dem Chaos wie einer immer wieder gefüllten, gerade aus Fülle unaufhörlichen Unendlichkeit zugeordnet.

Maler des gebliebenen Sonntags, bei Seurat, Cézanne, Gauguin, Giottos Legendenland

Wieder nun zu Bildern zurück, zu solchen zunächst, die schlicht ins Bessere fahren. Nämlich in ein Draußen als Heraussein aus der täglichen Mühe, in sonntäglicher Lust. Teniers setzte so seine armen Würfler und Kartenspieler unter die Linde, breitmäulig, mit dem Glück im Bierkrug. Pieter Breughel malte sein Schlaraffenland, genau wie das arme Volk es allemal geträumt hat. Als ewigen Sonntag, der einer ist, weil jedes Tretrad fehlt und nichts mehr als Trinkbares, Gesottenes, Gebratenes vorkommt. Ein Bauer, ein Ritter, ein Scholar im Vordergrund, die ersten satt und schlafend, der Scholar noch mit offenem Maul und Augen, eine gebratene Taube erwartend oder das Ferkel, das rückwärts steht und bereits das Tranchiermesser bei sich trägt. Welcher Weg von hier, welcher Sprung in Sitte, Haltung, Geist von den Rüpelbildern zu einer anderen Wunschszene epikureischen Glücks: zu Manets *Frühstück im Freien*. Und doch ist das als Genußtag, Schönlust-Tag Gemalte und Lösende in der verschiedensten Tonart verwandt, auch in der bürgerlichen, auch in der vornehmen. Manets Wunschszene hatte ihr Vorbild bereits in Giorgiones *Konzert im Freien*, als einem Pastorale nackter Frauen, musikgenießender Männer, verschwiegener Natur. Manet wiederholt die Szene, wenn auch ohne Musik, erst recht ohne venezianischen Goldton; dennoch sammelt und versammelt auch hier der Garten Epikurs. Weiches Licht, wie nur der Impressionismus es traf, fließt durch die Bäume, umgibt die beiden Paare, die nackte Frau und die sich zum Bad entkleidende, die dunklen Männerfiguren. Dargestellt ist eine außerordentlich französische, außerordentlich verweilende Situation, voll Unschuld, Souveränität, unaufdringlichem Lebensgenuß, kummerlosem Ernst. Im ganzen läuft von den Kirmesszenen bis zu den bürgerlichen Gelassenheiten – im Gehölz, auf der Promenade oder auch in einem imaginierten Tempe-Tal – jene Kategorie hindurch, die man als die der *Sonntagsbilder* bezeichnen kann; ihr Sujet ist: unmittelbares Jenseits der Beschwerde. Freilich ist dies Sujet im neunzehnten Jahrhundert nicht mehr leicht malbar; Manets *Frühstück im Freien* bildet gerade hinsichtlich seiner Naivität und Gegenwärtigkeit eine Ausnahme. Sein unschaler Sonntag wäre mit Kleinbürgern schon fast nicht mehr möglich, er kommt bezeichnenderweise nicht ohne Künstler und ihre Modelle aus.

Der wirkliche bürgerliche Sonntag sieht daher auch als gemalter wenig wünschbar oder auch weniger reichhaltig drein. Die *negative* Folie zu Manets *Frühstück im Freien*, anders gesagt: das *ohnmächtig gewordene Lustigsein* ist gegeben in Seurats Promenadenstück: *Un dimanche à la Grande-Jatte*. Dies Bild ist einziges Mosaik von Langeweile, ein Meisterstück des Sehnsüchtig-Ungelungenen und Abstandhaften im dolce far niente. Das Bild schildert bürgerlichen Sonntagmorgen auf einer Seine-Insel in der Nähe von Paris, und eben: es schildert nur noch auf höhnische Weise. Leeren Gesichts ruhen Figuren im Vordergrund, die Gruppe der übrigen bildet in der Hauptzahl hölzerne Vertikalen, gleich Puppen aus der Spielzeugschachtel, intensiv mit starrem Lustwandel beschäftigt. Dazu der bleiche Fluß, mit Segelbooten, Ruderregatta, Vergnügungsdampfern, ein Hintergrund, der trotz seines Vergnügens eher dem Hades als der Sonne anzugehören scheint. Lauter glückloses Nichtstun ist in dem Bild in seinem hellmatt-wäßrigen Raum, in dem ausdruckslosen Wasser der Sonntags-Seine, als dem Gegenstand eines ebenso ausdruckslosen Sinnes. Schlaraffenland auch hier, doch so, daß mit der Arbeitswelt jede Welt, ja jedes Objekt ins Wäßrig-Laue zu schwinden scheint. Die Folge ist bodenlose Langeweile, kleinbürgerlich-höllische Abstands-Utopie vom Sabbat im Sabbat selbst; der Sonntag gerät nur noch als gequälte Forderung, nicht mehr als kurzes Geschenk aus Gelobtem Land. Solch bürgerlicher Sonntagnachmittag ist die Landschaft des gemalten Selbstmords, der nur deshalb keiner wird, weil ihm auch noch die Entschiedenheit zu sich selber fehlt. Kurz, diese Art dolce far niente ist, soweit es überhaupt noch Bewußtsein hat, das Bewußtsein völligen Nichtsonntags in der gebliebenen Utopie des Sonntags. Von dieser so dargestellten negativen Folie konnte sich das bürgerliche Sonntagsbild des neunzehnten Jahrhunderts nirgends erholen, Manets *Frühstück im Freien*, diesen als vornehme Bohème erhaltenen Renaissance-Nachklang, fast einzig ausgenommen. Ist doch die negative Folie in der Gesellschaft und in ihren Dopo-lavoro-Gegenständen längst vorhanden gewesen, bevor sie spät und deshalb so radikal-bezeichnend gemalt wurde. Die Historienbilder vergangener Fülle und Festlichkeit, diese auf die Leinwand gebrachten Sonntagabend-Opern, bestätigten dadurch, daß sie malerisch so wertlos und verlogen waren, nur den sehnsüchtigen Hades des gekommenen Feiertags. Und auf der anderen Seite wurde er bestätigt durch die gnadenlose Kunst, womit eine karge, strenge Malerei von der Art Marées das Jenseits der Beschwerde vorzustellen, besser: zu beschwören suchte. In Griechenbildern voll edler Gebärde, einsamer Grazie, mit gestellten Orangenhainen, mit statuarisch gemeinten Gestalten, die die goldenen Früchte pflücken und darreichen, mit preziösem Ruhebau und doch, wie ersichtlich, mit Theater auch hier. Dieses verschwand einzig, wenn wirklich genuine Malerei sich nicht bloß, auf naive Weise, größter handwerklicher Strenge befleißigte, sondern vor allem: wenn sie ihre Gegenstände vereinfachte, das heißt, auf solche einschränkte, an denen auch in der bürgerlichen Welt ein *positives* Bildnis von Sonntäglichkeit noch möglich war. Das geschieht vor allem bei Cézanne, mit Resignation wie Restriktion auf eine rustikale Kleinwelt und auf eine ebenso einfach-monumental gesehene Größe der Natur. So erst wurde eine *höchst lakonisch sich haltende Gelassenheit von Sonntag* ebenso dinghaft konkret wie monumental. Das bereits, wo nicht überwiegend, in der Darstellung gepflückter Früchte, weiter in den ausgesparten Landschaftsbildern und ihrem dorisch gehaltenen Elysium. Der Epikur eines *Frühstücks im Freien* ist zu Ende, die akademisch gewordenen Gärten der Hesperiden werden nicht angeblickt: statt dessen erscheint im Bild das tüchtigste Korpus Ruhe, das im neunzehnten, erst recht im zwanzigsten Jahrhundert bekannt ist. Cézanne verwandelt noch seine Stilleben in Orte, worin es streng und seßhaft hergeht, worin sich glückhaft Reifes gesetzt hat. Das Gepflückte auf diesen Bildern, die Äpfel, Zitronen, Orangen sind keine Früchte mehr, obwohl sie mit höchster Vorsicht und Genauigkeit als diese gemalt sind, es sind Zeugen eines schweren Behagens, von hesperischen Landschaften auf die Tischdecke des Feiertags gebracht. Hier ist alles Stilleben und nichts, denn Cézanne schlug ganze Ruhe-Welten in diese kleinen Gebilde nieder, statuarische, worin geerntet worden ist, worin eine elysische Ceres die Hände in den Schoß legt. So beruhigt, so in der Beschränkung auf bloßen Ausschnitt zur Ordnung gebracht, sind auch Cézannes heroische Figuren und Landschaften beschaffen, durchaus architektonisch. Akte lagern gemauert oder steigen gleich Pfeilern in die Höhe, stehen zwischen den Bäumen, byzantinisch gereiht, oder eingebaut in Laubhintergrund *Les Ondines* als in eine Nische. Das Meisterwerk *Grandes Baigneuses* biegt die Stämme, die das Bild rahmen, rechts und links zu gotischen Bogen, an sie gelehnt steigen stehende Akte mit empor, sie gehen gegen die Mitte und den Boden zu in ruhende über, den Bogen selbst füllt ein Sonntagsraum par excellence: Strand, Wiese, Wasser, dörfliche Landschaft, hohe Wolke. Dinge und Menschen werden so Bausteine von verschiedener Form und verschiedenem Gewicht, bestimmt, Bildbau herzustellen und zu tragen. Jedes Ding gerät an seinen Platz, wird mit festen Schriftzügen, mit denen seiner Gestalt, in ihn eingeschrieben. Auch reine Landschaftsbilder wie *L'Estaque* bauen das Ihre in einem Gleichgewicht auf, wie es seit Giotto nicht mehr gelungen war. Braunrote Ziegeldächer, grüne Baumkronen, karmoisinblauer Golf, gelbviolette Hügel, türkisblauer Himmel geben zusammen mehr als Einheit der Oberfläche, die Farben modellieren auch noch die geologische Struktur unter dem Fleisch heraus, als sichere Ataraxie der Landschaft. Es erscheint die Ruhe einer beschlossenen Natur, doch freilich eben mit eingeschränkten oder scharf herausgeschnittenen Gegenständen und im ganzen durchwegs fern von den Konflikten der Großstadt. Eine zum entwickelten Kapitalismus und seinen Gegenständen ungleichzeitige Agrarwelt geht auf, eine Provinzlandschaft mit tief gesehenen Erstreckungen in Aufgeräumtheit und Ordnung. So ist allerdings auch Cézannes Equilibrium, seine an Giotto gemahnende Ruhe, ja gerade sie, ein ausgesparter Sonntag der Welt, eine nur in Buchten und kargster Formstrenge noch ausprägbare Utopie. Wird daher Sonntag *in Breite und gleichsam für alle Tage* gemeint, mit einer Darstellung, die ihre Objekte nicht herausmodelliert, als ob sie Schätze grübe, dann mußte das gegebene Europa verlassen werden. Dann bot sich nur noch jene Welt, die ein so sehr viel geringerer und affektuöserer Maler wie Gauguin gesucht und gleichsam gefunden hat, fern von Europa, auf der Flucht davor, *in einem weit entlegenen und primitiven Jenseits der Beschwerde.* Glück und Farbe auf Tahiti: dergleichen gelangt nun ins späte Sonntagsbild, ein lang verschollenes Stück aus Südland. Dieser Traum war zuerst erschienen, als Tahiti mit seiner paradiesisch wirkenden Unschuld 1606 entdeckt worden war, er hatte im Rousseau-Europa durch Cook und die feinen, sprachgewaltigen Berichte Georg Forsters neue Nahrung gefunden. Das Sonntagsgefühl suchte damals schon tropische Staffage und genau diese: »Durch Forsters anmutige Schilderung von Otaheiti«, sagt Alexander von Humboldt in den *Ansichten der Natur,* Gauguin vorauserblickend, »war besonders im nördlichen Europa für die Inseln des Stillen Meeres ein allgemeines, ich könnte sagen, sehnsuchtsvolles Interesse erwacht.« Auch die anders lokalisierten oder Romangefühle, die seit Rousseau hier umlaufen: Saint-Pierres *Paul und Virginie,* der Palmen- und Unschuldsroman, oder die *Chaumière indienne,* auch diese Art Robinsonade (ohne Rückkehr) wird von Gauguin in später Anschauung ausgezahlt. Als solche wird nun das zum Kapitalismus noch besonders ungleichzeitige Tahiti gemalt, und die Sujets scheinen gleichsam wahllos paradiesisch: ein Kinderpaar unter Blumen, ein junger Reiter und Mädchen, die ihn erwarten, ein Maori-Haus zwischen Palmen, Fruchternte ohne Mühe. Alles liegt in braunfeuriger Ruhe, ein Süden, zwar noch gesehen in Pariser Brünetten, doch sie haben die heimische Eva ausgezogen, Melancholie löst sich oder verwandelt sich in Schweigen und ferne Vakanz. »Natur für uns«, dieser gründlichste Hintergrund des Schlaraffenlands, wird durch einen paradiesischen Himmelsstrich angezeigt und so weniger gründlich ins Bild gebracht. Erkauft ist der Sonntag auf Tahiti durch Primitivität, belohnt wird die Primitivität durch Sorglosigkeit – wenigstens auf Gauguins Bildern. Aber: Terra australis *in Europa* und ohne Primitive, dieser Werktag als Sonntag wurde noch nirgends gemalt; denn er wäre die klassenlose Gesellschaft. Dostojewskijs Verzweiflung ließ verschiedene Male in seinen Romanen eine Erinnerung an Claude Lorrains Bild *Acis und Galatea* auftauchen, das überall von seinen Helden als »Goldenes Zeitalter« bezeichnet wird (vgl. Lukács, *Der russische Realismus in der Weltliteratur,* 1952, Seite 147). Viel mehr als solche arkadisch-mythischen Sonntage konnte die Malerei der bürgerlichen Neuzeit, voll sentimentalischen Abstands, in *einem erreichten Cythera selber* nicht hergeben. Gemaltes Eden in der Neuzeit muß sich stets mit der sentimentalischen Resignation eines bloßen Arkadien versehen, das ist, mit einem Flucht-Sonntag, der sich ebendeshalb auch nur dualistisch, nicht aufnehmend und lösend zum Werktag verhält. Auch das Mittelalter, selbst in seiner glücklichsten und relativ ausgeglichensten Zeit, verlegte den Frieden des Gutgewordenseins bekanntlich über jede Welt hinaus; dort erst wuchsen das Ölblatt und der Sabbatfriede. So auch im Bild, wenn es dieses Jenseits auf ein anschaubares Hier projiziert: das Glück des Nunc stans blieb – so wenig es fürs mittelalterliche Bewußtsein auf Beschränkung, gar auf künstliche Primitive angewiesen war – im *Legendenland.*

Desto sicherer war damals freilich noch das Gefühl, dort treuen Halt zu haben. Das fromme Bild glaubt an seinen Wunschort in vorhandenen heiligen Vorgängen, nur der irrende Mensch schließt sich davon aus. Das Bild wird eine Mahnung zur Ordnung, zur selben, welche der abgebildete heilige

Stoff dem schwankenden Leben vormalt. Die Welt der Perspektive ist dem letzthin fremd, nicht bloß aus technischen Gründen. Sowenig wie die kanonische mittelalterliche Malerei ein Espressivo kennt, so wenig kennt ihr überwiegender Flächenstil Perspektiven; und beides aus verwandten Gründen. Denn beides ist Sache des Subjekts und seines Abstands, nicht des gläubig besessenen Gegenstands und seines schlechthinnigen Da. Abstand wie Projektion sind bloße Spannungen im längst Entschiedenen, durch die christliche Erfüllung Gutgewordenen. Keine äußere Natur bietet sich freilich dazu an, wohl aber die durch Legende (heilige Geschichte) gewirkte; am vollkommensten bei Giotto. Das nicht zuletzt deshalb, weil Giotto, am Ausgang des Mittelalters stehend, dieses ebendeshalb, in seiner Hierarchie und seinem Legendenbezug, mit gemaltem Finale zusammenfaßt. Erst recht also gerät hier alles an seinen geglaubten Halt und Ort, jede Bewegung ist ihm zugeteilt und eingebaut. Auch Engel im Flug, gerade diese haften und ruhen, kein Gedränge und Zufall sind mehr im Bild, seine Gegenstände haben Platz genommen. Naturhaftes erscheint nur am Rand dieser Ordnung; im Gegensatz etwa zur Naturmystik der anderen, der Tao-Ordnung, in chinesischer Landschaftsmalerei. Naturhaftes ist Gerät oder, als Berglinie, Ornament, das zur Umrahmung der Figuren dient (Paduaner Fresken *Joachims Traum, Flucht nach Ägypten*). Noch die äußere Architektur ist der inneren des Bildbaus lediglich Koordinatensystem: die Loggien und Terrassen, die Throne und Hallen sind geistlich gesetzte Wirkungssphäre (Florentiner Fresken *Zacharias im Tempel, Himmelfahrt Johannis*). Derart erscheint im Idealraum Giottos nicht bloß *äußerste Ruhe*, sondern ein gemaltes Dasein schlechthin bestimmter Art: *mystische Schwere*. Vorab das reifste Werk Giottos, die *Erscheinung des hl. Franz in Arles* (Florenz, S. Croce), gibt solche Ruhe: mit durchlaufender Horizontale, abteilender Vertikale, gibt solche Schwere: mit dem Gewicht des Insichseins der sitzenden Mönche, mit dem nie verrückbaren Stand des Heiligen in der Mitte. Nach Thomas von Aquin sind Engel nicht im Raum enthalten wie ein Körper, sondern sie selber enthalten ihren Raum, und sie umschließen ihn, statt von ihm umschlossen zu werden; dem vergleichbar setzt bei Giotto jeder heilige Vorgang selber den Ort, wo er sich befindet, und die Aufteilung der Bildfläche orientiert sich streng nach der Gewichtigkeit des in ihr geschehenden Vorgangs. Daraus folgt also ein drittes nach Ruhe und Schwere: Der Bildaufbau geschieht nach den Gesichtspunkten der dargestellten *werthaften Hierarchie*. Die Figuren sind im Raum unter genauer Abwägung ihrer Gewichtigkeit verteilt; dem entspricht, daß sogar ihr Realitätsgrad je nach dem geistlichen Wert sich abstuft. Soll heißen: je höher ein Vorgang in der spiritualen Hierarchie, als desto »realer«, das ist hier: begriffsrealer, wird er gemalt. Dies, obwohl die Zeit Giottos ihn bekanntlich auch naturalistisch empfand; Ghiberti rühmte von ihm, daß er die Manier der Griechen verlassen, daß er Natürlichkeit und Anmut eingeführt habe. Ein Beginn von bürgerlicher Emanzipation wurde so an Giotto empfunden, mit ihr malerisches Detail, deutlich schildernde Erzählung, individuelle Charakteristik; derart meinte selbst Boccaccios *Dekamerone*, die Natur bringe nichts hervor, was Giotto nicht nachzubilden verstehe. Doch eben, diese Naturalismen sind nur solche an den Byzantinern und noch an Cimabue gemessen; sie sind keine innerhalb der gotischen Seinsmannigfaltigkeit und der Seinshierarchie, worunter das Mannigfaltige, indem es eingebaut wird, desto triumphierender gebeugt wird. Giotto ist hierin dem Thomistischen Weltbild völlig konform, der Gleichsetzung von Wertbestimmung mit Seinsstufen, des Realitätsgrads mit dem hierarchischen Rang. Diese merkwürdig optimistische Lehre erfüllt den gesamten Begriffs-»Realismus« des Hochmittelalters, sie ist auch die einzige Voraussetzung des ontologischen Gottesbeweises (Gott ist deshalb das allerrealste Wesen, weil er das allgemeinste und vollkommenste ist). Also unterliegt auch Giottos Kunst der ontologisch-hierarchischen Überzeugung: er malt Gewänder, Felsen und dergleichen flach, fast zweidimensional, die Realität aber wächst nach dem Zentrum der Komposition zu (welches Zentrum nicht unbedingt mit der Bildmitte zusammenfällt). Giotto ergänzt derart die Raum-Hierarchie seiner Objekte aufs eindringlichste durch Seins-Hierarchie: diese erst schafft zur Ruhe und Schwere jene besondere Gravität des Werts, welche aus geglaubtem Mehr-Sein stammt. Sogar die Äußerlichkeit, wozu sonst bei Giotto Naturhaftes, auch Architektur untergeordnet ist, im Hinblick auf das Unum necessarium: Legendenland, kann auf diese Weise, durch Unterstreichung eines Wertvorgangs, letzthin zentral werden. Die Berglinie, welche auf der *Flucht nach Ägypten* dienendes Ornament bildet, wiederholt ebenso als Hintergrund der wandernden Figuren deren Umrisse und zeichnet sich wie sie in die Ewigkeit ein. All das aber geschieht einzig im Legendenland, wozu die heilige Geschichte gelungen ist, hat statt Perspektive im Renaissance-Sinn ausschließlich Hierarchie des Gelungenseins und darauf hinlenkende Komposition. So wird in dieser Malerei eine Utopie des Christentums als seiend, ja eben bereits als allerrealst gestaltet; entsprechend dem ungeheuren Optimismus der Sein-Wert-Proportionalität. Dieser Optimismus ist zersprungen, die spezifische Utopie der Giotto-Welt ist durchaus zu einer bloßen *Mythologie* utopischer Art geworden. Auch ihre Gebautheit zersprang mit dem Ende der mittelalterlichen Feudal-Theokratie sogleich, sie sprang sogar inner-religiös. Die Grünewaldsche Christuswelt, die täuferische, nicht kathedralische, hat die Bibel-Legende einzig als explosive und das Zentrum (Auferstehung im Isenheimer Altar) einzig als das des grellsten Paradoxes. Doch auch zu seiner Zeit lag Giottos Legendenland auf jenem schmalen Grat von Equilibrium, der mehr im Himmel als auf Erden ausgespannt war und den die Neuzeit so verlor wie aufgab. Die Perspektive der bloßen Ahnung, einer präzisen, aber dämmernden, wie sie im Hintergrund der Mona Lisa, selbst in dem saugenden Fernzentrum des Barock erscheint, drückt den vorhandenen *Wunschzustand*, auch die währende Heillosigkeit angemessener aus. Freilich nicht den regierenden *Wunsch-Inhalt*, als welcher keiner des Abstands, wichtigster Weise, auch keiner der endlos bewegten Bewegung ist, sondern einer der Ruhe. Deshalb erscheint auch in dieser wahrhaft monumental gewordenen Wunschlandschaft, End-Landschaft trotz ihres übersprungenen Abstands, ihrer mythologischen Hypostase ein Maß all dessen, was recht gemalt werden kann; es erscheint der *ausgemalte Goldgrund jeder Bewegung: Friede.* Selbst die *Flucht nach Ägypten* zeigt ihn, erst recht die *Erscheinung des hl. Franz in Arles,* mit der Homogeneität eines Gelungenseins, die auch das Heterogene auskomponiert hat. Diese Art Gegenwärtigkeit, diese Ruhe- und Raumhaftigkeit, diese Schwere und Monumentalität, mit jedem Gegenstand an seinem Wert-Ort, bleibt ein ehernes Korrektiv zu jeder späteren Ordnung. Die so gemalte Ruhe ist gewiß nur ein Korrektiv, sie ist keine konkrete Angelangtheit, gar Seinsgarantie ihres Inhalts. Im Korrektiv ist auch keineswegs fixe Ontologie enthalten wie bei Thomas und so vielen Philosophen der Geschlossenheit und Abgeschlossenheit. Bezeugt ist bei Giotto also einzig der letzthinnige Primat der Ruhe über die Bewegung, des Raums über die Zeit, der Raumutopie über endlose Zeitutopie, der Ankunfts-Gestalt über die Perspektive. Legende und ihr Land will hier die Situation zur Situationslosigkeit machen und komponiert jedes ihrer Geschehnisse, mit strengster Abstufung, in eine Hierarchie des Zuletzt ein, worin sich alles Dargestellte in so verheißenen wie längst geschehenen Entsprechungen zu ordnen scheint.

Legendenland in der Dichtung: als himmlische Rose in Dantes Paradiso, als transzendentes Hochgebirge im Faust-Himmel

Die Züge des Zuletzt wurden streng gemalt, aber nur zögernd ausgesprochen. Ihre Sprache stockte unter lauter Psalmen und Lobgesang oder wagte sich nicht in den ungeheuren Sonntag. Keine Bestimmung aus der objektiv-realen Welt konnte auf die absolute ohne Vorsicht und bloßes Bedeuten übertragen werden. Nur wo höchste Visionskraft zum Invisiblen vorlag, mochte ein himmlisches Legendenland auch mit Worten versehen werden, aber mit angenäherten. Dante wie Goethe haben so ihr Werk einzig mit indirekten Himmelsbildern beschlossen, der eine in der Anschauung eines gegebenen Glaubens, der andere im Glauben einer transparenten Anschauung. Indes selbst der mittelalterlich geborgene Dante meidet die Direktheit, welche gleichzeitige große Malerei dem Himmel entgegenbrachte. Giottos sichtbare Ordnung sichtbarer Gegenstände wird in den letzten Gesängen der *Göttlichen Komödie* zu einem höchst symbolischen Aufriß unnennbarer Inhalte. Das Paradies der Heiligen in Giottos *Jüngstem Gericht* ist festlich-klar, streng stehen die Throne der Patriarchen, geschlossen steigt eine Arena aus Engelsköpfen und Goldglanz hinter den Thronen empor. Wogegen Dantes Geographie Gestalten und Geschlossenheiten aus der objektiv-realen Welt nur mit Gleichnisrede, zuletzt Symbolen aus sehr ferner Utopie des Raums ins Paradiso eingehen läßt. Folglich verwandelt die *Göttliche Komödie* auch noch ihre Architektur der sieben Himmel von der Fixsternsphäre ab in die Wunschgeheimnisse eines Raums von ebenso inwendiger wie überweltlicher Tiefe. Auch die äußere Lichtgestalt entspricht ihm nicht, wenigstens nicht die in Sonne und im bloßen Sternfeuer des Fixsternhimmels erscheinende, zum Empyreum erst aufstrebende. Denn die Sonne (bei Dante mit der Kardinaltugend der Weisheit gleichgesetzt) ist zwar der Wohnort der Theologen, die sich in das unendliche Licht Gottes versenkt haben; dennoch ist der Sonnenkreis mitnichten Empyreum, ja es sind ihm (eine besondere Schwierigkeit für die Interpretation von Dantes Himmelshierarchie) die Mars-, Jupiter- und Saturnkreise als Kreise der Tapferheit, Gerechtigkeit und Mäßigung übergeordnet. Das macht: in Dantes Raum ist eine Utopie, welche in ihrer höchsten Erscheinung der Sonnensphäre korrespondieren mag, aber statt dieser in einer eigenen, *gar nicht mehr astronomischen Symbolgestalt* sich ausprägt. Als solche erscheint im Empyreum, über dem »letzten Trieb des Weltenrings zum reinen Licht«, die *Himmelsrose*:

Ein licht ist in den oberen revieren
Das unser schöpfer denen all bereitet
Die ganz in seinem anschaun sich verlieren:

Das in gestalt des kreises sich verbreitet –
Und schlösse sich sein außenring zusammen
Es wär als sonnengürtel zu geweitet.

Es ist geschaffen nur aus lautren flammen
Und trifft der ersten sphäre höchste ränder
Wo sein und wirken ihm allein entstammen.

Wie sich ein felsen an dem seegeländer
Bespiegelt gleichsam sich im schmucke sehend
Des saftigen grüns und blumiger gewänder:

So sah ich ringsum überm lichte drehend
All die sich spiegeln in viel tausend sitzen
Die heimgekehrt sind dieser welt entgehend . . .

In einer lichten rose form erschaute
Ich also die geweihten himmelsheere
Mit seinem blut des heilands angetraute.

Par., übersetzt von Stefan George, 30., 31. Gesang

Die Seelen der Kreuzfahrer bilden ein Kruzifix, die Engel die große Lichtblume; es ist alles Gestalt und doch alles Symbol eines Venerabile, das Rose ist und wieder nicht ist. Die Utopie des Raums ist im Empyreum Raumlosigkeit geworden: Nähe und Ferne können hier weder mehr geben noch nehmen (»Presso e lontano li ne pon ne leva«, Par. 30, V. 121); also bleibt auch an der Rose nur die vollkommene Zirkelgestalt der Erfüllung. Das ist in nichts mehr die Liebesrose einer weltlichen Dichtung, auch nicht die Rose Maria, obwohl Dante, auf der Stufe des Fixsternhimmels, die Gottempfangende so nennt (Par. 23, V. 73 f.): die vollkommenste Gestalt bleibt außerhalb des Raums. Kurz vor Dante hatte Pietro da Mora, Kardinal von Capua, einen Traktat de rosa veröffentlicht; darin figurierte die seit alters vollkommenste Blume dreifach: für den chorus martyrum, für die virgo virginum, für den mediator Dei et hominum. Stimmt Dantes Rosensymbolik auch genau mit dieser Dreiheit überein (vgl. Olschki, *Sacra doctrina e Theologia mystica,* 1934, p. 20 squ.), so doch nicht hinsichtlich der Wunschlandschaft: Raumfigur Rose selbst; diese steht im Überraum des Empyreum einzig für den *Zirkel Überall.* Und in ihm, als dem nun nicht mehr trennenden, sondern einzig verbindenden Wunschtraum, ist die Paradiesblume mit einem einzigen Blick erfaßbar (Par. 30, V. 118), ja die Anschaulichkeit selbst; im höchsten Teil des Paradieses wird Erkenntnis notwendig von Vision abgelöst. Der Mut zum Unbeschreiblichen, das nicht einmal unbeschreiblich ist, drang deshalb sogar zum Bild eines Bienenschwarms vor, als der die Engel sich darstellen, als der sie im Kelch der Himmelsrose sich niederlassen und zu Gott aufwärts fliegen (Par. 31, V. 7 ff.). Dann wieder werden antike Architekturbilder gewählt: die Blätter der Rose erscheinen als Reihen (di banco in banco) eines ungeheuren Amphitheaters. Sie kann das alles sein, denn sie ist als Raumsymbol einer Vollendung gewählt, die sich überhaupt mit keinem Raum mehr vergleichen läßt als mit dem, den das Kreisen ums Zentrale beschreibt, und die daher an allem rein sich formenden Rund ihr Gleichnis hat.
Sonst drang hier von hiesigen Dingen nur beiläufig ein Zug hinüber, ein anmutiger. Sie selber sind wesentlich verlassen, lächerlich klein liegt für Dantes Blick die Erde unten (Par. 22, V. 152), nur noch ihre Taten reichen herauf. Das ändert sich

bei Goethe, wo der Riß zwischen Hier und Drüben auch fürs Legendenland aufhört, kraft weltlich gewordener Betrachtung. Faust geht ins Unendliche, indem er nach allen Seiten ins Endliche schreitet, jedoch wiederum auf bergsteigerische Weise. Der *Himmel in Goethes Faust* bleibt völlig irdischer Anschauung entnommen und hält sie fest, jedoch wiederum stets symbolisch, ja (»Alles Vergängliche ist nur ein Gleichnis«) mit besonders betonter, fast mehr als bei Dante reflektierter Symbolik. Nur: der Schauplatz des Faust-Himmels, der so übertragene, ist und bleibt von dieser Welt, ist der des hohen Bergs, des schluchtenreichen Alpenstocks im Blau. Auch Dante hatte zwar, auf der Spitze des Läuterungsbergs, eine irdische Landschaft als fast himmlische. Dort oben lag das irdische Paradies, und es war Frühlingswind, Vogelsang, im Laub verborgen, ambrosischer Wald, mit Lethe und Eunoë als Segensflüssen (Purg, 28, v. 1 ff.). Dem todbringenden Wald der Sünde im Anfang der Hölle (Inf. v. 1,2 ff.) ist hier ein Gotteswald entgegengesetzt, am Morgen; der Pinienhain bei Ravenna diente, in Dantes Erinnerung, als Modell. Jedoch das so belebte und illustrierte irdische Paradies ist bei Dante gänzlich verschieden vom himmlischen, es ist ein bloßer Ort des Durchgangs, für Seelen, welche zur Aufnahme ins himmlische Paradies bereit sind. Eden ist nur insoweit zum Himmel gehörig, als es der tiefstgelegene Raum ist, wohin Beatrice verschleiert noch herabsteigen kann, um Dante zu empfangen. Mithin bedeutet die Verwendung von Naturbildern hier keineswegs das gleiche wie bei Goethe; sie schmücken und bezeichnen bei Dante nur einen Naturort, wenn auch einen verklärten, sie werden nicht ohne Riß transparent für den Ort der Glorie. Deren Region war bei Dante Rose ohne trennenden Raum, bei Goethe jedoch ist und bleibt auch die höchste Region weitersteigender Raum, ist transzendierend-transzendentes Hochgebirge, und zwar das zu Goethes Zeit erst eroberte, fast offenbarte. Alpine Natur umgibt die seligen Knaben, die gleich Morgenwölkchen durch die Tannen schweben, empfängt die Engel »nebelnd um Felsenhöh«, enthält den reinen Glanz über den Gipfeln. Eine Bergkathedrale, aus ekstatischen Abgründen in den Äther steigend, das ist Goethes Himmelsvision, und eben als fort und fort sich erstrekkendes Hochgebirge, mit immer neuen Sphären in der Höhe. Auch dieses aktiv-unendliche Wesen, dies ebenso protestantisch strebende wie in immer neue Ahnungen gespannte, hält so, zum Unterschied von Dante, den Erdzusammenhang aufrecht, die Geographie des Emporstrebens und der immer neuen Gipfel. Der Rahmen bleibt der des Hochgebirgs, nicht des Kreises; die letzte *Faust*-Landschaft bleibt transzendierend, nicht transzendent, sowohl im dauernden Werdenkönnen ihrer Gestalten wie im ständig fortdeutenden Empor. Hier scheiden sich die Zeiten und Gesellschaften, die feudale bei Dante, die Kapitalistisch-protestantische bei Goethe: Dante vollzog eine wohlgeleitete ankommende Reise, Goethes Faust tastet selbst im Himmel noch weiter nach dem Ziel. Bei Dante sind die Gestalten beendet, an Stelle des status viae ist der status termini getreten, ein definitiver Zustand, außer im Purgatorio, und auch dieses hat sein genaues Maß. Dantes Figuren sind durchaus Vergangenheit in der Form der Ewigkeit, und so ist die Landschaft dieser Unsterblichkeit beschaffen; Fausts Unsterbliches dagegen wird empfangen im Puppenstand, das ist: lauter Zukunft in der Form der Ewigkeit erwartend. Statt geistigem Überraum, mit jeder Seele am Ort ihrer enthüllt-beendeten Qualität, öffnet sich neuer Wirkungsraum, statt vollendeter Utopie des Raums die in ihm noch währende Utopie der Zeit dazu. Und der Zeit-Utopie des *Faust*-Himmels entspricht eben die Unendlichkeit des strebenden Bemühens, mit unsterblicher Ahnung im Kern; an der höchsten Stelle des Danteschen Paradiso dagegen, am Ziel, wohin sich alle Wünsche wenden, endet die Sehnsucht (»L'ardor del desiderio in me finii«, Par. 33, v. 48). Visio beatifica Dei, Primat der vita contemplativa über die vita activa nehmen den Willen in sich auf; ja die Sehnsucht der Dante-Subjekte wird nicht nur durch die göttliche Anschauung und an der Himmelsrose vernichtet, die Sehnsucht endet sogar, als gleichfalls ewig gewordene, zukunftslose und ans Ende gelangte, in der – Hölle. Auch die schlimmste Situation wird durch ihre Ewigkeit situationslos, wie das Dasein der Götter, folglich im formalen Sinn selig. Von daher Hegels sehr kühne, aber für Dante gültige Formulierung: »Selbst seine Verdammten in der Hölle haben noch die Seligkeit der Ewigkeit – io eterno duro steht über den Pforten der Hölle –, sie sind, was sie sind, ohne Reue und Verlangen, sprechen nicht von ihren Qualen – diese gehen uns und sie gleichsam nichts an, denn sie dauern ewig –, sondern sie sind nur ihrer Gesinnung und Taten eingedenk, fest sich selber gleich in denselben Interessen, ohne Jammer und Sehnsucht« (Hegel, *Werke X*3, S. 107). Die Ruhe aber, die bei Dante selbst noch für die Hölle gilt, gilt in Goethes *Faust* nicht einmal für den Himmel, geschweige für den Puppenstand; sogar die Ewigkeit des Glücks ist hier keine der Ruhe. Sogar die Ankunft bleibt hier noch Prozeß, mit steigendem Vollgewinn, sogar die Seligkeit hört hier nicht auf, einen Tantalus sui generis, eine Art Glücks-Tantalus in sich zu halten. Sogar der Himmel gibt keinen präsenten Zielinhalt, es bleibt vielmehr davon ein unendlich strebender Abstand, es bleibt allerdings auch jene nicht skrupelhafte, sondern reiche Ahnung, die immer wieder zu unerprobten Horizonten übergeht. Der skrupelhafte Abstand ist protestantisch, wie bemerkt, in derselben Entschiedenheit, wie der Glaube an Anlangbarkeit und betrachtbare Zielgestalt erzkatholisch geblieben ist. Der protestantische *Faust*-Himmel entspricht trotz seiner katholischen Einkleidung dem Satz Lessings, die Wahrheit sei nur für Gott allein, für den Menschen sei das Streben nach Wahrheit; und verwandt ist dem die Lehre Kants von der ewig nur approximativen Bewegung zum Ideal. Dantes Himmel hingegen, diese völlige Auseinanderlegung von Ankunft, entspricht in ebenso großer Treue dem letzthinnigen Sabbat- und Ruheglauben der klassischen mittellaterlichen Philosophie, vertreten vor allem durch Dantes Lehrmeister Thomas von Aquin. Bei Thomas gibt es keinerlei endlose Annäherung ans Ideal, sondern die Kreaturen sind mittels der Gnade durchaus imstande, zu jener divinae bonitatis similitudo zu gelangen, zu der sie bestimmt sind. Während also im protestantischen *Faust*-Himmel das Ziel sich dermaßen dauernd bewegt, mithin entfernt, daß es fast aufhört, eines zu sein, steht es in Dantes katholischem Himmel dermaßen fest und ewig in zentraler Ruhe, als wäre es in seinem eigenen Wesen überhaupt kein Ziel, das heißt, in Korrelation zu einem Weg, sondern eine absolute Selbstgelassenheit, Seinsvollendetheit an und für sich. Obwohl aber bei Dante-Thomas so die Ruhe verdinglicht und onthologisch hypostasiert ist, wie bei Faust-Lessing-Kant der unendlich strebende Abstand von ihr, zeigt sich doch *zum einen*, was das *unendliche Streben* angeht, ein Primat des Dante-Paradiso über den *Faust*-Himmel. Es ist *der utopische Primat der Ruhe*, als des Schemas der Erfülltheit, über die Bewegung, als das Schema des unerfüllten Strebens nach etwas hin; wonach Dantes Legendenland, gleich dem Giottos, als Korrektiv für jede Intentions-Perspektive dasteht, die sich nicht in schlechter Unendlichkeit der Annäherung und ebensowenig in unendlicher Variabilität selber vernichtet. Die als Skrupulosität, wo nicht als letzthinniges Nichtwollen der Ankunft und Gelungenheit erscheinende Unendlichkeit ist eine Karikatur des historisch-utopischen Gewissens und keinesfalls dieses selbst. Darum eben hat Dantes Ruhesymbol der Rose gerade einen utopischen Primat vor den unendlich weiterdeutenden Erhebungssymbolen des Faustischen Hochgebirgs; denn Utopie ist sinngemäß keine ihrer selbst, sondern eine ihres – als eines erreichten – nicht mehr utopischen Inhalts. *Zum anderen* allerdings ändert sich der Primat der Kreisruhe über die Faust-Bewegung, sobald nicht auf die skrupulöse Unendlichkeit des Erhebens zu immer höheren Sphären geachtet wird, sondern eben auf das *Moment der Ahnung* darin, das ist, der utopischen Gewißheit, daß kein bisher supponiertes oder gar hypostasiertes Endsymbol die Trauer auskauft, die Hoffnung erfüllt, das Subjekt mit der Substanz adäquiert. Die so erhaltene Bewegung ist dann keine verdinglichte, keine eines verabsolutierten Amoklaufs in ewigem Abstand, sondern sie bewährt bei allem Glauben ans endlich erreichbare Ziel, ja gerade wegen dieses Glaubens, das Bewußtsein von der *noch währenden Ungelungenheit des Ziels und seiner Substanz.* Insofern also enthält das Faustische Hochgebirge, mit immer höheren, gleichsam eigentlicheren Gipfeln, ein dunkleres Blau des utopischen Gewissens. Der *Faust*-Himmel enthält von hier aus das Gewissen eines Ankunfts-Inhalts, dessen Tag noch nicht gekommen ist, dessen mittelalterlicher bloßer Legendentag samt transzendentem Empyreum verschwunden sind. Und deshalb eben leuchtet, am transzendenzlosen Transzendieren der Ahnung, auch das Dante-Reich der Ruhe nur als *Korrektiv* eines Vollendetseins, doch an keiner Stelle des ästhetisch gebliebenen Inhalts als die ehemalige Bild-Erfüllung des mit der Himmelskategorie Bedeutbaren. Dergestalt bekräftigt sich das auch an Dichtung nicht Gleichgültige, nicht in Kunstgenuß Abschiebbare: Selbst eine so hohe Wunschlandschaft des Alles wie Dantes Himmelsrose, selbst dieses Offenbarmachen eines Alles ist seinem Überhaupt oder Endwesen nach längst insuffizient geworden. Jegliches Offenbarmachen großer religiöser Kunst hatte seine Wahrheit, sofern und sobald es sie besaß, einzig als Stellvertretung für den noch ausstehenden, noch durchwegs utopischen Realinhalt des überhaupt Gemeinten und kann einzig so weiterwirken. Denn der Ernst des Atheismus, vor dem sich keinerlei Jenseits- und Gottesrealität mehr hält, außer als flach gewordene Hypostase oder gar nur als historisierendes Kunstgewerbe, Kunstreligionsgewerbe, – dieser Ernst ist die Grundbedingung jeder zentral begriffenen Utopie. Er ist auch die Grundbedingung des möglichen Erbes an den weiter betreffenden, utopisch (nicht mythisch-ontologisch) noch weiter gültigen Inhalten der gewesenen religiösen Kunst und der Religion selbst. *Denn es ist einzig die versuchende Utopiegestalt, nirgends noch die behauptete Realgestalt des Überhaupt, wodurch Himmelsrosen, deskribierte Götter, Empyreum und andere als vollendet hingestellte Intentionsinhalte in der Erinnerung der Hoffnung bleiben.* Atheismus insgesamt hat die Intentionsinhalte der letzten Utopie ebenso aus der bereits vorhandenen Wirklichkeit geschafft, wie die Intention auf diese Inhalte, ohne Mythologie und Abschlagszahlung, geschärft. Aber himmlische Ruhe allerdings, gefaßt als Korrektiv, macht der Bewegungs-Utopie, und eben der gewissenhaften, kenntlich, was sie als gründlichste Intention selbst in sich hat: Ende der Intention, Unendlichkeit des Inhalts, nicht des Wegs. Der Wille der Utopie ist nur dann auf dem rechten Weg, wenn er durch Vorläufigkeiten der Erfüllung sich die Erhebung in höhere Sphären nicht verlegen läßt, jedoch genauso streng an Ende, Zeitvorbei, Ankunft glaubt. Wenn er an nichts mehr als an die objektiv fundierte *Möglichkeit* dieser Ankunft glaubt, folglich aber auch an die Kraft, sie zu betreiben und ihr nicht um des Wegs willen zu entsagen. Gerade die Endgestalt des höchsten Augenblicks, wie Faust ihn wachsend suchte und freilich im Himmel weiter, als immer noch Unzulängliches, in Ereignis setzt: gerade diese Endgestalt hat keine höhere Sphäre mehr über sich, ja überhaupt keine Sphäre mehr neben anderen. Das Legendenland Dantes gibt die dicht gelungene Rose, das Land Fausts gibt Berge über Berge im ausgespannten Blau – hier ist das Geheimnis die vorhandene Lösung, dort die Lösung das noch bleibende Geheimnis.

Der Klang schwebt, es ist nicht klar, wo er sich befindet. Ebenso ist nicht ganz deutlich, was er ausdrückt, mit der gleichen Weise wurden schon gänzlich verschiedene Texte vertont. Doch kann ein Klang besser als jede Farbe oder Worte auch jenen Übergang ausdrücken, an dem man nicht mehr weiß: ist hier Klage oder Trost. Musik bleibt insgesamt nicht bei der Stange, gewiß nicht im Dur, aber auch nicht im Moll. Sie hat ein völlig einsames, aber lang hinziehendes, unerlöschendes Licht im ausgesagten Schmerz, und für den Ernst hat sie einen Gesang, der noch den schwersten Schritt des Grave als einen zur Hoffnung zurücklegt. Daß es überhaupt Musik gibt, als nirgends sonst vorgebildeten Weg oder Ausweg, dieses durchscheint, überholt bereits die Stoffe, denen sie sich zuwendet. Freilich suchend-schwebender Weise zuwendet, so daß die Lösung noch nicht verpflichtend ist; wenige große musikalische Aussagen ausgenommen. Der Weg der Musik ist länger als der malerische, selbst poetische; so ist sie noch lange nicht so gegenständlich wie andere Künste, obzwar weit intensiver auf Gegenstände bezogen, die nicht im Horizont der Empfindung und des Gedankens, sondern des Affekts liegen. Das bedeutet aber zugleich, da alle Affekte auf Lösung drängen: Musik ist unter allen Künsten am meisten darauf ausgerichtet, und, kraft des Trostcharakters ihrer Überschwebung, am stärksten dazu imstande, einen Vor-Schein von Mündung zu geben. Freilich auch am unbeschwertesten, mindestens in der nicht so strengen Form der Musik, das heißt dort, wo Kadenz und Finale ohnehin zum *Glanz*, zur *Schaubarkeit* des Glanzes hindrängen: in der Oper. An sich, gleich dem Oratorium, ist die Oper nur eine Form, worin das Instrument der menschlichen Stimme mitspielen kann und, ohne Verkehrshindernis zu erregen, zur Geltung kommt. Aber darüber hinaus setzt die Oper sichtbare Handlung; ihre singenden Instrumente sind übers Orchester gerückt, sind Menschen auf einem Schauplatz. Und dazu noch dient die Oper seit dem Barock, worin sie erst breit aufblühte, dem Fest, der Repräsentatation, dem gehobenen Dasein. Sie geht, noch weit entschiedener als ein symphonisches Finale, auf *Glück* aus, auf Triumph, wenn auch gegebenenfalls auf einen stillen, ausatmenden. Bereits die kühlen, antikischen Versuche, mit denen die Oper in *Florenz* begann, ja mittels derer sie erfunden wurde, zeigten eine überraschende Lust zum hellen Ausgang und seinem Land, trotz des elegischen Stoffes, den sie wählten. Die *Eurydice* Peris, 1600, endete freundlich, der wenig spätere *Orfeo* Monteverdis stellt zwar die traurige Rückkehr Eurydikes in die Unterwelt wieder her, aber Apollo versetzt das Paar unter die Sterne. Erst recht braucht die prunkvolle *Barockoper* das per aspera ad astra in ihrer Musik: nichts füllte die Festdekoration besser, nichts erlaubte üppigere Zeremonien, nichts evidenteren Prunk des happy-end. Das Orchester besaß noch kein Crescendo, doch gerade der ruckweise Wechsel der Tonstärke erlaubte Terrassenbildung des Klangs, vor allem jähen Kontrast. Zusammen mit dem Individuum stiegen nun der dramatische Sologesang auf und die Vertikale des Akkords, mit der dadurch erst möglichen Kadenzwirkung des Siegs; die Dominant- und Tonikawirkung wurde unterstützt durch harmonische Neuerungen wie der neapolitanischen Sext, einem der stärksten Ausdrucksmittel der Barockoper, eben im Hinblick auf erscheinenden Triumph. Der Renaissanceoper bei ihrem Beginn in Florenz lag zweifellos noch Still-Arkadisches näher, und sie hat sich mindestens so an Schäferspiele angeschlossen wie an Antike; die Barockoper aber machte daraus Apotheose. Die Barockopern selber sind verschollen, haben, gleich dem Roman, dem Trauerspiel, sogar der Lyrik dieser Zeit, die neuere Schätzung, welche für Barockbauten, auch Barockplastik kam, noch nicht erlangt. Diese verschiedene Wertauslese zwischen den einzelnen Kunstarten der gleichen Zeit ist seltsam und ohne Beispiel; doch hat beständiges Espressivo, beständiges Maestoso in der Nachreife offenbar Grenzen, es erzwingt Fraktionen und Rationen, wonach es aufgenommen werden kann. Auch Meisterwerke wie Scarlattis *Theodora*, wie Purcells *Dido und Aeneas*, selbst Händels *Julius Caesar* sind als Gesamtgebilde, in ihrem großen Ton und Hintergrund, noch nicht recht reproduzierbar geworden. Josef Fux, der Autor des berühmten *Gradus ad Parnassum*, hatte 1723 zur Königskrönung in Prag eine Festoper komponiert, die von hundert Sängern und einem zweihundert Mann starken Orchester aufgeführt wurde: kein Laut von solchen Kolossen, auch solch fleißiger Üppigkeit dringt mehr herüber. Aber die Aufbautechnik der *Opernform selber* hat den Barockglanz im Schlechten wie

Guten fast nie vergessen; war doch die Oper von der Wiege an bereits auf Elysisches, dann auf Prunkvolles gerichtet. Der großartige Stil der Scarlatti-Arie: langgezogene Anfangstöne mit großen Intervallen, denen bewegter Satz folgt, – dieser Stil wurde zwar in Mozarts *Cosi fan tutte* (Arie Fiordiligis) verspottet, doch er wirkt bis Weber und darüber hinaus. Nicht in der opera buffa, wohl aber in der opera seria hält selbst Mozart die große Szene vom Barock her, die theatralische über jedem Alltag, mit Glanz des Schrecks und der Apotheose: so den Seesturm im *Idomeneo,* den Brand des Kapitols im *Titus.* Beide sind zwar keine adäquaten Mozartopern, und das Elysium dieses Genius liegt statt in Apotheosen in der Gartenmusik des *Figaro,* aber auch die *Zauberflöte* (mit der Regie-Anweisung zuletzt: »Das ganze Theater verwandelt sich in eine Sonne«) endet in dem Triumphton, Triumphland, dem die Barockoper verschworen war. Der Apollo Monteverdis versetzt nach allen Dunkelheiten des Opernschicksals das Paar immer wieder unter die Sterne: die Oper ist optimistisch, und die bedeutenden Ausnahmen davon sind keine oder bestätigen nur die Regel. Wie sehr erst im *neunzehnten Jahrhundert* (als die Bourgeoisie sich um Repräsentationsglanz bemühte und dazu das Opern-Instrument übernahm) haben Spontini und Meyerbeer, gar Wagner Barockfeste angestellt, Haupt- und Staatsaktionen mit beliehener oder eigener Aurora. Hier drängte sich zugleich die Banalität der großen Szene vor, sofern in ihr zu verabredet Victoria geblasen wird, und die gefährliche Mischung zwischen Wagnis und Konvention im siegreichen Opernfinale; eine Gefahr, die übrigens auch in so viel höherem Stil: eben im symphonischen Finale auftreten kann. Nichts ist dringender in der Opernkomposition, als vor dramatischen Höhepunkten, Tiefepunkten, mit einem Einfall zur Stelle zu sein, der des großen, gar des seligen Augenblicks würdig ist, aber nichts war im neunzehnten Jahrhundert auch mehr von der Routine des Effekts bedroht. Effekt, sagte Wagner, der Meister vom tönenden Schweigen, aber wie sehr erst des Kolosses, ist Wirkung ohne Ursache; dies Wesen oder Nichtwesen also zog vor allem in die großen Ausbrüche, großen Aktschlüsse und Schlußveduten der Oper. Am richtigsten war Effekt noch dort, wo ohnehin Musik der linken Hand, Musik als Schaubegleitung zulässig war: im Ballett, vor allem im Außersichsein des (mit dem Ballett verbindbaren) *Bacchanale*. Der hier musizierte Liebesgarten enthielt noch ein Erbe an Festlichkeit, worin die Dekoration ein großer Teil der anziehenden und geilen Sache selber ist. Die Einschiffung nach Cythera, die feine, zögernde, ist fern, es sei denn, sie klinge, rückwärts wie vorwärts vereinsamt, in Offenbachs Einleitungsmusik zur *Barcarole*, in seinen kostbaren Evoës und in seines Orpheus »neustem Konzert«, aber die Liebesgärten und Zauberinseln des Barock erscheinen allerdings, so vergröbert wie magisiert, in den großen Bacchanalen durchaus, vorzüglich in dem des Pariser *Tannhäuser*. Hier ist ein Meisterstück von Lust und von sonst nichts mehr in der Welt, ein Abgrund der Satyriasis, aus Tristanklängen herunterdämonisiert, und fern im Abgrund, von dem Ufer, das er nicht hat, tönt der Gesang der Nymphen herüber, der Bordellglanz höherer Ordnung, mit Höllenrose. Doch fragwürdiger eben als im Bacchanale konnten Strand- und Glanz-Salut dort zur Stelle sein, wo Höhepunkte der Opernhandlung, wo vor allem auch Aktschlüsse und die Landschaft des Finale präsent zu machen sind. Ein Klischee wurden hier die diversen Schwerterweihen, Prière-Szenen und Trumpf-Schlüsse bei Meyerbeer und folglich auch bei Wagner. Ein Klischee in statu nascendi wurden Siegmunds Liebesleid und Siegfrieds Schwertgesang, der Einzug der Götter in Walhall und all die anderen transportablen Fortissimi eines angeblich Rechten oder Wunderlandhaften, das nun durchzubrechen scheint und doch nur Rhetorik bleibt, Wirkung ohne Ursache, großmäuliger Ton. Verdi, obzwar gleichfalls der Meyerbeerzeit zugehörend, hat sich vom Klischee solcher Höhepunkte gerade dadurch freier gehalten, daß er es in den geringeren Partien ausgab und sozusagen darauf beschränkte. Dergestalt strahlt, um ein einziges Beispiel zu geben, der Triumphmarsch in *Aida*, als so äußerlich gehalten, wie es sich gehört, aber der Augenblick nachher, wo Amneris den Sieger bekränzt, strahlt musikalisch nicht, und die Liebesszene zwischen Othello und Desdemona, wenn die Plejaden das Meer berühren, wenn der Raum klein wird und die Welt tief, unterscheidet sich in diesem ihrem eigenen Tiefepunkt charakteristisch vom verabredeten Höhepunkt eines anderen Aktschlusses, zwischen Siegmund und Sieglinde, wenn hochaufglüht Wälsungenblut. Der Wagner des *Tristan* braucht gewiß nicht ins Piano und gänzlich Ungemeine gewiesen zu werden, er ist ein Lehrer des Piano und der Aurora zur Nacht ohnegleichen, aber die Konvention des Höhepunkts ist vom *Rienzi* bis zum *Ring des Nibelungen* und darüber hinaus der Satansengel, der diesen schlimmgroßen Genius mit Fäusten schlägt. Der Satansengel ist der Repräsentationsglanz des Barock mitten in der Bourgeoisie, in ihrem deutschen Bündnis mit dem abgestandenen, aufgefrischten, romantisierten Feudalismus; so wurde die angegebene Gefahr des falschen Vor-Scheins von Glanzmündung, Mündungsglanz bei Wagner ebenso deutlich, wie gewiß auch der echte Vor-Schein in der Opern-Wunschlandschaft, kraft Musik und kraft eines *Geniewerks in Musik*, immer wieder vortritt. Und nicht etwa, als wäre das Spektakulum an sich, mit Fortissimo, das vom Barock her so gewaltig bekannte, am Höhepunkt, gegebenenfalls selbst am Tiefepunkt von vornherein unzuständig; das Unzuständige daran bleibt wesentlich nur das Klischee, das beim Pompös-Wunderbaren immer so leicht mit Leere verbundene. Daß auch das Pompös-Wunderbare, sogar das besonders aufgegipfelte, Wirkung mit Ursache sein kann, gewaltig erfüllte Tonika auch in der Oper, sobald nur der verabredete Schwung fehlt: das zeigt im letzten Akt der *Meistersinger* der Chor des *Wachet auf*, diese unerwartet mächtige Morgenröte, nachdem doch jede Steigerung des Tags schon gekommen zu sein schien. Und auch die feine, die geheimnisvollere Morgenröte wird frei, wo immer ein Höhepunkt, ein Ruhepunkt ohne das Klischee, sich als Höhepunkt zu geben, seine Landschaft zeigt: so bereits im Paukenschlag um die erste Begegnung Sentas und des Holländers; so im Quintett der *Meistersinger;* so selbst im Violinklang der Karfreitagswiese. Das ist das Legitime an bedeutender Oper überhaupt: daß sie aus dem ihr eingeborenen Tonika-Glanz auch aus Trauerspiel, wie erst aus Glück, in der Handlung eine Lösung aufgehen lassen kann, die dem gesprochenen Wort in diesem Weithinaus-Ozeanischen fehlt. Mit welch großbogigem Jubel endet und endet auch nicht die seligmachende Melodie in den letzten Takten der *Götterdämmerung*, das Gegenland zum bombastischen Einzug in Walhall, der hier auch musikhaft entsühnt wird. Es gibt hohe Zeit in der Oper, tönend dargestelltes Wunschland, dem es wohlansteht, wenn es kraft des noch schwebenden Klangs, wie in der gewaltigsten aller Opern: in *Fidelio*, über einem namenlosen Meer mit namenloser Freude aufgeht.

All das setzt freilich einen gespannten Klang voraus, der sich überraschend löst. Das Toben legt sich dann so, daß es im eintretenden Gesang der Ruhe mündet. Aber dieses Münden ist noch selber von der vorhergehenden Unruhe erfüllt, daher ist der Gesang, der es wiedergibt, bezeichnenderweise heiß. Und die Gefahr bleibt hier stets ein reißerischer Eintritt der Tonika (im weiteren als dem grundlegenden harmonischen Sinn). Nun aber gibt es noch eine oft kleinere, immer kühle melodische Gegend, wo eine Art *silbern* Gelöstes selber in der Oper aus der Handlung hervortritt. Als arkadische Melodie, ohne vorherige Überhitzung, als Vorraus zu der Wunschlandschaft, wo man das gehabte Wünschen vergißt. Ein scheinbar bescheidenes und sicher sinnfälliges Beispiel hierfür geben die Reigenklänge in Glucks *Orpheus*, vor allem die Elysiumsszene: »Welch reiner Himmel deckt diesen Ort.« Gluck gab hier mehr als die klangvolle Sinnlichkeit der neapolitanischen Schule und auch mehr als den dramatischen Gegensatz zu den Erregungen und Unseligkeiten seines Höllenchors, vielmehr: hier ist überdramatisches Lento, zugleich durchsichtig einfach. Elysium tritt hervor, hinter dem besiegten Tod, im Blick des Orpheus auf den reinen Himmel und sein sanfteres Licht, im verklärten Dur des Reigens, dann Chors, zu dessen Klängen Orpheus Eurydike empfängt. Das ist das Modell *seraphischer Ruhe* in der Oper, vorzüglich aber im *Oratorium* (zu dem Glucks *Orpheus* halb gehört); es ist nichts Majestätisches daran, nur Friede, Friede, wie der Koran sagt. Die klassische Erscheinung dessen, was man Ankunfts-Stil in der Musik nennen kann, mag allerdings überhaupt nicht in theatralischen, also Handlungsformen gedeihen, sofern sie auch noch ins Oratorium reichen. Es ist vielmehr gänzlich auf tranquillitas animi aufgetragen, und sein Musiker: Palestrina ist der Meister solcher Verklärung. Ihr reiner Regenbogenklang lebt schon in den weltlichen Madrigalen aus Palestrinas Jugend, sie triumphiert in der plötzlichen Einfachheit seiner Messen, sobald das dogmatische Kernwort klingt. Der Rhythmus wird auf ein Mindestmaß der Bewegung zurückgebracht, Chromatik ist vermieden, als Ausdruck individuell gebrochener und Abstandsgefühle. Melodie und Polyphonie werden völlig aufgehellt, vierstimmiger Satz wirkt hier schlechthin behauptend, zeigt herrschende Schlichtheit;

Homophonie (oft in reinen Dreiklängen schwelgend) unterbricht nicht, sondern krönt einen meisterlichen, von den Niederländern her erhaltenen Kontrapunkt. Palestrina sucht einen Nachhall dessen, was die heilige Cäcilie hört, von der die Legende sagt, daß sie bereits auf der Erde die Engelchöre vernommen hätte. Solche auditio beatifica entspricht dem Thomas- und Dante-Ideal einer visio beatifica Dei; sie entspricht noch genauer dem Augustin-Ideal der Musik als eines praeludium vitae aeternae. Der Palestrina-Stil machte so als einziger praktisch kenntlich, was im Musikideal des ganzen Mittelalters Theorie geblieben war, gelehrte, wenn auch fromme Theorie des Paradieses. Palestrinas Kunst ist wirklich aufgetragen aufs Wunschbild Engelgesang, seine Musik wurde faktisch gehört als Echo himmlischer Klänge. Seit Augustin war die Musik als dieses Echo theoretisch gefeiert worden, er selber hatte dem Hymnengesang der Kirche Anteil an seiner eigenen Bekehrung zugeschrieben, er selber hatte die alte Sphärenharmonie, diesen astral-mythischen Psalter, zuerst zum Engelgesang umgedeutet, zu einem Paradiesklang in nicht mehr planetarischer, sondern menschenähnlicher Gestalt. Dieser Engelgesang wird die Erlösten des Herrn aufnehmen und umgeben, also ist jede irdische Musik, die ihre Inspiration aus diesem Oben nimmt, für Augustin eine offene Himmelstür, eben ein »praeludium vitae aeternae, ut a corporeis ad incorporea transeamus« (*de musica VI*, 2). Augustin war so die eine Quelle des Elysium-Traums in mittelalterlicher Musikanschauung; die andere aber war Dionysios Areopagita, er machte Musik gänzlich bereits zur Engelsprache selber, das ist hier: zu hierarchisch gestufter Botschaft. Musik sollte nun erst völlig von den Zusammenhängen der himmlischen und menschlichen Harmonie handeln; vom Paradies herab senkt sie sich zur musica mundana, der kosmischen Harmonie, dann zur musica humana, der Harmonie von Leib und Seele, und kehrt zum Paradies zurück. Astralmythisch war das alles freilich noch durchaus, eine astronomische Musiktheorie, christlich umgetauft, und ihre Einwirkung auf wirkliche Musik war das ganze Mittelalter hindurch gering. Nun, bei Palestrina drang Intention auf eine musica coelestis in Praxis durch, dergestalt, daß Pius IV. hier einen Superlativ wagte, der, ganz im Geist Augustins, nur an einem Musiker, nicht in Malerei oder Dichtung, das praeludium vitae aeternae finden wollte und konnte: »Hier gibt ein Johannes in dem irdischen Jerusalem uns eine Empfindung jenes Gesangs, den der Apostel Johannes im himmlischen Jerusalem, prophetisch entzückt, vernahm.« Die Engelchöre allerdings, sie sind eine hypostasierte Mythologie, gleich der Himmelsrose, und musica coelestis, sie gehört einzig in die große menschliche Hoffnungsgeschichte und ihre postulierten Räume, nicht in den so sehr als taub erfundenen vorhandenen Himmel. Keine Musik seit Palestrina hat daher diese musica coelestis als Besitz wiederzugeben gewagt; gerade als Musik waren alle Sanctus und Gloria dazu gehalten, Berufungen oder Beschwörungen zu sein und keine prätendierten Spiegelungen, auch nicht im scheuesten Pianissimo. Beethoven hat Seraphisches gewiß als letztes Wort, aber stets als unbegreifliche Entronnenheit oder als Verheißung des Benedictus, der zu der Hoffnung gekommen ist. Es gibt zwar Ankunftsmusik bei Beethoven durchaus: die signifikantest-erfüllte klingt dort, wo Leonore Florestan die Ketten abnimmt, im Vorgefühl des höchsten Augenblicks; aber die Ankunft und ihr Land breiten sich nirgends zu englischen Sphären aus. »Über Sternen muß er wohnen«: Das Misterioso dieses Chors der neunten Symphonie ist von dem empirischen Zweifel eines bloßen Kantischen Gottespostulats bewegt und umgeben, es landet nicht in transzendenter, in ausgesungener und aussingbarer Vollendetheit. Musik teilt darum in besonders starkem Maß den Untergang der himmlischen Seinsgewißheit, jedoch so, daß sie, durch Nicht-Entsagen wie durch die angegebene vieldeutige, jedoch mit Wunschaffekt, Wunschlösung zielende Überschwebung zugleich, durch ihren Tendenz-Gegenstand also, den stärksten Vor-Schein eines Gutgewordenen geben konnte. Eines menschenmöglichen Elysium, für das noch keine Konkretion, aber an dem auch keine Mythologie ist. Die utopische Ferne schlägt sich in die Unmittelbarkeit musikhafter Selbst-Berührung ein, die Nähe dieser Musiklandschaft ist wiederum geladen mit Bedeutungen einer extrem humanisierten Fernwelt. Musik hat derart jene paradoxe Perspektive, daß ihre Gegenstände immer größer, folglich näher erscheinen, je mehr sie dem Horizont zurücken, auf dem die Musik liegt und Hoffnung bildet. Auch die durch Palestrina angezeigte Ruhe ist vor dem viel weiterziehenden Wunsch- und Willenswesen Beethoven insuffizient geworden. Sie bleibt aber ihrerseits wiederum ein Korrektiv für ein noch so selten mögliches Andante-Finale, dessen Ankunft die Musik zugleich still und groß klingen läßt.

Berührung des Interieurs und des Unbegrenzten im Geist der Musik: Kleists Ideallandschaft, Sixtinische Madonna

Auch dem dargestellten Glück widerstrebt es, vorher bekannt und vereinbart zu sein. Es weist daher in ungewohnte Richtung, nicht nur in die Enge, die man kennt, oder in die Weite, die zur Größe gehört. Aber in beiden geht noch eine dritte Bestimmung auf, eine nicht zuletzt musikalisch gewiesene: das Abgründige. Diese Kategorie vereint Höhle und Weite, Interieur und Perspektive, beide enthaltend und überbietend. Das *Interieur* hat ein Paradox, es zieht zwar verführend zusammen ins Enge, Nahe, Heimliche, es enthält aber zugleich bedeutenden Horizont in dieser Enge. Bilder der räumlichen Kontraktion, der Hausbildung, Innenraum-Bildung insgesamt nehmen letzthin an einem Intensiven teil, das die Weite, wenn es zu ihr hinzukommt, erst sich unverlierend, substanziell macht. So bleibt kein Interieur schlechthin dieses, und kein bedeutendes Idyll resigniert als Glück in der Beschränkung; in beidem ist auch das Entgegengesetzte oder der Umschlag zum All. Soll heißen, zu einem zusammengelegten All, mit Goldraum und Goldzeit, zur kleinen Unendlichkeit. Und das große Weitenbild andererseits: die *Perspektive von Unendlichkeit,* sie geht umgekehrt nicht bloß zur Weite fort. Der Sehnsuchtsinhalt der Ferne, das Ozeanische der Perspektive bleiben nicht einfach kosmisch, auch die Höhe Paradiso ist nicht überkosmisch. Vielmehr biegt sich hier, im extensiv Erhabenen, sogar in seinem Menschenleeren, ein geheimer Weg zum Brunnen der intensivsten Nähe zurück. Unbegrenztes und tiefste Nähe sind sich wechselseitig verschworen, Abgründiges einsamer Ferne lehrt wieder Höhle und diese wieder eine Weite wie um die Burg des Königs von Thule. Solche Belehrung machte, auf angemessenste Weise, auf unheimlich-heimliche, Heinrich Kleist gerade an einem extensiven Bild kenntlich; er nennt sie *Empfindungen vor Friedrichs Seelandschaft.* Kleist beschreibt ein Seestück des romantischen Malers, eines jenseits des terminus humanitatis, aber raunendes Ineinander hebt an: »Herrlich ist es, in einer unendlichen Einsamkeit am Meeresufer unter trübem Himmel auf eine unbegrenzte Wasserwüste hinauszuschauen. Dazu gehört gleichwohl, daß man dahin gegangen sei, daß man zurück muß, daß man hinüber möchte, daß man es nicht kann, daß man alles zum Leben vermißt und die Stimme des Lebens dennoch im Rauschen der Flut, im Wehen der Luft, im Ziehen der Wolken, dem einsamen Geschrei der Vögel vernimmt. Dazu gehört ein Anspruch, den das Herz macht, und ein Abbruch, um mich so auszudrücken, den einem die Natur tut. Dies aber ist vor dem Bilde unmöglich, und das, was ich in dem Bilde selbst finden sollte, fand ich erst zwischen mir und dem Bilde, nämlich einen Anspruch, den mein Herz an das Bild machte, und einen Abbruch, den mir das Bild tat; und so ward ich selbst der Kapuziner, das Bild ward die Düne; das aber, wohinaus ich mit Sehnsucht blicken sollte, die See, fehlte ganz. Nichts kann trauriger und unbehaglicher sein als diese Stellung in der Welt: der einzige Lebensfunke im weiten Reich des Todes, der einsame Mittelpunkt im einsamen Kreis. Das Bild liegt mit seinen zwei oder drei geheimnisvollen Gegenständen wie die Apokalypse da, als ob es Youngs Nachtgedanken hätte; und da es in seiner Einförmigkeit und Uferlosigkeit nichts als den Rahmen zum Vordergrund hat, so ist es, wenn man es betrachtet, als ob einem die Augenlieder weggeschnitten wären. Gleichwohl hat der Maler zweifelsohne eine ganz neue Bahn im Felde seiner Kunst gebrochen; und ich bin überzeugt, daß sich mit seinem Geiste eine Quadratmeile märkischen Sandes darstellen ließe, mit einem Berberitzenstrauch, worauf sich eine Krähe einsam plustert, und daß dies Bild eine wahrhaft ossianische Wirkung tun müßte. Ja, wenn man diese Landschaft mit ihrer eigenen Kreide und mit ihrem eigenen Wasser malte, so glaube ich: man könnte die Füchse und Wölfe damit zum Heulen bringen: das Stärkste, was man ohne allen Zweifel zum Lobe für diese Art Landschaftsmalerei beibringen kann.« Das Unendliche, worin die Welt ausgegangen ist, und der einsam-dunkle Mensch, worin vor Nähe jeder Blick untergegangen ist, tauschen so ihre Gesichter. An sich ist die Malweise Caspar David Friedrichs nicht so beschaffen, im Gegenteil: ihre dauernde Sehnsucht nach Weite reißt Nähe und Ferne schroff auseinander, ohne gemalte Zwischenwelt zwischen beiden. Aber gerade dadurch kann Kleists schöpferische

Betroffenheit vor dem Bild einen solch ungemeinen Bogen zwischen Nähe und Ferne, Mittelpunkt und Kreis schlagen. Kleists lautlose Apokalypse enthält den Lebensfunken neu, in einem Abgrund, worin Mensch und Natur beide sind, beide nicht mehr sind. Das Auge verschwindet, indem es das Bild sieht, der Beschauer mitsamt seinem Abstand verschwindet, das Bild tut dem draußenstehenden Menschen Abbruch, »als ob einem die Augenlider weggeschnitten wären«, aber auch dem Meer tut es Abbruch, denn »das, wohinaus ich mit Sehnsucht blicken soll, die See, fehlte ganz«. Ein schwer Nennbares erscheint, hinausgehend vom Beschauer zum Kapuziner, zurückgehend vom Meer auf die Düne; beide, Kapuziner und Düne, werden eins, der »einsame Mittelpunkt im einsamen Kreis«, der Abgrund des Unscheinbaren mit »wahrhaft ossianischer Wirkung«. Glück ist darin, dasjenige von Thule, aber doch wieder keinerlei vereinbartes, verabredetes, mit katalogisierbarer Lokalität, eben dieses nicht. Desto eingentümlicher geht, unter dem Heulen der Füchse und Wölfe, am Rand einer ausgehenden Welt, in diesem Lakonismus, eine zentrale Wunschlandschaft auf: Subjekt-Haus, »mit seinen zwei oder drei geheimnisvollen Gegenständen«. Als die einzigen, die in dem einsamen Kreis mit dem einsamen Mittelpunkt übrigbleiben, und zwar durchaus als Gegenstände, doch als solche, an denen nichts Fremdes mehr ist. So daß genauso, ja besser von einem Objekt-Haus gesprochen werden kann: und erst recht, wegen der Tiefendehnung seiner Naturgegenstände, als von einem Subjekt wie Objekt konzentrierenden Haus. Unter allen Bildbeschreibungen ist diese am meisten in den gemalten Hiatus zwischen Subjekt und Objekt eingedrungen, hat ihn mit Untergang gefüllt und mit einem ungewöhnlichen Nacht- oder Nebelstück von Jerusalem.

Nur läßt sich hier, in der so allernächst entlegenen Gegend, nicht sehen und atmen. Kleists Beschreibung ist eine der tiefsten, doch die vertraute Sonne geht nicht mehr auf, eine andere wird noch nicht sichtbar. Und Friedrichs Seelandschaft kann nur in solch zentralen Empfindungen, solch mächtig durcherfahrender Beschreibung geben, was große Malerei in ihrem eigenen Horizont mitteilt: die Einheit von Mensch und Ferne, die Rückkehr von Perspektive in die mannigfache Mona Lisa und dieser in die Perspektive der mannigfachen Weltränder. Dennoch werden alle human-transzendenten Malräume vor dem von Kleist bezeichneten fast konventionell, einen einzigen ausgenommen, den – Raum der *Sixtinischen Madonna.* Der ist ein anderer als der sonst gemalte, so ist die *Sixtinische Madonna* das kühnste Bild und die Landschaft in ihr die geheimnisvollste. Hier ist nicht der sogenannte südliche Raum, die festgezimmerte Bühne, und nicht der sogenannte nordische Raum, mit der variierenden, von den Vorgängen in ihm bestimmten Struktur. Geometrisch übersichtliche Einheit, im Sinn des südlichen Raums, ist in Raffaels Bild, doch sie bestimmt der Figur darin überhaupt keinen Ort, weder in Nähe noch Ferne, weder in Diesseits noch Jenseits. Die Madonna schwebt ebenso vor wie zwischen wie hinter dem eigentümlichen Vorhang, der ihre Aura im Bild einfaßt. Sie steigt auf, indem sie herabkommt, und kommt herab, indem sie auffährt, ihr Raum ist der der Entführung wie der Heimkehr. Das Verwandte der Madonna gloriosa im *Faust* mit dieser schwebenden ist offenbar: in der Sanftheit eines ausgespannten Mysteriums, in der aufnehmenden Innenwelt von Unermeßlichkeit. Hat Franz Marc gesagt, Bilder seien unser eigenes Auftauchen an einem anderen Ort, so taucht hier, in der Ortslosigkeit, worin Interieur und Perspektive wechselseitig ineinander übergehen und sich mit aufgelöstem Jenseits durchdringen, *ein ganzes Dasein am anderen Ort* auf; es gibt hier nichts mehr als die Wunschlandschaft dieses Überall, dieser Durchdrungenheit von Heimat. Damit ist freilich auch eine Grenze der Kunst erreicht, wo nicht überschritten; denn religiöse Kunst ist insofern keine, als sie stets im Begriff steht, die sinnlich vorhandene Erscheinung aufzuheben, ohne welche ästhetisch nichts darstellbar ist. Wunschlandschaft der Schönheit, der Erhabenheit insgesamt bleibt im ästhetischen Vor-Schein und als dieser der Versuch, Welt zu vollenden, ohne daß sie untergeht. Solch virtuelle Vollkommenheit, das Objekt jedes Bildersturms und freilich selber durchbrochen in der relisiögen Kunst: *das geht, suo genere geographisch, in den weit vorgelegten Wunschlandschaften aus Malerei, Oper, Dichtung auf.* Sie sind oft mythologisch gekleidet, verkleidet, bleiben aber nie darin beschlossen, verschlossen; denn sie meinen menschliches Glück, ein Gutgestelltsein, Gutgeratensein seines Raums, vom idyllischen bis zu dem noch mystischen. Der Vor-Schein gibt diese ästhetische Bedeutung von Glück im Abstand, konzentriert in einen Rahmen.

Für das bei Kleist imaginierte Glück, mächtig genug, um Füchse und Wölfe zum Heulen zu bringen, tief genug, um dem Anspruch, den das Herz macht, zu genügen und den Abbruch, den einem die Natur macht, in einer unentfremdeten Welt aufzuheben: – für diese Utopie im Utopischen selber ist die situationslose Landschaft allerdings eines der exaktesten Raumzeichen, im Vor-Schein des Bilds. Aber überall ist die Wunschlandschaft so beschaffen, daß alles, was das Glück braucht, vorhanden ist; nicht weniger und ebenso nicht mehr. Der sozialistischen Kunst wird es obliegen, daß stets auch dieser aurorische Zug im Bild des Wirklichen mitgeteilt wird. Berichtigt und richtig gelegt, nächtlicher Tag, wie gerade die heiteren Griechen die Morgenröte nannten. Die Wunschlandschaft in der Kunst führt diesen farbigen Vorglanz im Schilde, ja hat ihn als Gegenstand, nachdem er in der Welt angelegt ist und wachsen mag, doch noch nicht gereift ist.

Quellenverzeichnis

Die Textgestaltung unserer Ausgabe folgt Ernst Blochs *Gesammelten Schriften*, Frankfurt/Main 1959 ff.

Ein Träumer will immer noch mehr. »Zu viele stehen ... vorwärts geht.« (V, S. 523)
Grundsätzliche Unterscheidung der Tagträume von den Nachtträumen. »Es besser haben zu wollen ... und im Gedanken.« (V, S. 86-128)
»Traum von einer Sache.« »Was man sieht ... empfindlich macht.« (X, S. 163-169)
Lied der Seeräuberjenny in der ›Dreigroschenoper‹. »Ja, etwas Lustiges ... entsprechend.« (IX, S. 392-396)
Ariel und die dichterische Phantasie. »Die alten Maler ... Enttäuschung sie geht.« (V, S. 1158-1162)
Entdeckung des Noch-Nicht-Bewußten oder der Dämmerung nach vorwärts. »Nirgends macht der ... helleres dämmert.« (V, S. 129-161)
Conclusio: Das Novum im Unbewußten, objektive Phantasie. »Wie kurz erst ... realer Möglichkeit.« (X, S. 122-131)
Schwere Geburt und materielle Selbstantizipation im Novum. »Wir Menschen ... schon rührt.« (VII, S. 466-469)
Processus cum figuris, Figurae cum processu. »Werden bedeutet immer ... symbolisierten Sabbatwelt.« (XIII, S. 330-334)
Entfremdung, Verfremdung. »Man sagt, daß ... Tableau.« (IX, S. 277-284)
Montage, unmittelbar. »Hier erst ist ... nicht mehr aus Bildung.« (IV, S. 221-228)
Zeitraffer, Zeitlupe und der Raum. »Kurz oder lang ... zu sich kommt.« (IX, S. 543-548)
Die Bebauung des Hohlraums. »Heute sehen die Häuser ... des Lebens.« (V, S. 858-872)
Über bildende Kunst im Maschinenzeitalter. »1. Sicher ist ... anderen Ort.« (IX, S. 568-574)
Bezeichnender Wandel in Kinofabeln. »Zusehen ist hier ... nicht erkannt.« (IX, S. 75-78)
Gesprochene und geschriebene Syntax; das Anakoluth. »1. Gleich und gleich ... in der Darstellung.« (IX, S. 560-567)
Über Gegenwart in der Dichtung. »Leicht ist es ... Wirklichkeit zusammen.« (IX, S. 143-160)
Die Schaubühne, als paradigmatische Anstalt betrachtet, und die Ent-

scheidung in ihr. »Seit alters kommen hier ... darin erhebt.« (V, S. 478-500)
Philosophische Ansicht des Detektivromans. »1. Etwas ist nicht geheuer ... dahin eintritt.« (IX, S. 242-263)
Philosophische Ansicht des Künstlerromans. »1. Es ist beliebt ... mit der Hoffnung.« (IX, S. 263-276)
Dargestellte Wunschlandschaft in Malerei, Oper, Dichtung. »Es führt zu gar nichts ... Unendlichkeit zugeordnet.« (V, S. 929-945)
Maler des gebliebenen Sonntags. »Wieder nun zu Bildern zurück ... noch nicht gereift ist.« (V, S. 952-981)

Alphabetisches Verzeichnis der edition suhrkamp